마을공화국의
실험과 전환

강석민

국립안동대학교 민속학과를 졸업하고, 같은 곳 대학원에서 석사학위와 박사학위를 받았다. 현재는 국립안동대학교 민속학연구소에서 연구교수로 재직하고 있다.
저서로는 『걸립에서 품바로, 민속의 변환과 생성의 한 사례』(2020)가 있으며, 논문으로는 「공동체문화라는 문제계의 담론적 의의」(2023), 「연대의 정동과 대안의 체제화」(2023), 「도래하는 공동체문화와 민속의 특이성」(2024) 등이 있다.

공동체문화연구총서 6
마을공화국의 실험과 전환
공동체문화론으로 본 민속적 사회생태의 변환과 생성

초판1쇄 발행 2024년 5월 31일

기 획 국립안동대학교 민속학연구소 공동체문화연구사업단
글쓴이 강석민
펴낸이 홍종화

주간 조승연
편집·디자인 오경희·조정화·오성현·신나래
　　　　　　박선주·정성희
관리 박정대

펴낸곳 민속원
창업 홍기원
출판등록 제1990-000045호
주소 서울 마포구 토정로 25길 41(대흥동 337-25)
전화 02) 804-3320, 805-3320, 806-3320(代)
팩스 02) 802-3346
이메일 minsok1@chollian.net, minsokwon@naver.com
홈페이지 www.minsokwon.com

ISBN 978-89-285-1997-2
SET   978-89-285-1349-9   94380

ⓒ 강석민, 2024
ⓒ 민속원, 2024, Printed in Seoul, Korea

이 책은 저작권법에 따라 보호를 받는 저작물이므로 무단전재와 복제를 금지하며,
이 책의 전부 또는 일부를 이용하려면 반드시 저작권자와 출판사의 서면동의를 받아야 합니다.

이 저서는 2021년 대한민국 교육부와 한국연구재단의 지원을 받아 수행된 연구임
(NRF-2021S1A5B8096446)

공동체문화연구총서 6

마을공화국의
실험과 전환

강석민

민속원

머리말

민속적인 것 혹은 공동체문화 연구라는 자리에서 다른 세계의 지도 그리기

이 책은 민속학이라는 자리에 놓여 있다. 즉 한국적 층위에서 인문학의 한 분야로서 민속학이라는 분과학문적 위치가 지니는 특이성을 함축하고 있다. 민속 그 자체가 소수적이기도 하지만, 민속학은 주로 우리 사회에서 주변적이고 소수적인 존재들에 대한 관심을 보이고 기록해 왔다. 특히 역사문화적인 관점에서 마을과 마을문화, 그리고 마을 공동체에 대한 탐구를 진척시켜 왔다. 이러한 흐름의 연장선에 놓여 있는 공동체문화 연구는, 쉽게 말해 마을문화가 새롭게 부상하는 흐름에 주목하여, 이를 민속적인 것의 새로운 배치로서 천착하고 있다. 이는 오늘날 지배적인 인식으로 자리 잡고 있는 '민속'과는 다른 관념이자 이론으로서 공동체문화를 정립하는 연구 실험으로서 그 의미를 찾을 수 있다.

오늘날 '공동체'는 현 사회의 위기와 함께 도래하는 관념이자 역량으로서 현재적으로 소환되고 있다. 즉 근대 국가와 시장의 외부로서 '자연' 혹은 '생태', 그리고 공동체가 문화 현상 전반에서 부상하고 있는 흐름이 발견되고 있다. 민속학적 관점에서 볼 때, 이런 현상은 무척 주목될 수밖에 없다. 민속지식이야말로 생태·공동체의 의미와 가치를 인문학적으로 풀어내고 정립하는 작업을 지금까지 수행해왔다고 판단되기 때문이다. 이는 궁극적으로 생태적·공동체적 실천과 연결된 대안 인문학으로서 민속학을 정립하는 것과 만나게 되는데, 특히 현시대의 대안을 상상하고 추구하는 지식 자원이자 이들이 교차하는 장 혹은 결절점으로서 민속학의 자리를 매기고자 하는 의지를 포함하고 있다.

이 책은 이와 같은 배경 속에서, 충남 홍성군 홍동면과 장곡면 지역을 자율적인 마을 혹은 체제로 보고 접근하여, 현장조사와 참여관찰을 통해 총체적으로 조망한 것이다. 이 지역 실천에 주목하는 이유는 오늘날 전국적으로 펼쳐지고 있는 공동체문화 실천의 양태들을 함축적이고 상징적으로 재현하고 있는 주요 사례이기 때문이다. 선행연구의 장이 그리는 구도와 내용을 분석해 볼 때 이 사례를 총체적인 관점에서 접근한 연구가 존재하지 않으므로, 민속적인 것 혹은 공동체문화 연구라는 자리에서 마을민속 연구 방법을 계승하고 발전시킬 수 있는 계기를 마련할 수 있을 것으로 생각되었다. 그런 한편으로, 저자가 소속되어 공부했던 민속학연구소가 수행한 공동체문화 연구의 핵심적·초기적 집중 연구 사례라는 점에서도 유의미하다. 오늘날 공동체문화 실천의 현상과 양태, 자료가 매우 복잡하고 급변하는 양상을 보이는 만큼, 그에 부응하는 시의적인 논의들이 빠르게 또 차곡차곡 이루어져야 하는 당위 역시 동시에 존재한다. 다만 이는 개인화된 연구로는 좀처럼 가능하지 않다는 점에서 집단 혹은 공동 연구의 모델을 새롭게 장안할 필요성으로 이어진다. 그런 점에서 공동체문화 연구 사업의 방법론적 의제는 '협업 혹은 연대라는 공동체적 방법론'에 대한 실제적인 지향으로 귀결된다고 할 수 있겠다. 그럼에도 공동체문화 연구 사례를 집중 조명하는 작업은, 지역적으로 문법화된 연대와 협동이 공동체의 새로운 변환을 어떻게 이루어가는지에 관해 촘촘하고 깊이 있게 해명한다는 점에서 그 의의를 더욱 강조할 수 있을 것이다.

이 책은 저자가 학생연구자 혹은 지식노동자로서 학습과 노동을 겸하며 지내온 과정들이 암묵적으로 또 명시적으로 담겨 있다. 이는 세 가지 특징으로 요약될 수 있다. 첫째 한국학이라는 범주에서 민속학이라는 특징이다. 즉 안동이라는 지역적 층위에서 민속은 한국학의 한 범주로서 주목되어 왔으며, 민속연구의 새로운 방법론으로서 공동체문화 연구 역시 그러한 한국학이라는 범주 내지는 그 외연의 확장이라는 측면에서 이해될 수 있다. 둘째 마을민속과 현지조사라는 연구의 대상적·방법론적 특징이 있다. 민속학은 잊혀져가는 과거의 생활 지혜 혹은 공동체적 사회 결속 형태를 문화론적 입장에서 지속적으로 연구해왔으며, 지역에 소재한 마을조사 방법의 정립과 그에 따른 연구 및 학습이 실천되어 왔다. 마을민속 현상을 새롭게 발굴하고 그것을 체계적으로 분석함과 동시에, 현지조사를 통한 마을민속을 민속지적으로 재구해 왔다. 셋째 '마을문화/민속'에 대한 체계적이고 심화된 조사와 연구를 수행해 온 거점에서 연구를 진행했다는 특징이 있다. 특히 연구소라는 기관 혹은 조직의 역할과 기능 그리고 역사를 고려한다면, 좀더 체계적이고 심화된 수준에서 민속연구의 방법론적 전회를 위한 작업의 거점이 될 수 있는 장점을 지니고 있었고, 이에 전문연구기관이라는 조직을 통한 공동 연구가 추진될 수 있었다.

이러한 계보학적 특징들을 계승하여 이 책은 이른바 '민속연구에서 공동체문화 연구로의 전회'를 표방하는 흐름과 합류하고 있다. 여기에는 조선후기에 이르러 정립될 수 있었던 '민속'이 장기지속된다는 관념이 근대 100년에 이르러 불투명해졌다는 점이 놓여 있다. 그리하여 근대 이전, 즉 근대와 변별되거나 구분되는 조선적인 것의 재구에 치중하는 것이 아니라, 근대가 출현하면서 발견되고 재구되고 있는, 그럼으로써 근대와 항상 연결되거나 공존하고 있는 습속·관념·문화로서 민속, 즉 현재성·대안성과 결부된 민속으로서 인식 전환을 시도하고 있다. 이는 이른바 '민속적 근/현대성'이라고 말할 수 있는데, 한반도의 역사적 상황과 국지적 조건을 반영하며 현행화되고 있는 공동체문화라는 현상과 자료를 통해 그와 같은 민속적 근대성의 실체와 특이성을 도출하고자 하고 있다. 이때 중요한 것은 구체적인 '사례'에 접근하고 규명하는 작업을 직접적으로 통과하는 일로, 학술 연구를 공통 분모로 초점화하여 집단과 집단이 만나는 다양한 모임과 교류의 형식을 고안하고 실험하는 것이 관건이었다고 할 수 있다.

  이 책이 주요 방법론으로 제시하고 있는 것은 '공동체문화 연구'이다. 다만 관련 연구 지형을 살펴볼 때, 민속학이라는 입지가 상당히 특징적이라고 하더라도, 이론틀의 정립이 다소 미비한 상황이었다. 다시 말해, '내부의 각주'가 존재하지 않아 '외부의 각주'가 필요했다고 할 수 있으며, 논문에서 주요 이론으로 거론하고 있는 '커먼즈commons'는 그러한 상황에서 채택된 '외부의 각주'라 할 만하다. 커먼즈는, 민속학의 전회를 위해 필요한 주요 이론 자원이라고 할 수 있다. 민속과 커먼즈는 역사적으로 친연성을 지니는데, 국가와 시장이 지배적으로 작동하고 있는 근대 세계가 있고, 종획enclosure이 그것을 근거짓는 장치가 된다면, 민속과 커먼즈는 그에 대항한다는 점에서 공통적이다. 커먼즈는 상이한 층위에 있는 실천이 만나 상호적인 외연 확장이 이루어질 수 있는 대안적 기획의 상상이자 자원이라고 할 수 있다. 즉 대안 추구의 기획 속에서 실천과 운동 및 연구자와 지식의 교차 혹은 접속이 가능한 매개로서 그 의미를 가진다. 그런 점에서 사례 적용의 적합성이 중요하다. 이 책은 현상과 이론의 연동 속에서 '마을공화국'을 도출하고 있는데, 이는 마을을 거점으로 한 대안적 체제를 의미한다. 즉 지속가능한 작동 체계system임과 동시에 지배 체제에 대한 비판 및 문제제기regime를 함축하고 있으며, 오늘의 조건에 걸맞은 방식으로 재현되고 있는 마을공동체 혹은 민속사회에 대한 가능한 이름으로 거론될 수 있다. 특히 여기에서는 경제와 사회, 문화의 심급이 지역적이고 토착적인 수준에서 상당 부분 유기적이고 자율적인 차원에서 구성되고 있다는 점, 그리고 이것이 지식화에 따라서 상호 참조가 가능한 모델로 되고 있어, 국가와 시장 중심의 근대와 조응하거나 길항하는 근대성의 여러 형태들이 기획되고 실험되고 있다는 점이 중요하다.

'흙 한 덩이와 내 두 손으로.' 저자가 이 지역을 오가면서 우연히 만난 글귀이다. 지금까지 잘 알려지지도 않았고 언뜻 소박해 보이는 글귀이지만, 저자로 하여금 어쩌면 우리 삶과 세계의 구성을 뒷받침하는, 아주 오래된 진리의 한 가지가 아닐까 생각하게끔 했다. 나와 연결된 세계와의 공통적인 관계는 추상적인 어떤 것만큼이나 묵묵하게 그 세계에 일조하는 일상의 작은 노동들이 그저 전부일 수 있겠다는 실천 윤리를 가깝게 와닿도록 했다. 절규와 외침의 높은 목소리 바깥 혹은 그 가장자리에서 구성되고 있는 다른 세계의 지도를 이 책에서 그려보고자 했다. 현재 한국사회에서 활성화되고 있는 공동체문화 실천들을 경험하며 저자가 배우고 새롭게 깨달았던 바를 독자들도 함께 공감할 수 있다면 더 없이 기쁠 것이다.

2024년 봄
강석민

감사의 말

 한 때의 여정이 한 권의 책으로 갈무리될 수 있도록 함께 동참하거나 손길을 보태주신 분들이 무척 많다. 우선 국립안동대학교 민속학과 선생님들께 감사한다. 멀지 않은 거리에서 선생님들을 지켜보면서, 교육자의 능력과 자질은 무엇보다 끊임없는 봉사와 헌신에 달려 있음을 실감한다. 여러모로 부족한 학생을 놓지 않고 지도해주시는 이영배 선생님께 감사드린다. 또 학위논문을 기꺼이 심사해주셨을 뿐만 아니라 저자의 공부길에 큰 힘을 주고 계시는 한양명 선생님, 이진교 선생님, 정명중 선생님, 한정훈 선생님께 감사드린다. 선생님들의 엄정한 지도와 가르침, 따뜻한 조언과 격려가 없었다면 이 책은 결코 세상에 나올 수 없었을 것이다.
 지역 농촌 현장의 척박한 환경 속에서도 충만한 실천을 이끌고 계시는 실천가·활동가 선생님들께도 감사하다는 말씀을 길게나마 전하고 싶다. 지역 현장과의 만남은 그 자체로 늘 가슴 벅찬 일이지만, 그 중 가장 크게 다가오는 것은 생각의 틀이나 정서의 방향이 '우리' 혹은 '공동체'라는 매개 속에서 놀랍도록 공명한다는 점이다. 이것은 아무래도 우리가 어떤 삶을 사는가, 그런 삶을 위해 어떤 고민들을 하고 있는가와 관련 있지 않을까 한다. 어떤 가르침을 주려고 특별히 애쓰지 않아도 자신의 실천 과정들을 그

저 담담하게 말씀하시거나 직접 보임으로써 큰 배움과 깨달음을 선물해주시는 홍동과 장곡 지역 현장의 여러 선생님들께 감사드린다. 이 책을 관통하고 있는 화두 혹은 주제는 전적으로 지역 실천의 역사 혹은 이야기를 풍성하게 써내려가고 계시는 선생님들과의 만남과 대화, 그리고 공감 속에서 만들어질 수 있었다. 실천이 뿌리 내린 공간과는 전혀 다른 지역에서, 또 민속학이라는 생소한 시선을 가지고 현장을 방문한 무뚝뚝하고 낯선 학생을 따뜻하고 관심 어린 눈길로 돌봐주신 선생님들과 또래 청년들께 감사드린다.

평생에 걸쳐 지역 혹은 농촌이라는 맑은 자리에서 밝은 미래를 상상하고 또 일구어오신 홍순명 선생님, 그리고 풀무학원의 초기 졸업생으로서 열성적인 모임과 실천의 길을 걸어오고 계신 이번영·주정배 선생님께 깊은 존경과 감사의 인사를 전한다. 뜨겁고 힘겨운 여름날에도 목요일 낮이면 갓골 홍 선생님댁에 모여 좁쌀 같은 글씨로 나온 우치무라 간조 선생의 전집을 읽던 이승진·이재자 선생님 등 독서모임도 좀처럼 잊혀지지 않는다. 주일이면 어김없이 돌아오는 풀무학교 무교회집회와 이후 밝맑도서관의 일요성서모임은 낯설고 이질적인 학생연구자에게 실로 깊은 위안이 되었다. 여러 경로로 모임에 자리를 내어 주신 최어성·박완·이민형·배지현 선생님께 감사드린다. 저자가 중학생 때 이어진 풀무학교와의 인연이 뜻하지 않게 지금까지 이어지리라고는 생각하지 못했다. 간혹 그때 그 인연이 깊이 맺어질 수 있었더라면 지금의 나는 어떻게 지내고 있을까 하는 엉뚱한 생각을 하곤 한다.

문당리에 들어설 때면 늘 논물 냄새가 물씬 풍겨서 자연스럽게 깊은 숨을 쉬게 되었다. 아마 주민 분들이 정성껏 일구어온 마을의 경관과 땅의 역사가 그 깊은 숨의 일부가 되고 있는 것은 아닌가 싶다. 많은 연구자들이 자주 찾아오는 탓에 만날 때마다 매번 소개드려야 하지만, 또 매번 새로 만난 사람인 것처럼 농촌과 공동체에 대한 생각, 때로는 호통을 열정적으로 전달해주시는 주형로 선생님께 감사드린다. 지역운동을 전개하면서 마주하게 된 여러 위기와 난관이 좀처럼 풀리지 않을 때면 자연으로 발길을 돌려 붙잡고 해답을 물어봤다는 말씀에서 어느덧 근대인의 외양을 띤 농민의 어떤 모습에 대해 생각하기도 했다. 저자에게 지역운동의 역사를 소상하게 말씀해주시면서도, 동네 여성들이 가지고 있는 재주와 기술을 새로운 활력의 원천으로 삼고 즐거운 공동체적 삶을 이어가고 계시는 정예화 선생님, 지역운동과 유기농업을 자신의 소명으로 받아들이고 마을 살림을 땀 흘려 거들거나 때로는 주도하고 계시는 김중호·이선재 선생님과의 만남도 자주 떠오른다. 곧 다시 인사드릴 것을 약속드리고 싶다.

크고 높은 것만이 좋은 것이라 여기는 도시의 시공간에서 시골 농촌의 삶으로 전환하고 작고 낮은 것에서 충만한 기운을 얻어가는 분들도 저자에게 또다른 경험과 배움을 선사해주셨다. 옳다고 생각하는 가치를 지키는 일과 지역의 약자·소수자들과 소통하고 연대하는 일 모두 놓지 않으면서 지역을 실제적인 차원에서 좋은 방식으로 바꾸어나가는 분들께 응원과 존경의 박수를 보내고 싶다. 녹색평론을 삶과 지혜의 이정표로 삼아 차분히 읽어나가는 모임을 빠짐없이 지속하며 이를 생활에서 구현하고 또 전달하기 위해 힘쓰시는 장길섭 선생님께 감사드린다. '소농의 눈'으로 행하는 농업이야말로 황폐하고 폭력적인 근대 도시 문명의 한계에서 벗어나 지속가능하고 인간다운 삶을 누리고 살 수 있는 거의 유일한 '공생공락의 삶의 방식'이라는 말씀은 저자에게 그 자체로 민속적 삶의 실천으로 여겨졌다. 전공부에서 인문학 강의를 하시며 저자가 지역의 역사를 이해하는 데 많은 이야기와 체험을 건네주신 강국주 선생님, 시간이 오랜 만큼 이해의 간극이 커져 버린 지역의 요구를 규합하고 사람들을 융합하는 노력을 경주하고 계시는 이동근 선생님께도 감사드린다. 지역에 처음 방문했을 때 들을 수 있었던 꿈뜰과 햇살의 이야기는 무척 감동적이었다. 고수해야 할 가치나 좋은 생각만큼 정동적 관계를 맺어가며 그 뜻과 정서를 확장해가는 일이 중요하다는 점을 깨닫게 해주신 최문철·이재혁 선생님께도 감사드린다. 조대성 선생님은 농촌에 살며 고군분투해온 과정 그 자체를 솔직하고 재미나게, 그래서 더욱 고민스럽게 들려주셔서 깊이 동기화되곤 했다. 항상 환대와 친근함으로 맞아주시면서도 뵙고 대화할 때마다 숙고해야 할 문제와 질문 혹은 즐겁고 유쾌한 해답을 던져주시는 금창영 선생님께도 고개 숙여 감사드린다. 귀농 지원에 불철주야 힘쓰고 계시는 이환의 선생님은 현지조사 기간 동안 저자의 실생활에 큰 도움을 주셨다.

낮이면 흙 냄새, 밤이면 군불 냄새로 가득한 지역의 일상적 학습 모임과 학회 현장은 말 그대로 이곳이 일과 공부가 일치하는 시공간임을 실감케 했다. 요일마다 이어지는 평민마을학교 강의에 참여하여 열심히 수강하던 때가 많이 생각난다. 저자의 연구 방향에 대해 깊은 관심과 애정을 보여주신 박영선 선생님을 비롯하여 여러 강연자 선생님들께 감사드린다. 그리고 이 과정에서 함께 몸 쓰고 일하고 밥먹고 놀기도 하며 서로의 지난 경험과 생각을 나누곤 했던 청년들, 구해강·김민준·김세빈·박종빈·오선재·이준표·이은정·장유리·정재영 님께 응원의 박수를 보낸다. 연구단의 초청에 매번 흔쾌하게 응해주시고 벌써 몇 차례나 먼 곳 안동에서 강연과 발표를 진행해주신 데다, 저자의 연구 방향에 대해 함께 걱정해주시던 정민철 선생님, 그리고 마을 정책과 제도적 영역의 구축에 대해 진지하고 귀중한 고민의 기회를 여러 번 던져주신 구자인 선생님께도 깊이 감사드린다. 저자로 하여금 생각의 틀을 계속 조정하도록 해주신 분들이다. 밤늦게까지 이어진 인터뷰에도 불구하고 지난 과정들과 소회를 전해주신 정상진 선생님과 건강한 제철 먹거리로 정성스레 차린 밥상으로 환대해주신 조한옥·정태희 선생님, 그리고 농업을 통한 치유라는 감동적인 실험을 여러 차례 이야기해주신 최정선 선생님께도 감사드린다. 어떤 때는 형이자 선배로서, 또 어떤 때는 농촌 현장의 실천가로서 아낌 없는 격려와 조언을 건네준 권봉관 선생님의 따뜻함과 올곧음 역시 저자로 하여금 큰 힘과 버팀목이 되었다.

어깨를 겯고 동고동락하며 함께 공부했던 민속학연구소 동료들과 구성원 선생님들께도 무척 고마운 마음이다. 맡은 자리에서 묵묵하게 자기 일을 온전히 해내는 것만으로도 서로에게 힘이 될 수 있음을 알게 한 시간들이었다. 이 시간들을 기획하고 이끌어주신 이영배 소장님께 무척 감사한 마음이다. 박선미 선생님과 최민지, 김정현 학우는 한창 바쁠 때 시간을 내어 이 책의 프리뷰를 담당해주었고, 권수빈 선생님과 공다해 학우는 이 책의 기획자로서, 때로는 편집자로서 마치 본인의 저서인양 많은 기운과 역량을 쏟아주었다. 요즘 학술 기획과 진행에 있어 궂은 일을 도맡아 고생하는 안솔잎 학우에게도 고마운 마음이다. 빠듯한 일정에도 불구하고 이 책이 출판될 수 있도록 성심껏 신경써주신 민속원 출판사에도 사의를 전한다. 이번과 같이 큰일을 경험할 때면, 공부하는 길이 혼자 걷는 길이 아님을 새삼 실감한다. 앞으로도 지나간 인연과 경험을 소중하게 여기며 삶을 살 줄 아는 지혜를 나 자신이 가질 수 있기를 바란다. 끝으로 염려스럽더라도 늘 곁에서 지켜보며 마침내 긍정해주는, 사랑하는 가족과 친구들에게 감사와 우정을 전한다.

같은 날
강석민 올림

차례

머리말 4
감사의 말 9

1장 공동체문화 연구의 민속학적 대안성과 확장성   17
  1. 마을문화/민속과 공동체문화, 그리고 마을공화국 ················· 19
  2. 선행 논의의 지형과 공동체문화라는 연구 실천 ················· 27
  3. 종획과 커먼즈, 민속적 가치실천 양식의 대안적 기획 ················· 50
  4. 지역 현장의 다층성과 참여 연구의 방법론적 확장 ················· 62

2장 지역사회의 역사적 성격과 실천의 생태   71
  1. 지역사회의 개관과 현황 혹은 추세 ················· 73
  2. 실천 공간의 전통적 위상과 근대적 재편 ················· 78
  3. 자율적 실천 역량의 확장·분화와 생태적 구성 ················· 83

3장 농촌문명의 이상 속에서 구축된 학교-마을의 연계   91
  1. 무교회주의의 사상적 기틀과 공동체 구상 ················· 93
  2. 공화국으로서 마을, 이상촌 흐름과 그 실제 ················· 115
  3. 풀무학교라는 실천 진지의 구축과 대안의 정초 ················· 132
  4. 학교-마을, 공동체적 연계 혹은 공동마을의 조성 ················· 151

4장 협동문화를 추구하는 대안경제의 실상 … 189
1. 노작과 협동문화, 민속생태의 자율적 근간 …………………… 192
2. 협동조직의 자생 혹은 자치·민주 역량의 증진 ……………… 199
3. 협동적 지역사업의 구체화와 혁신의 흐름 …………………… 213
4. 시장경제의 위기와 대응, 대안경제 조직의 다양화 ………… 223

5장 생명농업의 실천에 따른 마을생태의 전환 … 239
1. 기독교적 생명 이해의 구현과 실천 …………………………… 243
2. 생명농업의 체계화 혹은 농민의 생산자화 …………………… 249
3. 유기농업의 토착화와 농도農都 연계의 문화적 실험 ………… 256
4. 농農적 삶 양식의 창안과 실험의 다각화 ……………………… 280
5. 실천의 이전 혹은 확장과 지역사회의 변화 …………………… 295

6장 부상하는 자치주체와 확장하는 공동체성 … 319
1. '이질적인 존재들의 연대'라는 특이성 ………………………… 322
2. 공적 영역의 자치화 혹은 공동체성의 변화 …………………… 330
3. 사회 구성의 다층적 인식과 협력적 연결 ……………………… 339
4. 주체적 지식 생산 모델의 구축과 공존의 전망 ……………… 347

7장 마을공화국이라는 실험의 전망과 민속적 의미　　　　　　　　　355
　1. 실천 환경의 변화에 따른 난관과 대응 혹은 전망 ················ 357
　2. 대안 실천의 한 형상, 체제론적 성격과 민속적 의미 ············ 365

8장 민속적 사회생태의 복원, 마을공화국 체제의 다양성과 대안성　　379

부록 여럿의 마주침과 접속을 통해 확장되고 있는 현장의 목록들　　391
　1. 공동체문화연구사업단 주최 홍동·장곡 지역 사례 발표 목록 ········ 393
　2. 홍동·장곡 지역 사례 문헌 자료의 유형과 내용 ················ 394
　3. 홍동·장곡 소재 협동조합 및 사회적경제 기관 현황 ············ 404

참고문헌　407
찾아보기　418

1

공동체문화 연구의
민속학적 대안성과 확장성

1. 마을문화/민속과 공동체문화, 그리고 마을공화국

이 장 제목을 통해 제시되고 있는 세 가지는 이 책을 가로지르는 핵심적인 열쇠말이다. 먼저 이 책은 '마을문화/민속'의 현재적 위상에 대한 관심과 질문으로부터 시작한다. 즉 오늘날 한국사회에서 마을문화/민속은 어떠한 위상을 지니고 있고, 또 지닐 수 있는가 하는 점이 이 책의 첫 번째 문제의식이다.

이를 짚어보기 위해 이 책은 '공동체문화'라는 연구 관점을 핵심적인 개념 혹은 방법론으로 상정한다. 공동체문화는 마을문화/민속의 근/현대적 재현과 변환의 한 단면과 궤적을 포착할 수 있는 유용한 시선과 이론틀을 제공하고 있으며, 특히 최근 다양한 영역에 걸쳐 두드러지고 있는 대안 실천의 현장을 민속연구의 대상 혹은 심화된 연구 범주로 포괄하는 시도로서 유의미하다. 따라서 공동체문화라는 관점을 활용하여 마을문화/민속과 근/현대성이 어떠한 관계를 맺고 있는지를 주의 깊게 인식하는 가운데, 오늘날 현행화되고 있는 대안 실천의 현장들을 민속적 문화 실천의 한 가지 종種으로 계열화함으로써 민속연구의 결을 새롭게 구성해보는 것이 이 책의 두 번째 문제의식이다.

마지막으로 이 책은 공동체문화의 주요 현상 혹은 자료로서 충남 홍성군 홍동면과 장곡면 지역에서 전개되고 있는 실천에 주목하고 있다. 이 지역에서 전개되고 있는 공동체문화 실천 현장은 한 세기가 넘는 역사를 간직한 채 여전히 지속되고 있고, 그 깊이만큼이나 문제 영역, 세대와 인구 구성, 실천의 구상과 양식의 측면에서 다양한 지층을 형성하며 활성화되고 있다. 이러한 면모는 이 지역의 행보가 공동체문화 실천의 한국적 사례[1]로 접근되

---

1 선행연구를 통해 이 지역 공동체문화를 지칭하는 표기로 '홍동(-장곡) 공동체문화'가 제안된 바 있으며, 이 책은 이러한 표기를 원용하고자 한다. '홍동(-장곡) 공동체문화'라는 대상이자 명칭에는 지리적인 장소성, 문화의 경계성, 그 실천의 확장성과 역동성, 관계의 실상, 그리고 민속학적 접근이 표시되어 있다(구체적인 내용은 이영배, 「공동체문화 실천의 역사적 원천과 그 재생의 특이성」, 『한국학연구』 70, 고려대학교 한국학연구소, 2019a, 177~183쪽 참조). 해당 사

어야 하는 타당성을 뒷받침한다. 특히 '마을공화국'이라는 말은, 마주하는 현실의 위기에 따라 끊임없이 대안을 지향/창출하는 체제적 실험으로 이 사례의 역사적 궤적과 그 양태들이 요약된다는 점을 강조하기 위한 것이다. 그러므로 마을공화국으로서 이 '홍동(-장곡) 공동체문화' 실천이 지역/마을에 대안의 진지를 세우고 탈중심적 체제를 구축해온 역사적 과정들을 전체적으로 조망하고 그 민속적 의의를 탐구하는 것이 이 책의 세 번째 문제의식이다.

이와 같은 문제의식에 근거할 때, 궁극적으로 이 책은 오늘날 지배적인 인식으로 자리 잡고 있는 '민속'과는 다른 관념이자 이론으로서 공동체문화를 정립하는 연구 실험으로 수렴된다. 요컨대 이 책은 마을문화/민속의 재현과 변환으로서 공동체문화라는 관점을 토대로 삼아, '홍동(-장곡) 공동체문화'를 '마을공화국'이라는 체제적 실험으로 상정하여 그 전체적인 실천의 구조와 문화적 의미를 민속학적 입지에서 조명함으로써, 민속연구의 대안적 실험으로서 공동체문화 연구라는 문제계 구성에 일조하는 것을 목적으로 한다. 이러한 작업은 추후 해당 사례와 한국사회의 구조 변동에 대한 보다 심층적인 이해 속에서 세분화 · 영역화 · 정교화되어야 하며, 이를 바탕으로 인문학적 대안 지식을 생성하는 실천적 기획과 경로를 따라 점차 나아가야 할 것이다.

례는 작고 소박하지만 새로운 실천의 진지를 손이 닿는 대로 구축하고, 사회가 위기를 나타내는 국면마다 일정한 대안을 제공해온 선진지로 여겨지고 있다. 19세기 후반과 20세기 초반 성행하였던 이상촌건설운동과 그것이 국지적 차원에서 구체적으로 실현된 평북 정주의 오산학교와 용동마을의 사례와 깊은 연관을 지니고 있다. 이전 시대와 국면의 경험 조건과 유산을 적극적으로 이어받아 이 지역 실천은 역사적으로 자신의 독자적인 진지를 구축하고 자립적인 토양을 정초함으로써, 이후 시대와 국면의 경험 조건에 따라 새롭게 산출된 대안 실천들도 끌어들이는 역할을 해왔다. 지배 체제로부터 먼 거리를 유지하면서 자치와 자율을 기반으로 형성된 이 지역의 공동체적 연결망은 이후 다양한 가치 지향을 지닌 이들이 곳곳에 모여 살아감으로써 좀 더 다층화되는 것과 동시에 한국사회에서 발견되는 문제 인식과 대안 실천의 양상들이 이 지역에서 뿌리를 내리고 살아갈 수 있게끔 한 자양분으로 기능하였다. 이 책은 이러한 점에 착목하여 해당 사례를 '공동체문화 실천의 대유(代喩)'로 생각하고자 한다. 그 이유는 이 작은 농촌 지역에서 벌어지고 있는 가치실천의 구도와 양상 자체가 한국사회에서 펼쳐지고 있는 공동체문화의 전반적인 양상 그리고 이를 둘러싸고 구성되고 있는 경계 안팎의 복잡성이 함축적 혹은 상징적으로 재현되고 있기 때문이다.

이상과 같은 이 책의 문제의식·목적·전망에서 주목되는 배경은 오늘날 한국사회에서 두드러지고 있는 공동체 담론과 그 관련 속에서 실제적으로 표면화되고 있는 양태들이다. 이는 현 시대 문화적 실천의 장 혹은 그 스펙트럼의 한 영역을 보여주는 핵심적인 사례로 본격적으로 접근될 수 있다. 오늘날 마을/공동체는 '불안의 제도화'와 '사회적인 것의 부재'라는 한국사회의 현실 속에서 새롭게 부상하고 있으며, 그 문법 내지는 감각, 즉 속성은 이전 시대의 그것과는 다른 성격을 지닌 것으로 재평가되고 있다. 가령, 전통적인 맥락에서 마을/공동체가 공/사 분리, 성별분업, '정상가족'을 중심으로 한 젠더질서를 당연시하는 경향을 보인다면, 오늘날 새롭게 출현하고 있는 마을/공동체는 지배적인 규범에 의한 동질화 과정에 균열을 내고 소란을 일으키는 실험으로 나타나고 있다. 그리하여 마을/공동체는 완료된 실재가 아닌, 아직 오지 않은 어떤 것이자 만들어지고 있는 어떤 것으로, 그 실험은 '공동체'성 자체를 재정의해 가는 과정[2]으로 규정되고 있다.

사회질서가 보이는 한계, 즉 현 단계의 자본주의적 모순과 국가 역할의 왜곡, 시장 지배력의 확산과 공공성·시민권의 축소와 같은 신자유주의가 야기한 부정적 상황에 대한 적극적이고 실현 가능한 대안으로 마을/공동체가 상정되는 경향을 보인다는 점도 지적할 만하다. 그리하여 오늘날 출현하고 있는 마을/공동체에 대한 이해는 그 본질적인 측면보다는 구성적인 실상과 성격에 대한 것이 더욱 강조될 수밖에 없고, 실제로도 그러한 추세가 강화되고 있다. 다시 말해 마을/공동체는 동질적이고 조화로운 자연적 과정 속에서 만들어지는 것이라기보다, 이질적이고 충돌적인 권력들이 교차하고 중첩되는 복잡한 과정 한가운데에서 발명되는 것으로, 그 가운데 생성되는 마을/공동체는 정치·사회·경제·문화 등 객관적인 요인 내지는

---

2 전희경, 「마을공동체의 '공동체'성을 질문하다」, 『페미니즘연구』 14(1), 한국여성연구소, 2014, 75~112쪽.

다층적인 조건들의 절합이자 그 작용[3]으로 분석되어야 하는 것이다.

이처럼 마을/공동체가 '대안'과 연결되는 이유에는 풍요로운 시대로 운위되는 현대사회 이면의 불평등과 위기를 인식하고 해결하는 일에 있어, 보다 직접적이고 적합한 사회 형태를 찾아보기 어려운 현실이 놓여 있기도 하다. 그리하여 마을/공동체는, 급속하게 변화하는 시대와 그것이 초래한 사회적 모순을 절박한 위기로 인식하고, 여기에 적극적으로 대응하거나 조절 가능한 하나의 사회 형태로서 추구되고 있기도 하다. 그런 점에서 마을/공동체는 이념적 지향, 생산과 소유 및 분배 방식, 일상의 향유 등 집단적 생활 단위에서 직접적인 삶의 양식을 공동으로 형성하고 수행해가는 가운데, 하나의 운동이자 과정으로서 현대사회의 가능한 대안을 창출[4]해가고 있다. 나아가 마을/공동체는 곧 근대사회의 정치적·경제적 질서가 부여했던 경계와 구별되는 새로운 자치 공간에서 이루어지는 새로운 덕목의 구성을 의미하는 개념[5]으로, 또 기존 운동 패러다임의 전환을 표방하는 흐름[6]과 연

---

[3] 김예란·김용찬·채영길·백영민·김유정, 「공동체는 발명되어야 한다」, 『한국언론정보학보』 81, 한국언론정보학회, 2017, 46~47쪽.

[4] 이동일, 「현대사회의 위기와 대안공동체」, 『사회사상과 문화』 18(4), 동양사회사상학회, 2015, 95~126쪽.

[5] 박주원, 「대안 공동체론에 나타난 '대안' 개념과 '공동체' 개념의 정치 사상적 성찰」, 『역사비평』 82, 역사비평사, 2008, 350~373쪽; 문성훈, 「공동체 개념의 구조 변화」, 『문화와 정치』 4(4), 한양대학교 평화연구소, 2017, 43~68쪽.

[6] 한국 사회운동의 맥락에서 볼 때, 지역을 거점으로 전개되고 있는 공동체 현상들은 '신사회운동'의 흐름과 일정하게 연결되어 있다. 한국에서 신사회운동은 1970년대 초반 여성운동과 환경운동으로 시작하여 인권·학생·종교 등 문제 영역이 다양화되었으며, 이후 민주화와 사회 개방으로 말미암아 시민사회의 급속한 성장과 자리매김과 맞물려 본격화되었다. 신사회운동은 관념·관습·제도적 규율·규칙·행위양식이라는 경직된 외양을 갖춘 근대성의 한계와 관련이 있다. 다시 말해, 자본주의적 성장과 전개에 따라 초래된 새로운 모순과 갈등에 적절하게 대응하지 못하는 종래의 사회운동에 대한 성찰적 인식에 기초하고 있으며, 자율성·다양성을 존중하는 '차이의 정치'에 입각하여, 기존 정치질서의 전면적인 재조정을 도모하였다. 그 '새로움'이라는 것은 현대적 삶에 기반한 문화와 생활정치, 공통의 가치관과 정체성 기반, 비제도적 네트워크 구조, 그리고 이를 기반으로 한 총체적 전환 지향 등으로 거론할 수 있다(George Katsiaficas, 윤수종 옮김, 『정치의 전복』, 이후, 2000; 권태환·임현진·송호근 엮음, 『신사회운동의 사회학』, 서울대학교 출판문화원, 2001, 3~16쪽; 조대엽·김철규, 『한국 시민운동의 구조와 동학』, 집문당, 2007, 27~41쪽; 방영준, 『저항과 희망, 아나키즘』, 이학사, 2006, 141~220쪽).

관되어 점차 확장되어 나아가고 있다.

지배/국가 권력과의 관계 속에서 발견되는 마을/공동체의 위상도 짚어볼 만하다. 마을/공동체는 자율·자족적인 생활세계를 구축함으로써 국가 권력에 의해 강요되는 식민화와 훈육에 대응하면서도 전체 사회 내에서 일정한 길항 관계를 형성할 뿐 아니라, 자발적이고 대안적 삶의 양식의 실험을 통해 국가적 삶의 한계를 넘어서고자 하는 지향[7]을 보이고 있다. 이는 '마을의 복귀'로 운위되는 것처럼, 마을/공동체가 오늘날 현대사회의 정치적·경제적·문화적·생태적 위기를 극복할 주체이자 장소로, 나아가서는 탈근대적 전환 속에서 하나의 총체적 대안[8]으로 제기되고 있다는 점과도 연관된다. 마을/공동체는 전지구적으로 이루어지고 있는 탈산업적 사회 경향과 신자유주의 경제 모델의 확장이라는 최근의 정세 속에서, 좀 더 거시적인 기획과 점진적인 지향을 통해 세계의 전환 내지는 재구축을 상향식으로 촉진하는 핵심적인 자원이자 장소, 혹은 그 연결망의 여러 거점들로 상상되고 있다. 마을/공동체의 근본적인 작동 원리라고 할 수 있는, 물적인 토대로서 구체적인 공유자원의 집단적인 관리는 그 직접성과 자율성의 측면에서 그러한 평가를 가능케 하는 연유가 되고 있기도 하다.

물론 이와 같은 공동체의 실제와 사유의 현재적 경향은, 오늘날 주목받고 있는 마을/공동체를 지나치게 이상화·낭만화하려는 의도를 지닌 것으로 여겨지고 있기도 하다. 다만 이러한 인식을 수용할 때 좀 더 분명해지는 점은, 개인의 필요를 집단의 요구로 변화시키는 방식으로 자발성과 자율성을 발현하고 있었던 마을/공동체라는 사회 형태가, 제도화되거나 정책 사업으로 흡수되었을 때 기업가주의와 컨설팅을 앞세운 신자유주의적 통치 전술로서 단숨에 전화할 수 있다는 점이다.[9] 그러나 국가나 지자체의 정책

---

7 이동수, 「탈현대사회 대안공동체」, 『한국정치학회보』 38(1), 한국정치학회, 2004, 105~125쪽.
8 홍성태, 「마을의 복귀와 위기」, 『로컬리티 인문학』 17, 부산대학교 한국민족문화연구소, 2017, 59~86쪽.

적 차원에서 이루어지고 있는 관련 조례 제정 및 사업화와 관련하여 마을/공동체는 그 실제와 담론의 차원에서 체제와 제도의 크고 작은 영향을 받거나 그에 적극적으로 대응하는 양상 정도로 이해함으로써 그 판단을 유보해볼 수도 있다.[10] 이와 같이, 현대사회의 공동체 담론과 그 실제 지형의 입체적이고 복잡한 면모는, 그것을 '문화적 실천'[11]으로서 본격적으로 상정하여 보다 상세한 분석이 수행되어야 할 당위를 제공한다고 볼 수 있다.

이처럼, 최근 두드러지고 있는 공동체 현상은 현대사회에서 문화가 지니는 위상 변화의 측면에서나 생활세계의 식민화에 대한 적극적인 대응이라는 측면에서나 유의미하게 부상하고 있는 실천으로 평가될 수 있다. 또한, 민속民俗 즉 인민人民(people)의 문화로서 공동체문화[12]를 그동안 핵심적인 연구 대상이자 인문학적 대안 지식의 원천으로 다루어온 민속학의 입지와 영역에서도, 사실 이와 같은 현상에 대한 접근은 새로운 대상 범주와 문제의 설정, 그리고 그 외연의 확장 측면에서 매우 중요할 수 있다. 특히 민속과

---

9 박주형, 「도구화되는 '공동체'」, 『공간과 사회』 23(1), 한국공간환경학회, 2013, 4~32쪽; 김주환, 「한국에서 사회적기업과 신자유주의 통치」, 『경제와사회』 110, 비판사회학회, 2016, 164~200쪽.
10 이정민·이만형, 「대안적 공동체론과 관련 조례의 공동체 개념화」, 『서울도시연구』 18(2), 서울연구원, 2017, 177~192쪽.
11 이는 '문화'를 보는 다음과 같은 규정에 근거한다. 문화는 의미와 가치의 생산을 둘러싸고 이루어지는 개인과 집단의 투쟁들이며, 그 장은 사람들의 욕망과 역능의 배분이나 그들의 자율적 혹은 창의적 활동의 가능성을 놓고 사회적 갈등과 대립, 혹은 적대가 벌어지는 곳이다. 그런 점에서 문화는 결코 가치중립적인 행위가 아니다. 오늘날 활성화되고 있는 이미지의 생산과 소비, 매체의 시청과 활용, 구체적인 공간의 점유와 사용 등 일상의 모든 문화적 실천은 곧 정치적 행위와 직접적으로 연관된다고 할 수 있다. 문화는 또한 상징의 창조, 기호적 실천, 의미생산 등 인간을 인간답게 만드는 사회적 실천으로 규정될 수 있다. 그리하여 문화적 실천은 교환가치를 생산하는 경제적 실천이나 권력관계를 규정하는 정치적 실천과 분리되는 독자적인 영역의 위상을 지닌다(강내희, 『신자유주의와 문화』, 문화과학사, 2000, 19~34쪽; 『한국의 문화변동과 문화정치』, 문화과학사, 2003, 68~69쪽; 『신자유주의 시대 한국문화와 코뮌주의』, 문화과학사, 2008, 125~126쪽).
12 임재해, 「공동체 문화로서 마을 민속문화의 공유 가치」, 『실천민속학연구』 11, 실천민속학회, 2008, 107~163쪽; 「마을 공동체문화로서 민속놀이의 전승과 기능」, 『한국민속학』 48, 한국민속학회, 2008, 213~260쪽; 「마을민속 연구와 인문학문의 길」, 『민속연구』 19, 안동대학교 민속학연구소, 2009, 7~62쪽; 이영배, 「공동체문화와 커먼즈, 가치실천 양식들」, 『비교민속학』 75, 비교민속학회, 2022b, 208쪽.

근/현대성의 문제가, 그 지식 생산의 측면에서 여전히 식민적 종속 상태에 있다는 주장이 일관되고 있음을 비판적인 입장에서 주지한다면, 공동체문화라는 새로운 대상 설정과 그 접근은 역사적인 관점에서도 그와는 다른 민속적 계열을 확인하고 그 문화적 위상을 실천적인 차원에서 새롭게 정립하는 계기가 될 수 있을 것이다.

이와 같은 입장에서 공동체문화 연구를 수행하는 데 핵심적인 개념이자 전략적인 범주가 있다면, 그것은 '민속의 종획綜劃(enclosure of folklore)'이라는 언술discourse[13]이다. '민속의 종획'이라는 아이디어(혹은 개념·범주·분석틀)에서 출발할 때, 역사적 시각에서 그 첫 번째 층위에 배치할 수 있는 것은, 제국에 의해 이루어진 식민지 근대 기획으로서 민속의 구성과 배치이다. 이후에도 민속은 그 장의 형성과 변화에 따라 역사적으로 혹은 이데올로기적으로 효과화[14]되었으며, 이는 현재까지 민속연구의 지형에서 지배적인 흐름으

---

[13] '민속의 종획'이라는 문제는 서구 근대와의 마주침 속에서 분기한, 그 마주침 직전과 분기의 실타래에 대한 주목 속에서 분석된 바 있다. 대표적으로, 제국주의의 식민지 근대 기획으로서 민속의 구성과 배치라는 지배적 흐름을 들 수 있다. 당시 민속은 종획에 의해 젠더, 정체성, 주체화의 문제에 따라 구성/배치되었으며, 그 이후 영향 속에서 현재 '제도화한 민속' 혹은 '대중의 상식 속에 주조된 민속'이 구성되었다는 점이 규명되었다(이영배, 위의 글, 209~210쪽). 흔히 '울타리치기'로 비유되는 이 '종획(enclosure)'은, 자본주의적 가치체계가 전일적이고 독자적으로 작동하고 있다는 일반적인 인식에 대한 문제제기를 함축하고 있다. 종획은 포섭과 흡수, 착취와 강탈, 식민화와 같은 개념들과 연동되며, 자본주의적 과정 바깥 세상에 존재하는 수많은 가치실천들이 자본주의적 가치체계의 에너지원으로 연소되는, 다시 말해 그러한 체계 구성을 위한 재생산과 순환의 동력으로 변환되는 구체적인 과정들을 주의 깊게 관찰한다. 그 과정은 역사적이지만 일회적이지 않다. 즉 종획은 축적의 시초 형태에 머무는 것이 아니라 지속적·반복적·순환적으로 이루어지고 있는 것으로, 그런 점에서 전적으로 체제 구성적인 과정이라고 할 수 있다. 따라서 '민속의 종획'이라는 언술에는, 민속이라는 형태가 일제에 의해 식민적 지식으로서 정립되었던 초기의 조건, 그리고 그러한 구성과 배치의 영향 속에서 이후의 역사적 과정에서도 동일성에 근거한 형태와 기능을 지속·반복해왔다는 데 대한 문제의식이 자리한다. 물론 중요한 것은 단순히 이분법적 인식 속에서 그에 대항하는 차원에 머무는 것이 아니라, 어떠한 종획이 우리를 틀짓고 있는지 분별하여 인식하고 그것이 야기하는 부정성을 극복하기 위한 구체적인 상상과 구성을 수행해가는 일이라고 할 수 있다.

[14] 민속은 식민지라는 조건과 함께, 통치상의 필요와 그에 조응한 포섭과 저항이라는 문제 속에서 새롭게 의미가 부여되었으며, 이에 따라 식민 통치 혹은 외지 경영의 필요성에 의해 외지 민속 혹은 식민지 민속이라는 지식 형태 혹은 담론이 구성되었다. 또한 민속은 이후의 역사 속에서 한국사회의 구조 변동 내지는 체제의 재구조화 과정 속에서도 그 경계 안팎에서 특정한 자리들을 구성해오기도 하였다. 즉 해방과 전쟁, 근대화와 민주화에 따라 형성된 조건이나 맥락에

로 존재한다. 그러므로 한국 민속현상이 근대성의 문턱에서 지식체계로서 전 지구적 가치 사슬 체계와 조우한 지 1세기가 넘는 이 시점에서, 그간의 민속연구를 공동체문화로 전환하여 연구하는 작업은 긴요하고도 유의미하다. 나아가 이러한 작업은 민속연구사의 경향을 포스트 근대 혹은 포스트 자본주의의 사회문화적인 상황과 맥락에 밀접하게 혹은 역동적으로 조응하게 하는 차원과도 연관된다.

  이상과 같은 배경에 따라 이 책은 다음과 같은 목적을 설정하고 그 관련 논의를 담아내고자 한다. 기본적으로 '홍동(-장곡) 공동체문화' 실천의 통시적인 계보와 역사를 추적하는 가운데, 공시적인 차원에서 그것이 지배 체제와 조응하면서 어떤 대안성을 창출해오고 있고 그 의의는 무엇인지 살펴보고자 한다. 이를 위해, 관련 자료를 수집하되 그것을 적절하게 분류하여 제시하고, 그것이 어떤 전망을 포함하고 있고 그 이전과 이후 역사와는 어떤 연관성을 띠고 있는지 상세하게 고찰할 필요가 있다. 이러한 기본 작업 속에서, 공동체문화 실천의 주요 사례로 이 지역 실천의 어제와 오늘을 종합적으로 정리하고 이를 문제영역에 따라 구조화함으로써, 그것이 현대사회의 변화와 조응하면서 어떠한 가치실천 양식들을 주조하고 있는지 조망하고자 한다. 그런 다음, 이를 토대로 마을문화/민속의 현대적 변환과 생성으로서 '마을공화국'을 개념화하고 여기에 부합하는 역사적 실제들을 그 하나의 실험으로 상정하여, 그 속에서 한 농촌 지역사회가 어떤 식으로 전환되어가는지 짚어보고자 한다. 나아가서는 마을공화국이라는 실험이 처한 난관과 그 대응을 검토하고 이러한 논의들을 총체적으로 종합하는 차원에서 마을공화국 실험이 가지는 민속적 함의와 대안적 의미를 규명하고자 한다.

> 조응하면서, 성장주의에 기반을 둔 한국적 민족주의를 강화·정립하는 데 편입되거나 그에 저항하는 담론을 생성하기도 하였다. 그 다기함에도 불구하고 민속은 동일성에 근거하여 과거의 유산 혹은 기억의 편린들로만 인식되는 추세가 지배적이라는 점은 변하지 않는다. 그러므로 공시성과 현재성의 강조와 탐구 속에서 민속지식 생산의 탈식민적 실천이 수행될 필요가 있다(이영배, 「민속지식 생산의 변환과 확장 가능성」, 『민속연구』 37, 안동대학교 민속학연구소, 2018c, 115~155쪽).

2. 선행 논의의 지형과 공동체문화라는 연구 실천

이 책에서는 민속을 긍정성과 능동성의 역량에 기초하고 있는 것으로 생각하고 있다. 만일 이러한 생각이 가능하다면, 기존 범주로부터 끊임없이 탈주하면서도 새롭게 출현한 현실이 요구하는 환경과 규칙을 따르거나 때로는 거기에 저항하면서 그 존재의 변환을 거듭하며 생성의 궤적을 그려온 역사적 과정을 주의 깊게 인식할 필요가 있다. 민속은 수동적이거나 정적인 상태에 머물러 있지 않고, 변화하는 시대와 적극적으로 조응하며 구체적인 역사 속에서 새로운 얼굴들을 드러내는 생성적 과정을 거듭하고 있는 것으로 생각될 수 있다. 민속학적 선행 논의들[15]은 그 현실화의 매개적 기능을 담당해왔다고 볼 수 있으며, 오늘의 시점에서 민속 개념의 여러 뜻과 쓰임새 내지는 민속적인 것의 재현을 둘러싼 다양한 효과들은 바로 그러한 맥락 속에서 이해되어야 하는 것이라 하겠다.

이러한 관점 속에서 주목되는 민속연구의 한 가지 경향은, 민속의 근대성에 대한 근본적인 물음과 그 분석으로부터 진척되고 있는 민속의 변환과 생

---

[15] 일반적으로 민속이라는 용어 혹은 개념은 한국의 역사문화 현상 전반을 포괄하는 쓰임새로 오늘에까지 사용되어 오고 있는 것이 사실이다. 하지만 그 안에는 단선적으로 파악하기 어려운 경합과 갈등 내지는 중층성과 복잡성이 내재한다. 그 논의 계열 혹은 핵심 쟁점들을 간략하게 정리해보면 다음과 같다. 첫째, 조선후기 실학파 유학자들의 관심에 따라 새로운 문명을 제시하는 차원에서 조선 민중의 생활 관습과 그 실상에 대한 자료화가 진행되었다. 둘째, 일제강점기 식민지적 지식 생산과 민족 정체성의 구성 차원에서 조선적인 것의 식민적 배치와 민속연구의 체계화가 이루어졌다. 셋째, 이후 민속은 새롭게 성립되는 국민국가에 의해 제도화되거나 그 체제의 재생산의 일익을 담당하는 한편, 한국의 민족문화 내지는 전통문화 범주의 고전적 형태로서 그 위상이 규명되었다. 넷째, 민중민족주의 혹은 인문학적 대안 지식의 생산과 창출 경향의 등장 속에서 민속 주체의 저항적 전통과 민속의 현장론적 접근이 강조되었다. 다섯째, 급속한 도시화와 대중화 혹은 지식기반사회를 마주하면서 민속의 재생산과 자원화 문제가 두드러졌다. 이와 같은 민속연구의 분화와 그 주요 경향들은 기본적으로 여러 논자들의 민속에 대한 입장과 견해의 일반적인 차이와 간극을 나타내는 것으로 생각되거나 그 지식의 재현적 성격을 실상 그대로 나타내는 것으로 생각될 수도 있다. 다만, 이를 통해 분명하게 강조될 수 있는 점은 민속적 지식 생산과 그 연구 지향이 비선형적인 계보를 형성하고 있을 뿐 아니라 역사적 국면에 따라 계승과 단절, 분화와 전환을 반복하는 가운데 그 경계를 매우 유동적이고 적극적으로 구성하고 있다는 사실이다.

성에 관한 이론적·실천적 사유이다. 이는 기존 연구 지형의 한계로서 정합적인 이론 틀의 미비와 그에 따른 학술 영역의 전망 축소 및 정치성의 실종을 문제 삼으면서도, 연구 범주의 확장과 새로운 방법론 및 이론 체계의 모색과 정립으로 구체화되고 있다. 강조하고 싶은 점은 민속과 근대성을 연결 짓는 분명한 관점 속에서 연구하는 작업의 중요성이다. 민속연구의 기존 성과들은 근대성에 대한 본격적인 분석으로 나아가지 못했다는 한계가 있으며, 설령 그 안에 근대성의 문제가 포함되어 있다고 하더라도 이를 명시적인 차원에서 수행한 작업은 소수의 영역에 불과한 것으로 보인다.[16]

그런 점에서 민속연구의 장 내지는 흐름 그 자체는 근대 혹은 탈근대적 문제설정 속에서 관련 이론 성과들과 조우하며 그 실천적 전망을 그려내는 작업들로 점차 나아가고 있다고 판단된다. 특히 주의를 끄는 것은 민속의 재현에 관한 전환적 인식과 혼종성의 강조 속에서 '민속의 변환과 생성' 혹은 '절합 양식으로서 민속'의 새로운 출현과 그 주요 갈래들이 논의되는 방식으로 대안적 사유의 예시들이 제출되고 있다는 점이다. 가령, 기존의 민속적 지배 이데올로기 재현 체제를 비판적으로 문제 삼고, 이전과는 다른 상황과 국면을 맞이하여 새로운 욕망과 정체성에 근거한 민속적 재현의 흐름과 배치 혹은 사회적 연대의 정동으로서 민속이 지니는 현재적 특질이 현대민속론의 한 범주로서 규명된 바 있다.[17]

16 물론 그럼에도 민속연구의 기존 성과들 중 근대성의 문제를 포함한 연구들이 진척되어 일정한 성과를 거둔 바 있다. 이와 관련한 초기의 연구 성과로는 조현일 외, 『'조선적인 것'의 형성과 근대문화담론』, 소명출판, 2007; 이상현 외, 『동아시아의 근대와 민속학의 창출』, 민속원, 2008; 주영하 외, 『제국 일본이 그린 조선민속』, 한국학중앙연구원, 2009 등을 들 수 있다. 다만 이는 연구사적 궤적의 전개 혹은 분화에 따라 현재의 시점에 이르러서는 문제의식의 결을 달리하고 있는 것으로 판단된다. 아울러, 전통적인 마을문화/민속 현장의 근/현대적 경험과 그 변화의 구체적인 실상을 포착하고 분석한 성과 역시 상존한다.
17 이영배, 「민속의 가능지대, 그 혼종적 성격과 지평」, 『호남문화연구』 57, 전남대학교 호남학연구원, 2015, 178~182쪽; 「텍스트 재현의 동학(動學)과 가능성」, 『용봉인문논총』 48, 전남대학교 인문학연구소, 2016, 213~242쪽; 「사회적 연대의 소스 코드로서 민속의 변환과 생성」, 『한국민속학』 66, 한국민속학회, 2017b, 7~32쪽; 「민속의 재현과 정동의 배치」, 『감성연구』 16, 전남대학교 호남학연구원, 2018b, 299~329쪽.

이와 같은 사유 경향 내지는 연구 관점을 핵심 토대로 하여, 최근 한국사회에서 활발하게 전개되고 있는 마을/공동체 운동의 전체상에 대한 조망과 더불어 그것을 민속연구의 한 영역으로 전유하는 시도가 진척되기도 하였다. 동시대적으로 활성화되고 있는 마을운동의 실험은, 체제의 위기로부터 발생하고 있는 사회적 영역의 붕괴와 그 전망의 부재를 명확하게 인식한다는 점과 함께, 대안사회의 지향 속에서 민속의 핵심 원리이자 속성이라고 할 수 있는 공동체적 문법이 오늘의 요구에 걸맞은 방식으로 변환되어 현실화되고 있는 것이라는 점이 규명되었다. 이러한 현상들을 민속학적으로 전유하고자 하는 시도는 연구 대상과 범주의 외연을 넓힐 뿐 아니라 그 미래학적 위상과 전망을 정립하는 차원에서 연구 지평의 일정한 확장을 도모하였다는 점에서 핵심적인 성과로 거론될 수 있다.[18]

위와 같은 연구 경향을 단초로 하여 '공동체문화 연구'라는 의제가 제출된 것은 비교적 최근의 일이다.[19] 공동체문화 연구는 아직 초기 단계에 있음에도 불구하고 민속연구의 패러다임을 새롭게 정초하는 측면에서 유의미한 성과들이 축적되고 있으며, 한국사회의 여러 조건들과 적극적으로 마주함으

---

[18] 이와 관련된 주요 성과로 이영배, 「마을행동, 사회적 연대의 민속적 배치와 생성」, 『인문학연구』 35, 경희대학교 인문학연구소, 2017a, 112~152쪽; 「마을연구 담론의 경향과 전망」, 『민속연구』 36, 안동대학교 민속학연구소, 2018a, 33~68쪽을 들 수 있다. 이외에도 마을연구의 외연 확장을 도모한 도시민속학, 마을만들기 연구 경향을 들 수 있으며, 특히 '마을민속 연구와 마을만들기에 대한 비판적 검토와 전망'이라는 주제로 개최된 2017년 안동대학교 민속학연구소 학술대회(안동대학교 국제교류관, 2017.08.04)는 기획의 측면에서 그러한 전환을 일정하게 표방한 것으로 상정할 수 있지 않을까 한다.

[19] 앞서 언급한 바와 같이 공동체문화, 즉 '공동체의 문화'가 민속연구의 핵심적이고 오랜 관심사였다는 점은 물론이다. 여기에서 언급하고 있는 '공동체문화' 또한 민속연구 담론이 형성하고 있는 장적 체계의 어느 한 지점에서 솟아난 것이기 때문에, 그러한 경향을 이어받고 있는 것이 분명하다. 다만 강조하고 싶은 점은 '공동체문화'라는 관점 혹은 키워드가 하나의 의제로 제출되어 연구되고 있는 흐름이 표방하는 인식론적 단절 혹은 그 지형의 차별적 재구성이다. 관련 연구 성과로는 국립안동대학교 민속학연구소 공동체문화연구사업단 엮음, 『민속학과 공동체문화연구의 새로운 지평』, 민속원, 2019; 『연구 동력과 원천들』, 민속원, 2020; 『구상과 영역들』, 민속원, 2020; 『실천의 각편과 사유의 편린들』, 민속원, 2021; 『'어떤' 고리와 매듭들』, 민속원, 2022 등을 들 수 있다.

로써 두드러지고 있는 대안 실천의 지형과 그 흐름의 민속적 의의와 위상 내지는 접근 방식에 관한 여러 고민의 결과들이 도출되고 있다. 물론 여기에는 현대사회의 다층적인 위기에 대한 명확한 인식 속에서 지구 생태 혹은 인류 실존의 미래지향성과 지속가능성을 담보하는 가운데 전개되고 있는 비자본주의적인 경관의 부상이, 실천과 담론의 측면 모두를 아우르는 방식으로 점차 표면화되고 있는 추세에 대한 문제의식 또한 자리 잡고 있다.[20]

이 책은 마을문화/민속의 변환과 생성으로서 공동체문화를 연구하고 있으며, 그 대상으로 충남 홍성군 홍동면과 장곡면 일대에서 이루어지고 있는 실천 사례에 접근하고 있다. 여러 측면에서 볼 때, 해당 지역의 실천이 한국 공동체 운동의 지형에서 선도적인 역할을 담당해왔다고 평가되고 있는 것은 분명해 보인다. 학술적인 차원에서도 그에 따라 해당 사례가 지닌 사회적 지위 내지는 실천적 의미가 중점적으로 분석되는 경향을 보이고 있다. 따라서 해당 실천 사례에 접근한 선행연구의 지형 및 그 성과와 한계를 짚어보고 그 속에서 다루어지고 있는 사례의 특이성을 조망하되 이들을 종합하여 이 책의 접근 방식을 정리하고 그 의의를 갈무리하고자 한다.

홍동과 장곡 지역의 실천 사례는 그 실제의 복잡성만큼이나 관련 연구 지형도 대단히 다기한 외양을 띠고 있는 것으로 판단된다. 다시 말해, 이 지역 실천을 다룬 다수의 연구 성과들은 통일적·균질적이기보다는, 서로

---

20 최근 전개되고 있는 대안 담론과 사유에 대한 독해와 분석에 근거하여 그와 같은 사상적 조류와의 절합을 시도하거나 그것을 민속학적으로 전유하는 작업 속에서 공동체문화 관련 이론적 성과가 진척되고 있다는 점도 지적할 만하다. 즉 이전 시대에 성행했던 개념이 산출해버린 역사적 과오를 성찰적으로 접근하되 그것이 지닌 부정적·한계적 성격을 탈각하고, 그 개념을 오늘의 상황에 맞게 변주하거나 이를 해체적·대안적으로 재구축하는 사유 경향이 최근 다양한 영역에서 두드러지고 있다. 현 체제의 위기와 모순을 드러내고 분석할 뿐 아니라 그러한 현실에 대한 학술적 응답 내지는 실천적 지식 생산이 강화되는 추세에 있다는 점도 이와 맥을 같이 한다. 이는 민속과 공동체문화가 맺고 있는 개념적·실제적 연관과도 유사하다고 할 수 있다. 현대 민속학의 새로운 실험으로서 이러한 추세를 공동체문화라는 관점에서 접근하여 본격적인 연구 범주로 다루는 일은 역사문화적 관점에서 한국 민중의 습속과 실천적 궤적을 공동체문화로서 정립해온 그간의 민속연구의 학술적 성과 내지는 그 위치 면에서도 상당 부분 시의적이고 가치 있는 작업으로 평가될 수 있을 것으로 생각한다.

합치되지 않거나 때로는 교차하는 입장과 견해들이 뒤섞이거나 병존하는 방식으로 전개되고 있는 것으로 판단된다. 이전 연구 성과를 충실하게 독해하고 그러한 선행연구의 토대 위에서 새로운 연구 성과를 도출하는 식의 단선적인 연구사의 궤적을 형성하고 있다고 보기는 어려우며, 주류적인 분과학문 체계의 범주 내에서 통합적인 연구 주제로서 심화·진척되어온 궤적을 보이고 있는 것으로 간주하기에도 다소 무리가 따른다.

다만 자료의 측면에서 현상 내지는 사례의 체계적인 정리와 내용의 최신화가 지속적으로 이루어짐에 따라 매우 광범위한 연구 지형을 형성하고 있다. 그런 한편, 지역 실천의 행보에 대한 정리에 더해 학문 영역 각각의 주관적인 연구 관점들이 표방됨으로써 담론장의 특정한 구조를 형성하고 있다. 이와 더불어 주목되는 점은, 실천 주체와 연구 주체 모두의 필요와 의지 혹은 이들의 상호 교차와 결합이 두드러지면서 그러한 담론 지형의 독특함이 조성되고 있다는 점이다. 이러한 면모는 정적인 완료 상태에 있는 것이 아니라 여전히 역동적인 변화 과정 중에 있는 실천 현장의 상황을 적극적으로 반영한 결과라고 하겠다.

또 하나 주목되는 점은 이러한 연구 성과들이 지역 실천 현장을 바라보는 인식론적 측면과 이를 통해 정립되는 그것의 존재론적 위상이다. 즉 실천 현장이 한국사회 내에서 가지는 대안적 위상이 그러한 인식의 중심에 위치해 있고, 이에 부합하는 분석의 결과들을 도출하는 연구 성과들이 그 장의 안팎에서 일정한 학술적·실천적 함의를 확보하고 있다. 사안에 따라서는 보다 구체적인 쟁점들이 제기되고 이와 관련된 논의가 좀 더 전개되고 확장됨으로써 향후 각각의 연구 지평의 전환을 함축하는 하나의 분기점으로서 기능하면서 점차 새로운 차원으로 나아가고 있는 것으로 판단된다.

이 지역 실천 사례에 관심을 두었던 분과 학문 영역은 실로 다양하다. 기본적으로 역사학·사회학·교육학의 영역에서 해당 사례에 대한 정리와 그 성격이 분석되었으며, 최근에 이르기까지 제기되어온 쟁점들이 정리되면서도 그것이 가지는 실천적 위상이 활발하게 논의되어 왔다. 이 밖에도 인류학·민속학·지리학·기록학·조경학·언론학 등 다소 상이한 학문적 입장과 견해들을 반영하며 여러 분과학적 입지에서 그 성과들이 도출되어 왔다. 이러한 연구 성과들은 기본적으로 지역 실천의 전체상을 주지하면서도, 대상에 따라서는 무교회주의·이상촌·풀무농업고등기술학교(풀무학교)·유기농업·협동조합·지역신문·귀농/귀촌·주민자치 등 실천 현장의 변곡점을 형성하며 그 흐름을 단절/지속시켜온 핵심적인 매듭들의 구체적인 행보와 궤적들을 소상하게 반영해 왔다.

그 논의 방식 또한 마찬가지로 다양한 각도에서 이루어져 온 측면이 있다. 이를테면 실천의 기본적인 틀을 제시했던 역사적 사례 내지는 연원에 대한 탐구에서부터 실천 주체들의 사상적 면모와 가치 지향, 실천 조직 및 단체의 형성 배경과 운영 및 전개 과정, 지역 거점 활동의 현황과 실제, 구성원 및 주민들의 관계 구도와 인식의 차이, 지역사회의 주요 현안 및 의제와 그 실천적·대안적 성격과 의미에 대한 천착, 정책적 활용 가능성과 그 구체적인 방안 제시에 이르기까지, 단일 연구 대상임을 고려하면 비교적 상세하고도 다각적인 접근과 규명이 이루어져 온 것으로 판단된다.

이러한 현황에 근거했을 때, 홍동과 장곡 지역의 실천 사례를 주목해온 연구의 동향과 그 담론 지형을 그 대상과 관점, 유형 등에 따라 전체적인 차원에서 일정하게 조망할 필요가 있다. 해당 사례를 다루고 있는 선행연구들은 지금까지 수행된 연구의 방향성과 현재의 인식 수준 및 논의 단계를 보여줄 뿐 아니라, 앞으로 심화·확장되어야 할 문제 영역들을 포함하고 있는 유의미한 성과들로 평가될 만하기 때문이기도 하다.

해당 사례의 연구 성과들을 조망해볼 때 그 계열은 다음과 같이 구분될 수 있을 것으로 판단된다. 첫째 농업정책의 전환과 연관지어 대안농업 실천의 지역적 사례들을 조명한 연구, 둘째 교육현실의 극복과 연관지어 마을교육 실천의 지역적 사례들을 조명한 연구, 셋째 역사학적 혹은 현장론적 관심 속에서 지역의 주요 실천 흐름 내지는 특정 사례들을 접근한 연구, 넷째 지역 공동체 혹은 지역사회의 서사적 구성과 담론적 재현 문제를 다룬 연구, 다섯째 공동체문화 실천의 핵심 사례로서 이 지역 실천을 분석한 연구가 그것이다. 아래에서는 이러한 구분에 의거하여 그 논의들을 구체적으로 짚어보고자 한다.

먼저 첫 번째 계열로, 농정연구의 관심 속에서 농업농촌의 대안적 활로를 모색하거나 구축하는 시도가 이루어지는 가운데 지역 사례를 그 지식 자원으로서 검토하거나 분석하는 경향을 들 수 있다. 이는 주로 농업농촌 관련 분과학문을 중심으로 이루어졌으며, 사회학·경제학·지리학 등과 같은 입지에서 관련 연구 성과들이 제출되었다. 자율적인 운동 차원에서 전개되었던 지역적 농업 실천의 대안적 성격을 공통적인 접근 이유로 들고 있으며, 유기농업의 실험과 생산자 조직화의 다양한 면모들이 지역사적 맥락에서 기록·정리되면서도 기존 농업정책의 한계를 대신하는 정책 설계와 입안에 활용되거나 그 기대 효과가 분석되었다.

이와 같은 연구 계열의 구체적인 성과는 다음과 같다. 우선 풀무학교에서 발원한 유기농업의 지역적 형성과 전개 과정을 정리하고 생산자 조직을 중심 대상으로 설정하여 그 특성이 탐구되었다.[21] 유기농산물의 지역적 생산 체계와 그 실태에 대한 조사 보고와 더불어 그 경영 방식의 특성과 농가소득의 현황에 대한 분석이 초기의 성과로서 진척되었으며, 이를 토대로 하여 지역 유기농업의 형성 과정과 그 동력에 대한 천착으로 나아가기도 하였다. 지역의 생산자 조직을 대상으로 삼아 그 자체에 대해 분석하거나 지역 유기농업의 형성 및 전개 과정을 재구성하는 작업을 통해 그 역사적

---

21 김호·조완형, 「유기농산물 생산의 특성과 경영소득 분석」, 『한국유기농업학회지』 4(1), 한국유기농업학회, 1995, 45~58쪽; 김기흥, 「홍동면 문당리 유기농업의 형성 과정」, 『농촌사회』 25(2), 한국농촌사회학회, 2015, 57~89쪽; 「홍동면 유기농업의 전개 과정과 특성」, 『한국유기농업학회지』 24(4), 한국유기농업학회, 2016, 627~644쪽.

과정과 사회경제적 성격이 분석되기도 하였다.[22] 이와 같은 연구 성과들을 통해 유기농업의 지역적 실험은 철학과 신념에 근거한 실천에서부터 농가경제의 실질적인 도움을 주는 집단적·협업적 경영 체계로, 그리고 상호 제휴 관계에 있는 주체들의 삶의 질 향상과 새로운 가치 지향을 중심으로 한 지역적 연계망 형성에 이르기까지 공동체를 중심으로 한 가치체계의 수립과 구체적인 양식화가 이루어진 중대한 경험으로 상정되었다.

해당 사례는 농식품체계의 대안적 실험으로 주목되기도 하였다. 전국적인 생협운동의 흐름 속에서 그 환경 변화에 따른 지역적 대응으로 지역 조직의 역사가 재구성되는 한편,[23] 농촌개발의 이해 방식이 점차 기술·경제 중심으로부터 농업농촌의 다원적 가치에 대한 지향으로 이전되고 있는 현실을 반영하고 있는 하나의 경로이자 내생적 발전 모델의 주요 실천 형태로 주목되기도 하였다.[24] 지역의 대안농업 사례가 관행화·시장화의 길로 다시금 포섭되거나 회귀하는 역설적 광경 내지는 한계 지점에 대한 비판적 분석이 수행되는 가운데, 실천의 경계가 확산되고 농업 목적성의 다각화가 모색되면서 새로운 방식의 실천으로 부상하여 전개되고 있는 사회적농업 혹은 다기능농업에 대한 지역적 사례가 연구되기도 하였다.[25]

한국 농촌의 절박한 위기 상황을 마주하여 그 극복 방안을 탐구하는 가운데 이 지역 실천 사례가 지속가능한 농촌 발전과 혁신 모델로서 주요하게 상정되거나 고려되기도 하였다. 구체적으로, 우선 농촌의 시장적 발전의

---

[22] 김흥주, 「친환경농업 생산조직과 생산자의 특성 및 대안 가능성」, 『사회과학연구』 24(1), 경성대학교 사회과학연구소, 2008, 185~212쪽; 「풀무생협 생산자의 사회경제적 성격에 관한 연구」, 『농촌사회』 18(1), 한국농촌사회학회, 2008, 43~89쪽.

[23] 허남혁, 「생협 생산자 조직의 생산-소비관계 변화」, 『농촌사회』 19(1), 한국농촌사회학회, 2009, 161~211쪽.

[24] 김소연, 「농생태학적 농촌개발을 위한 네스티드 마켓의 생성과 발전」, 『농촌사회』 25(2), 한국농촌사회학회, 2015, 7~55쪽.

[25] 김정섭, 「사회적 농업, 농업과 농촌의 탈영토화」, 『농촌지도와 개발』 25(3), 한국농촌지도학회, 2018, 121~133쪽; 김태완, 「농업의 재구성과 농촌사회 변화」, 『농촌사회』 30(2), 한국농촌사회학회, 2020, 7~64쪽.

관점에서 농촌개발과 농촌관광이 강조되는 활성화 방안 연구가 수행되었다.[26] 농촌 지역 공동체를 유지하고 있는 물적 조건에 대한 분석이 이루어지는 한편, 농촌지도의 관점에서 농촌관광의 한 사례로서 이 지역의 현황과 개선점의 분석을 통해 시사점이 정리되었으며, 농촌의 자립적 발전과 활성화의 관점에서 지역적 혁신 활동의 핵심적인 성과와 이를 가능케 한 성공 요인이 분석되기도 하였다.

다음으로, 농촌의 공동체적 활동과 유기적인 교류의 강조 속에서 핵심 주체의 육성과 역량 강화를 통해 농촌지역 공동체의 성립과 그 지속가능성이 확보되어야 한다는 주장이 중점적으로 제기되기도 하였다.[27] 한국 농촌의 위기 상황에 따른 농촌의 지속가능한 발전 측면에서 공동의 목적과 이념, 가치가 무엇보다 강조되고 있으며, 그러한 발전 모델로서 이 지역 실천의 다양한 면모가 주목되었다. 이를테면 지속가능한 농촌 발전을 전략화하고 실현할 주체 형성의 필요성이 제기되는 한편 생태·경제·사회적 지속성의 유기적인 상호작용이 강조되기도 하며, 여러 마을 관련 사업들을 활용하여 자립순환경제를 형성함으로써 공동체성이 발전되어야 한다는 주장이 제기되기도 하였다.

두 번째 계열로, 오늘의 교육현실에 관한 비판과 그 대안 구성의 관점에서 지역의 교육 실천 사례의 기저를 이루고 있는 사상적 면모와 구체적인

---

26 이관규, 「농촌의 변화와 미래상」, 『도시와빈곤』 51, 한국도시연구소, 2001, 52·77쪽; 배성의·김정태, 「지속가능한 농촌건설을 위한 농촌관광발전 방향」, 『한국농촌지도학회지』 10(1), 한국농촌지도학회, 2003, 77~85쪽; 윤갑식, 「농산촌 지역혁신체계 기반구축 현황과 육성방안」, 『국토지리학회지』 40(3), 국토지리학회, 2006, 381~392쪽; 박은복·박정란, 「원거주민의 경험을 통한 홍동마을공동체 유지에 관한 연구」, 『미래사회복지』 10(1), 한국사회복지실천연구학회, 2019, 233~272쪽.

27 김정숙·강영택, 「농촌 지역공동체의 지속가능성을 위한 주체형성 과정」, 『한국교육학연구』 18(2), 안암교육학회, 2012, 51~82쪽; 강용배, 「농촌마을공동체의 역량강화 사례연구」, 『한국정책과학학회보』 8(4), 한국정책과학학회, 2004, 5~26쪽; 최승호, 「지역 마을 공동체 만들기 운동의 발전 방안 모색」, 『한독사회과학논총』 19(1), 한독사회과학회, 2009, 237~268쪽; 임은진, 「지속가능한 촌락에 대한 고찰」, 『한국사진지리학회지』 20(3), 한국사진지리학회, 2010, 61~72쪽.

행보, 그리고 교육사적 의의가 도출되는 경향을 들 수 있다. 이는 주로 교육학적 견지에서 이루어진 바 있으며, 교육의 대안성·이상성이 강조되면서도 그 단초를 실제적으로 구현해온 이 지역 실천의 궤적이 정리되거나 분석되었다. 이러한 지역의 교육적 실천 사례는 특히 현재의 공교육·대안교육·혁신교육에 일정한 시사점을 던져주는 것이면서도 이른바 '교육운동'의 가능한 모델로서 '새 교육'의 가능성과 실마리를 제공하는 지식 자원으로 접근·조망되고 있다는 특징을 보이고 있다.

이와 같은 연구 계열의 구체적인 성과는 다음과 같다. 우선 풀무학교의 설립 과정을 중요하게 접근하면서, 그것을 가능케 한 사상적·이념적 토대로서 교육 지도자의 면면과 행적에 대한 탐구와 정리가 이루어졌다.[28] 민족교육과 평민교육으로 대표되는 한 시대의 교육사상이 학교의 설립을 통해 구체화된 궤적을 추적하면서도 향후 교육과 공동체 운동의 결합 속에서 마을과 학교의 순환적 발전관계로 실현되었던 과정과 경로를 되짚었다. 연구는 이러한 지역적 교육실천 사례가 우리 교육에 대한 물음과 성찰적 계기가 된다는 점을 주장하였으며, 주류적 교육현실에 일정한 함의를 던져주고 있다는 점 또한 강조하였다.

오늘의 교육현실을 극복하기 위해 공동체에 기반을 두고 있는 대안교육의 사례로서 현장 연구가 수행되기도 하였다.[29] 특히 근대교육의 실제에 대한 반성과 그 개혁 과제의 설정 속에서 새로운 교육 실험으로서 공동육아와 공동체교육의 연계 사례에 관한 교육인류학적 접근이 시도되었다. 자본주의적 산업화와 도시화의 폐해를 극복하는 교육적 대안으로서 유기성·생태성을 근간으로 한 공동육아와 공동체교육의 연계 실험 현장에 대한 관심

---

28 강영택, 「대안교육의 사상적 기반으로서 이찬갑의 교육사상에 대한 연구」, 『한국교육』 37(4), 한국교육개발원, 2010, 5~23쪽; 「이상적 마을공동체를 향한 홍순명의 사상과 실천」, 『기독교교육논총』 40, 한국기독교교육학회, 2014, 231~258쪽.
29 정병호, 「한국사회의 공동체 교육현장에 대한 인류학적 연구」, 『민족과문화』 9, 한양대학교 민족학연구소, 2000, 407~432쪽.

과 천착이 이루어졌다. 특히 풀무학교와 공동육아어린이집이라는 실험이 이 지역의 교육현장으로서 주목되었으며, 이를 통해 '공동체교육'의 개념화가 시도됨으로써 공동체의 교육적 역할이 강조되었다.

이러한 성과는 지역 실천의 발신지이자 중심을 이루고 있는 교육 기관으로서 풀무학교가 지향해온 교육실천의 사상적·역사적 배경과 의미를 정리하면서도, 종합적인 역사적 탐구를 시도함으로써 풀무학교의 지향과 실천이 지닌 교육사적 위상을 제고하는 작업으로 나아갔다.[30] 이러한 논의를 통해 근대 교육의 태동 과정에서 종교·신앙적인 측면이나 민족·지역적인 측면에서 여러 계보들이 교차하며 형성됨으로써 역사적으로나 실천적으로나 고유한 특성을 보여주고 있는 사례로서 풀무학교의 독특한 위상이 규명되었다.

전 세대에 걸친 교육 과정의 수립을 통해 지역사회 내의 역할을 강조하였던 풀무학교의 교육이념을 분석하면서도, 그것이 궁극적으로 도달하고자 하였던 학교와 지역의 협력적 발전 방향을 '지역적 교육체계'로 개념화하여 하나의 교육모델로 제시하는 사례 연구들이 진행되기도 하였다.[31] 구체적인 사례들의 분석을 적극적으로 수행하고 있는 만큼, 이들 논의는 여러 갈래의 연구 성과로서 도출되고 있는 것으로 판단된다. 가령 공동 의제와 공론화 속에서 지역과 학교가 일정한 협력적 관계를 이루며 공진화해온 궤적을 추적하면서도, 그 주도권 내지는 역할 및 기능의 변화상이 분석되거나 지역사회가 유지해온 이와 같은 교육적 문법이 이른바 '농촌교육의 황폐화' 국면에 대한 지역적 대응으로 상정되는 한편, '마을교육체계'의 이론화를 시

---

30 정해진, 「풀무학교의 근대 교육사적 의의」, 『한국교육학연구』 19(3), 안암교육학회, 2013, 233~268쪽.
31 강영택·김정숙, 「학교와 지역사회의 파트너십에 대한 사례연구」, 『교육문제연구』 43, 고려대학교 교육문제연구소, 2012, 27~49쪽; 양병찬, 「농촌 학교와 지역의 협력을 통한 지역교육공동체」, 『평생교육연구』 14(3), 한국평생교육학회, 2008, 129~151쪽; 양병찬·최정윤·오나비나·김미정·이서영, 「지역공동체의 마을교육체계 분석」, 『평생교육연구』 27(3), 한국평생교육학회, 2021, 1~33쪽.

도하는 속에서 마을교육 사례의 현장 실제를 반영하여 그 연구 범주가 확장되기도 하였다.

세 번째 계열로, 지역사회 내지는 공동체 실천의 주요 흐름에 대한 역사적 접근이 수행되면서도 현장 조사와 관찰에 의거하여 개별 소모임이 운영되는 방식과 그 의미가 도출된 경향을 들 수 있다. 즉 지역적 실천을 추동한 주요 흐름들에 대한 역사적 정리 작업이 수행되는 한편, 다양한 분과학문의 견지에서 개별 소모임에 대한 정리와 기록, 보고와 같이 상세한 접근과 그 의미가 검토되었다. 특히 현장 관찰과 경험에 기초하여 이 지역 실천의 최근 주요 흐름 내지는 구체적인 활동에 관한 접근이 인류학과 민속학의 입지에서 이루어진 바 있다.

우선 무교회주의·협동조합운동 등 이 지역 실천을 둘러싼 주요 흐름에 대한 역사학적 접근이 수행되었다는 점을 거론할 수 있다. 이러한 연구들은 이 지역 사례의 전사前史에 대해 본격적인 관심을 기울임으로써 현재 활성화되고 있는 해당 사례의 역사적 궤적을 이해하는 단초를 마련해주고 있다. 다만 주목되는 것은 역사기술적 기획의 측면에서 이러한 작업들이 보여주는 독특함인데, 이를테면 현재성에 대한 인식 속에서 나타나는 지나간 미래에 대한 성찰적 자세가 그러한 작업의 동인이 되고 있는 것으로 보인다. 뿐만 아니라 역사적 공백을 채우는 의미에서 해당 실천의 궤적을 단순 기술한다기보다는, 일반적인 거시사 내지는 근대 역사의 주요 흐름과 그것을 연관지어 이해하는 경향을 보이고 있다.

실천의 주요 흐름으로서 공동체 실험의 과거적 연원과 그 사상적 토대에 대한 역사적 접근이 이상촌과 오산학교, 그리고 무교회주의의 이념과 그 공동체의 실상을 중심으로 시도되었다.[32] 한 지식인이 남겨둔 기록들의 수

---

32 백승종, 『그 나라의 역사와 말』, 궁리, 2002; 김건우, 「해방 후 한국 무교회주의자들의 공동체 구상」, 『사이間SAI』 19, 국제한국문학문화학회, 2015, 69~90쪽; 「오산학교의 무교회주의자와 지역공동체」, 『대한민국의 설계자들』, 느티나무책방, 2017, 144~159쪽.

집과 정리를 기본적으로 수행하면서도, 그것이 암시하고 있는 일상과 세계관을 온전하게 묘사하는 방식으로 미시사적 접근이 시도되었다. 그런 한편 민족적 지성사의 구성 작업 속에서 그 한 가지 맥을 이루고 있는 무교회주의자들의 구체적인 행보가 연구되기도 하였다.

마찬가지로 지역에서 전개되어온 협동조합에 대한 역사적 연구와 정리가 체계적인 관점 속에서 이루어지기도 하였다.[33] 구체적으로는, 이 지역 실천의 특징이라고 누차 언급되고 있는 학교와 협동조합의 지역적 연계라는 구상이 이상촌의 이상을 계승한 흔적으로서 접근되었다. 또한 협동조합운동이 역사적 과정 속에서 전반적으로 흡수와 해체, 소생을 거듭하는 가운데, 이 지역의 협동조합 사례가 그 지속성의 측면에서 중요한 역사적 의미를 지니고 있다는 점이 규명되었다. 그런 한편, 이 지역 협동운동의 사상적·실천적 기반으로서 무교회주의가 주목되기도 하였다.

지역 협동조합의 역사적 연구는, 농촌적 실험으로서 협동조합의 형성 과정과 그것이 지닌 결사체적 성격 및 자율적 면모가 도출되는 사회학적 성과로 나아가기도 하였다.[34] 이 지역에 공고하게 자리 잡고 있는 협동문화라는 것이 이전 지역사회의 역사적 경험에 연원하였다는 기존 논의가 중요하게 고려되면서도, 그것이 최근 농촌사회의 현실 속에서 어떤 경로와 방식을 거쳐 구체화되고 있는지 분석되었다. 이러한 현실 속에서 추동되는 협동조합의 사례는 지배적인 가치체계로부터 일정한 거리를 두면서 그것과 길항하거나 가능한 대안을 제시함으로써 사회적·정치적 위상 내지는 실천적 의의를 나타내고 있는 것으로 운위되기도 하였다.

33 김형미, 「홍성지역 생협운동의 전통」, 김형미 외·아이쿱협동조합연구소 엮음, 『한국 생활협동조합운동의 기원과 전개』, 푸른나무, 2012, 117~135쪽; 이경란, 「한국 근현대 협동조합의 역사와 생활협동조합」, 『역사비평』 102, 역사비평사, 2013, 40~71쪽; 염찬희, 「한국전쟁 후 다시 시작한 협동조합운동」, 한국 협동조합운동 100년사 편찬위원회, 『한국 협동조합운동 100년사』 I, 가을의아침, 2019, 186~216쪽; 한성훈, 「무교회신앙과 협동조합 정신」, 같은 책, 286~319쪽.
34 김정섭, 「농촌 지역사회의 자율성과 협동조합」, 『농촌사회』 23(2), 한국농촌사회학회, 2013, 173~223쪽.

다음으로, 현장 관찰과 경험에 기초하여 이 지역 실천의 최근 주요 흐름 내지는 구체적인 활동에 관한 접근이 인류학과 민속학의 입지에서 이루어졌다는 점도 거론될 만하다. 즉 새로운 공동체 민속이자 생활 관행으로서 이 지역의 제반 실천이 다루어지면서도 개별 현상에 대한 현장 연구가 진행되었으며, 공동체의 현황과 실제를 현장 속에서 다루는 접근을 통해 민속학적 성과의 외연을 넓히는 시도가 이루어지기도 하였다. 이를테면 지역정치에 대한 관심이 촉구되면서도, 민속학적 연구 범주로서 공동체 단위가 리里에서 면面으로 확장되어야 한다는 주장이 제기되었다. 기존 마을 공동체의 봉건성과 비민주성을 타파하는 귀농/귀촌인들의 활동이 포착되기도 하였으며, 생업활동을 바탕으로 한 소모임 사례가 공동체의 현재적 경향 내지는 호혜성의 새로운 양태로서 주목되었다.

먼저, 이러한 관점 속에서 이 지역 주민자치 내지는 민관협치의 활동 사례들을 접근·분석하는 연구가 진행되었다.[35] 주민자치 관련 정책과 활동들이 추진됨에 따라 지역정치의 실제 관행이 일정한 변모의 계기를 맞이하고 있다는 점을 주요하게 인식하면서, 다양한 지역 주체들의 차이를 대면하고 갈등을 조정하는 역동적인 장을 구성하고 있으면서도 변화하는 현실에 대한 지역의 자율적이고 집단적인 대응으로서 그와 같은 실험들이 상정되었다. 아울러 이러한 사례는 지역사회의 구조적 변화를 반영하는 핵심 사례이면서도 자치와 공동체의 경계와 범주의 새로운 구성을 함축하고 있는 것으로 조명되기도 하였으며, 이를 바탕으로 마을사회의 최근 동향 및 실상과 연동하는 민속학의 연구 관심의 확장이 요청되었다.

지역 여성들의 공동체 활동들에 주목한 논의는 현장 접근을 통해 지역정치의 실제와 그 역동성을 규명하고자 한다는 점에서 이와 유사한 문제의식

---

[35] 진필수, 「협치의 이상과 자치의 딜레마」, 『비교문화연구』 25(2), 서울대학교 비교문화연구소, 2019, 299~345쪽; 「지방사회의 새로운 자치와 마을 연구의 성찰」, 『비교민속학』 71, 비교민속학회, 2020, 145~185쪽.

을 지닌다고 할 수 있다.[36] 이러한 논의는 그동안 사적 영역으로 치부되어 온, 배제된 존재들의 친밀성과 서로 돌봄이 공공성에 기여하는 방식에 대한 관심을 내비치면서, 그러한 친밀성의 영역이 정치적 논의의 장으로 기능한다는 점을 주목하고 있다. 농촌이라는 토착적 경관에 도시적 감각이 입혀지는 과정을 계기로 하여 다양성이 뿌리내릴 수 있는 토대가 마련되고, 나아가서는 여러 차이들이 자율적인 방식으로 포용되어 가는 민주적 실천 흐름이 점차 조성되고 있다는 것이 확인되었으며, 이것이 기존의 실천을 새롭게 구조화하고 재생산하며 지역사회의 전체적인 흐름 변화를 이끌어가는 핵심이 된다는 점이 주장되었다.

자연친화적 농사실천을 매개로 한 공동체적 실험을 전개하고 있는 한 소모임의 사례에 주목하는 연구가 진행되기도 하였다.[37] 해당 사례를 통해 변화하는 지역 농업·농촌 경관의 한 단면이 묘사되었으며, 전통적인 마을 공동체의 모습과의 묵시적인 비교 속에서 현재 활성화되고 있는 공동체 활동의 면모와 주요 특징이 검토되었다. 이를 통해 과거의 공동체 활동과 달리, 지역의 한정성을 벗어나는 개방적 공동체가 지향되고 있다는 점, 자발적 참여와 자율적 운영 방식을 채택하면서도 공동의 협력과 개인의 자율성을 동시에 확보하고자 한다는 점, 생태적 삶의 지향이라는 공통의 목표 하에서 새로운 농사법을 매개로 하여 개개인의 삶의 방식을 전환하는 실험을 전개하고 있다는 점이 분석되었다.

네 번째 계열로, 이 지역 실천을 구성하는 한 가지 요소로서 기록과 서사 내지는 담론 문제에 접근함으로써 공동체 재현 문제에 대해 비판적인 관점에서 분석한 연구 경향을 들 수 있다. 이 계열에 속한 논의들에서는 공동체

---

[36] 진명숙, 「친밀과 돌봄의 정치경제학」, 『한국문화인류학』 53(2), 한국문화인류학회, 2020, 51~115쪽; 「배려와 우정의 친밀공동체로 농촌에서 페미니즘 부팅하기」, 『민주주의와 인권』 22(1), 전남대학교 5.18연구소, 2022, 227~281쪽.

[37] 박선미, 「홍동 자연재배논모임으로 본 현대 공동체문화」, 『실천민속학연구』 35, 실천민속학회, 2020, 515~553쪽.

서사의 재현 양상과 그 담론적 성격에 대한 관심을 엿볼 수 있으며, 특히 공동체 서사를 다성적인 기록이자 정치 과정으로서 다루고자 하는 의지가 표명되고 있다. 이러한 연구 계열은 다른 공동체 사례 연구에서는 크게 두드러지지 않는다는 점에서 이 지역 연구 성과의 한 가지 경향으로서 유의미하게 거론될 만하다.

그 내용을 구체적으로 짚어보자면 다음과 같다. 협동에 근거한 조직의 구성과 그 활동 양상이 이 지역사회를 구성하고 있는 서사적 특징으로 고려되면서 그 담론적 효과에 대한 분석이 수행되었다.[38] 즉 과연 공동체가 실재하는가와 같은 질문과 함께 지역사회라는 것은 생활세계 내 의사소통적 관계라는 점이 상정되고 있으며, 그 현존은 곧 사회적 실재로서 일상적으로 구성되는 것으로 보고 있다. 또한 일정한 서사적 형태가 핵심으로 되어 공통된 지식이 형성되고 이에 대한 학습 내지는 상호작용과 규제적 작동 속에서 비로소 지역사회가 구성된다는 주장이 이 논의의 기본 시각이다. 특히 이 지역의 경우, 풀무학교와 그로부터 연원한 교육·마을·농업·협동조합과 같은 원형적 서사가 농업·지역사회·교육 및 협동조합과 같은 분화된 서사를 구성하고 있는데, 이러한 서사의 공유·분화와 재구성, 새로운 서사의 형성은 구체적 실천과 연동되면서 실천 범주의 심화와 확장을 이끄는 요인이 되고 있다는 점이 지적되었다.

이와 유사한 문제의식 속에서, 지배적인 공동체 서사가 어떻게 구성되고 있는지 되짚어봄으로써 그 서사의 재현으로부터 형성·구축되는 지역 정체성에 대한 고찰이 이루어지기도 하였다.[39] 즉 공동체라고 하는 것은 복잡한 상징적·담론적 과정들로 구성되어 있다는 시선을 근간으로 하여, 한 지역 공동체의 담론적 재현 양상과 그 의미망이 분석되었다. 이러한 논의는 수

---

38 김정섭·정유리·유은영, 「농촌 지역사회에서 펼쳐지는 협동 조직 활동」, 『농촌사회』 29(1), 한국농촌사회학회, 2019, 7~68쪽.

39 진명숙, 「지역공동체의 구성과 재현」, 『실천민속학연구』 35, 실천민속학회, 2020, 427~469쪽.

집 자료가 보여주고 있는 매끄럽지 않고 비동질적인 서사들을 공동체 사유의 경험적 참조점으로 제시하고자 하는 연구로 이어지기도 하였다.[40] 즉 홍동과 풀무 공동체 표상 이면에 갈등과 반복 또한 상존하고 있다는 사실에 주목하여 이를 최근 공동체 사유와 연결 짓는 시도가 이루어졌다. 연구는 공동체 내에서 활성화되고 있는 논쟁과 경합의 양상에 주목함으로써 그러한 단일 표상 이면의 복잡한 실천의 궤적과 쟁점들을 부각시키고, 이것이 이른바 '대립적 공동성'으로 나타나고 있다는 점을 규명하였다.

특정한 공동체 서사가 지배적인 위치를 점유하고 있는 현실 속에서 그로부터 배제된 서사에 주목하여 재구성하는 작업이 진행되기도 하였다.[41] 이러한 논의는, 이전의 연구들에서 발견되는 풀무 중심의 서사 구성에 대해 일정한 물음과 비판을 제기하고 있다는 점에서 같은 계열에 속한 위 논의들의 한 가지 응답으로 생각될 만하다. 특히 주목하는 것은 이른바 '정치' 영역의 서사이다. 이 역시 풀무의 실천으로부터 분기된 역사라는 것이 분명함에도 공동체 전체의 서사로 재포함되지 못하고 있다는 사실이 지적되었다. 홍동과 풀무의 상호 연계 속에서 형성된 지역교육공동체라는 서사를 완결된 하나의 정사正史로 인식할 경우 그 과정에서 빚어진 시행착오와 갈등의 서사는 감추어질 수밖에 없으며, 그러므로 다양한 장면들의 복원[42]을 통해

---

40 신명숙, 「지역공동체의 존재론적 공동성」, 『한국문화인류학』 54(2), 한국문화인류학회, 2021, 3~51쪽.

41 김성보, 「풀무학교와 홍동의 지역교육공동체 만들기」, 『동방학지』 198, 연세대학교 국학연구원, 2022, 341~367쪽.

42 이 지역 공동체 서사의 구성 과정에서 뒤로 밀려나거나 비가시화된 이야기들을 발화하고 담아내는 기록실천 작업이 진행됨에 따라 그에 관한 체험적 수기와 공동체적 의미가 학술논문이라는 지면을 통해 이미 수록된 바 있기도 하다. 그 핵심은 기록학적 방법론으로서 아카이브와 공동체성 혹은 지역성의 상호 접속에 있다. 이를테면 소규모 공동체가 주도하는 '공동체 아카이브'의 의의와 가능성이 점쳐지면서도 새로운 아카이브의 방법론과 패러다임 전환의 필요성이 '커뮤니티 아카이브'로서 주창되었을 뿐 아니라 구체적인 지역 아카이빙 사례에 대한 경험적 연구를 통해 공동체의 기억을 풀어내는 작업에 함의된 다성적 성격이 분석된 바 있다(이영남, 「공동체아카이브, 몇 가지 단상」, 『기록학연구』 31, 한국기록학회, 2012, 3~42쪽; 「기록의 전회」, 『기록학연구』 40, 한국기록학회, 2014, 225~277쪽; 「홍동허스토리의 방법과 의미」, 『기록학연구』 65, 한국기록학회, 2020, 253~319쪽).

공동체 내부의 역동성을 온전히 파악함으로써 주류 담론 혹은 중심적 흐름만을 인식하는 한계로부터 벗어나야 한다는 제안이 이루어지기도 하였다.

마지막으로 언급할 수 있는 연구 계열은 현대 민속학의 새로운 연구실천으로서 공동체문화론의 정립이 본격화되는 흐름 속에서 이 지역 실천이 핵심 사례로서 접근·분석되는 경향이다. 이러한 연구들은, 이전까지의 민속학적 접근이 현장 사례의 정리와 기록, 보고의 측면에 한정된 의의를 지니며 이론 체계의 정립 면에서도 충분하지 않은 성과를 보였다는 판단 아래, 해당 지역의 사례를 공동체문화 실천 지형의 주요 특이성을 보여주는 핵심 사례로서 검토하였다. 다시 말해 공동체문화 현상은 동시대적 민속의 재현과 변환으로서 접근되고 있으며, 이 지역의 사례는 역사적인 차원에서 그와 같은 접근에 있어 유용한 특성을 지닌 사례로 주목되고 있다.

이러한 관점을 바탕으로 하여 다양한 접근이 시도되었다. 홍동과 장곡 지역의 공동체문화 실천의 역사적 전통과 원천 사례로서 이상촌과 용동마을이 상정되었으며, 그 사례가 구현해낸 마을 공동체의 상(像)과 그 의미가 공동체문화론적 관점에서 도출되었다.[43] 즉 이상촌과 용동마을의 사례는 공동체문화 재생의 동력이자 실천의 특이성을 나타내는 초기 조건이자 역사적 원천이라는 규정과 함께, 근대적인 것과 자본적인 것을 내부에 굴절시켜 비근대·비자본적 체제를 구성/패턴화하였으며 이후 역사 속에서 차이를 생성하며 반복되어왔다는 점이 규명되었다. 일제강점기 제국의 침탈 속에서 민속을 근대적으로 변환시킴으로써 주조되었던 핵심 사례로서 그 구조와 내용이 보다 상세하게 다루어지고 있으며, 나아가 해당 사례의 분석을 통해 공동체문화 실천 양식은 민속적 삶의 방식이라고 할 수 있는 연대·공존의 원리를 근대적으로 변환시켜 비-자본주의적 삶의 방식을 조건지은 것으로 규정되었다.

---

43   이영배, 앞의 글, 2019a, 169~196쪽.

위의 논의와 밀접한 연관 속에서 기존 민속연구의 대상과는 다른 계열을 나타내고 있는 문화의 배치와 관념의 구성을 이루는 이론적·역사적 궤적에 주목하여 공동체문화 연구의 민속적 패러다임 정립을 시도한 논의가 진척되기도 하였다.[44] 주목되는 점은 공동체문화 실천 양식이 우발적인 역사적 전개 속에서 하나의 선험으로서 선택된 것 혹은 특정한 시기에 발현된 양태로 규정되고 있다는 점이다. 이 지점에서 공동체문화 연구의 패러다임 정립은 자본주의의 위기 속에서 출현·전개되고, 점차 그 활성도가 증대되고 있는 공동체문화 실천과 그에 따라 실천과 이론의 차원을 가리지 않고 확장·심화되고 있는 비자본주의적 경관·배경과 합류하려는 지점에 있는 것으로 규정되기도 하였다. 이에 따라 흐름, 초기 조건, 공통장 개념의 전유를 통해 그와 같은 공동체문화 실천의 민속학적 접근을 위한 입구 전략이 세워지기도 하였다.

이와 같은 성과는 이 지역 실천에 대한 통시적·종합적 접근을 논의하는 단계로 나아가기도 하였다. 그러한 접근을 가능케 하는 범주로서 '공동체문화' 개념의 상정이 본격화되었으며, 이 지역 실천의 실제 양상이 총체적 관점에서 반영되는 연구가 진행되었다.[45] 위기 인식과 인구 구성의 변화에 따른 지역사회의 변동과 조응하면서 이 지역 실천이 분화·다양화되는 양상이 상세하게 다루어졌으며, 실천 주체에 의해 주도적으로 추진되고 있는 지식생산의 모습 속에서 위기 인식과 대안 구성의 주체적 면모가 확인되었다. 즉 공동체문화 현장에서 실천 주체들이 자신의 경험과 입장에서 실천을 주체적으로 지식화·담론화하고 있는 흐름이 주목되었으며, 이것이 연구 측면에서 실천 담론과 지식생산 패러다임의 변화를 보여주는 지표로서

---

[44] 이영배, 「공동체문화 연구의 민속적 패러다임 정립을 위한 기획」, 『인문학연구』 40, 경희대학교 인문학연구소, 2019b, 267~302쪽.
[45] 이영배, 「공동체문화 실천의 분화와 지식생산의 주체화」, 『실천민속학연구』 37, 실천민속학회, 2021a, 45~72쪽.

분석되었다.

공동체 패러다임과 그 이론적 전망의 체계적이고 심화된 논의를 바탕으로, 현실 차원에서 다양하게 변환·재구되는 양상에 대한 구체적인 사례 연구가 진행되기도 하였다.[46] 최근 부각되고 있는 공동체 담론의 대안적 재구성을 통해, 현대사회에서 공동체성의 존속과 구현을 둘러싼 의의가 점차 대안적 가치로서 전승·재생산되고 있으며 저항과 대안의 핵심적 원천으로 상정되고 있다는 점이 강조되었다. 이에 근거하여, 홍동과 장곡 지역의 공동체문화 실천 사례에서는 이것이 어떤 수준과 양상으로 전개되고 있는지 공동체성의 변환과 확장을 중심으로 검토되기도 하였다. 뿐만 아니라 이와 같은 실천의 흐름들은 새로운 사회적 국면 내지는 자본주의 체제 변화 등 한국사회의 재구에 대한 국지적인 대응으로 규정되었으며, 좀 더 적극적으로는 그에 대한 탈주선의 작용으로서 지역 공동체의 성격 변환이 이루어져 왔다는 점이 강조되었다.

이상에서 살펴본 바와 같이, 지역 실천을 다룬 그간의 연구 성과들은 기본적으로 다학문적 접근[47]이라는 전체적인 상을 보이고 있다. 여러 연구 영역과 입지에서 그 성과가 도출되어 왔다는 점은 연구사적 의의와 한계를 동시에 나타내는 것이라고 할 수 있다. 즉 그간의 연구 성과들은 그만큼 다양한 각도에서 해당 사례를 접근·논의했다는 고무적인 장점에도 불구하

---

46 이영배, 「공동체성의 변환과 유동하는 경계들」, 『인문학연구』 46, 경희대학교 인문학연구소, 2021b, 209~252쪽.
47 이 밖에도 지역에서 자체적으로 생산되는 자료들을 직접적인 분석 자료로 삼는 연구가 진행되기도 하였다. 즉 실제 협업 활동으로 구성되는 양상에 주목하거나 그것이 공적 의제로 부상하게 되는 과정에 대한 분과학문적 관심이 기울여지기도 했다. 이를테면 귀농/귀촌인이 증가하는 특정한 상황 속에서 지역적 협업을 가능케 하는 사회연결망이 어떤 식으로 구성되어 왔는지 그 실제 상황을 반영한 통계적 분석이 수행되는 한편(황바람, 「농촌 공동체 협업활동의 사회연결망분석」, 『농촌계획』 23(2), 한국농촌계획학회, 2017, 9~17쪽), 최근에는 지역신문의 초기 사례에 해당하는 영역에 관심을 기울이면서 그 언론학적 함의가 탐구되기도 하였다(이서현·최낙진, 「1980년대 발행 〈홍동소식〉에 나타난 하이퍼로컬 미디어성(性)」, 『언론과학연구』 23(1), 한국지역언론학회, 2023, 5~56쪽).

고, 사례 정리와 분석의 결과들이 단계적·점진적으로 진척·발전된 종합적인 논의들로 축적되거나 나아가지 못한 채 산발적으로 흩어진 상태에서 이루어져 왔다는 한계가 상존한다는 것 또한 명확하다. 이러한 점은 연구사적 측면에서 근본 문제로 지적될 수 있으며 이들을 종합하는 체계적인 연구의 필요성을 반증하는 부분이라고 하겠다.

다만, 이를 연구 성과들이 이룩한 이 지역 실천 사례의 담론 지형의 특이성을 일정하게 반영하는 것으로 생각할 수도 있다. 가령 개별 현상에 대한 인과적 해명에 집중하기보다는, 한국사회의 구조적 변동 내지는 역사적 과정과 조응하며 전개된 지역 실천의 동력과 성과, 의미와 가치, 현재성과 대안성 등 그 위상을 논의하는 연구가 주류를 형성하면서, 이와 관련하여 시의적인 주제들과 직접적으로 연동된 사회적·실천적 지식들을 생산하는 경향을 보이고 있기 때문이다. 따라서 상이한 시선과 관점에도 불구하고, 변화하는 사회 현실의 문제 인식과 당면한 이슈들에 대한 대안적 참조점[48]이 될 만한 현상으로서 이 지역 실천의 사례가 지닌 의미와 가치가 분석되어 온 경향이 지배적인 것으로 보인다.

해당 사례에 대한 분석 속에서 여러 가지 방식으로 도출되고 있는 현재성 내지는 대안성이라고 하는 것이, 그 다양한 해석에도 불구하고 공동체의 구성 내지는 사회적인 연대와 그 과정에서 이루어지는 자율·자치의 현실화와 일정하게 연결되어 있다는 것도 지적될 만한 점이다. 이것은 그간의 연구 성과들이 현실 사회의 모순을 공동체적 방식으로 해소하고자 했던 이 사례의 행적들을 중요하게 인식한 결과라고 할 수 있으며, 때에 따라서

---

[48] 특히 기존 체제의 문법을 고수하는 한에서는 농촌·농업·교육·경제·문화 등 우리 사회를 구성하는 여러 공적 영역들의 건강한 존속이 점차 불가능해지고 있다는 현실적 한계에 직면함에 따라, 실현가능한 대안적·실천적 지식 자원으로서 이 지역의 사례가 간주되고 있다. 뿐만 아니라 어떤 식으로든 현실의 한계와 여기에 직접적으로 연결되어 있는 학문장에 대한 사회적·현실적 요청에 조응하면서, 대안적 지식을 생산하고자 하는 개별 연구자들의 관심과 의지에 따라 이 지역의 사례가 중점적으로 다루어져 오고 있다.

는 그러한 현대 사회의 구조적 모순의 근원에 공동체와 연대 가치의 소실이 자리하고 있다는 공통적인 판단에 기인한 것으로 해석될 수도 있다. 그리하여 어떤 식으로든 한국사회의 역사적 과정과 그 구체적인 변화 과정 속에서, 공동체가 단순히 추상적인 개념이나 이론이 아닌, 실천성을 도모하는 하나의 체계로서 구성되어왔음을 의미하는 것으로 생각될 여지가 있다.

물론 선행된 연구 성과들이 이 지역 실천을 큰 그림에서 이해하는 측면에 도움을 주는 것은 사실이다. 하지만 주지하고 있는 바와 같이, 선행연구의 성과를 종합적으로 검토해볼 때 기본적으로 해당 사례에 대해 다소 분산적이고 단편적인 접근이 이루어지고 있다는 점, 개별 현상에 대해 제한적인 천착이 이루어진 나머지 좀 더 포괄적인 분석으로 나아가지 못했다는 점은 그 한계로 지적될 수 있다. 즉 분과학문 체제에 입각 혹은 한정하여 해당 사례가 연구된 탓에 서로 다른 문제의식들이 흩어진 상태로 정체되어 있는 한편, 정리되거나 규명되고 있는 실천의 양상 또한 전체적인 지형의 조망 속에서 체계적으로 묘사되지 못한 채 단편적으로 그려지고 있다. 이를 선행연구 지형이 지닌 한계의 한 축으로 본다면, 사례에 대한 정리 및 성격과 의미 분석에 국한되어 있다는 점은 그 한계의 또다른 한 축이라고 할 수 있다.

따라서 해당 사례를 민속학적으로 접근하는 작업은 이와 같은 한계에 대한 명확한 인식을 바탕으로 수행될 필요가 있다. 우선, 통시적·공시적 접근을 아우르면서도 현장을 강조하는 관점 속에서 해당 실천 사례의 종합적인 정리와 분석이 체계적으로 이루어져야 하며, 이를 위해 마을문화 연구의 민속학적 성과[49]를 일정 부분 계승하여 그러한 분석틀로 적용할 필요가

---

49 이와 관련하여, 민속학 영역에서 현장론적 연구 관점과 그에 기초한 현지조사 방법론이 강조되었고, 이를 통해 설화나 무가, 민요, 신앙 중심의 민속자료의 조사보고와 그에 관한 종합적 해석 성과가 진전된 바 있다는 점을 들 수 있다. 이러한 성과는 민속자료의 보고(寶庫)로서 마을문화에 대한 연구로 나아가기도 하였는데, 이는 수집되지 못한 채 산재되어 있는 민속자료를 종합적이고 체계적인 방식으로 이해하는 측면에서 소기의 성과를 거두기도 했다. 마을문화에

있다. 그런 다음, 앞서 언급한 민속연구 계보의 비선형성과 그 경계의 유동성을 주의 깊게 새기면서, 현실 문제에 실천적으로 대응하는 민속학적 지향성을 수용하여 이어갈 필요가 있다. 다시 말해, 동일성에 근거하고 있는 본질적 정체성으로부터 해방되어, 되기 혹은 생성의 과정을 통해 관계적 역량을 증진시키고 이를 바탕으로 집합적 신체를 형성하는 사유의 결 위에 민속학적 사유의 경향을 중첩시킬 필요가 있다. 오늘의 시점에서 민속연구의 전회가 시도되어야 할 필요가 있다면, 이 연구는 그와 같은 흐름 속에서 진척되어야 할 것으로 보고 있다.

공동체문화라는 문제계[50]는 이러한 생각과 더불어, 어떤 식으로든 자본주의와 신자유주의가 야기하는 주요 모순에 대한 대안과 연결되어 있는 해당 사례의 체제론적 특이성과의 연관 속에서 좀 더 본격적으로 제기될 수 있지 않을까 한다. 앞서 살펴본 바와 같이, 이 지역의 실천 지형은 매우 구체

대한 민속학적 접근은 역사문화·구술문화·시간문화·의례문화·생활문화와 같은 층위와 성격에 따라 상세하게 이루어지고 있다. 구체적인 현장 탐구를 통해 마을사회의 역사·전승 및 구전 설화·세시의 시간 구조와 풍속·의례의 배치와 절차·경제 형태와 실생활의 구성 등 마을사회와 그 삶의 실상을 담아냄으로써 마을문화/민속의 주요 양상들에 대한 자료 조사와 함께 심화된 연구 성과들이 최근까지 축적되고 있다. 이러한 성과들은 결과적으로 마을문화/민속을 종합적이고 체계적으로 이해하는 단초가 되었던 것과 동시에, 그 전승의 맥락으로서 실질적인 생활현장을 강조하는 계기가 되었던 것으로 평가될 수 있다.

[50] 이를 굳이 공동체문화라는 문제계로 제기하는 이유는, 그것이 이전과는 다른 질문을 정식화함으로써 기존의 용어와 지형을 변경하고, 그 이론적 기초를 새롭게 다지는 것을 궁극적인 차원에서 지향하기 때문이다. 민속적인 것은 어떤 직접적인 사실에 의해 규정되는 것이 아니다. 그것은 사회 전체의 전반적인 구조 속에서 다른 영역 내지는 요소들과 어떤 결합 관계를 맺고 그 자신의 위치를 드러내고 있는지에 따라 규정될 수 있으며, 그러한 규정 속에서 그것은 나름대로 고유한 구조와 공동의 리듬을 지닌다고 할 수 있다. 이와 같은 생각에 의거할 때, 기존의 민속연구를 공동체문화로 전환하여 연구하는 작업은 이전 연구 경향의 한계를 발견하고 새로운 문제의 구도와 답변의 계기들을 생산하는 일, 즉 새로운 문제계(problematic)를 생산함으로써 이전과는 다른 연구 영역을 구상하는 작업이 될 수 있다. 해당 개념의 다양한 용법에도 불구하고, 여기에서는 공동체문화 연구를 둘러싼 물음과 해답들을 좀 더 구조적이고 체계적인 영역으로 확장시키고자 하는 향후의 과제 혹은 의도 속에서 문제계라는 용법을 가져왔다. 공동체문화라는 문제계의 구성과 민속적 특이성에 대한 좀 더 구체적인 논점들은 앞으로 지면을 달리 하여 다룰 필요가 있을 것으로 생각한다(Louis Althusser, 김진엽 옮김, 『자본론을 읽는다』, 두레, 1991, 24~53쪽; 문성원, 『철학의 시추』, 백의, 1999, 30~80쪽; Luke Ferretter, 심세광 옮김, 『루이 알튀세르의 이데올로기』, 앨피, 2014, 75~116쪽 참조).

적인 역사적 경로를 거쳐 오늘날 현시되고 있다. 더욱이 그 복잡하고 다양한 외양만큼이나, 복수적이고 중첩적이며 교차적인 정체성들의 집합 혹은 공존을 이루고 있는 것으로 판단된다. 따라서 해당 실천 지형에 대한 총체적인 접근과 조망 속에서 그 전체적인 상을 아우르는 정리가 중요하며, 이를 단초로 삼아 심층적인 분석이 수행되어야 할 것으로 보인다. 특히 공동체문화라는 범주는 대안 실천을 향한 민속학적 접근을 표시함과 동시에, 가치실천이 분화되는 궤적과 그 지형의 복잡성에 대한 종합적인 탐구를 가능케 하는 연구 관점[51]으로서 유용함을 지니고 있다. 그러므로 이 책은 공동체문화라는 관점 속에서 이 지역 실천 사례에 대한 포괄적인 접근과 그 문제 지점들을 포착하는 작업을 진행하고 있다고 하겠다.

3. 종획과 커먼즈, 민속적 가치실천 양식의 대안적 기획

이 책은 마을문화/민속의 재현과 변환으로서 공동체문화의 실천적 성격을 정초하기 위해, '비판과 저항'의 관점을 강조하는 종획enclosure과 '구성과 대안'의 관점을 강조하는 커먼즈commons를 논의의 기본 토대로 삼고자 한다.

이 두 이론의 출발점은 자본주의의 역사적 분석에 활로를 열어준 맑스주의의 시초축적에 대한 해석 지평에 있다. 시초축적론에 따르면, 생산수단과 생활수단 그리고 화폐와 상품은 처음부터 자본이었던 것은 아니다. 이들이 자본으로 전화되기 위해서는 자본주의적 생산의 기본 조건을 필요로 한다. 즉 화폐·생산수단·생산자라는 자본 관계가 선행되어야 하는데, 이 관계를 만들어내는 과정이 바로 시초축적이라는 것이다. 맑스는 자본의 축적 과정의 악순환을 벗어나기 위해 그 생산양식의 출발점으로서 이와 같은 시

---

51 이영배, 앞의 글, 2021a, 48쪽 참조.

초축적을 상정한 바 있으며, 그는 시초축적을 생산자와 생산수단의 역사적 분리 과정으로 규정하면서 이것이 자본의 생산양식의 전사前史를 이루고 있다고 주장했다.[52]

그러나 시초축적론은 선형적인 발전 모델 내의 계보로 만들어버림으로써 종획을 이론에서 주변화한 한계가 있다. 데 안젤리스에 따르면, 시초축적론에 의해 자본의 수탈 과정은 자본주의의 전제조건으로 머물게 되고 시초축적과 자본의 논리가 오히려 뚜렷하게 분리되어버리는 한계[53]를 가진다는 것이다.

그러므로 상기해야 할 것은, 우리가 대안을 사유하는 일에 있어 이와 같은 정통 맑스주의는 무기력함만 던져준다는 사실, 그리고 종획이라는 것이 오늘날에도 성행하고 있는 '자본 논리'의 지속적인 특징이라는 사실이다. 쉽게 말해 종획은 전제 조건으로서 자본주의의 '역사'가 아니라 지속 조건으로서 자본주의의 '원리'이며, 공간적·시간적으로 한정된 일회적인 사태가 아니라 오늘날까지 계속되는 수 세기에 걸친 과정이자, 자본가 계급이 위기의 시기에 언제나 의지하는 전략[54]이라는 것이다.

자본주의 체제를 지탱하는 자본의 가치실천은 종획을 통해 다양한 유형의 자원들을 울타리치는 방식으로 사유화를 추구한다. 그것은 하나의 원리인 만큼 지속적·반복적·체계적으로 전개된다. 따라서 궁극적인 차원에서 볼

---

52 맑스가 자본 축적의 분석틀로서 이론화한 시초축적은 본원적 축적으로 표현되기도 한다. 그는, 화폐가 자본으로 전화하고 자본을 통해서 잉여가치가 만들어지며 또 잉여가치에서 더 많은 자본이 만들어지는 과정을 거쳐 자본의 축적이 이루어진다고 본다. 반대로, 자본의 축적은 잉여가치를 전제로 하고 잉여가치는 자본주의적 생산을 전제로 하며 또 자본주의적 생산은 대량의 자본과 노동력이 상품생산자들의 수중에 있다는 것을 전제로 한다는 점 또한 지적한다. 그는 이 운동과정 전체가 하나의 악순환을 이루면서 회전한다는 점을 지적하며, 이 악순환에서 벗어나기 위해서는 자본주의적 생산양식의 결과가 아니라 그 출발점으로 축적을 상정해야 하는 것이 무엇보다 중요하다고 주장한다. 경제학에서의 시초축적이란, 이를테면 신학에서의 원죄에 해당한다는 것이다(Karl Marx, 강신준 옮김, 『자본론』 I-2, 길, 2008, 961~965쪽).
53 Massimo De Angelis, 권범철 옮김, 『역사의 시작』, 갈무리, 2019, 256쪽.
54 Silvia Federici & George Caffentzis, 권범철 옮김, 「자본주의에 맞선 그리고 넘어선 커먼즈」, 『문화과학』 101, 문화과학사, 2020, 176쪽.

때, 종획을 앞세우는 과정을 통해 성립되는 자본주의는 여타의 가치실천들을 흡수하여 자신의 것으로 사유화해야만 작동하는 체제라고 할 수 있다.

이 지점에서 미드나잇 노츠의 새로운 종획에 대한 분석[55]이 주목된다. 이들의 분석은 현재에도 갈등 속에서 진행 중인 당면 과제로서 종획을 상정하여 현대의 문제계로 옮겨온다. 나아가 이들은 시초축적론처럼 종획을 특정한 시기의 역사적 형태에 한정하거나 혹은 어제와 오늘을 분리하지 않고 그 함의를 다층적으로 이해하고자 한다. 이들의 종획론은 역사적 형태만을 강조하는 교조적인 연결이 아니라 정치전략적 연결을 위해, 다양한 역사적 시기에 공통적인 자본의 내재적인 충동과 역사적 우발성을 절합[56]하는 작업의 차원에서 제기된다. 그리하여 종획이라는 개념을 통해 그것이 흡수와 전유의 전략을 띠며 반복적으로 나타나고 있는 하나의 원리라는 점이 강조된다.

다만 주목하고 싶은 점은, 종획이라는 아이디어가 주는 역설적 측면이다. 이를테면 종획은, 정적인 혁명모델의 종언으로 인해 급진운동이 약화되고 신자유주의에 의해 모든 형태의 생명과 지식이 시장논리에 종속되는 상황에 대한 위기 인식을 오히려 고조시킬 뿐 아니라, 사람들로 하여금 공동체의 자산과 그 관계들에 관심을 가지게 하는 중요한 계기[57]가 되고 있다. 즉 종획은 자본의 전략이 오히려 노출되어버린 공간으로, 가치실천들 간의 내전內戰, 즉 우리 주변에서도 상시적으로 대립과 투쟁이 일어나는 전장戰場이 된다.

더 나아가서는, '종획할 것이 없다면 종획도 있을 수 없다'는 주장을 통해 '커먼즈의 지속적인 현전現前'[58]이라는 착상이 도입된다. 복잡하고 내밀하게

---

55 Midnight Notes, *The New Enclosures*, Jamaica Plain, MA : Midnight Notes, 1990.
56 Massimo De Angelis, 앞의 책, 273쪽.
57 Silvia Federici, 황성원 옮김, 『혁명의 영점』, 갈무리, 2013, 236쪽.
58 Massimo De Angelis, "The Strategic Horizon of the Commons," in *Commoning : With George Caffentzis and Silvia Federici*, Ed., Camilli Barbagallo, Nicholas Beuret and David

이루어지는 오늘날 종획 양식에 대한 분석과 비판이 수행되는 가운데, 그 공간을 투쟁의 지형으로 설정함으로써 이중운동 혹은 상호충돌의 형태로 나타나거나 나타날 수 있는 회복과 대안의 협력적 선택지로서 커먼즈[59]가 사고되고 있는 것이다.

물론 커먼즈라는 기획이 주는 독특함은 이와 같이 '비판과 저항'의 관점에서 사회운동 혹은 정치양식의 전환점을 마련하는 데에서 그치지 않는다. 오히려 커먼즈라는 기획과 구상이 던지는 중요한 화두는 '협력과 구성'의 관점에서 대안적인 가치체계 혹은 생산양식에 관한 상상력과 가능성을 제공하는 데에 있다. 여기에서 우리의 세계가 자본주의적 생산양식에 종속되지 않고 그것보다 훨씬 광범위하다는 주장이 특히 유효하다. 자본주의적 생산양식은 우리 세계를 구성하는 전체가 아닌 하나의 부분집합, 즉 사회적 재생산 체계에 속한 하나의 하위체계에 불과하며, 이윤을 추구하는 가치는 가능한 수많은 가치체계 중 하나에 해당한다는 것이다.

만약 사회적 필요 노동 시간을 그 핵심으로 하는 가치법칙의 적용이 경

Harvie, Pluto Press, 2019.

[59] 물론 커먼즈는 한국적 상황과 개별 연구자들의 관점을 반영하면서 이론적 지형·진영과 쟁점·담론적 갈래·연구 범주와 접근 방식에 따라 그 분류와 탐색이 다양하게 이루어져 왔다. 이를테면 권범철은 그 지형을 ① 공동자원 관리 제도(하딘, 오스트롬), ② P2P 협력 생산 모델(볼리어, 바우웬스), ③ 대안적인 생산양식의 씨앗(카펜치스, 데 안젤리스, 페데리치), ④ 자본의 커먼즈로 구분한다(권범철, 「커먼즈의 이론적 지형」, 『문화과학』 101, 문화과학사, 2020, 17~49쪽). 정영신은 그 차원을 ① 커먼즈 연구 신영(북미적 전통, 자원관리 패러다임, 보편적 권리), ② 커먼즈 사회운동 진영(유럽적 전통, 커먼즈의 정치, 시민적 자치)으로 구분한다(정영신, 「한국의 커먼즈론의 쟁점과 커먼즈의 정치」, 『아시아연구』 23(4), 한국아시아학회, 2020, 237~259쪽). 안새롬은 그 갈래를 ① 기술적 커먼즈론(비극론, 드라마론, 이중운동론), ② 수정적 커먼즈론(자유주의, 공화주의, 사민주의), ③ 변혁적 커먼즈론(자율주의적 커먼즈론)으로 구분한다(안새롬, 「전환 담론으로서 커먼즈」, 『ECO』 24(1) 한국환경사회학회, 2020, 333~370쪽). 윤여일·최현은 한국학계에서 이루어진 자원론적 접근 경향을 중심으로 ① 공동체 공동자원(community commons), ② 공중 공동자원(public commons)으로 양분되고 있음을 지적한 바 있다(윤여일·최현, 「21세기 한국학계 공동자원 연구의 전개와 과제」, 『공동체문화와 민속연구』 5, 안동대학교 민속학연구소, 2023, 45~77쪽). 현실 커먼즈 운동의 부상과 그 담론의 활성화가 점점 더 강화되고 있는 추세에 있어 이외에도 더 많은 분류법이 있거나 앞으로 더 생겨날 수 있다. 다만 분명한 점은 커먼즈가 인문사회 담론과 사회정치 운동의 영역에서 일정하게 통합적 패러다임을 현재의 시점에서 제공하고 있다는 점이다.

제적 기본 원리가 아니라 강제노동을 통해 생산자로 하여금 생산수단으로부터 강제적으로 분리시킴으로써 주체성을 한쪽으로 정향시키는 정치적 과정[60]이라고 해석될 수 있다면, 그 결과로서 화폐가 재현하는 가치 척도는 기본적으로 질적인 활동이 양적으로 환원된 것이라는 점뿐만 아니라 자기결정적이지 않다는 점에서 문제적이다.

이 지점에서 사회적 세력social force이라는 설정은 중요하다. 그것은 하나의 충동과 텔로스telos, 그리고 자기보전의 코나투스conatus를 지닌 사회적 힘들social powers의 연결 혹은 절합의 관점에서 이해된다. 자본은 인간 및 비인간 삶의 모든 영역에 침투하여 스며들기를 열망하며 그 모든 영역을 자신의 행위 양식으로, 따라서 특유의 사회적 관계로, 즉 사물을 가치화하고 그 결과 사물의 질서를 만드는 자신의 방식으로 식민화함으로써, 모든 가치실천들을 자신의 가치실천에 종속시키기를 열망하는 단 하나의 사회적 세력에 해당한다.[61]

이 지점에서 제기될 수 있는 것은 가치에 관한 다른 관점과 이로부터 시작될 수 있는 그것의 이탈적·복수적·대안적 추구, 즉 다른 가치들의 대립적 구성을 위한 자율적인 살림살이의 기획들이다. 특정한 가치체계를 생산하고 재생산하는 행동과 과정, 그리고 그에 상응하는 사회적 협력의 관계망을 가치실천이라고 할 때, 우리의 세계는 다양한 가치실천들로 이루어진 가치체계들의 대립과 충돌, 갈등, 즉 가치투쟁이 벌어지는 매우 역동적인 공간으로 상정된다.[62]

60 Harry Cleaver, 조정환 옮김, 『자본을 어떻게 읽을 것인가』, 갈무리, 2018, 221~283쪽.
61 Massimo De Angelis, 앞의 책, 88쪽.
62 우리의 세계에는 경제법칙으로 가치화되지 않는 다양한 활동들이 있다는 인식이 중요하다. 경제 형태라고 하는 것 또한 그 모두가 이윤 가치로 환원되지 않는다는 주장 하에, 자율적인 '살림살이' 내지는 '자급경제'를 안정적으로 꾸려가는 구체적인 활동들에 착목함으로써 지배적인 경제 헤게모니에 대항하는 새로운 경제 담론이 생성되고 있다. 생산 활동은 삶형태 전반의 활동에 존재하고 있지만, 그것은 비가치화되었을 뿐이므로 그러한 활동을 다른 척도로 가치화하는 일이 중요하다는 것이 핵심 주장이다. 특히 '공동체'와 '자연'은 자본의 코나투스 내부에 있

이러한 생각을 통해 우리는 무한한 이윤을 추구하는 자본의 척도를 그저 주어진 것으로 받아들여야 하는 것이 아니라 여기에 투쟁할 수 있다는 점을 주장할 수 있게 된다. 그리고 그 투쟁이라는 것이 다른 척도를 구성하는 과정 속에서 가능하다는 점을 이어받을 때, 우리는 종획이 벌어지는 공간을 곧 서로 다른 척도를 구성하고 추구하는 공간이자 상이한 사회적 세력들의 투쟁과 갈등이 이루어지는 전선戰線들로 이해할 수 있게 된다.

요컨대 커먼즈는 사회적 협력과 공통적인 것의 회복을 기초로 한 대안적인 생산 양식의 구상을 담은 실험에 해당한다. 또한 이것은 어느새 질서화되어 버린 종획에 맞서거나 오히려 그에 앞서 추진될 수 있는 것이다. 좀 더 적극적으로는, 담론과 현실을 넘나들거나 때로는 이들의 결합을 추진하면서 근대 국가와 자본의 바깥을 상상하거나 그것을 넘어서는 대안 체제를 구성하는 방식으로 제 역사를 써가고 있는 실천·운동·기획으로 규정될 수 있다.

이와 같은 관점 속에서 짚어볼 만한 점은, 커먼즈의 정의가 단순히 재화 혹은 그 재화에 대한 접근권과 관리 규칙으로만 한정된 것에서, 점차 집단적 삶의 방식에 대한 구체적인 기획 혹은 경제적·정치적·문화적 실천을 절합하는 가치실천 양식 전반에 대한 관심과 실험으로 나아가고 있다는 점이다.

지만 거기에 흡수되지만은 않는 외부, 즉 자본의 생산과 재생산 순환고리에 절합되는 것을 거부하고 다른 가치들이 추구되기에 오히려 용이한 영역에 해당한다(Massimo De Angelis, 앞의 책, 141~143쪽). 이를테면 '자본주의적 경제'라는 헤게모니가 장악하지 못하는 공동체의 자율적이고 유쾌한 공생 활동들(Ivan Illich, 이한 옮김, 『성장을 멈춰라!』, 미토, 2004)이나, 임금계약과 노동으로 이루어진 자본 축적만이 경제 활동으로 여겨지고 있는 빙산을 뒤집어, 수면 아래에서 식민화되고 있는 비공식 경제, 즉 자연 활동과 비고용노동을 비롯한 비자본주의적 경제 형태 혹은 지역 차원에서 삶의 필수 요소를 자율적으로 영위하는 실천들(Veronika Benholdt-Thomsen & Maria Mies, 꿈지모 옮김, 『자급의 삶은 가능한가』, 동연, 2013, 75쪽), 그리고 비자본주의적 경제 형태들 혹은 경제적 차이의 경관들을 생산·상상·강화·건설하는 일에 주안점을 두고 자본주의 헤게모니의 해체를 통해 새로운 담론공간을 개척하여 경제적 다양성의 언어를 생성함으로써 경제적 상상을 확대시키며 타자와 공존하는 윤리적 정치경제가 생성되는 공간으로서 공동체경제(J. K. Gibson-Graham, 엄은희·이현재 옮김, 『그따위 자본주의는 벌써 끝났다』, 알트, 2013; J. K. Gibson-Graham & Jenny Cameron & Stephen Healy, 황성원 옮김, 『타자를 위한 경제는 있다』, 동녘, 2014)를 표면화하는 작업 등이 여기에 해당한다.

물론 근대 국가와 자본의 종획이 스스로 한계를 설정하지 않는다는 명확한 인식 속에서 이와 같은 양상이 나타나고 있다는 점을 상기할 필요가 있다. 그럼에도 불구하고 종획은 일방향적이지 않다. 이 세계에서 종획은 다른 가치실천들과 충돌하는 하나의 가치실천으로, 그것은 '상품화와 종획'을 통해 세계를 만드는 '자본'이거나 아니면 '대항 종획과 커먼즈'를 통해 세계를 만드는 '나머지 우리'[63]이기 때문이다.

이처럼 종획이라는 분석틀과 커먼즈라는 기획은 다양한 경로로 해석될 수 있지만, 종합적으로 살펴볼 때 그것은 현대 사회의 위기에 대한 대응 관점에서 대안적 구상과 실천의 유의미한 흐름을 보여준다. 더불어 그 세부적인 관점에 따라 자원론·체계론·공간론과 같은 구분 속에서 관련 담론이 진척되고 있는 것으로 보인다.

자원론이 자원으로서 커먼즈의 유형과 성격에 따라 접근한다면, 체계론과 공간론은 커먼즈를 단순히 자원이 아닌 대안사회의 지향을 담은 것으로 본다는 점에서 그것과 명확한 차이를 보인다. 물론 둘의 관점은 유사하나 다음과 같은 점에서 다르다. 체계론에서는 생산 양식의 체계 구성적 과정이 무엇보다 중요시된다. 그러므로 하나의 체계로서 커먼즈의 지속적·안정적·상대적·순환적 성격이 강조된다. 공간론에서는 오늘날 전개되고 있는 '새로운 종획'을 향한 적극적이고 유연한 대응이 더욱 중요시된다. 그러므로 하나의 공간으로서 커먼즈의 확장적·사건적·절대적·전환적 성격이 강조된다. 전자가 체계를 강조하면서 장기적인 관점에서 안정적인 구성을 추구한다면 후자는 공간을 강조하면서 시의적인 관점에서 열린 구성과 대응을 추구한다고 할 수 있다. 이 두 차원을 좀 더 구체적으로 살펴보면 다음과 같다.

먼저, 체계론은 종획의 원리적·순환적 '지속'에 대한 커먼즈의 대응에

63　Massimo De Angelis, 앞의 책, 257쪽.

주안점을 둔다고 할 수 있다. 종획은 원리와 순환고리의 설정을 통해 그 바깥으로 벗어날 수 없도록 함으로써 지속적이고 끊임없이 강탈과 흡수를 강행한다. 이에 따라 커먼즈는 유무형의 자원과 지식, 이를 매개로 관계를 맺고 있는 집단과 공동체, 이들이 벌이는 집합적 행동 양식들을 가리킨다는 점에서 재화와 주체, 활동 전반을 아우르는 하나의 삶의 방식 혹은 독립적인 실천 경관으로 이해된다.

커먼즈의 체계적 성격을 특히 강조할 때, 그것은 공통재common goods, 공통인commoner, 공통화commoning를 갖춘 하나의 체계로서 다루어진다.[64] 다만 재화와 주체, 활동이라는 요소 각각이 중요한 것이 아니라, 이들이 하나의 체계를 이루는 것, 즉 어떤 목적을 가지고 상호 연결됨으로써 (재)생산 양식을 조성하는 것이 중요하다. 이때 커먼즈는 '자본의 외부'로 상정되지만, 그것은 저절로 되는 것이 아니라 끊임없이 '자본과 다른 것'이 되는 명확한 과정 속에서 항상 구성되거나 생산되어야 하는 것이다. 물론 이 과정은 전적으로 사회적 세력들의 힘 관계에 달려 있으며, 그런 점에서 근대 국가나 자본과는 '다른 척도'에 근거한 가치체계를 자율적으로 구성하는 주체의 형성, 그리고 권력의 끊임없는 전유와 확장에 대립하고 그 순환고리를 끊어내는 가치투쟁의 필요성이 강조된다.[65]

다음으로, 공간론은 종획의 대상적·공간적 '확장'에 대한 커먼즈의 대응에 주안점을 둔다고 할 수 있다. 종획의 유형이 자연자원, 도시자원, 사회자원, 인지자원 등으로 점점 광범위하게 넓혀지고 있는 현재의 상황[66]은, 그것이 그 형태와 속성에 구애받지 않고 이루어진다는 점에서 거의 모든

---

[64] 권범철, 「도시 공통계의 생산과 전유」, 서울시립대학교 박사학위논문, 2019, 33~36쪽.
[65] 이와 유사하게 커먼즈는 모든 종류의 물리적·무형적 자원을 관리하는 데 사용되는 일단의 사회적 관행들·가치들·규범들을 결합시키는 하나의 패러다임이자, 자원·공동체·사회적 규약들은 통합되어 상호 연관된 전체를 이루는 것으로 정의된다(David Bolier, 배수현 옮김, 『공유인으로 사고하라』, 갈무리, 2015, 40쪽).
[66] Massimo De Angelis, 앞의 책, 278~284쪽; 위의 책, 69~122쪽 참조.

대상과 공간을 전유하려는 자본의 의지를 나타낸다.

한 가지 중요한 점은 그러한 종획의 확장이 신자유주의 그 자신이 닥친 위기가 그 결정적인 계기이자 요인이라는 점이다. 근대 국가와 자본의 바깥 영역이 저절로 조성될 수 없다는 명확한 인식 속에서, 커먼즈는 그 대상과 공간을 일정하게 확장함으로써 스스로 '역사적 진화'를 거듭한다. 즉 자원의 성격에 따라 그 유형은 자연자원 커먼즈, 사회적 커먼즈, 지식 커먼즈, 디지털과 P2P 커먼즈 등으로 '진화'하고 있으며 그에 따라 커먼즈의 활동 공간 또한 점차 확장되고 있다.[67] 이처럼 시초축적이 종획으로 확장되어 사고되는 것과 같이, 커먼즈 또한 생산 양식의 역사적 단계에 따라 물질과 비물질 공간을 넘나들며 생산 혹은 전승되어 온 실체로 상정되고 있다.

다만 이와 같은 자연자원으로서 커먼즈, 사회체계로서 커먼즈, 공간으로서 커먼즈가 현실 세계에서는 구분되지 않고 복잡하게 서로 얽히며 전개되고 있다는 점을 유념할 필요가 있다. 커먼즈의 실천은 관련 주체들이 무엇을 위기로 인지함으로써 그것을 종획으로 추상화하여 분석하는가에 전적으로 달려 있기 때문이다. 이와 더불어 오늘날 커먼즈를 둘러싸고 전개되고 있는 대안적 실천의 새로운 경향들이 각각 분할된 사회운동들이 아니라 협력을 근간으로 하나의 체제와 살림살이를 구성하는 총체적 실험으로 나타나고 있다. 이러한 점은, 이 책이 주목하고 있는 지역 사례와 관련해서도 매우 중요한 지점이라고 할 수 있다.

이상에서 검토한 내용들을 종합적으로 고려해볼 때 이 책이 표방하고 있는 문제의식을 비교적 온전하게 담고 있는 말로 '마을공화국'을 제안해볼 수 있다. 달리 말해, 논제를 통해서도 본격적으로 제시되고 있는 마을공화국은 이 책의 목적과 배경, 대상과 이론 그리고 선행연구의 지형 등 여러

---

[67] Michel Bauwens, "The History and Evolution of the Commons", 2017.09.29(〈커먼즈 번역 네트워크〉, http://commonstrans.net/?p=895).

측면에서 이 책이 주장하고 있는 핵심적인 논지를 부각시킬 수 있는 장점을 지니고 있다고 할 만하다.

먼저, 이 책은 오늘날 구체화되고 있는 마을문화/민속의 공동체적 변환과 생성의 새로운 흐름 혹은 단면을 묘사하고자 하는 의도에서 마을공화국의 개념화를 시도하고 있다. 앞서 살펴본 것과 같이, 오늘날 마을/공동체는 이전과는 다른 상황과 조건 속에서 귀환 혹은 재활성화되고 있다. 이들 마을/공동체는 주류적인 삶의 방식과 태도와 거리를 둔 채 색다른 삶의 문법을 형성하며 한국사회 내에서 독자적인 영역 내지는 실천 양식을 구축하고 있는 추세에 있다. 그럼에도 불구하고 이에 대한 민속학적 접근은 상당 부분 소략한 편이다.

그러므로 이러한 흐름이 본격적으로 조성된 지 대략 한 세대가 경과한 이 시점에서 오늘날 부상하고 있는 마을/공동체 현상에 관한 종합적인 분석이 요청된다. 이 책에서 쓰고 있는 마을공화국은 이와 같은 현상을 마을문화/민속의 현대적 실험으로 상정하여 분석하고자 하는 목적을 새겨두고 있다. 즉 마을을 중심으로 오랜 시간 존속했던 공동체적 문법이, 새롭게 조건화된 경제·사회·정치적 상황을 맞이하여 질적인 차원에서 그 자신의 속성과 내용을 어떤 식으로 전환시켰는지에 대한 여러 흐름과 그 단면들을, 민속적 연관 속에서 포착하여 분석하고자 하는 시도가 포함되어 있다고 하겠다.

이 책이 마을공화국이라는 말에 새겨넣고 있는 또 한 가지는, 그와 같은 마을/공동체 현상들이 공통적으로 나타내고 있는 체제론적 성격에 대한 강조이다. 여기에서 말하는 체제란 크게 두 가지의 의미를 지닌다고 할 수 있다. 그 하나는 해당 현상이 생업·노동·문화 등 비교적 온전한 사회 구성 혹은 체계를 이루고 있다는 점이고, 다른 하나는 그러한 사회 구성 혹은 체계 자체가 당대에 지배적으로 작동하고 있는 체제에 대한 문제제기와 그 대안의 모색을 함축하고 있다는 점이다. 근대 국가와 자본 체제를 지배적인 것으로 지탱하기 위해 주기적으로 귀환하는 핵심적인 원리로서 종획에 대한 비판적인 시선과 자율과 자치의 방식으로 그것과는 다른 가치실천을 상상·기획·실험하는 커먼즈의 전략적 대응은 그와 같은 마을공화국의 체제론적 성격을 짚어볼 수 있는 중요한 참조점이라고 할 수 있다.

역사적인 측면에서도 이러한 대안 체제의 실험은 적지 않은 함의를 나타낸다. 많은 커먼즈 관련 논자들이 공통적으로 지적하듯이, 근대 역사는 자연 상태에 있던 이들을 국민/민중이라는 단일 주체로 결합시키고 이들이 자율적으로 관리했던 수많은 공유지들을 방치된 것으로 간주하여 국가적 관리 체계로 전속시키는 등 국가 공동체의 성립과 발전의 궤적들로 채워져 있다고 할 수 있다. 이를 비판적으로 생각할 때, 그러한 역사에 의해 소거되어버린 역사는 없는가, 또 그 안에서 존속했던 이념 지형은 남김없이 양분되어버린 것인가 하는 물음을 던질 필요가 있다. 오늘날 마을/공동체를 중심으로 전개되고 있는 대안 체제의 실험들이 긴밀한 연관을 맺고 있는 역사적 계열들은 그러한 국가/민족 중심의 근대 역사와는 분명히 다른 역사적 전개와 궤적을 형성하고 있다. 그러므로 이 책은 지금껏 비가시화된 실천과 사상의 흐름을 길어올리고 재구성하기 위해 마을공화국이라는 체제적 실험의 전체적인 형상과 그 서사가 그려온 대안적 비전들을 재구할 필요가 있다고 본다.[68]

충남 홍성군 홍동면과 장곡면 일대에서 전개되고 있는 실천은, 그 지층

---

68 이는 역사가 시간적인 구성물이라는 기본 규정을 전제로 한다. 역사는 구성되는 지대와 구성되는 양상마다 다른 시간을 갖는다. 하나의 민족으로 묶는 역사만큼이나 그것을 분할하는 다양한 집단들의 역사, 혹은 다양한 개체들의 역사가 있는 것이다. 그 모든 집단, 그 모든 개체들마다 각자의 시간, 각자의 리듬을 갖고 있다. 그러나 대문자로 쓰이는 '역사'는 언제나 이 상이한 시간들을 하나의 시간 안에 포획하거나 포섭한다. 수많은 이질적 시간들이 하나의 '민족'이나 '국가'의 시간, 하나의 '세계'의 시간, 하나의 역사의 시간에 의해 지워지고 보이지 않게 된다. 역사의 공간은 상충되는 힘들이 작동하는 장이고, 이 힘들이 대결하는 투쟁의 장이다. 또 하나의 역사를 구상하는 일은 다른 삶을 만들고 다른 세계를 만드는 현실적이고 실천적인 문제이다(이진경, 『역사의 공간』, 휴머니스트, 2010, 16~17쪽).

과 지형을 고려해볼 때 이 책이 마을공화국이라는 언술을 통해 들여다보고자 하는 마을/공동체 현상의 양상과 현황, 역사와 흐름, 의미와 가치를 조망하는 데 있어 상당 부분 중요한 사례로 볼 수 있다.[69] 즉 지역 혹은 동네에서 이웃들과 함께하는 모임과 학습을 바탕으로 실현 가능한 행동과 실천들을 그 지역 혹은 동네에 직접 펼치는 방식으로 새로운 세계를 전망하는 대안적 체제 실험의 면모와 그것이 지닌 특이성을 적절하게 포착할 수 있는 사례에 해당한다. 더군다나, 귀농/귀촌인들을 중심으로 하여, 해당 지역에 살고 있는 사람들이 현재 살아가는 일상의 모습과 지역에서 오랜 시간에 걸쳐 이루어졌던 대안 실험들, 그리고 자립과 자치를 위해 노력해온 발자취들을 담아내고 있는 표상으로서 마을공화국을 채택하고, 이를 중심으로 자신들에 의해 주체적으로 꾸려질 공동체의 미래를 선취하고 있다는 점[70] 또한 그러한 타당성을 뒷받침한다고 할 수 있다.

그런 한편, 선행연구의 지형이 나타내고 있는 해당 지역 실천의 깊이와 다양성에도 불구하고 그 자료를 총체적인 차원에서 수집하여 분석하는 작업은 좀처럼 이루어지지 못했다고 볼 수 있다. 그런 점에서도 해당 지역 실천을 마을공화국이라는 대안 체제의 실험으로 주목하여 종합적으로 담아내는 작업의 유효성이 제기될 만하다. 해당 지역에서는 변화하는 시대와 조응하면서도 그것과 직접적으로 연결된 모순과 위기에 대한 대안의 구성이 구체적인 지역 공간을 거점으로 하여 하나의 체제로서 실험되고 있다. 그

[69] 오늘날 홍동과 장곡 지역에서 현행화되고 있는 실천의 이면에는 무수한 사건적 계기들이 접혀 있다는 점도 지적될 수 있다. 여기에는 오랜 지역적 차별과 소외가 틔운 서북 지역의 민중적 전통, 같은 맥락에서 이루어진 서구 근대와 기독교에 대한 열린 태도 및 자발적 수용, 국가라는 것이 사실상 존재하지 않았던 식민지 시기 태동한 민족주의와 새로운 민족 공동체의 이상을 한반도 영토의 가장자리에 구현하고자 한 이상촌건설운동의 국지적 전개, 해방 후 남한의 단독정부 수립과 한반도 분단에 따라 함께 남하하여 뿌리내린 무교회신앙과 공동체적 조합주의 등과 같은 사건들이 선체험되어 있다. 다만, 이들은 단일한 출처로 존재하지 않는다. 그것은 잠재적인 차원에 접혀 있으면서 이후 이 지역에서 전개되었던 실천의 여러 원천들로 작동해오고 있는 것으로 보는 것이 실상에 더욱 부합하다.
[70] 충남발전연구원+홍동마을사람들, 『마을공화국의 꿈, 홍동마을 이야기』, 한티재, 2014.

러므로 이 지역 실천이 경제·사회·교육·문화·정치 등의 방면을 한 데 갖추는 방식으로 자율적인 체제를 구축하는 실험을 통해 대안적인 가치실천 양식을 주조해오고 있다는 점을 유념하면서, 그 전모를 파악하고 그것이 나타내고 있는 의미와 가치에 천착하는 작업이 필요할 것이다.

4. 지역 현장의 다층성과 참여 연구의 방법론적 확장

공동체문화 연구는 현대사회에서 마을문화/민속의 재현과 변환이 어떠한 양상으로 전개되고 있는지에 대한 여러 질문들 중 하나의 관점이자 방법론으로 채택된 것이라고 할 수 있다. 이를 '민속연구의 새로운 전회'라는 언술로 표방하는 것 또한 전국적으로 구체화·활성화되고 있는 공동체문화 현상에 대한 분석 작업을 근거로 하여 마을문화/민속의 현재적 위상을 민속연구라는 명확한 입지에서 체계적으로 정립하는 목적을 함축하는 것이라 하겠다. 그에 따라 공동체문화 연구는, 안으로는 마을문화/민속에 대한 인식에서 발견되는 전傳시대적 고정성·영속성·정체성을 문제 삼는 위치를 지니고 있으며, 그런 만큼 밖으로는 오늘날 한국사회의 복잡하고 시의적인 문제계에 본격적으로 진입해 들어가는 학술적 경로를 분명하게 나타내고 있다.

이와 같은 관점·방법론·목적·위치·경로를 염두에 두고 연구를 진행할 때, 보다 중점적으로 고려되어야 하는 것은 현행화되고 있는 공동체문화 현상과 자료들에 대한 접근 방식일 수 있다. 압축이고 혼종적인 근대화 과정을 지나오면서 한국사회는 언뜻 보기에도 매우 복잡한 경제적·정치적·문화적 질서의 재편을 그 역사 속에서 거듭해왔다. 그에 따라 국가와 자본, 제도와 정책, 시민과 현장 등이 상호 대립하거나 적극적으로 교섭하는 관계를 맺으면서 우리 사회의 전환을 점진적으로 혹은 전면적으로 이끌어왔다. 하향식 통치와 상향식 운동이 마주치거나 협상하는 가운데 무수한 조직체와 협의체, 재정과 지원책, 조례와 법령, 공론장과 논의 구조 등 상이한 목적과 지향을 지닌 주체 내지는 공간들이 조성되었으며, 관련 주체들의 참여와 실무, 활동과 협상 과정을 담아내는 현장 혹은 제도 지향적 양식들이 형성되었다. 요컨대 이러한 면모들이 한국의 사회운동 특유의 복잡다단한 궤적을 나타내고 있다는 점은 분명하다.

하지만 문제는 그간의 민속연구가 견지해온 관점 속에서는 이러한 역동적인 현상에 접근해갈 수 있는 입구 전략 혹은 방법론적 선택지가 그렇게 많지 않은 상황[71]이라는 데 있다. 그러한 가운데, 공동체문화 연구는 그와 같은 현상과 자료에 대한 관심을 공동의 연구 과제로 주제화하여 장기간에 걸쳐 본격적으로 연구하는 방식을 선택한 것에 해당한다. 공동체문화 연구가 밟아온 그간의 행보를, 다소간 이질적인 것으로 여겨졌던 민속연구 담론과 공동체문화 현상을 엮어짜는 공동의 기획이자 실천의 과정들[72]로 규정할 수 있다면, 이 책은 이와 같은 과정의 어느 한 지점에 그 자리를 매기고

---

[71] 물론 마을만들기 내지는 사회적경제라는 연구 대상 혹은 범주에 대한 접근을 중심으로 이와 유사한 계열의 연구 성과들이 민속학적 입지에서 일견 진척된 바 있다. 다만 이러한 시도들은 그 성과에도 불구하고 몇 가지 제한적인 측면과 한계를 노정하고 있다. 개별 연구자들의 지극히 개인적인 관심에 전적으로 의존한 채 파편적으로 이루어진 나머지 이를 민속학 연구 지형의 한 영역으로 구축하는 수준에 도달하지 못했다는 점이 그 한 가지라면, 현장 연구를 진행하였다는 점을 제외하면 민속학적 관점과 그 의의를 대체로 담아내지 못했다는 점이 또다른 한 가지이다. 이러한 그간의 상황을 고려할 때, 현장 지향적 탐구와 대상 사례의 전경화만큼이나 연구 관점을 수립하여 적용하는 일도 그에 못지 않게 중요할 수밖에 없다. 만일 공동체문화 연구를 하나의 연구 기획이자 그 통합적인 계기로 삼는 것이 가능하다면 이와 같은 판단에 근거하고 있다고 하겠다.

[72] 그에 따라 공동체문화 연구는 집단적인 차원에서 연구 대상에 접근할 뿐만 아니라, 차별화된 학술 기획을 통해 방법론적 수준을 높여나감으로써 종래의 학문 환경이 지닌 한계를 극복해가는 과정에 있다고 할 수 있다. 그 과정은, 단계에 따라 집중 연구 대상과 주제를 선정하여 공동 연구를 진행함으로써 독자적인 학술 성과를 축적하는 한편, 학술 영역 바깥에서 활동하고 있는 각 분야의 전문가와 전국 각지의 마을 실천가/활동가들에게 열려 있는 학술행사들을 다양하게 기획하는 등 여러 실험적인 시도들로 채워져 있다. 특히 이 책이 주목하고 있는 충남 홍성군 홍동·장곡면은 초기 집중 연구 지역으로서 이와 같은 시도를 처음으로 실시한 사례에 해당한다.

있다고 할 수 있다. 아울러 그 과정을 '현장 참여적 연구 방법'의 외연을 넓히고 다각화한 것으로서 열어둘 때, 이 책은 공동체문화 연구라는 공동의 기획을 여럿과 함께 통과하면서 다음과 같은 세 곳의 '현장'을 마주하였음을 언급해두고자 한다.[73]

첫 번째는 이 책이 논의 대상으로서 주목하고 있는 충남 홍성군 홍동·장곡면이라는 지역의 현장이다. 입학 면접이라는 개인적인 이유로 이 지역에 자리 잡고 있는 풀무학교를 오래 전에 방문한 적은 있었지만, 연구 목적을 가지고 방문하게 된 것은 동료들과 함께 한 마을탐방이 처음이었다. 마을탐방은 2019년 1월에 진행되었는데, 당시 지역센터 마을활력소(마을활력소) 교육팀의 안내를 받아 지역의 주요 거점지를 돌아봄으로써 해당 지역에서 이루어지고 있는 실천 전반에 대한 아주 소략한 정보와 내용들을 눈과 귀를 통해 담아낼 수 있었다. 그 일정의 백미는 단연 '2019 우리마을발표회'였다. 개인적으로 이 행사는 여느 곳과 다르지 않은 평범한 농촌의 외관을 지니고 있었던 이 지역이 어쩌면 지금껏 우리가 잃어버린 '다른 세계'를 실험해오고 있는 곳일지도 모르겠다고 생각하게 되었던 계기로서 기억의 한 켠에 강하게 남아 있다.

본격적으로 이 현장에 뛰어들어 참여관찰을 시작한 것은 그 뒤였다. 저자는 집단 연구 과제를 보조하는 역할을 수행하면서도, 자체적으로 운영되

---

[73] 저자에게는 이와 같은 집단 연구 과제에 참여하게 된 것이 이 연구에 착수하게 된 직접적인 계기가 되었다고 말할 수 있다. 다만 그것이 전적으로 불연속적인 과정이었던 것은 아니다. 앞서 말한 것처럼, 마을문화/민속은 저자가 놓인 민속학이라는 학문 환경에서는 끊임없이 또 오랜 시간 동안 강조되어온 영역이었을 뿐 아니라, 그러한 환경에 녹아들어 수학하고 있었던 저자 개인에게도 그것은 핵심적인 연구 관심사로 자리매김하고 있었기 때문이다. 그럼에도 늘 의문이었던 점은, 급변하는 사회문화 상황에 조응하면서 마을문화/민속의 현상과 인식 또한 상당한 정도로 변해가고 있는 모습이 나타나고 있음에도 불구하고, 당시의 학문 환경이 중점적으로 구축하고 있었던 재현 체제 내에서는 여기에 대한 적극적인 천착과 분석이 좀처럼 이루어지기 어려웠다는 점이었다. 특히 개인적으로 '마을/공동체 행동'이라 부를만한 현상들에 대한 막연한 관심이 생기게 되면서부터는 그러한 난관이 더욱 크게 다가오기도 하였다. 저자는 2018년 9월부터 2023년 2월까지 공동체문화 연구 과제를 보조하면서 다양한 현장들을 마주하고 체험할 수 있었다.

었던 장기체류 연구 제도를 통해 2019년 4월부터 12월까지 약 9개월 간 해당 지역에 머물면서 참여관찰을 실시하였다. 이 기간 동안은 각종 행사나 모임 참여에 주력함으로써 지역의 전반적인 운영 방식과 조직 및 모임 현황 등에 관해 대략적으로 파악하는 일에 집중하였다. 풀무농업고등기술학교 고등부(풀무학교 고등부)와 풀무농업고등기술학교 생태농업전공과(풀무학교 전공부) · 마을학회 · 평민마을학교 · 홍성여성농업인종합지원센터 · 밝맑도서관 등 지역의 주요 기관에서 활발하게 실시하고 있던 행사와 세미나에 직간접적으로 참여하였고, 지역의 업무들을 도맡아 하고 있는 여러 협동조합의 정기적 · 비정기적 회의에서 안건 상정과 결의 등 풀뿌리 민주적 의사 결정 과정을 참관하였다. 마을활력소 · 달모임 · 주민자치회 · 홍성통 등 지역 내 협치 기구의 논의 과정을 관찰하였으며, 녹색평론읽기모임 · 행복한성모임 · 민들레읽기모임 · 공유지읽기모임 · 평민마을학교 등 비교적 오랜 시간 지속되고 있으면서 지역에서 주체적으로 진행되고 있는 학습 및 공부 모임들에 정기적으로 참여하였다. 이와 같은 참여관찰 과정을 통해, 지역의 역량이 일상적인 모임을 기반으로 구성되는 것이라고 이해할 만한 여러 장면들을 포착할 수 있었다.

하지만 여러 여건상, 한 차례의 체류 조사만으로는 표면화된 현상과 활동의 이면에 감추어져 있는 역사적 지층과 역동적인 흐름들을 이해하기에는 부족한 감이 다분했다. 여기에 큰 한계를 느낀 저자는, 이후부터 한동안 이 지역 사례의 민속학적 접근에 대한 문제의식을 좀 더 심화하면서도 각 분야 및 조직별 역사와 운영 방식에 대한 학습을 진전시켰다. 그리고 그 뒤, 개별 주체들에 대한 심층적인 면담을 실시하고 그 결과를 체계적으로 정리하는 작업에 착수하였다. 이 작업은 준비 기간을 거쳐 2021년 7월부터 8월까지 2개월 간 집중적으로 실시하였다. 세대와 원주민 · 이주민 등 주체들의 성격에 따라, 농업농촌과 교육 등 분야 및 영역에 따라, 그리고 역사 및 현황과 가치 지향 등 문제 지점에 따라 주제화하여 집중 현지조사와 심층 인터뷰를 진행하였다. 이 과정에서 특히 염두에 둔 것은, 개별 주체에 대한 수동적인 인터뷰가 아닌, 연구자의 문제의식을 명확하게 공유하면서 그와 연계된 지역의 내막과 시선을 읽을 수 있는 상호 참조적 대화를 지향하고자 한 것이었다.[74]

두 번째는 공동체문화 실천과 연구의 만남이라는 맥락에서 기획된 학술판의 현장이다.[75] 공동체문화 연구 기획에서는 연구의 대상이 되는 지역 현장 외에도 연구의 거점이 되는 지역인 안동에 새로운 현장을 마련해왔다. 그것은 '그곳'의 현장을 '이곳'의 현장으로 옮겨온 것이면서도 서로 다른 현장이 마주치는 중간지대의 현장을 구축하는 실험이기도 했다. 그 현장은 학술회의·세미나·워크숍·콜로키움·컨퍼런스 등 다양한 형식으로 기획되었으며, 주제에 따라 혹은 활동 영역에 따라 색다른 환경의 현장들이 그때그때 조성될 수 있었다. 이 현장은 참여관찰자 혹은 연구자 개인이 현지에 투입되어 적응해가는 필드워크에 한정된 것이 아닌, 초대 및 협업 내지는 환대에 기초하여 집단과 개인 혹은 집단과 집단이 비교적 대등한 관계에서 만나는 새로운 형식의 필드워크로서 방법론적 의미를 부여할 수 있다.

연구 방법이라는 측면에서 이와 같은 현장이 가지는 중요성은, 발표나 토론을 통해 길게 언급되는 지나간 사실들의 합 그 자체라기보다는 이러한 공식적 발화를 계기로 자신의 활동을 어떻게 재구조화하여 하나의 진실로

---

[74] 이와 관련하여 한 가지 부연할 것은, 이러한 현장을 만나 연구에 착수하고 수행해가는 과정 자체가 연구자 개인이 아닌 공동의 연구 작업 및 그 성과를 기반으로 이루어진 것임을 주지하게 되었다는 점이다. 현장에 머무는 동안 새로운 소식이나 필요한 정보가 있을 때면 집단이나 개별 동료들에게 전달하거나 공유하는 것을 기본으로 하되 자료의 조사와 축적 또한 공동의 결과물이라 생각하고 공유하고자 하였다. 구체적인 연구 과정을 통해 매듭지을 수 있었던 문제의식이나 연구 관점 역시 마찬가지이다. 대상과 주제에 대한 집중 연구를 함께 수행함으로써 동료 간 토론과 논쟁이 비교적 일상화되었고, 심지어는 각각 연구한 것에 대한 토론과 공유가 해당 현장에서 즉각적으로 또 빈번히 이루어지기도 하였다. 이 과정에 더해진 손길들이 이 책에서 다루고 있는 현장과 생각의 면면에 묻어 있다고 할 수 있다.

[75] 이에 대한 상세한 내용은 '[부록 1] 공동체문화연구사업단 주최 홍동·장곡 지역 사례 발표 목록'을 참조할 것.

구성하는지에 달려 있을 수밖에 없다. 발표자로 초청된 활동가들은 기획과 준비 과정에서 자신의 활동에 대한 내력을 정리하면서도 현장이 기획한 대주제에 맞게끔 그것을 정연하게 간추리는 작업을 거친다. 학술판이 벌어지는 현장은 더욱 직접적이고 역동적이다. 청중의 분위기와 반응을 민감하게 받아들이는 가운데, 발표자는 자신의 생애와 경험, 에피소드와 여담을 곁들이는 즉흥적인 의미화 과정을 통해 사전에 준비된 것보다 훨씬 중층적인 서사를 구성한다. 뿐만 아니라 여타 발표를 비롯하여 다른 참여자들의 언사에 대한 인용과 재인용이 적극적으로 일어나고 다양한 서사들이 서로 이어지거나 때로는 충돌함으로써 현장에서는 풍부한 의미들이 생성되며 참여자들의 공감대는 넓어진다. 연이은 질문과 답변이 오가는 토론 과정에서는 열린 소통을 통해 발표자와 청중, 전문가와 실천가/활동가, 연구자와 일반 대중에게 생각과 인식의 변화가 제공된다. 이러한 학술판의 현장은 식사 자리나 후기를 나누는 과정 등 행사장 바깥과 그 이후 과정에서도 꾸준히 이어진다.

현행화되고 있는 공동체문화 현상과 자료들 그리고 그 주체들의 특성을 고려할 때, 이와 같은 현장이 가지는 적합성은 더욱 결정적인 것으로 판단된다. 앞서 언급한 것처럼, 해당 현상과 자료들에 대한 민속학적 접근이 쉽지 않은 상황에서, 관건은 공동의 연구 관점과 의제의 발굴, 그리고 사례를 직접 통과하여 전체적인 상을 조망하는 것이라고 할 수 있다. 그런 점에서 다양한 주체들의 상호 소통과 협력 속에서 학술판이라는 새로운 현장을 마련하는 일은 공동의 실천을 구성해가는 과정적 산물이자 직접 배움의 계기라는 점에서 유의미한 연구 실험으로 생각될 수 있다. 나아가서는 조사제보라는 닫힌 틀에서 벗어나 다수와 다수가 만나고 각자의 생각과 느낌, 열정과 배움들로 채워지는 이와 같은 현장은, 마주침의 기획 속에서 새로운 이야기들을 생성하는 장이 된다는 점에서 나름대로는 고무적인 시도로 여길 만하지 않을까 한다.

세 번째는 이 지역 실천의 내력이 다중의 차원을 향해 변환되어가는 현장이다.[76] 이 지역 공동체문화 실천에서는 그 주체들이 자신들의 실천을 그들의 입장에서 주체적으로 지식화/담론화하고 있는 흐름이 활성화되고 있는데, 이는 그 주체들의 자율성을 보여줄 뿐 아니라 지식생산의 주도권이 더 이상 학문 영역에 귀속되어 있지 않은 현실을 말해주는 예[77]라고 할 수 있다. 다만 연구 방법의 측면에서 이와 같은 흐름은 지역 실천의 어떤 면모들을 단순히 반영하거나 재현하고 있는 자료로서 한정되기보다는, 주체적이고 집합적인 차원에서 지역 실천의 내력과 그 전망을 공통의 감각으로 만드는 과정을 담고 있는 하나의 현장으로서 주목될 필요가 있다. 그 과정을 다중의 형성과 연관되어 있는 것으로 이해한다면, 그것이 이루어지는 구체적인 장소들은 다양한 목소리를 내고 여러 가지 행동을 펼치는 '다중의 집회 현장'에 비견될 수 있을 것이다. 이러한 다중의 탄생은 현대사회의 주된 특징 중 하나이기도 하다.[78]

사례에서 발견되는 실천의 지식화/담론화 문제를 주체적인 과정으로 염두에 둘 때, 지역 실천 주체들이 스스로 생산한 문헌 자료들은 곧 집단적으로 생산해온 실천적 지식의 산물이라고 볼 수 있다. 그런 점에서 지역에서

---

76 이에 대한 상세한 목록은 '[부록 2] 홍동·장곡 지역 사례 문헌 자료의 유형과 내용'을 참고할 것.
77 이영배, 앞의 글, 2021a, 67쪽.
78 스피노자의 물티투도(multitudo)에 연원하는 다중(多衆, multitude)은 민중과 대립되는 위상을 지니며, 정치사상의 새로운 범주이자 현대의 공적 영역에 관한 성찰적인 도구로 제기되고 있다. 그것은 하나로 수렴되지 않은 채, 운동의 구심적인 형태 내부에서 소멸하지 않은 채 그 자체로 존속되는 다원성/복수성(plurality)을 가리킨다. 다중은 노동 활동이 가진 탁월한 기예(virtuosity)에 의해, 그리고 스스로를 생산하고 또 생산할 수 있는 잠재력 혹은 가능태에 의해 정의되는 힘으로 규정된다. 다중에 대한 사유를 시도할 때 유념해야 할 것은, 그 근저에 노동·정치·지성이 더 이상 분리되지 않고 현실적으로 서로 교환될 수 있게 되었으며 그럼으로써 모든 것이 수행적으로 된 사태가 거기에 자리하고 있다는 점이다. 다시 말해 순수한 지적 활동과 정치적 행위, 노동을 가르던 고유한 경계선이 해체되었으며, 현대적 노동 혹은 생산에서는 오히려 이들, 즉 포이에시스와 프락시스가 병치되는 모습이 나타나고 있는 것이다. 본문에서 제기하고 있는 해당 현장은 일반지성에 토대를 두고 전개되는 정치적 행위를 가능케 한다는 점에서 다중의 존재양식에 부합하는 공적 영역으로 작동한다고 볼 수 있다(Paolo Virno, 김상운 옮김, 『다중』, 갈무리, 2004, 23~123쪽 참조).

활동하고 있는 활동가/실천가들은 그 실천의 기반과 내력, 가치와 사상을 간행물을 통해 공적인 관심사로 변환함으로써 특정할 수 없는 현 시대 다중을 형성/소집하는 매개자들로서 중요한 위치를 차지하고 있다. 그 간행물들은 특정한 매개자에 의해 소집된 다중이 어떠한 공적 관심사를 공유하고 있는지 짚어볼 수 있는 구체적인 의사소통의 현장이 되며, 지역의 실천은 이러한 현장을 통해 좀 더 공통적인 차원으로 이전된다. 그것은 지역이라는 실제 현장의 총체적인 면모들을 옮겨오고 있다는 점에서 직접적으로 연계되어 있지만, 그렇게 주어진 것으로 한정되지 않는 독립적인 논리와 쟁점을 뚜렷하게 지니는 또 하나의 현장에 해당한다.

온·오프라인에 걸쳐 형성되어 있는 이와 같은 현장들은 커뮤니케이션의 현대적 조건 변화와 그 공동체적 함의의 측면에서도 상당히 중요할 수밖에 없다. 즉 전지적 관점을 견지하고 있는 일방감시탑이 이 세계를 단 하나의 지배 질서를 주조하고 있다고 할 때, 이와 같은 현장은 지역/마을이라는 입지에서 전체 사회를 본다는 점에서, 탈중심적인 장소를 기반으로 그러한 질서를 포위하는 다중감시체계로서 그 의의를 부여할 수 있다. 다시 말해 그것은 정보의 처리와 유통 및 그 보존과 운영의 민주적·자율적 시스템이자 다수의 개인들이 내리는 집합적 판단으로서 홀롭티시즘적 공간·지식·도구[79]라고 할 수 있다. 나아가 국가 중심의 정보 독점권을 해체한다는 점에서 그것은 획일적인 전체주의적 프로젝트와 통치 주체의 한 유형으로서

---

[79] 장 프랑소와 누벨에 의하면, 홀롭티시즘(Holopticism)은 그리스어 'holes'(전체적인)과 'optik'(시야, 시각) 그리고 'tekhn'(기술)이라는 세 가지 단어를 조합한 것으로, 그것은 어떤 조직(혹은 그룹) 내의 행위자들이 조직(혹은 그룹)의 전체를 마치 하나의 개체(unique entity)인 것처럼 인식할 수 있는 능력을 의미한다. 홀롭틱한(holoptical) 공간은 각각의 참여자들이 '전체'를 생생하게 지각할 수 있는 공간이다. 개인과 전체 사이를 연결하는 홀롭티시즘은 행위자들에게 주권적이고 독립적이고 다양한 방법으로 움직일 수 있는 능력을 제공한다. 왜냐하면 그들은 전체를 위해 그리고 그들 스스로를 위해 무엇을 해야 할지를 알고 있기 때문이다. 따라서 거기에는 수평적인 층에서의 명료함뿐만 아니라 '전체'와의 수직적인 소통도 존재한다(전명산, 『국가에서 마을로』, 갈무리, 2012, 176~177쪽).

지식 생산 권력에 저항하는 가치투쟁의 현장이면서, 특이성들에 가치를 부여하고 새로운 보편성들이 부상할 수 있게 하는 장치로서 집단지성[80]이 생산되는 현장이기도 하다.

  이 책은 공동체문화 연구라는 기획을 계기로 하여 마주하게 된 이 세 곳의 현장을 각각 분리해서 보는 것이 아닌, 연합적인 것으로 간주하고 분석 범주에 함께 포함하고자 한다. 이는 지역 실천에 대한 온전한 이해에 도달하고자 하는 초보적인 목적에서 연원하는 것이기도 하지만, 오늘날의 현장이 그 이전보다 복잡해진 상황이라는 점을 강조하기 위한 것이기도 하다. 즉 오늘날 현장연구는 지역 현지만을 대상으로 삼을 수 없다. 현장은 물질계와 비물질계를 넘나들며 형성되고 있는 것이 현실이라고 할 수 있으며, 그에 적합한 연구방법과 자료수집이 앞으로도 고민될 필요가 있다. 이 책이 이와 같은 세 곳의 현장을 굳이 언급한 이유가 여기에 있다. 이 책은 이상과 같은 연구방법과 자료에 근거하여 마을공화국의 실험이 전개되고 있는 홍동과 장곡 지역의 실천 흐름과 지형을 전체적으로 조망하고 그 실험 속에서 이 지역 실천이 시대와 조응하며 대안적으로 전환되어온 궤적을 짚어보고 그것이 지닌 전망과 의미를 검토하고자 한다.

---

80 Pierre Levy, 권수경 옮김, 『집단지성』, 문학과지성사, 2002, 7쪽.

2

지역사회의
역사적 성격과
실천의 생태

1. 지역사회의 개관과 현황 혹은 추세

풀무학교의 설립이라는 역사적 사건이 이 지역에서 대안 체제의 실험이 형성되고 전개될 수 있었던 핵심적인 분수령으로 작용했다는 점은 주지하는 바와 같다. 하지만 그럼에도, 그 이전에는 해당 실천 공간이 어떤 모습을 지니고 있었는지에 대한 정리가 필요한 것으로 보인다. 왜냐하면 실천 공간으로서 이 지역이 이전 시대부터 지녀온 역사와 전통, 토착적 문법의 기반 위에서 그러한 실천의 도입이 가능했던 것으로 보는 시각이 더욱 타당할 수 있기 때문이다.

그러므로 이 장에서는 실천 공간으로서 지역사회의 역사를 근대 이전 시기의 역사문화와 인문지리적 특성을 대략적으로 검토하고, 그 이후 행정구역과 산업 구조가 근대적으로 재편되는 과정과 그 성격을 짚어보고자 한다. 그리고 이러한 흐름 속에서 일정한 역사적 변곡점을 형성했던 실천의 도입 이후에는 지역사회의 경계가 어떤 식으로 새롭게 구획되었는지 살펴보고자 한다. 이는 상대적으로 공백 상태에 놓여 있는 실천 공간의 특성을 드러내는 작업임과 동시에, 앞으로 살펴볼 이 지역 공동체문화 실천의 전체적인 모습을 조망하는 작업에 해당한다고 볼 수 있다.

다만 이를 살펴보기에 앞서, 먼저 실천 공간으로서 이 지역의 개관 혹은 사회적 현황에 대한 내용을 우선 간략하게 짚어볼 필요가 있을 것으로 보인다. 이 책이 주목하고 있는 '홍동(-장곡) 공동체문화'의 실천 공간은 현재의 시점에서 행정구역상 충청남도忠淸南道 홍성군洪城郡에 속해 있으며, 홍동洪東과 장곡長谷 지역은 홍성군 안에서도 동남쪽에 위치한 두 면面에 해당한다. 2017년 7월 이후 현재 홍성군은 홍성·광천·홍북읍, 갈산·구항·금마·결성·서부·은하·장곡·홍동면과 같이 3읍 8개면이라는 행정구역의 구성을 보이고 있다. 현재의 시점에서 그 최종적인 행정구역의 모습은 <그림 1>과 같다.

〈그림 1〉 행정구역상 홍성군 내 홍동과 장곡의 지리적 위치

    이 지역의 인구 및 생업의 현황과 추세는 여느 농촌 지역과 마찬가지로 한국 경제와 산업 구조의 변화와 직접적으로 맞물려 있다. 특히 복잡화된 경제 구조에 따라 중심 산업이 농업에서 점차 경공업 및 서비스로 전환되고, 무역 세계화에 따라 농산물의 수입이 개방되는 등 구조적 재편 과정을 반영하면서 농촌사회로서 인구의 구성과 개별 농가들은 농업 생산과 경영 방식의 급속한 변화를 경험하고 있는 것으로 볼 필요가 있다.

    그 결과 2020년을 기준으로, 홍동면은 약 3,400명, 장곡면은 약 3,000명의 인구가 거주하고 있으며, 인구 추세 역시 다른 농촌 지역과 크게 다르지 않은 편폭을 보이고 있다. 즉 20세기 이후 1920년대부터 1960년대까지 꾸준히 증가하는 추세를 보이다가 1960년대에서 1970년대로 넘어가는 시기부터는 점차 감소하는 추세가 시작되었다. 그러다가 1990년대에서 2000년대로 넘어가는 시기부터는 인구의 감소폭이 점차 줄어드는 추세를 보였으며, 2010년대에서 2020년대로 넘어가는 시기는 그 감소폭이 줄어들거나 정체되는 양상을 보이고 있다. 그 대체적인 추세는 〈표 1〉[1]을 통해 확인할 수 있다.

농가 현황의 경우, 이 지역은 전업농가와 겸업농가가 7:3의 비율을 보이고 있다. 연령대별로는, 60대가 가장 높은 비중을 차지하고 있으며, 그에 따라 농가인구의 고령화가 진행되고 있음을 확인할 수 있다. 경지 규모의 경우, 1ha 미만의 중·소·영세농이 상대적으로 높은 비중을 차지하고 있으며 약 60% 가량이 이와 같은 규모의 농업을 전개하고 있다. 토지 이용의 경우, 2022년 현재 논畓·밭田·목장·과수원의 순으로 높은 비중을 차지하고 있어, 생산량의 측면에서 식량작물로서 미곡 생산을 중심으로 하되 특용작물과 축산물이 그 뒤를 따르는 이 지역의 생업 구조를 일정하게 반영하고 있는 것으로 확인된다. 이 지역의 생업과 관련하여 특히 주목되는 것은 친환경 유기농축산물의 생산이 전체 농축산물의 생산에서 매우 두드러지고 있다는 점이다. 농업기계의 경우 지역의 고령화를 반영하여 그 보유량이 점차 감소하는 추세에 있다.

〈표 1〉 홍성군 연도별 인구 변화(단위 : 명)

연도 지역	1925	1930	1935	1949	1960	1970	1980	1990	2000	2010	2020
홍성군	82,053	87,341	96,554	124,656	144,930	141,207	132,194	105,399	90,658	82,811	102,467
홍동면	9,961	10,438	11,285	13,746	15,317	13,934	11,722	6,279	4,498	3,475	3,477
장곡면	9,121	9,542	10,683	12,779	13,992	12,712	9,960	6,454	4,359	3,115	3,033

〈표 2〉 충청남도와 홍성군의 귀농/귀촌가구원(단위 : 명)

구분	구역	2013년	2015년	2018년	2021년
귀농 가구원	전국	17,318	19,860	17,856	19,776
	충청남도	1,933	2,206	1,921	2,510
	홍성군	125	129	139	200

1 홍성군지편찬위원회, 『홍성군지』 1, 234쪽.

귀촌인	전국	280,838	317,409	328,343	363,397
	충청남도	32,636	34,445	34,157	39,956
	홍성군	1,889	2,254	2,168	2,202

　최근에 들어서는 귀농/귀촌의 흐름이 두드러지고 있다는 점도 지적할 만하다. 귀농/귀촌의 초기 흐름이 1990년대 후반에서 2000년대 초반에 걸쳐 운동의 차원에서 이루어졌다고 한다면, 2010년 전후로 해서는 귀농/귀촌은 정책적·제도적 관심과 지원 속에서 좀 더 본격화되고 있다. 정확하게 집계하기는 어려운 실정이지만, 이 지역의 경우 약 500명 가량의 귀농/귀촌인이 거주하고 있는 것으로 알려지고 있다. 이는 이 지역의 전체 인구 혹은 다른 지역의 귀농/귀촌 인구를 고려할 때, 상대적으로 높은 비중에 해당한다고 할 수 있다.

　특히 <표 2>[2]는 충청남도와 홍성군의 귀농가구원과 귀촌인 수를 나타내고 있다. 이와 같은 수치가 집계된 것은 귀농/귀촌에 대한 국가의 정책적인 관심이 본격화된 시기와 맞물려 있으며, 특히 그 지역은 도와 군 단위로 집약되어 있다는 점을 엿볼 수 있다. 대체적으로 전국 단위의 귀농가구원은 증감을 반복하고 있으며, 충청남도 또한 그러한 추세를 반영하고 있다. 다만 홍성군의 경우 규모가 크지는 않지만 귀농가구원의 수가 꾸준히 증가하고 있는 추세를 보인다. 귀촌인의 경우 귀농가구원보다 훨씬 큰 규모로 진행되고 있을 뿐만 아니라, 증가하는 추세 또한 매우 큰 폭으로 진행되고 있다. 다만 홍성군의 경우 증가와 감소를 반복하고 있으며 약 2,000명의 귀촌

2　통계청·농림축산식품부·해양수산부,「귀농어·귀촌인통계」참조. 통계설명자료에 따르면, 표에서 집계된 귀농인은 동 지역에서 1년 이상 거주한 사람이 대상 기간 중 읍면지역으로 이동하여, 농업인으로 인정받을 수 있는 명부에 등록한 사람이며 그리고 귀농가구원은 귀농인과 함께 동 지역에서 읍면 지역으로 이동한 귀농가구에 속하는 가구원에 해당한다. 귀촌인은 동 지역에서 1년 이상 거주하고 대상 기간 중 읍면지역으로 이동한 사람 중 일시적 이주자, 귀농가구원이 아닌 사람으로 규정하고 있다.

인구 수를 꾸준히 유지하고 있다.

이와 더불어 주목되는 것은, 이 지역에서 활성화되고 있는 사회적경제와 협동조합의 제도적 활성화이다. 이러한 흐름은 경제 영역이 사회적인 것과 결합되고 있는 제도 및 정책의 재편 과정과 중첩되어 나타나고 있는 것으로 이해될 수 있다. 다만 이것이 특히 이 지역에서 활성화되고 있다는 점을 양적으로 높은 비중을 통해 확인할 수 있다. 이는 자율적인 차원에서 구축되고 조성된 이 지역의 협동문화의 문법과도 무관하지 않다고 할 수 있다. 홍동과 장곡 지역에서는, 협동조합의 경우 2023년 6월 기준 사회적협동조합 3개 기관, 일반협동조합 17개 기관이 제도적으로 공인되어 운영되고 있으며, 사회적경제의 경우, 2021년 6월 기준 사회적기업 7개 기관, 마을기업 8개 기관이 참여하고 있다.[3]

다만 이상과 같은 이 지역의 면모는 단순히 독자적으로 형성된 것이라기보다는, 근대 이전의 시대적 상황과 더불어, 근대 이후 글로벌한 세계 구조 혹은 국민국가의 산업적 재편과 같은 지배 체제와의 직접적으로 연관되는 가운데, 지역적인 것을 반영하여 국지적으로 형성된 것으로 보는 시선이 타당할 수 있다. 그러므로 이 장에서는 체제적 변동이 이 지역의 사회적 성격을 끊임없이 새롭게 구성해왔다는 시각을 기본적으로 견지하고자 한다. 그리하여 이 지역이 역사적으로 어떻게 재현되어왔고, 그러한 지역사회가 국지적인 차원에서 어떻게 재구성되어왔는지 검토하고자 한다. 그런 다음, 풀무학교의 설립을 계기로 하여 실천의 노입 이후 새롭게 구성된 이 지역 공동체의 경계들을 전체적으로 조망함으로써, 그동안 겹겹이 쌓인 실천 공간의 특성들을 정리하고자 한다.

---

[3] 홍동·장곡 지역에 소재하고 있는 협동조합과 사회적경제 기관 현황에 대한 구체적인 내용은 '[부록 3] 홍동·장곡면 소재 협동조합 등록 및 사회적경제 참여 기관 현황' 참조.

2. 실천 공간의 전통적 위상과 근대적 재편

전통적인 문화권의 구획에 따르면 홍성 지역은 '내포문화(內浦文化)' 권역에 속한다. 즉 내포문화는 전통적으로 내포 지역에서 전승되어온 문화를 가리키며, 인문지리적 환경과 그에 합당한 역사문화적 상징들이 발달되어 왔다.[4] 내포 지역은 가야산을 중심으로 하되 차령산맥[5]의 서북부와 아산만과 천수만[6]의 해안을 포괄하는 지리적 경계를 존속하였다. 즉 내포 지역은 차령산지를 등 뒤의 육지로 두고 서해로 돌출된 태안반도 일대를 포괄하고 있었으며 중심부의 가야산을 제외하고는 대체로 비산비야(非山非野)의 지형을 형성하고 있었다. 즉 내포 지역은 동으로는 죽산의 칠현산에서 남쪽으로 뻗어나가는 금북정맥의 본줄기에 가로막혀 충청도의 내륙지방과 격리되어 있고, 남으로는 오서산에서 보령의 진당산으로 갈라지는 금북정맥의 작은

---

[4] 사전적인 의미에서 '내포(內浦)'란, '바다나 호수가 육지 안으로 휘어 들어가 있는 부분'을 말하며, 그에 따라 지리적으로는 바다와 접하며 육지로 들어와 형성된 포구 지역을 의미한다. 다만 역사적인 측면에서 내포 지역은, 구체적으로 한반도의 충청도 서북부 차령산맥의 서쪽 일대에 위치하고 있으며 가야산을 중심으로 한 주변 지역을 지칭하는 것으로 정착되어 갔다(김경태·권영현, 「내포지역의 정체성에 관한 연구」, 충남발전연구원, 2013, 8쪽).

[5] 차령산맥(車嶺山脈)은 태백산맥에서 갈라져 나온 산맥으로, 오대산(五臺山)을 기점으로 하여 충북의 서북부와 충남의 중앙을 남서 방향으로 뻗어 있다. 『택리지』에 따르면, 차령산맥은 "충청도 남쪽의 반은 차령 남쪽에 위치하여 전라도와 가깝고, 반은 차령 북편에 있어 경기도와 이웃이다"라고 기록되어 있으며, 『산경표』에 수록된 금북정맥(錦北正脈)과 대체로 일치한다. 의견에 따라서는 '차령산지'라고 불리기도 한다(김기혁 외, 『한국지명유래집 충청편 지명』, 국토지리정보원, 2010). 충청도는 이 차령산맥을 경계로 삼아 그 북부는 기호지방, 남부는 호남지방에 속한다.

[6] 해안 지형의 한 가지 유형이라고 할 수 있는 만(灣)은 흔히 형성되어 있는 해안의 굴곡 이상으로, 바다가 육지로 들어와 있는 형태의 지형을 말한다. 그 반대인 곶(串)은 육지가 바다로 돌출해 있는 형태의 지형을 말한다. 만이 위치한 해안은 일반적으로 물결이 잔잔하다는 지형적 이점으로, 항만이 발달하여 해양 운송의 요충지이거나 무역의 관문 역할을 담당한다. 아산만(牙山灣)은 충남 아산과 당진, 경기 평택 사이에 위치해 있으며, 행정구역상으로 아산만 지역은 경기 화성·평택과 충남 아산·당진·서산에 인접해 있다. 만 내로 안성천·삽교천·당진천이 흘러들고, 이들 하천의 하구 양 연안에 안성평야·예당평야 등 광대한 평야가 분포하고 있다. 천수만(淺水灣)은 충남 태안군 태안반도의 남단에서 남쪽으로 뻗어 있는 만에 해당한다. 천수만 지역은 행정구역상 충남 태안의 안면도·서산의 부석면·홍성의 서부면·보령과 인접해 있다(『한국민족문화대백과』, 한국학중앙연구원).

갈래에 의해 구분되며, 서로는 서해라는 큰 바다를 북으로는 경기의 바닷가 고을과의 사이를 아산만이 가로막고 있어, 육로가 크게 제한되어 있었다.[7] 이러한 점은 내포 지역만의 독특한 역사와 문화를 형성하도록 한 요인으로 작용하였다.

내포 지역은 충청도 서부 지역의 행정적·군사적 거점으로서 어염魚鹽이 풍부하고 농토가 넓어 사대부가 거처로 삼기를 원했던 곳이며 바닷길을 이용한 외부와의 소통이 빠르고 상업이 발달하여 내륙 지역보다 개방적·진보적인 곳으로 평가되기도 했다.[8] 홍주는 서해를 접하고 넓게 발달한 농토를 지니고 있는 데다, 삼남지방의 세곡선이 모이는 곳인 천수만 남쪽의 원산도를 가까이 두고 있어 행정·군사·경제적인 요충지로서 그 위상을 지니고 있었다.

이러한 홍주의 관할 하에 있었던 현재 시점의 홍동과 장곡 지역은 18세기 초부터 19세기 중반 당시에는 구체적인 반경과 지명을 갖고 있었다. 홍주목 당시 8개 면에는 각각 치소와 같은 중심지가 형성되어 있었으며 그에 따라 일정하게 구분된 마을을 형성하고 있었다. 또한 당시까지만 해도 광천 앞바다로 흘러드는 광천천과 상지천을 따라 배가 드나들었다고 하며, 이 하천이 만드는 수로와 홍주로 향하는 육로가 만나는 지점에 세천역이 위치했다는 점을 고려할 때, 현재의 홍동면 서부 지역은 바다와 육지를 잇는 교통의 요충지로 그 역할을 담당했다.[9]

요컨대 홍동과 장곡 지역은 내포 지역의 행정적 중심지인 홍주목 내에서 천수만 인근의 군소 하천 유역에 위치하며 전통적인 문화 경관을 형성해왔다. 그리하여 근대 이전 시기 이 지역은 국가 체제의 시선과 규정에 따라

---

[7] 임선빈, 「내포 지역의 지리적 특징과 역사·문화적 성격」, 『문화역사지리』 15(2), 한국문화역사지리학회, 2003, 33~34쪽.
[8] 홍제연, 「17~18세기 충청도 홍주지역 재지사족과 소론계 서원」, 『역사와 담론』 93, 호서사학회, 2020, 65쪽.
[9] 홍동면지편찬위원회, 『홍동면지』, 2015, 244쪽.

지리적 구획이 지어지면서도, 거기에 한정되지 않는 특정한 인문경관과 역사문화를 형성하면서 그 장소적 성격을 존속시켜왔다고 하겠다.

이후에도 1913년 12월 29일 조선총독부령 111호가 시행되었으며, 1914년 3월부로 기존 행정구역은 통폐합되어 군·면·구·동·리 등 단순화된 지명을 갖게 되었다. 이는 지방행정 통치의 일환, 즉 일제의 식민통치 및 산업화의 정책기조와 맞물려 행정구역 개편이 진행되었다.[10] 면제의 시행은 한반도의 식민적 지배를 공고화하고 식량 증산을 목적으로 농업개발을 촉진하고자 했던 일제의 통치 의도와 연관 속에서 이루어진 것이었다. 조선총독부는 면제의 시행을 통해 면을 지방행정의 말단 기관으로 만들고자 하였고, 그로부터 기존의 마을을 제도 속으로 포섭·통합하고자 했다.[11]

[10] 한국사회의 전산업화 시기로서 한반도에 대한 일제의 식민통치 시기를 볼 때, 산업화의 정책기조에 따라 식민지 통치기간을 구분하면 다음과 같다. 첫 번째 시기는 1910년에서 1919년에 이르는 기간에 해당한다. 이 기간에 일본은 한반도의 식민통치와 농업개발을 위한 제도적 기반을 구축했다. 두 번째 시기는 1920년에서 1929년에 이르는 기간에 해당한다. 이 기간에 일본은 비농업 부문에 대한 투자규제를 완화했으며 식민지 조선은 식민 본국에 식량을 공급하는 기지의 역할을 수행했다. 세 번째 시기는 1930년에서 1945년에 이르는 기간에 해당하며, 이 기간에는 주로 군수품과 관련된 중공업 제품의 생산이 집중적으로 육성되었다(식민지 통치기간 일제의 산업화 정책기조에 대한 분석은 Kwang Suk Kim & Michael Roemer, *Growth and Structural Transformation*, Cambridge : Harvard University Press, 1979; 안병직·中村 哲 엮음, 『근대조선 공업화의 연구』, 일조각, 1993; 백종국, 『한국 자본주의의 선택』, 한길사, 2009, 104~105쪽 참조). 한반도의 한 지역으로서 홍동과 장곡 일대의 지역사회는 이와 같은 통치 체제와 정책 기조에 맞물려 행정구역의 개편과 사회경제적 기반 변화로 대표되는 근대적 재편이 이루어졌다.

[11] 1905년 이후 일제는 통감부 설치기부터 총력전 체제 하의 총동원 메커니즘 속에서 개별 마을들을 국가주의적으로 재편하고자 하였으며, 그 준비의 일환으로 면제가 실시되었다. 이로 인해 이전까지 존속했던 지방의 사회 구조가 약화될 수밖에 없었으며, 마을 단위로 존속하던 종래의 자치적 구조와 요소들은 총독부의 법제적 조치에 흡수되어 면장 중심의 행정지배체제가 구축되어 갔다. 통폐합은 일제의 지방통치에 있어 실로 커다란 변화를 의미하는 것이었다. 이는 기존의 동리 내에 포함되어 있던 자연촌락이 서로 다른 동리에 소속하게 되는 등 구동리의 구성상의 변화를 초래하는 것이었고, 면에 있어서도 기존의 면내에 속해 있던 자연촌락이나 동리가 서로 다른 면에 소속되는 등 면의 구성상의 변화를 동반하는 것이기도 했다. 지역단위를 통폐합하는 것은 기존의 자치 영역을 지역적으로 분단 혹은 통합함으로써 자치적 지역운영의 관행을 단절시키는 의미를 지닌 것이기도 했다(윤해동, 『지배와 자치』, 역사비평사, 2006, 25~32쪽; 김익한, 「일제의 면 지배와 농촌사회구조의 변화」, 김동노 엮음, 『일제 식민지 시기의 통치체제 형성』, 혜안, 2006, 77~79쪽).

이러한 행정구역의 대대적인 변경에 따라 이 지역 일대의 명칭은 홍주군의 '홍(洪)'과 결성군의 '성(城)'을 합하여 홍성군(洪城郡)으로 정해졌다. 홍동면과 장곡면도 이와 같은 행정구역 개편의 일환으로 구획될 수 있었다. 번천면·홍안송면·금동면을 통합하여 당시 홍성읍의 동쪽에 위치해 있다고 하여 홍동면(洪東面)으로, 그리고 유곡면·오사면·성지면을 통합하여 장곡면(長谷面)으로 면 단위의 구획이 지어졌다. 전통적으로 생활권은 인문지리적 경관이 토대가 되어 형성될 수 있었지만, 면제의 시행과 행정구역 개편을 비롯한 지역사회의 근대적 재편 이후에는 생활권 또한 변화될 수밖에 없는 환경에 놓여 있었다.[12]

조국근대화 시기 이 지역에서는 국가적 규모의 경제 계획 속에서 추진된 농업 생산 기반이 본격적으로 조성되었다. 시멘트의 대대적인 보급을 통해 집과 도로, 하천 등 지역의 경관과 생산의 기반이 근대적 외양을 갖춘 새로운 모습으로 탈바꿈되었다.[13] 이는 농가소득의 향상이라는 목적 사업과의 관련 속에서 이루어진 것이었다. 물론 이와 같은 사업이 추진되었던 배경에는 국가의 영향이 강력하게 작용하였다.[14]

---

12 홍동과 장곡 지역의 생활문화권은 행정구역의 근대적 개편으로 인해 양분되었는데, 그에 따라 홍동은 좀 더 북쪽에 위치한 홍주와 묶이고 장곡은 좀 더 서남쪽에 위치한 광천과 묶인 생활문화권을 유지하고 있었다.

13 1971년 내무부는 전국 3만 3267개 마을에 각각 335포대씩 시멘트 47만 톤을 지급하였다. 시멘트는 단지 건축재료 중의 하나가 아니라 새마을운동에 투입된 근대성을 상징했으며, 제멋대로인 농촌의 모습을 말끔하게 근대화하는 재료로 중요한 역할을 했다(『매일경제』, 1970.10.02; 황병주, 「새마을운동과 농촌 탈출」, 김경일 외, 『한국현대 생활문화사: 1970년대』, 창비, 2016, 95~97쪽). 이 지역에서 추진된 국가 주도의 농촌 근대화의 모습을 살펴보면 다음과 같다. 홍동면의 경우 새마을사업은 크게 문화복지와 생산기반으로 구분되어 진행되었다. 문화복지의 경우, 복지회관 1개소 96평이 건축되었고, 마을회관 28개소 560평이 건축되었으며, 경로당 2개소 30평이 건축되었다. 버스승강장 5개소 27평 또한 개설되었다. 그리고 마을안길 39개소 4,680m가 포장되었고 마을진입로 12개소 1,800m가 포장되었으며 하수구 시설 3개소 450m가 조성되었다. 이밖에도 간이급수 2개 시설이 만들어졌으며 196동에 달하는 주택이 개량되었다. 생산기반의 경우, 농로 27개소 6,200m가 확장되었고 마을안길 25개소 3,000m, 마을진입로 19개소 3,800m, 농로 42개소 4,200m가 포장되었다. 소하천 8개소 220m가 석축되었고, 23개소 72m에 이르는 보와 5개소 23m에 이르는 교량이 새로 만들어졌을 뿐 아니라 암거 23개소 69m가 만들어져 농업용수 문제를 해소하였다(홍동면지편찬위원회, 『홍동면지』, 1994, 436~437쪽).

14 새마을사업은 근대적 지식권력이 제시하는 이른바 '영농과학화'를 앞세워 농촌의 경관을 변화시키고 생산의 기반을 마련하는 한편, 정부 수매제와 고미가 정책, 각종 농자재 보급과 농업

홍동과 장곡 지역은 일제와 국민국가의 통치 기조에 따라 사회적·경제적 측면에서 근대적 재편 과정을 직접적으로 경험했던 것으로 확인된다. 그에 따라 이 지역은 근대 이전 시기부터 존속해온 인문지리적·역사문화적 배경을 지역성의 한 부분으로 접어두는 한편, 전지구적인 세계 경제의 한 부분으로 포섭되는 과정을 본격적으로 경험하게 되었다. 일제는 전면적인 행정구역 통폐합을 실시하여 식민지 행정의 효율을 기하는 것을 시작으로, 이 지역을 식민 본국에 조달할 식량을 생산하는 전초 기지로 배치시키면서도, 전시 총동원 체제로 전환됨에 따라 필요한 광물 자원을 제공하는 산지 중 하나로 배치시켰다. 지역은 그러한 식민 통치의 영향 속에서 경관의 변화와 산업 구조의 근대적 재편을 경험하게 되었다.

조국근대화 시기 국민국가의 형성이라는 목적 하에 진행된 농촌 근대화 과정은 일정 정도 그 연속선상에 있는 것이었는데, 세계 경제에 대한 국가의 계획적 대응이라는 맥락에서 그것이 진행되었기 때문이다. 국가 주도의 계획 경제가 야기한 급속한 도시화와 이촌향도의 흐름을 속수무책으로 맞이할 수밖에 없는 상황에서, 이 지역은 농촌 경관의 개선·식량 생산의 증진·농가소득 향상이라는 목적을 앞세운 정부의 시책과 보조를 맞추었다. 그 결과 홍동과 장곡 지역은 근대 국가가 요구하는 근대적인 외양을 갖춘 농촌으로 변모될 수 있었으며 생산의 측면에서 농업 기반도 그에 맞게 개선되는 방향을 취했다고 볼 수 있다.

요컨대 이 지역은 식민적·국가적 통치성의 관철 속에서 그 구획과 경관이 근대적으로 재편되는 과정을 경험했을 뿐만 아니라, 관련 제도와 정책

기계화, 농협을 통한 금융 공급 등 농업 재생산에서 국가의 역할을 절대적인 것으로 조건화하였다(황병주, 「새마을운동 시기 국가와 농민의 정치 경제학」, 오유석 엮음, 『박정희 시대의 새마을운동』, 한울, 2014, 26쪽). 이러한 '국민경제'의 형성 과정은 자본주의적 산업화의 측면에서 사회적 분업과 자본의 유기적 구성의 고도화를 동시에 수반했다는 점에서 더욱 문제적이다. 이러한 국민경제의 체제 내에서 농업은 고립분산적·자급자족적 성격을 넘어 전체 산업구조에 종속적으로 편입되었기 때문이다.

의 추진을 받아들이면서 사회경제적인 기반 변화를 이루어 갔다. 물론 이는 자본주의가 전지구적으로 확장되는 가운데, 자율적인 농민경제가 더 이상 소생하기 어려운 상황에서 국가 경제의 산업적 하부 구조로 포섭되어 가는 과정이었다. 홍동과 장곡 지역은 이러한 과정에 놓이면서 농업 중심의 농촌사회 중 하나로, 국가 공동체의 먹거리 생산지로서의 역할을 담당하는 장소로 조건화되어 갔다고 할 수 있다.

다만, 이상과 같은 이 지역의 역사성은 이미 지나간 과거이거나 단지 일시적인 경험으로 남아 있는 것으로 보기 어렵다. 그것은 이 지역의 사회경제적 토대를 매우 구체적인 차원에서 구축했으며, 이 지역이 지녀온 수많은 시공간의 결 중 한 가지 결을 오늘까지도 구성하고 있는 것으로 볼 수 있다. 그에 따라 현재의 시점에서는 이 지역의 일상 공간과 생활세계의 측면에서도 이와 같은 역사는 주민들의 개인적 욕구나 사회적 상식 및 취향, 판단 기준과 가치 지향의 형성에 일부분을 여전히 담당하고 있다고 하겠다.

3. 자율적 실천 역량의 확장·분화와 생태적 구성

농촌사회의 근대적 재편 과정은, 앞에서 살펴본 것과 같이 국가의 주도하에 전개되는 것이 대체적이었다. 홍동과 장곡 지역 역시 한반도의 다른 농촌 지역과 마찬가지로 일반적인 농촌 근대화 과정을 경험했을 뿐 아니라 그 과정에서 생산성 위주의 농업 생산의 물질적 기반이 마련되었다고 할 수 있다. 그러한 기반 위에서 지역의 사회와 문화는 근대 이전 시기와는 다른 문법을 지니게 되었으며, 그것은 전적으로 국가 중심적 체제와 수직적이고 하향식으로 연결된 채 그 하부에 배치되는 과정이었다. 그럼에도 불구하고, 그러한 과정을 거스르는 역사적 계열이 이 지역의 문법과 마주치면서 지역성이 새롭게 구성되기도 했다.

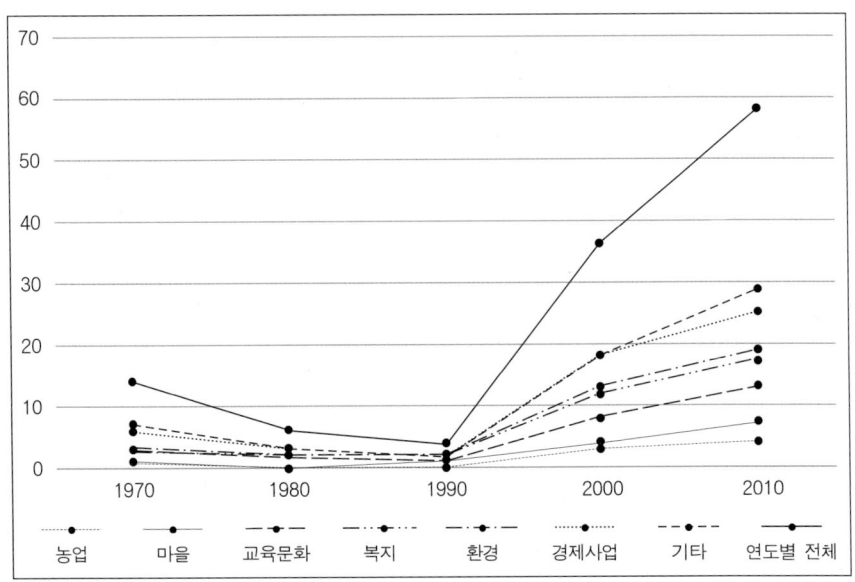

〈그림 2〉 홍동면 연도별 조직 설립 추이(1970~2010)

　〈그림 2〉[15]는 이와 같은 초기의 조건을 수치를 통해 명확하게 나타내고 있는 도표로 주목될 수 있다. 홍동 지역의 자율적 사회조직들은 1970년대부터 활성화되기 시작하여 1990년대까지 존속되었는데, 10여 개 이상의 조직이 각 연대마다 결성되었던 것으로 확인된다. 다만 2000년대는 또 하나의 분기점이라고 할 수 있다. 1970년대에 7개 조직, 1980년대에 3개 조직, 1990년대에 2개 조직이 지역에서 자율적으로 생성되다가, 2000년대가 되면서 그 조직이 18개가 생성되어 급격한 증가폭을 보이고 있기 때문이다. 즉 이전 시기까지 형성된 여러 조직들이 활발하게 활동하면서 다져진 토양에 외부 인구가 일부 유입되고 내부 역량이 갖춰짐에 따라, 다양한 결을 가진 자율적 조직들이 지역에 생성된 것으로 볼 수 있다.

15　이관률, 「마을의 조직과 협력 네트워크」, 지역센터 마을활력소, 『2015 우리마을연감』, 2016, 58~59쪽을 참조하여 도표로 재구성.

2000년대에 이와 같은 분기점이 형성된 주된 원인으로 귀농/귀촌의 흐름이 조성된 것을 들 수 있다. 즉 1997년 IMF 외환위기 이후, 더 이상 도시가 많은 사람들을 포용할 수 없게 되거나 베이비부머 세대가 점차 은퇴하기 시작함에 따라, 귀농/귀촌이 우리 사회의 중요한 사회현상의 하나로 자리잡아 갔다. 인구학적인 측면에서 1960년대는 국가 주도의 상공업과 도시 중심의 산업화 전략에 따라 비농업 분야에 취업하기 위해 농촌 인구가 도시로 급격하게 이동하는 것이 주된 흐름이었다. 하지만 상공업 분야가 둔화하면서 도시의 삶으로부터 벗어나 다시 농촌으로 회귀하는 현상이 1990년대 말부터 나타나기 시작했던 것이다.[16]

이러한 증가폭은 2010년대에 이르러 29개 조직이 생성됨으로써, 또 한 번 큰 폭으로 뛰게 되는 모습을 확인할 수 있다. 이는 1990년대 후반부터 2000년대에 이르러 가속화된 귀농/귀촌의 흐름을 반영한 것이라고 할 수 있다. 즉 초기 귀농인들은 이미 지역에 자리를 잡고 있었던 조직에 참여하거나 그 실무를 담당하는 것이 대부분이었다고 한다면, 해당 시기에는 귀농인과 함께 귀촌인이 늘어나게 되고 그에 따라 다양한 취향을 지닌 이들이 지역의 협동적 기반 위에서 새로운 단체를 결성하거나 기존 조직을 연결하는 새로운 네트워크 형식의 조직이 형성되었던 것이다.

요컨대 이와 같은 모습은, 한국사회의 진보적 흐름과 맞물려 지역이 외부의 다양한 관심을 받게 되고, 직접 지역에 귀농하거나 귀촌하게 되는 인구가 나타남에 따라 다양한 세대와 취향 및 가치 지향을 충족시킬 수 있는 기관과 조직들이 생성되기 시작한 결과라고 할 수 있다. 그러다가 2015년 조사된 자료[17]에 따르면, 면 단위의 작은 농촌 지역임에도 전체 59개에 이르는 자율적인 조직이 생성되었음을 확인할 수 있다. 구체적으로는, 농업

---

16 마상진·박대식, 「귀농·귀촌의 역사적 고찰과 시사점」, 『농촌사회』 29(2), 한국농촌사회학회, 2019, 8~9쪽.
17 이관률, 앞의 글, 같은 곳 참조.

분야 8개 조직, 마을 분야 5개 조직, 교육문화 분야 14개 조직, 복지 분야 9개 조직, 환경 분야 3개 조직, 경제사업 분야 15개 조직, 기타 5개 조직에 이르게 된다.

〈그림 3〉 수계와 도로로 이어진 '홍동-장곡' 지역과 그 실천의 주요 거점 지도

〈그림 3〉은 앞서 언급한 이 지역 실천의 전체 지형(혹은 지층)을 종합적이고 압축적으로 조망하고 있는 지도로 주목될 수 있을 것이다. 즉 ① 풀무학교가 설립된 것을 계기로 하여, 이 지역 공동체문화 실천이 본격적으로 현실화되었다고 할 수 있으며, 학교와의 직접적인 연관 속에서 ③ 풀무신협과 ④ 갓골어린이집, ⑩ 풀무생협과 같은 협동조합과 교육기관이 잇따라 만들어질 수 있었다. 아울러 ④ 정농회 또한 처음에는 풀무학교 인근에 소재하고 있었는데, 역시 학교와의 연관 속에서 생태적 지향을 기반으로 유기농업을 실천하는 단체로서 자립하였다. 이후 유기농업은 ⑩ 풀무생협과 같은 조직을 통해 자율적 경제 모델을 형성할 수 있었으며, 오리농법의 도입과 더불어 ③ 홍동농협과 지역 주민들의 결합 및 공조 속에서 단체인증이 성사되면서 ⑪과 같은 유기농쌀생산단지를 규모화할 수 있었다. 이를 동력으로 하여 개별 마을 차원의 생태운동이 분화·전개됨으로써 ⑫ 홍성환경농업마을이 결성되기도 하였다.

  ② 홍동중학교와 ⑥ 홍동초등학교는 이 지역의 공교육을 담당하는 기관으로서 일찍부터 자리잡고 있었지만, 2000년대와 2010년대 전반에 걸쳐 지역으로 유입된 귀농/귀촌인들이 육아 문제를 구심점으로 하여 서로를 만나 교류하거나 지역에 노정되고 있는 여러 문제들을 함께 해결해가는 계기이자 장소가 되었다. ⑤ 여농센터는 이러한 과정에서 발견된 지역 귀농/귀촌인들의 다양한 욕구를 충족시키고 좀 더 주기적이고 장기적인 모임을 지속시키고자 하는 의도에서 관의 지원 하에 마련된 거점으로 자리매김하였다. ⑦ 풀무학교 전공부는 사회 현상으로서 귀농/귀촌 흐름과는 다소 별개로 지역으로 하여금 청년 일꾼들이 유입·정착될 수 있도록 하는 통로가 되었다. 귀농/귀촌인들이 점차 다양화되고, 이를테면 ⑧ 햇살배움터·도토리회 등 수많은 유형의 지역 조직들이 생성됨에 따라 수평적인 관계 속에서 이들을 한 데 엮어주는 ⑧ 마을활력소가 설립되어, ④ 애향공원과 같은 공간에서 홍동거리축제·봄맞이모종장터 등 면 단위의 지역축제가 자생적으로

기획될 수 있었다.

다만, 지역 실천이 분화·확장을 거듭하는 방식으로 전개되면서 홍동이라는 면 단위 행정구역에서 이와 같은 실천들을 모두 포괄하기에는 한계가 뒤따랐다. 이는 실천 공간의 면적이 포화 상태에 다다랐기 때문이기도 하지만, 가치 지향의 분화에 따른 것이기도 했다. ⑯ 홍성유기농은 홍동 지역에서 주로 이루어지던 실천의 흐름이 장곡 지역으로 확장 혹은 이전되었던 처음의 사례에 해당한다. 이는 지역에 일정하게 구축된 유기농업과 자율경제의 문법을 이어 받아 장곡이라는 다른 거점을 형성하여 실험한 것이었다. 따라서 여기에 참여하고 있는 생산자들 중 일부가 구심점이 되어, 제도적 지원 속에서 ⑬ 오누이권역이라는 새로운 마을경관이 조성되기도 했다. 뒤이어, 장곡을 일정하게 영역화·거점화하고 있는 이들의 지원 속에서 ⑬ 젊은협업농장·협동조합 행복농장(행복농장)이 만들어질 수 있었고, 이를 계기로 장곡 지역은 홍동에서 이루어지고 있던 공동체문화 실천의 지역적 분화의 온전한 틀을 비교적 갖추기 시작하였다.

⑧ 마을학회 일소공도는 그 취지에 따라 이 지역 공동체문화 실천의 분화 및 확장적 전개를 전반적으로 아우르고 있으며, 그리하여 지역 실천 주체들의 다양한 층위들이 학습을 중심으로 하여 중첩되어 있다. ⑮ 마을연구소 일소공도는 이를 연구와 정책 개발의 측면에서 더욱 심화시키고 있다. 특히 장곡 지역의 여러 조직들은 ⑭ 장곡초등학교와 ⑮ 장곡신나는지역아동센터와의 연계 속에서 지역의 교육적 역할을 강조하는 방식으로, 홍동에 비해 상대적으로 주민들의 참여와 실천 주체들의 형성이 역사적 측면에서 미진한 상태에 있는 장곡의 지역적 실천을 견인하고 그 통합을 추진함으로써 지역사회의 전면에 나서고 있는 상황이다.

> 이 냇물을 중심으로 해서 이렇게 이제 공동체가 형성이 돼 있는 거에요. 지역 공동체가 … 같은 홍동면인데, 왜냐면 이 물과 냇물 사이에는 산이 있어요 …

이쪽과 이쪽은 전혀 딴 세계에요. 같은 홍동이라고 해도 전혀, 교류가 안 돼요 … 이쪽과 이쪽의 문화가 달라요. 그러니까 우리가 지금 뭐 마을 공동체 여러 가지 얘기하는 것은 이 냇물을 중심으로 한 여기 … 또 하나는 여기에 저수지가 있어요. 저수지가 있어가지고 이제 물을 이쪽에 대는데, 이쪽으로 확산되고 있는 거에요. 장곡면으로 … 그래서 지역 공동체라고 헐 때, 지역의 범위를 … 지형으로 냇물이라든가 산이라든가 이런 거에 따라서 영향을 받더라는 얘기를 하는 거에요 … 같은 수계권이니까 이거 하기 전부터 생활권을 형성하고 있었죠.[18]

한편, 근대 이전 시기 하천과 도로야말로 지역의 행정적 체계 및 사회적 생활을 구현하는 핵심적인 기준이 되어 왔다는 지리학적 시선[19]을 유념한다면, 위의 구술은 유의미하게 주목될 필요가 있다. 모듬살이로서 마을문화에 대한 관심 내지는 마을문화를 민속으로 보는 작업에 따르면, 하나의 마을을 구성하는 반경은 단순히 행정 구역으로 구획될 수 없다. 하나의 마을은 보통 생활권 혹은 문화권으로 구분된다고 할 수 있는데, 이는 문화적 관점에서 마을의 경관이 생태적으로 구성된다는 점을 의미하는 것이다. 이와 관련하여, 실천이 이루어지고 있는 지역을 두고 '홍동'으로 지칭하는 것에 일정한 한계가 있다는 점이 지적되고 있는데, 그러한 행정 구역의 이름으로 지칭하기에는 이 지역의 실천이 근대 이전 마을사회의 생활권 혹은 문화권을 일정하게 반영하고 있기 때문이다.

이처럼, 전통사회의 산경山徑을 기초로 한 마을 경관의 생태적 구성을 이

---

18 이번영(남, 72세)의 구술(2019년 3월 8일, 홍성읍 공간사랑).
19 전통사회에서 향촌은 크고 작은 하천유역을 끼고 들어설 수 있었으며, 그로 인해 하천은 토양·식생·기후 등의 자연환경 요소와 함께 인간생활의 중요한 일부를 차지해왔다. 취락의 형성 뿐만 아니라 농경에 필요한 관개수를 공급했으며, 물줄기가 만들어내는 수로는 육로에 비해 경제적이고 효율적인 교통로였다. 이에 따라 전통적으로 행정구역은 하천유역을 중심으로 편성되어 운영되었으며, 교통 및 상업 중심지로서 다수의 도회를 형성했다(홍금수, 「근대형 지역구조로의 이행과 지역패권의 선점을 위한 도시담론의 동원」, 『문화역사지리』 19(1), 한국문화역사지리학회, 2007, 93쪽).

지역 실천에서도 발견되고 있다. 홍동면에는 삽교천과 장성천이 그 중심을 흐르고 있으며 이 사이에 초롱산이 솟아 있다. 그리하여 같은 홍동면이라고 하더라도 삽교천과 장성천은 각기 그 하천을 중심으로 다른 생활권 혹은 문화권을 형성하고 있으며, 현재 활성화되고 있는 이 지역 실천은 삽교천을 중심으로 이루어지고 있다.

또 한 가지 지적될 수 있는 점은 그러한 실천의 확산인데, 이 또한 하천을 중심으로 한 생활권 혹은 문화권을 반영하면서 이루어지고 있다. 즉 홍동이라는 면 단위 행정 구역을 채우는 방식으로 실천이 확산되는 것이 아닌, 하천을 중심으로 다른 행정 구역인 장곡면 도산리·지정리·상송리 등지로 확산되고 있는 것이다. 이렇듯 이 지역의 공동체적 실천이 홍동과 장곡으로 묶이거나 홍동에서 장곡으로 확산되고 있다는 사실은 근대 이전 시기 산경에 따른 생활 문화권역의 전통을 반영하고 있는 것으로 주목될 수 있다. 이는 전통사회 산경에 의해 일반적으로 형성된 생활문화 전통이 재현됨과 동시에 변환된 것이라고 할 수 있다.[20] 따라서 609번 도로는 교통 및 통신의 발달에 따른 지역 경계의 확장 국면을 반영하면서도, 홍동저수지[21]를 중심으로 이어진 삽교천(홍동천) 및 상송천은 행정구역의 식민적 구획 속에서 구분된 지역사회를 소위 '홍동-장곡'으로 이어주고 있으며 이에 부합하는 실천의 생태계가 조성되고 있다고 하겠다.

---

20 이영배, 앞의 글, 2019a, 180쪽.
21 홍동저수지는 장곡면 신동리·도산리에 걸쳐 있으며, 홍동면 화신리에 인접해 있어 화신저수지라고 부르기도 한다. 홍동저수지는 1955년 준공되었으며, 그 면적은 48ha이고 저수량은 913,000t인 평지형 저수지이다. 소의 뿔 모양을 가지고 있으며 제방을 중심으로 좌측상류와 우측상류가 공존하는 형태를 갖추고 있다(홍동면지편찬위원회, 앞의 책, 2015, 87쪽).

3

농촌문명의 이상 속에서
구축된 학교-마을의 연계

이 지역 실천은 마을문화/민속이 변환됨으로써 마을공화국 체제의 이상 농촌의 지향과 마을교육의 확립 과정을 구성하고 있다고 이해할 수 있다. 그런 한편, 실천 양태를 좀 더 가까이 들여다보면, 이 지역 실천의 전사前史를 이해하기 위한 핵심적인 실마리로서 크게 무교회주의와 이상촌건설운동, 그리고 이로부터 촉발된 오산학교와 용동마을을 들 수 있다. 즉 실천의 사상적·신앙적 바탕으로서 무교회주의, 일제강점기라는 정세 속에서 이루어진 이상촌건설운동의 역사적 실제로서 오산학교와 용동마을, 이들의 영향 관계 속에서 실천의 진지로서 풀무학교와 홍동 지역이 상호적으로 이어지고 있다. 뿐만 아니라 지역의 실천을 일구어온 핵심적인 주체들은 이들의 연관 속에서 실천의 역사성에 대한 분명한 인식을 나타내고 있다. 이에 따라 이 장에서는 우선 문헌 자료에 의존하되 주체들의 인식과 지향을 함께 다루면서 이 지역 실천의 초기 조건이자 역사적 원천으로서 무교회주의와 오산학교·용동마을에 대해 소상하게 검토하고, 그것이 어떤 과정 속에서 풀무학교의 설립으로 이어지고 충남 홍성 홍동이라는 지역사회를 구성하고 있는지 살펴보고자 한다.

1. 무교회주의의 사상적 기틀과 공동체 구상

무교회주의라는 바탕 혹은 실마리는 그 특유의 사유와 가치를 담지한 것으로, 이 지역의 구체적인 공동체문화의 실천 형태들을 이끌고 있는 것으로 이해할 필요가 있다. 물론 그 역사는 결코 짧지 않다. 다만 무교회주의가 생성된 직접적인 맥락은 비서구의 근대이자 비서구의 기독교로서 문명전환기에 놓인 동아시아의 역사적 상황에 깊은 연관을 지니고 있다. 또한 한국의 무교회주의는 기독교라는 서구적 근대성과 조선 민족의 역사와 전통의 마주침이라는 현실적 상황을 확인할 수 있는 핵심적인 지표로 주목될 수 있는데, 이를 뒷받침하는 것으로는 한국 무교회주의 그룹과 그 속에서 이들이 정립한 사상적 기틀, 이를테면 김교신이 강조한 '전적 기독교' 혹은 '조선산 기독교'가 대표적이다. 무교회주의에서 신앙은 집회와 가정 혹은 개인의 일상 속에서 증명되어야 한다는 점이 다른 어떤 것보다 강조된다. 이를 통해 종교와 신앙의 측면에서 그 진리라고 하는 것은 어떤 성례전을 통해서가 아니라 일상 그 자체를 통해 자기 증명되어야 한다는 점이 강조된다.

서구적 근대성은 보편성을 기치로 삼고 있다고 말할 수 있는데, 무교회주의는 자신이 놓인 역사적 국면 속에서 그러한 보편주의에 대항하면서도 민족적인 역사와 전통을 중요하게 여기고, 이를 발전적으로 계승하고자 하는 자세를 보였다는 점에서도 그 의의를 부여받을 수 있다. 따라서 보편주의를 앞세운 서구적 근대 체제와는 '다른 근대'의 체제를 수립하고자 했던 의지와 지향을 관련 주체들이 남겨둔 역사적 기록과 발화의 소략한 행간들 속에서 충실하게 읽어낼 필요가 있다. 보다 나아가서는, 식민 상황이라는 특수한 환경 속에서 역사의식을 강조했다는 점, 그리고 종교적 맥락에서는 초월의식을 강조했다는 점도 새삼 짚어볼 필요가 있다. 이는 '초월적 역사의식'[1]이라는 말로 표현되는데, 초월성과 역사성이 접붙으면서 인간중심적인 제도와 삶에 대한 거부와 저항 속에서 에클레시아ecclesia로서 공동체라는 양식이 고안되었기 때문이다.

야나이하라 다다오에 의하면 무교회주의는 '사람은 교회의 일원이 되지 않고도 그리스도인이 될 수 있다'는 주장으로 요약된다. 즉 사람은 그리스도를 믿어서 그리스도인이 되는 것인데, 이를 위해서는 신앙만이 필요하고 신앙으로 충분하며 그 외의 어떤 제도적·의식적 조건을 필요로 하지 않는다는 것이 그의 종교적 지론이다. 가령 교회가 전승과 제도를 중시한다고

---

1 백소영, 『우리의 사랑이 의롭기 위하여』, 대한기독교서회, 2005, 59쪽.

본다면, 무교회는 자유와 생명을 더욱 중시하는 태도를 보여야 한다고 강조한다. 무교회주의자들에게 루터의 종교개혁은 세계 기독교에서 무교회주의가 계승하고자 하는 하나의 역사적 사건으로 위치지어지고, 무교회주의의 시작 또한 마찬가지로 기독교 종교개혁의 한 역사로 그 위치가 부여된다. 루터의 종교개혁은 로마 가톨릭 교회에 대한 저항으로, 루터는 사람이 의롭게 되는 것은 신앙만으로 가능하다고 역설하면서 로마 교황의 교권에서 개인을 해방시킨 바 있다. 루터의 종교개혁은 만인사제론을 주장했지만, 그 또한 저항 이후 또다른 교회 제도를 만들었기 때문에 제도화·형식화로부터 신앙은 또다시 진정으로 벗어나지 못했다는 것이 이들의 관점이다. 이에 전승과 제도를 중시하는 교회 밖에 서서 그리스도의 복음을 말하고자 하는 무교회주의는 제2의 종교개혁으로서 세계종교사적 의미를 갖는 것으로 인식되고 있다.[2]

종교개혁으로서 무교회주의를 주창한 우치무라 간조는 자신의 개인적 신앙 체험을 통해 죄와 용서라는 복음을 알게 되었다. 이 복음을 증언하기 위해 성서를 연구하였는데, 그 진리는 사람들에게 전해온 경험적 바탕 속에 있으며, 무교회주의는 그러한 순복음의 근본에서 출발한다고 보았다.[3] 또한

---

[2] 무교회주의가 가지는 종교적 지론과 신앙적 태도에 대한 내용은 야나이하라 다다오, 홍순명 옮김, 『개혁자들』, 포이에마, 2019, 276~278쪽 참조.

[3] 우치무라 간조는 1861년 다카사키번의 무사의 아들로 태어났다. 몰락한 무사 집안의 장남이었던 그는 집안에 부담을 주지 않으면서 학업을 계속하기 위해 1878년 삿포로 농학교에 전액 장학생으로 입학했다. 당시 삿포로 농학교는 미국 매사추세츠 주 농과대학장인 클라크(Willam Smith Clark)를 초빙하여 세워진 유수한 농학 전문 교육기관이었고, 클라크는 무엇보다 인간교육에 중점을 두면서 그 기초로서 성서를 교과서로 쓰고자 했다. 클라크가 강조한 기독교 신앙과 윤리적 이상주의에서 나름대로 모범을 보인 결과, 학교의 제2기생이었던 우치무라도 1878년 '예수를 믿는 자의 서약'에 서명하고 동료 7인과 함께 1879년에는 세례를 받았다. 당시 삿포로에는 교회가 없었기 때문에 우치무라는 '7인 형제의 작은 교회'를 만들었고, 여기에서 모든 권위와 의무에서 평등한 민주성을 경험하였다. 그 경험은 7인 중에 당번을 정하여 그의 방을 교회로 사용하면서 그를 목사·사제·교사·사감의 역할과 책임을 맡게 하고 모임은 의식과 비품 없이 단순하게 진행한 것이었다. 후일에도 이 작은 교회의 경험은 그에게 순수한 기독교 이상의 요람이자 7인의 우정과 형제애의 중심이 되었다. 우치무라가 회심하게 된 또 하나의 계기는 1885년 미국 애머스트대학에 진학하면서부터였다. 근본적인 속죄신앙과 십자가의 복음에

우치무라가 주창한 '일본적 기독교'에서도 알 수 있듯이, 민족이라는 단단한 기반을 유지하되 여기에 그리스도의 복음을 접목하는 것을 중요하게 생각했다. 또한 모든 교회의 제도와 전통에 대해 비판을 가하면서 오직 신앙에 의한 의로움을 강조하기도 했다.[4] 백소영에 의하면 한국 무교회주의의 특징이자 바탕이 되는 정신은 다음과 같이 정리될 수 있다. 한국 무교회는 개인과 하나님의 인격적 만남을 통해 표현되는 자유롭고 창의적인 신앙고백을 존중하는 공동체이며, 어떤 형태의 에클레시아라고 하더라도 '오직 성서로만'이라는 기치 아래 철저하고 지속적인 성서 공부를 중심축으로 삼아 모임에 집중한다. 그러므로 원칙적으로 '보통 사람들의 평등한 사귐'을 지향한다. 또한 생활 속에서 살아 있는 신앙을 추구하며 인본주의적 형태의 문명과 제도로 옭아매고자 하는 모든 시도를 거부하고 여기에 저항한다. 특히 초월적 역사의식을 견지하되 한국의 종교·사회·문화적 전통을 소화하여 그 내용을 담아내는 기독교 공동체로서 한국적 에클레시아를 강조하였다. 그러면서도, 전통을 인간적 틀에 한정하여 가두려는 시도들을 거부하는 식으로 개개인들의 독창적인 형식을 창안하고 개선해나가려는 지향성을 놓지 않고자 한다.[5]

> 일본국에서 기독교의 복음을 전하는 것에 교회나 외국 선교사에게 의지할 아무런 필요도 없다. … 우리들은 하나님만을 의지하여 복음을 전하며 그것을 일본인 고유의 것으로 하는 것이 가능하다. 그리스도의 복음은 외부로부터 이식되는 것이 아니고 내부로부터 생겨나는 것이 되지 않으면 안 된다는 것이 우리들의

---

4 대한 실리(Julius Hawley Seelye) 총장의 이야기를 들은 우치무라는 '기독교의 구원은 하나님의 은혜와 사람의 신앙에 의해서만 가능한 것'이고 '그리스도와의 살아 있는 만남이 기독교에서 가장 중요한 것'이라고 보게 되었다(양현혜, 『김교신의 철학』, 이화여자대학교출판부, 2013, 31~35쪽; 『우치무라 간조, 신 뒤에 숨지 않은 기독교인』, 이화여자대학교출판문화원, 2017 참조). 위의 책, 2013, 304~333쪽 참조.
5 백소영, 앞의 책, 32~33쪽 참조.

지론이다.[6]

내게 사랑할 이름은 천하에 둘만 있을 뿐이다. 그 하나는 예수고, 다른 하나는 일본이다. 이것을 영어로 말하면 그 첫째는 'Jesus'고, 둘째는 'Japan'이다. 둘 다 'J'로 시작하니까 나는 이것을 통틀어 'Two J's', 즉 '두 개의 J'라고 한다.[7]

'무교회'의 '무'는 '없다'로 읽을 것이지, '없앤다' 혹은 '무시한다'는 의미로 볼 것은 아니다. 돈이 없는 사람, 부모가 없는 사람, 집이 없는 사람은 모두 가련한 사람이 아닌가? 그리고 세상에는 교회가 없는, 목자가 없는 양이 많다고 생각되어서 여기에 이 작은 책자를 발간하게 된 것이다.[8]

일본의 맥락에서 무교회주의라는 흐름이 어떻게 형성될 수 있었는지에 대한 내용은 우치무라 간조가 기독교에 입신하게 된 삶의 궤적과 그가 도출한 생각의 단편들에서 어림잡을 수 있다. 특히 위의 언급들은 우치무라에 이르러 정립된 무교회 사상의 핵심적인 요소들을 말해준다. 그는 "자신을 의지할 줄 아는 사람만이 얼마만큼의 일을 스스로 할 수 있는지 안다. 의존적인 사람은 이 세상에서 가장 무력한 존재이다…나는 이러한 자립이야말로 인간의 행동 영역 속에서 또 다른 많은 가능성을 실현하는 시발점이라고 믿는다"[9]고 쓴다. 그는 독립교회를 형성하고 자립을 강조하는 실천을 통해 전통적인 교회 형식으로부터 벗어나고자 하는 의지를 행동으로 옮겼을 뿐만 아니라 이를 종교적·사상적 기틀로 확장하여 보다 단단하게 구축해나갔다. 더욱이 '내부로부터 생겨나는 것'에 대해 강조하는 그의 지론은 궁극적으로 '일본적 기독교'를 주창하도록 한 것이기도 했다. 다른 나라와 마찬가지로 일본의 역사 또한 신의 섭리 아래에 있으며, 이에 일본을 구

---

6   內村鑑三全集 刊行委員會, 『內村鑑三全集』 19, 岩波書店, 1982, 531쪽(양현혜, 앞의 책, 2013, 37쪽 재인용).
7   內村鑑三全集 刊行委員會, 『內村鑑三全集』 14, 岩波書店, 1982, 228쪽.
8   內村鑑三全集 刊行委員會, 『內村鑑三全集』 9, 岩波書店, 1982, 210~211쪽.
9   우치무라 간조, 양혜원 옮김, 『우치무라 간조 회심기』, 홍성사, 2008, 122~123쪽.

원할 기독교의 복음은 일본인의 심성 안에서 체득되어야 한다는 점을 역설했다.

이러한 '일본적 기독교'의 건설은 예수Jesus와 일본Japan, 즉 이른바 '두 개의 J'에 대한 사랑의 강조에 담겨 있었으며, 이는 곧 일본 무교회주의의 사상적 기틀이 되었다. 다만 그의 무교회주의는 교육칙어敎育勅語 이데올로기를 둘러싼 국가와 종교에 관한 논쟁, 그리고 이로부터 촉발된 일본 개신교계의 일방적인 배제 속에서 "나는 무교회가 되었다"라는 그의 발언으로 1892년에야 처음 명명된 것이기도 하다.[10] 그는 일본에 팽배했던 군사적 대국주의를 부정하고 근대 일본의 이상적 국가상으로서 덴마크의 식산殖産的 소국주의를 그렸으며, 여기에 복무하는 주체로서 '평민'을 강조하였다. 이후 1901년 『무교회』 잡지를 창간하고 본격적인 무교회운동을 전개하면서 당시 폭력성을 그 안에 포함하며 성행하였던 제국주의와 군국주의, 전체주의를 모두 거부하였다. 대신에 그 대안적인 관계와 삶의 형태로서, 다른 무엇보다 에클레시아를 제안하였다. 다시 말해, 그리스도에 직결해 있고 그리스도와 생활에서 결합되어 있는 사람들의 자발적인 연대를 지향했던 것이다. 또한 그는 기독교를 내면성의 종교로 삼았으며, 우리가 마주하는 모든 일상은 종교적인 영역이므로 그러한 일상 안에서, 그리고 생활을 통해 신앙적 실천이 이루어져야 한다는 점을 강조했다.

또한 그는 종교적 배타주의와 성례전을 부정하고 실행하지 않되, 공동체 안에서 신앙과 생활을 치열하게 살고 이들을 결합하는 실천으로서 '성서 연구'를 그 핵심이자 기반으로 꼽았다. 성서 연구를 강조하는 것의 이면에는, 성서가 이해하는 책이 아니라 곧 '사는 책'이라는 생각이 내포되어 있었다. 이러한 무교회주의 운동은 그에게 단순히 교회의 폐지가 아니라 종교의 개혁, 이른바 '제2의 종교개혁'으로 생각되었던 것이다.[11] 우치무라는 제도교

---

10 양현혜, 앞의 책, 37~43쪽 참조.

회의 '밖으로 불려 나온 평신도들의 모임'을 곧 성서적 에클레시아[12]로 여기고, 이를 그리스도 안에서 서로 평등한 사귐, 즉 코이노니아 안에서 평신도들이 주일에는 모여서 성서를 진지하게 공부하고 서로의 신앙을 격려하며, 매순간을 영적 예배라고 생각하며 자신의 일터에서 최선의 삶을 사는 알맹이들의 모임으로 삼고자 하였다.[13]

한국의 초기 무교회주의자로서 김교신의 행보는 식민 상황이라는 한반도의 역사와 긴밀하게 중첩되어 있다.[14] 그런 점에서 그는 국가의 공백 상태 혹은 문명 전환기에서 새롭고 독자적인 길을 낸 역사적 주체로서 평가될 수 있다. 일본에서 이루어진 김교신의 성서에 대한 배움과 공부는 우치무라에서 시작된 일본 무교회주의의 흐름 속에 놓여 있었다. 청년 제자로서 김교신은 우치무라의 성서 강의를 성실하게 들은 뒤에도 약 7년간 미사이케 진과 이시하라 효에이와 함께 '가와사키청년회' 소속으로 이들과 함께 성서를 공부하였으며, 우치무라에게서 함께 배운 조선인 제자 함석헌·송두용과 도모 끝에 '조선성서연구회'를 1925년에 결성함으로써 조선인으로서

11 위의 책, 48~65쪽 참조.
12 內村鑑三全集 刊行委員會, 『內村鑑三全集』 8, 岩波書店, 1982, 353~354쪽 참조.
13 백소영, 앞의 책, 29쪽 참조.
14 김교신은 1901년 4월 18일 함경남도 함흥에 소재한 유교 가문에서 태어났다. 아버지 김염희는 21세의 젊은 나이에 폐질환으로 별세하였으며, 김교신이 세 살 때부터 과부가 되어버린 어머니 양신은 김교신과 김교랑 남매를 혼자 힘으로 길렀다. 조선이 일본의 식민지가 되었던 것은 김교신이 아홉 살이 되던 해였다. 그는 열두 살 무렵 자신보다 네 살 연상인 한매와 결혼하였으며, 이들 부부 사이에는 2남 6녀가 있었다. 열아홉 살 때 경험했던 3.1운동과 그 직후 도일(渡日) 과정의 경험은 청년 김교신으로 하여금 민족적으로 자각하도록 하여 조선의 독립을 사상적 과제로 삼게 한 계기가 되었다. 김교신은 일본으로 건너가 1922년 도쿄고등사범학교 영어과에 입학하여 자기 수양에 의한 인격 완성을 지향했다. 하지만 이 과정에서 기독교의 도덕률과 교훈을 접하고는 깊이 매료되어, 이를 계기로 자기 수양의 유교적 가치관과 그리스도의 자기 희생과 복음을 내면으로 받아들이게 되었다. 마침내 1920년 6월 도쿄에 있는 야라이초 성결교회에서 시미즈 준조 목사에게 세례를 받고 기독교에 입신하였다. 다만 교회가 보이는 세속적인 이권 투쟁과 내분에 실망하고, 그 해 11월 교회를 떠났다가 1921년 1월부터 우치무라 간조의 성서연구회에 출석하면서 성서 공부와 무교회신앙을 접하게 되었다(김정환, 『김교신 그 삶과 믿음과 소망』, 한국신학연구소, 1994, 17쪽; 노평구, 『김교신 전집』 2(신앙론), 부키, 2001, 126~131쪽; 양현혜, 앞의 책, 24~30쪽 참조).

자각 속에서 집단적으로 성서를 공부해가기도 하였다. 기독교를 삶의 중심으로 가져오게 된 이 시기 그의 행보는 이후 『성서조선』의 창간과 이를 통한 기독교적 사회평론 및 민족교육 활동으로 전개됨과 동시에 그의 독자적인 기독교 사상과 실천의 기틀을 확립하는 단초로 작용했다.[15] 그는 1927년 함흥의 영생여자고등보통학교에서 교직 생활을 시작하였고, 이후 서울의 양정고등보통학교와 경기중학교 등에서 교사로서 약 15년 동안 근무하였다. 1930년 5월 발행한 제16호부터 1942년 3월 폐간될 때까지 『성서조선』의 주필로서 총 158호를 발행하였다. 그는 『성서조선』의 발행을 통해 무교회주의의 입장에 선 기독교의 전도와 '조선산 기독교'를 지속적으로 주장하였다.[16]

성서를 조선에, 조선을 성서 위에. 『성서조선』아, 너는 소위 기독자보다도 조선혼을 가진 조선 사람에게 가라. 시골로 가라. 산촌으로 가라. 거기에 나무꾼 한 사람을 위로함으로 너의 사명을 삼으라.[17]

사랑하는 자에게 주고 싶은 것은 한두 가지에 그치지 않는다. 하늘의 별이라도 따주고 싶으나 인력에는 한계가 있다. 어떤 자는 음악을 조선에 주며, 어떤 자는 의술을 주어 조선에 꽃을 피우며, 옷을 입히며, 관을 씌울 것이나, 오직 우리는 조선에 성서를 주어 그 뼈를 세우며, 그 피를 만들고자 한다. 같은 기독교로서도 어떤 자는 기도 생활의 법열의 경지를 주창하며, 어떤 자는 신학 지식의 조직적 체계를 애지중지하나, 우리는 성서를 배워 성서를 조선에 주고자 한다. 더 좋은 것을 조선에 주려는 자는 주라. 우리는 다만 성서를 주고자 미력을 다하는 자이다. 그러므로 성서를 조선에.[18]

15 양현혜, 위의 책, 66~67쪽 참조.
16 위의 책, 16쪽 참조.
17 노평구, 『김교신 전집』 1(인생론), 부키, 2001, 21쪽.
18 위의 책, 22쪽.

그가 말하는 '전적 기독교'란, 쉽게 말해 존재와 삶 모든 것들이 기독교라는 뜻[19]으로, 조선 사람이 모두 성서적 진리를 깨달아 영적·도덕적으로 거듭나야 함을 지향한 것이었다. 즉 기독교 신앙이 중심이 되어, 그리스도가 만일 한 그루의 나무라고 한다면 도덕적·영적으로 나약한 나뭇가지인 조선이 강해지기 위해서는 그 나무에 접붙여져야 한다는 것이었다.[20] 여기에는 기본적으로 인간 존재의 근원적인 불완전성에 대한 자기 인식이 기저에 자리 잡고 있으며, 이로부터 강조되는 것이 있다. 그 중 하나는 신의 초월성 앞에서 자신의 유한성을 깨닫는 것이고 다른 하나는 타자에 대한 연대성을 조건 없이 지지하는 것이다. 이러한 시선을 가진 그에게 식민지 조선은 세계의 역사적 질서 앞에 가장 하층에 위치한 민족이었으며, 이를 극복하기 위해 그는 동양의 유교적 주체뿐만 아니라 서구의 근대적 주체로부터도 벗어나는 자립 기반의 주체성을 기독교를 통해 확립해가야 한다고 역설하였다. 그는 그 방안으로 『성서조선』을 창간하고 집필과 교육 활동을 통해 '조선산 기독교'의 확립과 실천을 도모하고자 하였다. 물론 그것은 교회를 중심에 내세움으로써 이루어지는 것이 아니라, 신과 신자의 직접적인 관계 속에서 스스로 정진하는 일을 성취해가는 것, 그리고 신앙을 생활의 모든 면에서 스스로 증명해가야 하는 것임을 정언하였다.

궁극적으로 그는 전적 기독교를 지향하는 자유롭고 주체적인 개인들이 모여 함께 절대자를 예배하고 하나의 공동체를 이루는 것이 교회 공동체임을 추구하였다.[21] 그는 교회에만 구원이 있다는 교회주의자들에 맞서 "교회 밖에도 구원이 있다"고 반박함으로써, 교회라는 건물 공간과 사제, 즉 성례전을 비롯한 일체의 형식을 배격하고 '스승을 중심으로 한 평신도들의 성서 공부 모임'이라는 집회 형식만을 계승하고자 하였다.[22] 또한 그는 기독교의

19 백소영, 앞의 책, 87쪽.
20 주광호, 「일본 무교회 내의 무신앙의 신앙에 대한 비판」, 『성서연구』 473, 1997, 14쪽.
21 양현혜, 앞의 책, 79쪽 참조.

자기 초월적 자기 변혁 능력을 강조하면서도, '하나님 나라'는 항상 생성 속에 있는 나라, 즉 끊임없는 자기 지양과 거부를 그 원리로 추구하면서 현실의 악에 대처해갈 때, 기독교는 여타의 사회개혁 운동과는 비교도 안 되는 역사적 형성력을 발휘할 수 있다고 보았다.[23] 이런 맥락에서 신자는 신 앞에서 옳다고 여겨지는 사회윤리를 추구해가는 것을 하나의 신앙적 책임[24]으로 여겨야 한다는 점을 강조하였다. 가령 "기독교 신앙생활을 요약하면 기실은 '망하면 망하리라'라는 생활이 그 전부다 … 다만 망하면 망할지라도 의에 합당한 것, 신의에 합당한 일이면 감행하고 땅 짚고 헤엄치듯이 안전한 일이라도 불의한 것은 거절"[25]해야 함을 주문한 것을 그 예로 들 수 있다.

함석헌은 무교회 정신에서도 '한 세계 안의 두 세계관'이라는 무교회적 우주 이해를 중요한 것으로 여겼다.[26] 즉 무교회적 우주는 한 세계 안에 물

---

22 위의 책, 81쪽 참조.
23 위의 책, 149~150쪽 참조.
24 위의 책, 76쪽.
25 노평구, 앞의 책, 159쪽 참조.
26 함석헌은 1901년 평안북도 용천군 부라면 원성동에서 한의사 함형택의 장남으로 태어났다. 그의 아버지는 1920년대 말 그 마을에 장로교회와 서양식 학교를 세우는 데 앞장선 인물이었고, 그의 어머니는 어릴 때부터 그에게 자유와 평등의식을 심어주었다고 한다. 숙부 함일형은 그에게 정신적 스승으로, 신학문과 기독교에 일찍 열려 있었으며 마을에 서구 기독교 교육 방식의 초등학교를 세우고 운영하기도 했다. 함석헌은 일찍부터 서구 기독교식 교육을 받았으며, 1916년에는 평양고등보통학교에 입학하였다. 당시 3.1운동에 앞장서서 활동하기도 하였는데 그 영향으로 평양고보에 다시 돌아가지 못하고 21세가 되어서 오산학교에 입학하게 되었다. 여기에서 이승훈, 안창호, 조만식과 당시 교장이던 유영모를 만나 제자로서 영향을 받았다. 특히 스승 유영모와의 만남은 이후 삶의 궤적이 무교회 신앙과 씨알사상으로 전개되는 중요한 계기가 되었다. 1924년 동경사범학교에 입학하여 역사와 윤리, 교육을 전공하였으며 유학 중 김교신을 만나 함께 우치무라의 무교회 성서집회에 출석하게 되었다. 1928년에 졸업하여 오산학교로 돌아와 10여 년 간 역사와 교육, 일반윤리를 가르쳤다. 역사교사로서 한국사를 가르치다가 기독교적 사관에서 한국사를 풀이한 『성서적 입장에서 본 조선 역사』를 세상에 내놓았고, 이 때문에 1938년 오산학교를 떠나게 되었다. 『성서조선』 사건을 경험하였고 출옥 후에는 고향에서 농사를 짓다가 해방을 맞았다. 해방 이후 한국전쟁의 난리통에도 그는 '말씀 모임'이라는 이름의 성서 공부 모임을 지속적으로 열었으며, 이는 '지금 여기'에 살면서 신앙인으로서 책임을 다 하려는 무교회 모임이었다. 1957년부터 1973년까지는 농사와 종교와 교육이 한 데 어우러진 공동체인 씨알농장을 천안에 열었는데, 이곳은 평민들의 일상적 삶을 통해 생명이 회복되는 역사, 생명운동의 구체적 터전, 신앙과 노동과 삶을 함께하는 일터로 여겨졌다. 하지만 1973년 경제적 자립에 실패하면서 문을 닫게 되었다. 1970년부터 1980년까지 그는 월간지 『씨알의 소

질주의와 영의 세계라는 두 세계관이 존재한다는 이해를 바탕으로 하는데, 그 진화를 위해서는 물질주의를 거쳐 영의 세계가 성장해가야 한다고 본다. 그러나 그는 현대 문명이 그 반대의 모습을 보이고 있으므로, 이에 대한 저항과 투쟁이 필요하다고 보았다. 또한 이를 위해서는 제도적 개혁보다 개인의 삶과 생각을 세우는 것이 가장 필요하다고 보았다. 당시 정세와 관련하여, 이를테면 "한국 물건 쓰고, 술 담배 끊고, 절약하며 살자며, 물질을 개혁해 한민족의 문제를 해결해보려는 것은 일시적이다. 영적 생명력이 한국을 깨울 것이다. 그러니 조용하고 잠잠히 하나님 말씀을 들음으로 역사의 방향을 아는 것이 시급하다"[27]라는 그의 주장에서도 제도적 개혁이란 일시적이고, 중요한 것은 오히려 개인의 삶과 생각을 세우는 일을 바탕으로 한 영적 생명력의 성장이 필요하다는 생각을 엿볼 수 있다.

함석헌에게는 구체적인 역사 안에서 정의를 실현하는 일, 즉 역사의식이 다른 무엇보다 중요했다. 다시 말해 역사의식과 사회에 대한 분석, 삶에 대한 우주적 의미에 대한 제대로 된 이해가 밑바탕을 이루어야 올바른 관(觀)을 세울 수 있다고 주장했던 것이다. 그에 의하면 한국 무교회는 '아니다'의 전통[28]에 있는 것으로, 무교회주의자는 인본주의적 물질문명과 인간중심적 세계관을 거부하고 다른 눈을 가지고 다른 삶을 살아야 한다는 것이 그의 지론이었다.[29] 무교회신앙이 가리키는 지표로 세계를 이와 같이 이해한 함석헌은 역사의식의 중요성 또한 강조하면서, 성서적 관점의 조선 역사에 대한 재해석 과정에서 이른바 '고난사관'을 주장하기도 하였다. 이는 이후 씨알 사상과 그에 입각한 공동체 구상으로 이어지는 그의 실천과 행보에 큰 사상적 밑거름이자 출발점으로 작용했다.

리』를 펴내기도 했다(백소영, 앞의 책, 141~155쪽 참조).
27 함석헌, 『함석헌전집』 9, 한길사, 1983, 353~357쪽.
28 위의 책, 247~256쪽.
29 백소영, 앞의 책, 158~161쪽 참조.

"성경의 입장에 서서 마치 예수라고 하는 하나의 개인이 인격으로 나타낸 것을 역사에서 하나의 민족에다가 적용"한 그의 고난사관에서 조선은 "유교의 찌꺼기, 불교의 마른 뼈다귀, 동양 문명의 썩은 주검, 서양 문명의 살무사"가 모인 곳이자 "수난의 여왕"[30]으로, 그 수난을 극복하기 위해서는 구체적 역사성 속에서 영적·신앙적으로 저항하고 일전해야 한다는 점이 강조된다. 다만 "역사의 생명은 각기 저 제대로 되는 데 있다", 그리고 "생명의 근본 원리는 스스로 함이다"[31]라는 그의 말은, 고난의 순간들로 점철된 한국의 역사도 하나의 생명으로서 스스로 제 뜻이 있으므로 이를 짊어지고 시대적·역사적 과제를 발판 삼아 스스로 일어서야 함을 역설한 것이었다.

함석헌은 평신도로 이루어진 신앙 공동체이자 화해와 사랑이 가득하며 민주적인 평민 공동체를 진정한 에클레시아로 보았고, 특히 가정은 그에게 진정한 에클레시아에 속했다. 또한 '교회 안에 있는 인간주의'로서 교회주의를 인간이 스스로 만들어놓고 절대무오로 이데올로기화하는 모든 '주의'를 거부하는 것으로 확장시키고자 했다.[32] "진리는 산 것이다. 생장하는 원리이다. 그러므로 그 생장에 방해될 때 어떤 것에 향하여서든지 반항한다. … 우리는 다시금 프로테스트여야 한다. 벗기 시작한 낡은 껍데기를 완전히 벗어야 한다"[33]와 같은 그의 언급에서도 알 수 있듯이, 함석헌이 주창한 무교회 정신은 첫째 저항, 둘째 생명이 그 핵심에 자리 잡고 있다. 이를 통해 현대 물질문명에 저항하고 생명의 근원을 탐구하여 새로운 문명을 건설하는 일이 역사적 의식의 확립과 성찰 속에서 구체화되어야 한다는 점을 강조했다.[34]

---

30   함석헌, 『함석헌전집』 1, 83쪽.
31   위의 책, 63쪽.
32   백소영, 앞의 책, 166쪽.
33   함석헌, 앞의 책, 1983, 186~187쪽.

초창기 한국 기독교회는 관서 지방 중소상인층의 적극적인 호응과 그 네트워크를 기반으로 비로소 성립할 수 있었다. 의주·평양·장연의 소래·서울로 이어지는 초기 교회의 발상지가 하나같이 의주상인들의 행상로였다는 사실이 이를 잘 말해주는데, 그것은 이후 한국 기독교의 성격 형성에 중요한 전제가 되었다. … 관서 지방은 조선왕조 오백년 동안 오랜 정치적 차별의 결과 양반사족의 존재가 미미했고, 그러한 관계로 신분이나 가문의 차별이 크지 않아 일찍부터 주민들 사이에서 일체감을 바탕으로 한 평민적 자치질서가 발달하였다. 여기에 조선후기 이래 상품화폐경제의 발달에 따라 대청무역과 상공업을 통한 부의 축적이 가능해지면서 관서 지방은 18세기에 이르러 전국에서 가장 번창한 지역으로 떠올랐다. 한편 관서집장의 이 같은 사회경제적 활기는 서당교육을 통해 일정한 지식을 갖추고, 상품생산자로서 경제력을 갖춘 새로운 사회세력으로 중소상공인·중소지주·자작농 등 이른바 '자립적 중산층'으로서 신흥 중간계급의 광범한 발달을 촉진하였다. 근대지향적 사회세력으로서 신흥 중간계급은 19세기로 접어들면서 지역적·신분계급적 차별이 엄존하는 당시의 사회현실에 반발하여 자신들의 사회경제적 능력에 걸맞은 정치사회적 권리를 요구해 나가기 시작하였다. 그들은 매향 등을 통해 향촌사회의 권력에 참여하는 한편, 홍경래 등이 주도한 1811년 서북민의 항쟁에서 단적으로 드러났듯이 무장봉기를 통해 기존의 봉건권력에 도전하기도 하였다. … 기독교의 수용 또한 그러한 맥락에서 이루어지고 있었다.[35]

위의 인용은 한국 부르주아 민족주의 진영의 한 갈래로서 기독교 세력에 주목하고, 이들의 실천과 행보를 근대화 노선에 서서 민족국가를 건설하고

---

34 이러한 그의 무교회 정신은 '씨알 공동체'라는 구체적인 실천 구상으로 이어졌다. 다석 유영모에게 씨알은 두 가지 뜻을 지니는데, 하나는 하나님의 씨알이고 다른 하나는 평민으로서 씨알이다. 함석헌은 이를 이어받아 씨알 사상으로 구체화하였고, 한국의 종교문화적 심성으로서 '한'을 정립하였다. 나아가 이 둘이 나타내는 평등의 정신과 화합의 정신을 결합시켜, 이를 '씨알 공동체'라는 이름으로 구현하고자 했다.
35 장규식, 『일제하 한국 기독교 민족주의 연구』, 혜안, 2001, 32·35~37쪽.

자 했다는 데에 위치시키는 한국 역사학의 일반적·보편적인 해석 경향에 입각해있다. 또한 당시 기독교는 부르주아 민족주의 진영의 조직적·사상적 기반이었으며 기독교의 신앙 동력을 사회 세력으로 주조하고자 했다는 한국 근대사 연구 담론의 주류적인 입장을 견지하고 있다.[36] 다만 이 글과 관련하여 주목되는 것은 관서 지방의 장소적 특성·향촌질서와 계급구조의 변동 국면이 기독교의 수용과 밀접한 관련성을 지닌다는 점을 일정하게 해명하고 있다는 점이다. 인용에 따르면, 한반도에서 기독교 수용의 초기 국면을 개척해 나간 주역은 압록강 국경을 넘나들며 청과 무역을 하던 의주 상인들이었다. 하지만 이들은 경제력과 지적 능력을 갖추고 있었음에도, 오랜 시간 누적된 관서 지방에 대한 지역적 배제, 그리고 상인층에 대한 신분적·계급적 차별이라는 이중의 배제와 차별을 받던 존재였다. 때문에 이들은 주자학을 대신할 새로운 종교와 사회윤리에 개방적이었고, 여기에 기독교의 프로테스탄티즘이 접맥되었던 것이다.

한반도에 들어선 초창기의 기독교회는 관서 지방 중소상인층의 적극적인 호응과 그 네트워크를 기반으로 하여 비로소 성립되었다. 주지하듯이 관서

---

[36] 이러한 견해와 입장에 따르면 이 시기의 정세는 다음과 같이 해석된다. 당시 기독교 민족운동은 국권회복운동의 일환으로 전개된 문화계몽운동의 한 흐름이었다. 단순한 서구 기술의 도입이나 제도의 개혁만으로는 자주독립과 문명개화를 기대할 수 없으므로, 종교와 도덕의 쇄신을 통해 인민의 정신을 바꾸고자 하였다. 교육·산업·단체생활을 진흥시켜 국가의 독립과 사회의 문명화를 추구하였고, 종교입국·교육구국·민족산업 육성을 통해 이를 구체화하고자 했다. 특히 '무형의 자강'을 강조했는데, 신교력·역사의식·독립정신을 경제력이나 군사력과 같은 '유형의 자강'보다 먼저 고취시켜야 한다고 주장했다. 이들이 상정한 '신국민'은 곧 근대시민을 뜻했고, 이는 기독교 종교도덕을 근본으로 하는 지·덕·체를 갖추게 하는 전인교육을 통해 육성될 수 있다고 보았다. 특히 사(士)는 곧 신민·시민·공민으로, 근대시민 개념을 당대에 수용하고자 한 것이었다. 이들은 근대시민의 육성이야말로 근대 국민국가 건설의 첫걸음이라고 보았다. 당시 기독교 세력의 민족운동론은 문화적 공공영역·시민사회영역·정치적 공공영역으로 구조화되어 있었고, 이는 개인과 단체, 국가로 이어지는 민권과 민력의 양성을 강조하는 점진적 국권회복론이자 자본주의국가건설론이었던 것이다(위의 책, 69~100쪽 참조). 이후 논지 전개를 통해 우리가 만나볼 남강 이승훈 또한 그러한 역사적 흐름과 경로 위에 놓여 있었다는 점은 물론이다. 다만 우리는 그의 행보에 대해, 그 정세 속에서 독자적인 실천 환경을 조성하고 관련 체계를 정립해간 것이라는 적극적 인식을 바탕으로, 해당 역사에 대한 이해의 폭을 보다 넓힐 필요는 있어 보인다.

지방은 조선 시기에도 양반사족의 적극적인 세력화가 좀처럼 이루어지지 못했고 그에 비해 평민적 자치질서는 다른 지역보다 오히려 발달해 있던 공간이었다. 더군다나 18세기에 이르러서는 상공업과 무역을 통해 규모 있는 자본을 갖춘 신흥 중간계급이 지역의 새로운 사회세력으로서 등장·성장하였고, 이들은 19세기 즈음부터 자신들의 사회경제적 능력에 걸맞은 정치사회적 권리를 요구함에 따라, 기독교가 추구하는 프로테스탄티즘이라는 새로운 윤리가 이들에게 매력적인 사상으로 선택되었다. 이들의 근대 지향성 혹은 신문명에 대한 열린 태도는 그동안 지속된 지역적·계급적 차별에 대한 한 가지 역풍이기도 했으며, 기독교의 수용과 신교육의 실시, 새로운 사회운동이라는 실천은 그러한 맥락에서 박차를 가해 추진·전개되었던 것이다.

평안도와 황해도, 평양 등지에서 상공업과 무역을 하며 자수성가한 실업가이자 3.1운동에서 민족대표 33인에 이름을 올린 독립운동가로 알려져 있는 이승훈은 그러한 역사의 한 가운데에 놓여 있었던 핵심적인 주체로서 주목될 필요가 있다.[37] 그가 기독교를 접하게 된 것은 1910년 합방 직후였다. 그가 설립한 오산학교의 교사와 학생들에게 기독교 신앙은 새로운 사조로서 다가온 것이었으며, 이승훈은 평양 산정현 교회에서 한석진 목사의

---

[37] 이승훈은 1864년 평안북도 정주읍에서 출생하였다. 그의 아버지 이석주와 어머니 홍주 김씨 사이에서 둘째 아들로 태어났으며, 어렸을 때의 이름은 승일이었고 본명은 인환, 자는 승훈이며 호는 남강이다. 그가 태어난 정주는 관서 지방에 속하였는데, 이곳은 예로부터 변천과 병화에 자주 노출된 곳이었으며 그가 태어나기 50년 전인 1811년에는 홍경래의 난으로 인하여 정주성이 큰 혼란을 경험하는 등 차별과 배제로 인한 고역이 동네의 일상과 사람들의 내면을 휩쓴 곳이기도 했다. 그가 세상에 나왔을 때 여느 백성들의 생활과 마찬가지로 그의 가정도 심한 가난에 처해 있었다. 그의 어머니는 심한 노역으로 그가 난지 여덟 달 만에 병으로 세상을 떠났다. 그의 성장은 할머니의 손에 맡겨졌으며, 그는 할머니로부터 홍경래의 난에 대한 이야기를 듣고 자랐다고 한다. 그는 청정 유기상인 집의 잔심부름, 황해도 유기 행상, 청정과 평양 유기 공장과 상점 경영을 하며 큰 자본을 벌어들여 자수성가하였다. 뿐만 아니라 이때의 직간접적인 경험을 토대로 하여 이상촌으로서 용동마을을 조성하고 오산학교를 설립함으로써 교육과 신앙, 생활이 일치된 조건 속에서 공동체의 자립과 자치를 추구하였다(김기석, 『남강 이승훈』, 한국학술정보, 2005 참조).

'십자가의 고난'이라는 설교를 듣고 신자가 되기로 결심하여 바로 학교 곁에 교회당을 지음으로써 학교 교회를 부설하였다. 오산학교는 성경을 하나의 교육 과정으로 채택하였고 주일과 수요일 저녁이면 학생들이 함께 모여 예배를 봄으로써, 새로운 교육에 발맞춰 기독교 신앙을 하나의 새로운 사조로 받아들여 교육과 신앙을 연결시키고자 하였다.[38]

주지하듯이 이승훈이 기독교를 접하고 신앙의 삶을 살게 된 것은 그가 놓인 지역적·시기적 환경으로 인한 것이기도 했다. 그는 어린 시절 청정 유기상인 집의 잔심부름꾼 생활과 황해도 유기 행상 시절 천주학과 예수교에 대한 이야기를 종종 들었다. 청일전쟁 뒤 평양으로 왕래할 때는 서양인 선교사의 생경한 외양을 눈으로 직접 목격하기도 했다. 그가 한석진 목사의 설교를 듣고 마을로 돌아와 사람들을 모아놓고 집회를 가질 때도 평양과 선천에는 이미 교회들이 여럿 세워졌을 뿐 아니라 교회 계통의 학교와 병원이 설립되어 사람들 사이에 뿌리내리던 때이기도 했다.[39] 학교에서 지속적으로 가졌던 조그만 집회는 교원과 학생을 비롯한 사람들을 신앙 공동체로 형성하던 것이었고, 한 달이 지난 뒤부터 학교 집회는 완연한 하나의 교회를 이루기도 하였는데, 특히 이 집회는 유영모의 힘이 크게 작용했다.[40]

주목되는 것은 1928년 봄, 함석헌이 동경고등사범학교를 마치고 자신의 모교인 오산학교의 교사로 부임하면서 시작된 『성서조선』 모임이다.[41] 함석헌은 교회 청년반 지도를 그만 두고 정식으로 자기 집에서 조그만 집회를 가졌는데, 이때 용동교회에서 나온 이찬갑·최태사·노정희 등이 이 집회에 참여하면서 이들은 무교회주의의 직접적인 영향을 받게 되었다. 이승

---

38 위의 책, 155쪽 참조.
39 위의 책, 327~331쪽 참조.
40 위의 책, 332~333쪽 참조.
41 오산학교와 용동마을에 무교회주의를 도입한 사람은 함석헌이었다. 당시 『성서조선』의 동인들은 각각 소속된 학교에서 학생과 동료들에게 새로운 신앙을 전하였는데, 함석헌은 특히 오산학교에서 그 역할을 수행하였던 것이다.

훈도 여기에 관심을 가지고 직간접적인 영향을 받았다. 이 모임에 이승훈을 이끈 것은 그의 종손자인 이찬갑이었다. "선생들 다 나와서 듣게 하자. 옳은 말은 여러 사람이 들어야 한다"며 교직원 모두 이 집회에 참석하기를 권유하기도 하였다. 뿐만 아니라 『성서조선』에 실린 김교신과 함석헌의 글을 읽고 이들의 글이 풍기는 한국 냄새와 소박한 복음 신앙을 높게 평가하기도 했다. 이는 마침 현실 개혁의 의지를 점차 상실하고 안주하려는 자세를 보이는 당시 기성 교회와 기독교 운동이 지닌 한계가 인식되어 고민이 깊어지기 시작한 때이기도 했는데, 그는 1929년 서울 성서조선사를 찾아, 『성서조선』를 통해 언젠가 새로운 길이 열리리라 기대하면서 그 그룹에 어떤 희망을 거는 행보를 보이기도 했다.[42]

관서 지방의 한 상인인 이승훈이 이룬 용동마을 그리고 함석헌과 함께 들어온 무교회신앙이 동행하면서 배움과 가르침, 믿음과 말씀이 땀 흘리는 노동과 체계화된 생활시간 속에서 공존하는 특유의 교육과 신앙의 기틀이 당대의 조건 속에서 형성되었다. 다시 말해 무교회신앙을 가진 이들이 오산학교의 교사로 재직하게 되면서 교육적 영향을 미치게 되었다.

관서 지방이자 서북 지역은 함석헌에 표현에 따르면 이른바 "민중의 나라"[43]였다. 근대 전환기라는 정세적 특징과 변방 혹은 접경 지역이라는 지정학적 특징은, 밀려드는 개화의 물결에도 이 시기에 이 지역이 열린 태도를 가질 수 있도록 했던 핵심적인 배경이었다. 뿐만 아니라 이들에게는 개화를 받아들일 것이냐, 그렇지 않을 것이냐가 문제였다기보다 오히려 개화의 문턱을 넘는 가운데 통치의 그늘에서도 어떻게 주체성을 잃지 않고 제 빛을 내는 자치의 동량을 세울 것인가가 더욱 가까운 화두였던 것이다.

이 시공간에서 이루어진 '다른 근대'에 대한 상상과 여기에 근거한 공동

---

42 김기석, 앞의 책, 353~360쪽 참조.
43 함석헌, 『함석헌전집』 4, 한길사, 1997, 148쪽.

체적 실험은 그만큼 긴 시간 동안 이루어진 지역적·계급적 차별과 배제의 역사적 경험과 따로 떨어진 것이 아니었다. 주변성에 기인한 지배 질서의 공백 상태는 새로운 사회이자 자유와 평등의 해방구로서 이상촌이라는 마을과 공동체를 건설하기 위한 진보적 노력과 직접적으로 연결된 것이었던 것으로 이해될 만하다. 무교회신앙을 지닌 사람들이 공동체를 강조하면서 그 기반으로서 조합을 매우 중요하게 여겼다는 점도 주목될 필요가 있다. 즉 무교회주의자들의 공동체 구상의 근저에는 조합주의적 공동체주의가 존재하며, 이들은 자본주의 시스템에 대한 대안으로서 조합을 내세워온 바 있다. 이들이 사유한 공동체는 주류 질서에 대한 급진성과 비타협성을 띠고 있을 뿐 아니라, 무엇보다 자기 정신의 혁명을 기초로 한 생활 혁명을 이루어내고자 했다. 더욱이 혁명적 변화의 대상으로 인간 사회뿐 아니라 자연계 일반으로 그 영역을 확장하고자 했다.[44]

요컨대 무교회주의에 의해 구상·실현된 공동체는 적지 않은 역사적 의의를 지닌 것이었다. 먼저 제도(교회)에서 벗어나 공동체(에클레시아)를 꾸림으로써 형식보다 실천을 더욱 중시하는 역사를 가졌다. 그리고 누구나 깃발을 들 수 있고 누구나 참여할 수 있으며 교육을 통해 제도 없이 힘을 기르는 방법을 택했다. 나아가 동아리나 모임으로 머무르지 않기 위해 교육을 중시하고 관계를 중요시하면서 지역을 기반으로 무엇인가 이루어가고자 했다. 그리하여 세력화보다는 관계화를 더욱 중요하게 여겼다. 이러한 면모는 개혁과 해방에 대한 지향을 낳았다. 즉 전통과 기존의 관습에 필연적으로 저항하거나 반대할 수밖에 없는 특징을 가지고 있었으며, 매번 새로움을 지지하고 그 '믿음'이라고 하는 것은 다른 모양으로 또다시 전파된다는 특징을 지닌 것이었다. 또한 모두, 만인, 평민, 평신도를 강조함으로써 어떤 자격을 요구하지 않는 민주성을 지향하였다. 마지막으로 생명을 중요시

---

[44] 김건우, 『대한민국의 설계자들』, 느티나무책방, 2017, 157~159쪽 참조.

하는 태도를 가졌는데, 이는 스스로 제 것 그대로 자라나고 생장할 수 있음에 대한 믿음이 바탕이 되므로, 이는 자율과 자치의 중요성과도 연계되어 발전한 것이었다.

특히 우리(무교회신앙-인용자) 쪽에서는 제도나 의식이나 하나도 하지 않으니까. 그야말로 개인의 자율적인, 독립적인, 자기의 신앙 혹은 가치에 근거해서 독자적으로 움직이는 것. 그게 결과적으로 모여가지고 공동체를 구성하는 거는 가장 이상적이지만. … 강요를 하거나 이렇게는 하지 않거든요. 강령이라는 것이 있으면은 그 강령에 찬동하는 자, 찬동하는 그룹 혹은 찬동하는 조직이라고 한다면 그게 하나의 공동체가 되는데, 우리는 강령이라는 것이 없잖아요. … 정치적으로 나라를 사랑할 수가 있고, 군사적으로 할 수 있고, 경제적으로 할 수 있고, 문화적으로 할 수가 있고, 예술적으로. 여러 가지가 다 있지만 우리가 볼 때는 그런 거는 그렇게 생명이 길지 못하다. 한때 잠시 빤짝했다가 사라지는 것이다. 영원한 생명을 가지고 있는 것은 바로 믿음이다, 신앙이다. … 사람을 변화시킴으로써, 인격이 변화됨으로써 비로소 이루어지는 일이다라고 해서 교육을 하게 되는 거거든. … 내가 이렇게 몸담은 공간의 이 전체가 어떻게 하면은 함께 변화되어 나갈 수 있을까. … 어떻든 간에 어려운 문제, 마을이 당면한 문제, 혹은 이렇게 지역에 당면한 문제, 그런 문제에 고민을 하고 그걸 풀어가려고 노력을 하고 그랬으니까. 그런 게 어떻게 보면은 더불어 사는, 내 혼자 사는 것이 아니라 더불어서 함께 가는. 그런 데서 우리가 공동체를 강조를 하고. … 결과적으로 보면은 어떤 함께 사는 그런 세상을 바라는 공동체성이 굉장히 강하지. … 공적인 전체가 향상되기를 바라는 마음.[45]

위의 구술은 현재 이루어지고 있는 지역 실천의 맥락에서 무교회주의의

---

45 박완(남, 71세)의 구술(2021년 7월 16일, 홍동밝맑도서관).

현재성을 담고 있다. 즉 무교회주의의 역사적 의의는 홍동 지역의 실천과 마주치면서 그 현재성과 효과를 두드러지게 나타낸다고 할 수 있다. 구술을 통해서도 알 수 있는 것처럼, 무교회주의의 근저에는 신앙적으로 제도와 의식을 거부하고 저항하는 태도가 자리하고 있다. 즉 개인이 지향하는 신앙과 가치를 중요하게 인식하면서 그로부터 자율적·독립적·독자적인 움직임이 일어나야 함을 긍정한다. 이러한 태도로부터 이루어지는 공동체 또한 개인의 상상과 역동을 제한하지 않으면서도, 오직 믿음과 신앙이 중심이 된 것을 의미한다. 믿음과 신앙을 근간으로 한 초월성은 교육을 통한 개인과 그 개인이 속한 집단의 변화를 지향하는 것으로 이어지게 된다. 요컨대 제도와 의식을 거부하고 저항하는 태도 속에서 그것의 변화를 지향하기보다는, 개개인의 인격을 변화시키는 교육을 통해 시대와 지역이 당면한 문제를 풀어가고자 한다. 공동체성이라고 하는 것도 그 연장선상에서 이해될 수 있다. 즉 공적인 전체를 먼저 생각하고 그것이 점진적으로 향상되어야 한다는 공통의 지향 속에서 공동체성이 의미 있게 다루어지고 있는 것이다.

> 무교회는, 성경이 머릿속에서 지식으로만 끝나서는 안 된다. 그것이 생활하구 일치돼야 된다. 생활과 일치돼야 된다. … 그것이 무교회 정신이고, 무교회의 기본 정신이. 그런데 일반 교회에서는 목사가 설교허는 기독교의 교리라든지, 기독교의 가르침이 생활허고 동떨어진 경우가 많이 있어. 생활하고 유리 돼. … 성서가 실생활에 그대루 실천이 돼야 된다. 성서의 원리가. … 그거는 곧 다른 사람, 내 개인적인 삶뿐 아니라 여기 홍동 지역에 나타나는 협동조합이라든지, 신협이라든지, 여러 가지 공적인 일이 그 실천의 일환이다 생각허는 거지. … 그래서 지금까지 풀무학교의 교육이 이 학교 교육 자체로 끝나는 게 아니구, 이것이 지역에 확산돼서 지역민들의 생활이 곧 학교에서 가르치는 가르침과 일치돼야 된다. 그것이 핵심. … 다 연결되지. 신용협동조합 같은 거는 서로 가난한 사람들

끼리 적은 돈을 모아서 서로 꼭 필요할 때 대출을 받아서 쓴다. 그런 힘없는 가난한 사람들이 정직하게 살 수 있는 방법을 찾아가는 길이여 그게. 그러니깐 연결이 되지. 생협이 있지. 생협 같은 것두 정직허게 농장을 가꾸고, 길러서 먹거리를 만들어 낸다. 또 그거를 판매를 해서 여러 사람이 먹을 수 있게 한다. 그거는 성서의 정신과 일치되는 거지. 다 그래. 여기서 벌어지고 있는 일이.[46]

위의 구술은 앞의 구술과 연동하여 그러한 무교회주의의 사상적 면모가 생활 속에서 구체적으로 어떻게 실천되고 있는지 사례를 들어 언급하고 있다. 무교회신앙은 제도적인 종교로서 기독교에서는 그 가르침이 생활과 동떨어진 것으로 보고, 이를 비판적으로 인식하는 가운데 성경의 가르침을 생활과 일치시켜야 한다는 점을 강조하고 있다. 즉 무교회신앙이 강조하는 기본 정신이라고 하는 것은 곧 성서의 가르침을 실제 생활에서 실천해나가야 한다는 자세인 것으로 운위되고 있다. 주목되는 것은, 위의 발화 주체가 홍동 지역에서 이루어지고 있는 실천의 근저에 이와 같은 무교회신앙의 기본 정신이 자리하고 있다고 주장한다는 점이다. 이를테면 성서의 가르침을 실제 생활에서 실천하고 구현해나가야 한다는 점은 비단 개인의 차원에서 이루어지는 것이 아니라, 앞서 언급되었던 '공적인 전체'로서 지역의 차원으로 확산되어 나가야 한다는 것과 연동된다. 요컨대 지역 실천의 초기 양식을 조건화한 것으로 주목받고 있는 마을교육과 협동조합 등이 만들어지고 확산될 수 있었던 데에는 성서의 가르침이 실제 생활과 공적인 일에 적용되어야 한다는 무교회신앙의 기본 정신으로 인해 구현된 것으로 인식되고 있다. 그러므로 무교회신앙은 이 지역 실천의 바탕이 되면서도 이를 이해하기 위한 하나의 실마리가 된다고 이해할 수 있다.

---

[46] 최어성(남, 73세)의 구술(2019년 6월 8일, 주옥로 생가).

사실은 오산학교도 남강 이승훈 선생님과 도산 안창호 선생님이, 그 오산학교, 이승훈 선생님이 안창호 선생님 영향을 받아서 오산학교를 설립을 허시잖아요. 사실은 그게 학교 운영이 아니라 공동체 운동이었거든요. 용동 마을 공동체 운동이었어요. … 그 핵심에 교육이 중요하다, 인재를 양성하고 의식이 바뀌어야 진정으로 인간이 변화될 수 있고 그게 공동체의 힘이고, 교육과 협동조합과 농업이 주축으로 해서 그 공동체, 이상적인 공동체를 했던 거죠. … 그게 풀무까지 온 거죠. 그래서 역사가 쭉 흐름이 그렇게 되더라고요. 그래서 공동체 운동이 이번이 백주년이었잖아요. 오산에서 지금까지 백주년이라면 이게 씨를 뿌리고 지금 토대를 다진, 막 싹을 틔워서 자라나는 과정인데, 앞으로 백년은 지금부터 앞으로 백년은 우리가 이렇게 마을의 실질적인 갈등을 해결할 수 있는 역량을 가지고 공동체를 완성해가는 열매를 맺는 그런 백년을 우리가 완성했으면 좋겠다.[47]

그런 한편 위의 구술을 통해, 앞에서 살펴본 역사적 실제의 흐름에 따라 이승훈을 중심으로 이루어졌던 오산학교의 설립과 용동마을의 구성에 대한 새로운 해석이 제기될 수 있다. 그것은 한반도의 자본주의적 이행, 독립운동의 전초 기지, 역사성을 반영하며 특수하게 운영되었던 학교와 마을 등과 같은 지금까지 이루어진 제한적인 해석을 비껴가도록 한다. 위의 구술은, 평북 정주의 오산학교의 설립과 용동마을의 구성이라는 사건이 충남 홍동의 풀무학교의 설립이라는 사건과 계열화되면서 새로운 역사적 의미를 나타낸다는 점을 함축하고 있다. 즉 그 역사는 단순한 학교 운영이 아니라, 교육을 핵심으로 삼아 미래를 여는 인재를 양성하기 위해 마을을 꾸려나갔던 하나의 마을 공동체 운동으로서 그 자리를 매기고 있으며, 그것이 교육, 협동조합, 농업을 주축으로 하여 이상적인 공동체를 구성했다는 점은 후대

---

47 이민형(남, 52세)의 구술(2019년 3월 9일, 바이오힐링스토어).

의 역사에서도 유의미한 것으로 여겨지고 있다. 다만 보다 정확하게 말하면, 오산과 용동의 역사가 풀무와 홍동의 실천을 주조했다기보다는 풀무와 홍동의 실천이 과거 오산과 용동의 실천을 역사화하고 있다고 볼 수 있으며, 이를 통해 풀무와 홍동의 실천은 한 세기의 역사를 거슬러 구성되어 온 것으로 의미화되고 있다.

2. 공화국으로서 마을, 이상촌 흐름과 그 실제

무교회신앙과 마찬가지로, 일제강점기라는 시대적 상황에서 이루어졌던 이상촌건설운동은 이 지역 실천과 직접적인 연관을 지닌 한 가지의 역사적 계열로 상정할 필요가 있다. 물론 앞서 살펴보았던 것처럼 이상촌건설운동이 구현된 사례로서 평북 정주의 오산학교와 용동마을 또한 무교회신앙과 교류가 있었던 것으로 확인된다. 당시 이상촌건설운동은 도산 안창호에 의해 주도되었으며, 그로부터 여러 지역에서 다양한 방식의 이상촌이 실제로 건설된 바 있다. 남강 이승훈에 의해 조성된 용동마을도 그러한 이상촌건설운동의 한 맥을 형성하고 있으며 이 마을에서 나고 자란 밝맑 이찬갑에 의해 이 지역 실천 또한 그와 연관되고 있다.

> 덴마크든 스위스든지 보면은 그런 뭘 소중히 여기는 가치가 있고 역사가 있어 가지고 되는 거지. 그 경제적으로 하는 건 곰방 했다가 곰방 없어지는 거여. 그게 아주 무시 못하는데. … 그런데 오산학교가 없었으면 풀무학교가 없다. 왜 그러냐면은 오산학교에서 있던 분들이 다 여기 집중을 해 모여든 거여, 이제 풀무학교에. 이찬갑 선생은 바로 거기서 어린 시절부터 자란 분이고, 그걸 해서 이승훈 씨가 그 학교하고 기독교하고 농촌이 하나가 공동체가 돼가지구 마을을 맨드는 게 백 개만 있으면 우리나라가 아래에서부터 평등하고 또 생태를 존중하는

건강한 기풍을 갖고 평등한 그런 국가가 될 거다. 아주 확신을 가지고 여러 가지 루 얘기를 핸 거여. … 근데 풀무학교에서 이제, 그러니까 58년에 시작했지만 정확하게 50년 전에 오산학교 애쓰다가 문 닫은, 한국전쟁 나고 뭐. 그 여기에서 시작한 거여. 그 정신을 지금 이어받았다구 우리는 생각하구 그 정신이래야 우리나라가 아래에서부터 민중으로부터, 우리는 평민이라 그래는데, 아래에서부터 평민들이 배우고 어떤 새로운, 건전한 가치를 갖구, 일을 통해서 공동체를 맨들어나간다는 그것을 빼면은 여기는 그냥 뭐라 그러나. 알맹이가 없는 거여. … 계산해보면 110살이 되는 거여 올해. 한국에서 한 가지 목표를 가지고 한 지역에서 1세기 이상 노력핸 거는 조금 드물 거여 아마. 그때 이제 뭐 전쟁도 있었고 군사 뭐 독재도 있었고 산업화 시대도 있었지만, 그걸 꾸준히. 우리가 뭐 돈이 많은 것도 아니고 사람들을 많이 모은 것도 아니고, 농촌은 열악하기 때문에. 그래두 1세기 이상 해왔다.[48]

위의 구술에서는 그러한 지역 실천의 역사성이 보다 확연하고 요연하게 정리되고 있다. 즉 지역의 실천이 시작될 수 있었던 이전의 사건으로서 오산학교의 설립이 의미 있는 역사적 원천으로 배치되면서도, 실천의 역사라고 하는 것이 그로부터 한 지역에서 한 가지 목표로 한 세기에 걸쳐 전개되어 왔다는 점이 역설되고 있는 것이다. 이를테면 "오산학교가 없었으면 풀무학교가 없다"고 발화하는가 하면, 설립자인 이찬갑이 그 학교에서 배우고 자람으로써 풀무학교에 직접적인 영향을 미쳤다는 점이 강조될 뿐 아니라, 그 정신을 오늘에까지 이어받아 전개되고 있는 것으로 여겨지고 있다. 지적될 수 있는 점은 이전의 역사를 구성했던 오산학교의 실천이 일제 규율 권력의 직접적인 강제에 의해 그 자신의 지향을 못다 이룬 채 일시적으로 중단되었다는 점이다. 물론 마을의 생태성을 존중하며 학교와 기독교,

---

[48] 홍순명(남, 84세)의 구술(2021년 7월 17일, 홍동밝맑도서관).

농촌이 하나가 되는 공동체적 실천으로서 아나키-코뮨의 역사적 실제로서 오산학교와 용동마을의 실천이 체제의 각축 속에서 역사의 뒤안길로 사라진 것으로 여겨질 수 있지만, 이 지역 실천을 통해 그것이 다시금 현실화되고 있다는 점이 위의 발화 주체로부터 강조되고 있는 것이다. 그것이 일시적으로 중단될 수밖에 없었던 또 한 가지의 결정적인 계기는 한국전쟁과 그로 인한 한반도의 분단이라고 할 수 있지만, 이후 조국근대화 과정에서 그것은 체제의 중심이 아닌 지역에서 스스로 자치적인 체제를 구성하며 존속해오고 있다는 점이 강조되고 있다. 이후의 실천과 그 주체의 인식을 통해 이전의 사건이 공동체적 실천의 역사성을 보증해줄 뿐 아니라, 현행화된 공동체문화 실천이 가진 의미의 깊이를 더해주고 있다.

이에 따라 당시 이상촌건설운동이 어떤 역사적 흐름을 나타내고 있으며, 이로부터 구현된 이상촌으로서 평북 정주의 오산학교와 용동마을의 실제를 구체적으로 살펴보고자 한다. 이를 위해 먼저 이승훈이라는 역사적 주체가 어떤 시대적 맥락 속에서 이상촌 건설에 직접적으로 개입될 수 있었는지 소상하게 검토하고자 한다.[49] 그리고 당시 안창호가 제시한 이상촌의 상像은 어떤 것이었고 그것이 구체적으로 현실화되면서 어떤 변동을 경험하였는지 정리하고자 한다. 나아가서는 이승훈과 안창호의 만남이라는 사건으로부터 촉발된 용동마을의 실제 경관은 어떻게 구성되고 그 특징은 무엇인지 살펴보면서 그것이 가지는 역사적 의의를 정리하고자 한다.

---

[49] 당시 이상촌건설운동의 흐름 속에서 조성될 수 있었던 오산학교와 용동마을의 전모를 살펴보기 위해서는 설립자 이승훈의 행보가 구체적으로 다루어질 수밖에 없다. 서술 방식이 마치 전기(傳記)와 같다는 지적에도 불구하고 그를 비롯한 여러 사람들의 행보를 구체적으로 다루고 있는 것은 당시 국면에서 이들의 핵심적인 역할을 고려했기 때문이기도 하지만, 여기에 참여했던 다른 이들에 대한 역사 자료가 소략한 편이라는 이유도 있다. 해당 공동체가 어떤 모습을 지니고 있었는지 간추려볼 수 있는 흔적도 현재로서는 어떤 인물이 직접 남긴 기록이나 그 인물에 대해 다룬 타인의 기록을 통해서 확인이 가능한 형편이다. 특정한 인물의 행보에 대해 과도하게 의미를 부여하고자 하는 것이 저자의 의도는 아니라는 점을 언급해두고자 한다.

내가 오늘날까지 온 것은, 내가 한 것은 조금도 없습니다. 모두 신이 나를 그렇게 만들었습니다. 여러분이 아시는 대로 나는 본래 불학무식(不學無識)합니다. 나는 이 뒤에 선 동상과 같은 사람입니다. 아무 것도 아는 것이 없었으나 신이 나를 이렇게 이끌어서 오늘까지 왔습니다. 과연 신이 나를 지시하시며 도우심 뿐입니다. 이후로도 그럴 줄 믿습니다.[50]

남강 이승훈은, 용동마을과 오산학교 출신으로 그 뜻을 이어 충청남도 홍동의 팔괘리 풀무골이라는 곳에 학교를 세운 이찬갑의 스승이자 종증조부이다. 이찬갑은 그를 두고, 그가 내뱉은 위의 말에 크게 감화 받았음을 고백하면서 추모의 뜻을 담아 '남강은 신앙의 사람'이라고 평한다. 세상 사람들에게 남강은 민족의 고난 속에서도 큰 발걸음을 앞으로 내딛으며 굵직한 위업을 달성한 시대의 인물이지만, 이찬갑은 그를 오직 '신앙의 사람'이라며 이와 같은 시선들은 '껍데기 남강'을 보는 것일 뿐이라고 말한다. 남강이 자신의 동상 제막식에서 토해낸 말이야말로 이찬갑에게는 그 결정적인 증거로, 한평생에 걸친 그의 행보가 온전히 그만의 것이 아니라 신의 뜻과 연결되어 있음을 역설한 것이었다.

그러므로 그의 일생은 그 자체로 자신의 신앙을 나름대로 증명해온 순간들로 채워진 것이었다. 이찬갑은 '오산에서 자라나는 조선의 아들들'은 그 앞에서 다투고 경쟁하거나 기죽을 필요 없이, 그저 자신이 얻은 '신앙' '의' '영' '진실' '참'이 시키고 가리키는 대로 당당하게 살아가면 된다고 말한다. 다만, '구약적인 신앙의 위인'은 이제 하늘의 부름을 받고 돌아갔으니 '신약적인 복음과 생명의 아들들'이 일어나는 일은 후일의 과제로 남겨지게 되었다. 그것이 생명과 영원을 얻고 그 힘을 다하기 위해서는 껍데기의 모방이 아니라, 남겨진 그의 생애와 행보를 익히고 이어받아 그 연장선상에 놓음

50　이찬갑, 『산 믿음의 새 생활』, 시골문화사, 1994, 225쪽.

으로써 좀 더 발전된 이상을 그려내는 것이어야 했다.

주지하듯이 이승훈은 양반 아닌 신분으로서 어렵고 가난한 가정에서 출생했지만, 서북 전역을 누비며 장사를 통해 자수성가하였다. 뿐만 아니라 문호가 개방되고 국가가 상실되는 시대 전환의 문턱에서 지역별 재벌 자본을 연합한 민족 대자본의 형성, 기독교 정신을 근간으로 한 개화와 독립, 학교 교육을 바탕으로 한 실력양성이 무엇보다 필요하다는 점을 진단하였고, 이를 수렴하여 종합적인 계획을 수립하고 이를 실행을 통해 구체화함으로써 점차적으로 진척시켜나갔다.[51]

이승훈은 속칭 서울과 의주를 잇는 교통의 요지이자 예로부터 유기鍮器로 이름이 난 청정이라는 곳에서 어린 시절을 보냈다. 가족을 여의고 처음에는 청정에서 이름난 유기상인이었던 임일권의 집에서 잔심부름꾼으로 일하게 되었으며, 여기에서 여러 손님들로부터 세상 이야기를 들으면서 글공부를 통해서는 알기 어려운 생동하는 실사회의 견문을 익혔다.

혼인 이후에는 생계 자립을 위해 스스로 유기행상으로 독립하면서 장사에 관한 견문을 넓힘과 동시에 세상일에 대한 이야기를 많이 접하게 되었다. 그의 생애에서 이 시기를 "행상들 사이에 끼어 1년 남짓 … 장거리로 정주 일대를 돌아다니면서 남강은 여러 가지 세태와 물정을 알았다. 특히 그는 정주라는 한 지방사회의 사회구성을 알게 되었다. 이때 얻은 지식이 그로 하여금 계급신분 제도의 불합리함을 알게 했고 … 개화주의 운동으로

---

[51] 이승훈의 생애는 1905년에 있었던 사업의 변동을 기점으로 하여 전반부는 사인(私人) 후반부는 공인(公人)으로 나뉘는 것으로 정리되고 있다. 즉 초기 활동은 신민회 활동·오산학교 설립·관서 지방의 민족산업자본형성, 즉 관서자문론·기독교 입교로 이어지는 개화주의의 행보로 채워져 있고, 후기 활동은 물산장려운동·민립대학설립운동·연정회·신간회 활동으로 이어지는 민족주의의 행보로 채워져 있다고 정리된다(김형석, 「남강 이승훈 연구」, 『동방학지』 48, 연세대학교 국학연구원, 1985, 628~629쪽 참조). 또한 도산과의 만남 이전의 이승훈이 자수성가한 실업가였다면 그 이후에는 교육과 종교, 민족운동과 사회사업에 헌신하는 삶을 실천하였던 것으로 운위되기도 한다(서재복·김유화·최미나, 「남강 이승훈의 민족교육사상 연구」, 『인문과학연구』 13, 전주대학교 인문과학종합연구소, 2008, 138쪽).

그를 이끄는 단서가 되었다"⁵²고 한다. 이후에도 황해도 안악·재령·신천으로까지 진출하여 많은 자본을 축적하였으며, 신사조에 대해 듣고 견문을 넓혔다. 그는 이러한 경험을 통해 왕실과 벼슬 아닌 것들에 대한 관심, 교육과 계급평등에 대한 관심, 세상 소식과 나라 형편에 대한 관심이 늘어나기 시작했다.

1887년 그는 황해도 행상을 그만두고 다시 청정으로 돌아와 철산 오삭주의 자본을 빌려 상점과 공장을 열었다. 그는 공장을 경영하면서 노동 개선에 힘썼다. 가령 "돈을 들여 공장의 구조를 햇볕이 많이 들어오도록 고치고 먼지가 나지 않게 깨끗이 치우게 하고 일할 때 옷과 일 마친 뒤의 옷을 따로 입게 하고 일정한 쉬는 시간을 주고 노임을 높여주고 그밖에 그들을 모아놓고 이야기하는 시간을 갖고 하였다"⁵³고 한다.

뿐만 아니라 모은 자본으로 빈민구제 사업을 실시하고자 하였다. 나중에는 청정에 본점을, 평양에 지점을 두어 경영하는 등 크게 성공한 실업가로 이름나게 되었다. 하지만 청일전쟁으로 인해 그간 모은 재산을 잃으면서 국제 정세에서 독자적인 세력과 힘을 잃지 않는 것이 중요하다는 점을 깨닫기도 하였다. 즉 전란戰亂은 그에게 무정부적인 상황에 대한 체험과 동시에 사업가로서의 걱정과 고민을 안겨주었다. 그는 전쟁 이후 또다시 철산 오씨의 자본과 도움으로 재기하면서 산업을 통해 세력을 기르는 일에 착수했다.

평양에 나와 장사하게 되면서 그는 "홍경래와 임구성의 사업을 계승하는 일"을 소원으로 삼으면서, "나라와 조정이 힘이 없어 남의 세력에 흔들리는 것을 보면서 … 민족운동과 개화주의에 대한 싹이 트기 시작"하였으며, 무엇보다 "장사로써 여러 사람을 이롭게 하고 세상을 두텁게 하려는 생각"⁵⁴

52 위의 책, 37쪽.
53 위의 책, 45쪽.
54 위의 책, 59쪽.

을 현실화하고자 하였다.⁵⁵ 요컨대 전란은 이승훈의 행보에 있어 새로운 전기가 되었는데, 이는 두 갈래의 길로 이끌었다. 하나는 산업경제의 중흥을 일으켜 힘을 증대하고 자립을 이루어가야 하는 길이었고 다른 하나는 개인들의 생활 태도를 근본적으로 전환시키는 교육을 통해 개화주의를 진척시켜나가야 하는 길이었다.

이승훈이 청정으로부터 오산 용동으로 거처를 옮기게 된 것은 그가 36세인 1899년이었다. 용동은 청정에서 남쪽으로 30리가량 떨어진 곳에 있었다. 그곳은 남산·천주산·제석산·황성산·연향산이라는 이름의 다섯 산이 있어 오산五山이라 불렸으며 그 안에는 용동龍洞이라 지명을 가진 작은 마을이 있었다. 그는 여기에 땅을 사고 집을 지어 여주 이씨 일가를 모아 새로운 문중을 만들고 남에게 모범이 되는 깨끗하고 화목한 마을을 만들고자 하였다. 황성산 아래에는 선비들이 모여 글공부를 하는 경의재가 있었고, 이 자리는 후일 이승훈이 오산학교를 세운 곳이기도 하다.⁵⁶

이승훈은 용동에 살면서 나라의 풍문과 소식을 접하기 위해 평양을 자주 오갔다. 1907년은 을사늑약과 헤이그특사사건으로 인해 온 나라가 들끓었던 시기였는데, 마침 쾌재정 연설로 이름을 떨친 도산 안창호가 미국에서 돌아와 연설을 한다는 소식을 듣고는 사람들이 구름 같이 모인 평양 모란봉 아래로 향했다. 그의 연설은 열강들 사이의 경쟁이 일으킨 국제적 위기 속에서 생존을 위해서는 산업이 중요하다는 점, 그리고 정부 세력과 제도

---

55 이승훈이 제시한 '관서자문론'은 그러한 생각을 구체화한 것이었는데, 문호가 열린 상황에서 지역별 재벌 자본을 합쳐 민족적 대자본을 형성함으로써 외국 상사에 대항해야 한다는 설계였다. 이에 산업을 일으켜 우리 자신의 힘으로 근대화를 이루어야 한다는 생각 속에서 학교와 병원을 설립하는 일을 그 초석으로 삼았다.

56 김기석, 앞의 책, 71~73쪽 참조. 이승훈은 고려 때부터 고을의 옛터이자 유서 있는 서재인 경의재가 있는 오산이 새로운 모범향촌을 조성하기에 적합한 곳이라 생각하였고, 이에 종합교육기관으로서 오산학교를 개교하고 부속 공장들을 설립하고자 하였다. 동회를 만들어 자치를 통해 마을을 운영하면서, 동시에 협동조합을 결성하여 공동의 연합경제를 실현하고자 하였다(이교현, 「남강 이승훈의 생애와 사상에 대한 해석학적 접근」, 한국교원대학교 석사학위논문, 2001, 82쪽 참조).

보다는 백성 한 사람 한 사람이 덕스럽고 밝고 힘 있는 사람이 되어야 한다는 점, 이를 위해서는 새로운 교육을 통해 민족을 일으키는 일이 그 기초가 될 수 있다는 점이 강조되었다.

이승훈은 이 연설에 담긴 내용이 그간 쌓아온 자신의 생각과 닮아있음을 확인함으로써 실천에 대한 확신을 가지게 되었고, 마을로 돌아와 그의 연설을 사람들에게 전하면서 새로운 운동을 일으키고자 하였다. 특히 '몸을 깨끗이 하고 집을 깨끗이 하고 마음을 깨끗이 하는 것이 나라를 바로 세우는 길'이라는 말을 실천에 새기고자 하였다. 이에 그는 새 시대에 걸맞은 신식 교육을 실시하기 위해 한학을 가르치던 훈장을 돌려보내고 사립 소학교인 강명의숙을 설립하였다. 이러한 행보는 안창호가 삼은 일생의 사업을 자신의 사업으로서 일치시킨 것이기도 했다.[57]

뿐만 아니라 그것은 국가와 민족으로 수렴되는 위로부터의 민족운동과는 분명히 다른 성격을 지닌 것으로, 어느 것에도 끌려 다니지 않고 제 발 스스로 잘 서는 것을 지향한 것이었다. 이에 그는 생활의 활기를 북돋우고 양반·천민 간의 구별을 타파하는 것을 지향하였으며, 백성 한 사람 한 사람의 힘과 생명을 불러일으키기 위해 겉에 나타난 모양부터 바꾸고 가다듬는 일, 생활 태도를 의식적으로 바꾸는 일, 마음을 새롭게 갖는 일을 중요하게 여겼다.[58] 기존에 세웠던 글방을 신식 학교로 새로 고치고 여기에 강명의숙이라는 현판을 달게 되면서 글방은 학교로 되고, 훈장은 교사로, 자제는 학생으로 되며 한문 교육과 글공부는 산술·체조·역사·지리 교육으로 탈바꿈되었다.

학교에는 종鐘이 설치됨으로써 시간표에 따라 울리는 종소리에 맞추어 근대적 학습과 생활이 새롭게 배정되었다. 신식 교육을 실시하는 학교는

---

57 김기석, 위의 책, 84~90쪽 참조.
58 위의 책, 94~95쪽 참조.

마을의 생활양식마저 새롭게 바꾸는 것이었다. 강명의숙을 세운 지 두 달이 지나서는 용동으로부터 약간 떨어진 곳에 있는 승천재 자리에 중학교를 설립하였다. 중학교 설립을 위해 이승훈은 평안북도 관찰사를 비롯하여 정주의 유림들에게 시국의 변천과 교육 사업의 긴중함을 알리며 후원을 호소하였으며 마침내 1907년 12월 24일에 오산학교가 세워졌다. 그는 일곱 학생이 참석한 개교식에서 '백성들이 깨어 일어나는 일'의 중요성을 설파했다.[59]

〈표 3〉 용동(오산) 공동체의 전개와 그 변화상

친족마을의 조성과 서당교육의 실시 (1895~1897)	· 여주 이씨 일가들로 구성된 친족마을을 조성하고 서당에서 글공부 중심의 교육을 실시함. · 장사 활동을 어느 정도 마치고 고향 지역으로 돌아온 후에 진행된 것이었으며 전통적인 사회 형태의 반촌마을 조성을 생각함.
신민회 사업 실천을 위한 공동체 운동의 전개 (1907~1920)	· 1907년 안창호의 연설을 접하고 그와 직접 만났던 일이 결정적인 계기로 작용함. · 마을의 성격 변화는 1910년 한일합방 이후부터 본격화됨. · 마을에 신앙 공동체로서 용동교회가 건설되었으며 근대 · 민족주의 지향의 교육을 실시함. · 낙후한 공동생활을 개선하고 향상시키기 위해 자족적인 협동조직으로서 자면회가 조직되었으며 그 조직화된 힘을 기초로 한 모범적인 이상촌의 건설이 궁극적인 목표로 설정됨.
농촌 중심의 사회 결사체이자 생활 공동체의 구성 (1922~1930)	· 3.1운동으로 인해 옥고를 치른 후 1922년 7월 용동으로 돌아옴. · 오산은 내부적인 갖은 어려움에도 졸업생들의 결의와 행동을 통해 이전과 같은 모습을 복구하였을 뿐만 아니라 좀 더 확장되고 번듯한 교육 시설과 외양을 갖춤으로써 공동체는 한 단계 진보한 모습이었음. · 이를 발판 삼아 다른 지역의 공동체를 둘러보고 돌아와 새로운 공동체를 구상하였는데, 특히 항일 저항운동의 한 전략으로서 마을의 경제 기반을 중요하게 생각하여 이를 체계적으로 계획함. · 자면회 중심의 공동 경작제를 실시하고 최신식의 근대적 시설과 실습을 위한 부설 생산공장을 설립하여 민족 자본을 확보 · 구축하려는 등 민족 자원의 조직화를 꿈꾸었음. · 학교 운영의 원칙으로서 자치제를 시행했으며 자주 · 자립 · 자치의 정신을 양성하여 각성된 인간을 본위로 하되 이들의 협동을 통해 공동체를 꾸려나가는 운영 방식을 택함. · 오산학교를 고등보통학교로 승격시키고 기독교 신앙을 기반으로 한 종합교육계획을 설계하여 용동 공동체를 이상촌으로 건설하고자 함.

[59] 위의 책, 110~112쪽 참조.

이승훈의 주도로 용동에 펼쳐진 공동체 운동의 단계적인 변화상의 윤곽은 〈표 3〉과 같이 정리될 수 있다.[60] 주목되는 것은 그가 3.1운동 후 출옥하여 오산에 돌아와, 오산학교를 중심으로 하여 용동촌을 포함한 주변 일곱 마을을 묶은 구상과 계획을 구현한 마을이다. 이 마을은 항상 근면하고 청결한 생활 속에서도 서로 협동하는 기풍을 가졌으며, 온 마을이 술과 담배를 금하고 공동생활을 위한 위생시설과 환경을 개선하고, 경제문제의 해결방안을 모색하고 가내 작업으로 생산한 물건을 공동으로 모아 판매하기도 하는 등 당시로서는 혁신적인 이상과 근대적인 외양을 갖춘 마을이었다.

용동에는 야학이 열렸으며 야학에서는 온갖 생활에 관한 지식이 보급되기도 했다. 또한 가정마다 생활개선과 공동저축에 힘썼으며, 청년회는 동회를 통해 교육계몽을 실시하고 공동작업에 늘 모범을 보였다. 용동을 중심으로 한 일곱 마을은 각기 동회를 조직하였고, 각 동회를 묶는 협동조합과 소비조합을 상위 조직으로 두어 동회를 이끌어나가게 했으며, 학교와 병원, 교회와 마을을 큰 가정으로 여길 수 있도록 했다. 학교병원과 공동목욕탕은 주민과 학생들이 공동으로 이용했고, 학생과 주민들을 위한 생활필수품과 학용품을 취급하는 협동조합이 운영되었으며, 교회를 통한 전도와 동회의 모임, 야학이 주민들의 정신과 생활을 지도하였다. 협동조합 회의는 오산에 있는 여러 마을 동회의 연합 회의로, 학교 및 교회와 함께 오산을 큰 공동체로 묶어주는 구심점 역할을 담당했다.[61]

그는 또한 3.1운동 이후 민족운동을 이끌어 갈 민족 간부의 양성을 급선무로 여겼다. 이에 실업 교육을 중시하여 이를 농과대학의 설립을 통해 구체화하고자 했고, 나아가 유치원에서 보통학교, 고등보통학교와 대학 교육까지 확충하고 학교 부설로서 농장과 공장을 설립함으로써 오산을 생산경

---

60 서굉일, 「1920년대 사회운동과 남강」, 남강문화재단 엮음, 『남강 이승훈과 민족운동』, 남강문화재단출판부, 1988, 259쪽을 참조하여 표로 재구성.
61 위의 글, 282~285쪽 참조.

제와 연결된 교육도시로 발전시켜 나가고자 했다.[62]

그런 한편, 역동적으로 변화하는 국내외의 정세를 맞이하여 그는 공동체 운동을 통해 새로운 의식적 전기를 맞이하기 위한 준비와 이를 구체적으로 실현해나가는 일에도 착수하였다. 그는 가정과 사회에서 이루어지는 기본 생활을 통해 공동의 가치관과 목표를 형성해나가야만, 그 축적된 경험과 힘을 바탕으로 봉건사회의 폐단과 유습, 자본주의가 가져오는 사회적 소외, 그리고 강대국·약소국의 위계적 민족 질서 등 나라 안과 밖의 한계와 장애들을 극복·해결할 수 있다는 생각을 가지고 있었다.

또한 그는 전통사회의 계 조직과 민중 결사체를 우리 공동체 구성 문법의 근본적인 밑거름으로 보고 이를 토대로 근대사회의 변혁 주체들을 길러내고자 하였다. 특히 그 주체는 서로의 자유의사를 존중하면서 공동의 집단 목표를 함께 성취해가도록 조직화하는 데서 이룰 수 있다는 점에 입각하여, 상호 간의 권한과 책임을 스스로 규정하고 구성원 간에 평등한 관계가 꾸준히 유지되면서도, 그 관계는 구성원들의 개성을 충분히 반영하여 자율적으로 조정되어가야 함을 중요하게 여겼다. 뿐만 아니라 토지의 소유와 생산·노동의 관리를 개인이 아닌 공동의 것으로 돌림으로써 구성원의 욕구와 조직의 목표가 일치된 단결을 이루는 방식으로 공동체의 생명 유지와 발전을 성취해나가고자 했다. 용동 공동체는 개성과 주장이 확실한 한 사람, 한 사람을 길러내어 이들을 새로운 시대의 문명인으로 배출하고자 했다.[63]

---

62 위의 글, 279쪽. 그가 확립하고 제시한 종합 교육 계획안은 이 같은 구상을 압축적으로 담아내고 있다. 그는 관서 지방의 부호들을 만나 그 계획을 다음과 같이 정리하여 제시했다고 한다. ① 재단법인을 만들 것, ② 제2교사를 새로 지을 것, ③ 덕망과 학문이 높은 교사를 초빙할 것, ④ 운동장, 학교 농장의 확장과 연습림을 둘 것, ⑤ 학교 병원, 교원 사택, 목욕탕을 지을 것, ⑥ 동민들과 학생들을 위한 협동조합을 설치할 것, ⑦ 절골에 뽕나무를 심고 직조공장을 설치할 것을 제안했던 것이다(김기석, 앞의 책, 253쪽).

63 이승훈의 생애 후반기에 이르러 나름의 이상과 외양을 갖춘 오산과 용동 공동체에 대한 내용은 서굉일, 앞의 글, 260쪽 참조.

이와 같이, 이승훈은 용동 공동체를 통해 평등한 관계 그리고 협력과 만남의 사회를 구현하고자 했으며, 신분차별과 계급불평등, 가난에 짓눌리지 않는 독립적 양심과 개성적 판단이 가능하도록 하여 그 인간 본연의 모습에서 전환 내지는 변혁의 씨앗을 발견하고자 했다. 이는 실천의 기초 단위이자 기본 조직으로서 교회와 학교, 마을 공동체의 확립을 통해 이루고자 한 것이었으며, 무엇보다 인격의 성장과 확립을 실천의 기본 틀로서 중요하게 여긴 것이었다.[64] 여기에는 그의 성장 과정에서 경험한 경제적 가난의 영향과 사회적 신분에 대한 모순 인식이 자리 잡고 있었다. 그가 안창호의 연설에 감화한 것 또한 이러한 경제적 가난과 사회적 신분, 역사적 의식이라는 관서 지방의 특이성이 반영된 것으로, 새로운 전기를 맞이하기 위한 발판의 마련과 준비가 필요하다는 확신 때문이었다. 그는 학교마을과 교회마을을 중심으로 오산 인근의 일곱 마을을 연합하여 새로운 공동체 운동의 실천을 통해 구체화하고자 했다.

오산학교는 교육공동체이자 사회운동의 지향을 지닌 곳으로 발전하였고 자면회는 그러한 실업 중심의 교육을 채택한 학교에 발을 맞추어 동민들을 대상으로 조합 활동을 근간으로 하여 생활 지도와 교육을 실시하였다.[65] 둘

---

[64] 도시 아닌 농촌에서 이를 구현하고자 한 그의 행보도 주목될 만하다. 그는 늘 평양과 경성 등 큰 도시에서 장사 활동을 한 이력을 지니고 있지만, 사상의 근거는 농촌에 두었다. 농촌이라고 하더라도 그곳에 산업과 교육, 문화가 살아서 숨 쉰다면 얼마든지 발전의 근거지가 될 수 있을 것이라는 확신을 가지고 있었기 때문이다. 이 생각을 바탕으로 그는 용동에 자면회를, 오산에 학교와 교회, 병원을 설립하였던 것이다(위의 글, 261쪽 참조). 특히 학교와 교회의 통합과 연결을 통해 건설되는 공동체는 그에게 사회 개혁 운동을 전개할 수 있는 마중물로 여겨졌다.

[65] 자면회는 마을에서 모범을 보이는 중심 조직이자 활력을 돋우는 마을 일꾼의 성격을 지닌 모임이었다. 자면회는 민중결사의 성격을 지닌 마을 공동체의 자치 기구였으며 근면과 청결, 책임을 그 원칙으로 삼았다. 농지개량·협동생산·협동노동·소득증대 등 생활 개선과 수준 향상에 힘썼으며, 상부조직으로는 협동조합을, 협력조직으로는 청년회와 학생조직을 두었다. 자면회는 호주회·주부회·소년소녀회·청년회 단위의 교육을 실시함과 동시에 계몽강연회와 주야간 강습회를 개최함으로써 마을의 교육 분야를 개선하기 위해 힘썼다. 나아가 생산조합·판매조합·구매조합의 활동과 생산물의 품평회를 행하고 학생들의 생활지도를 위해 신용조합을 설치함으로써 산업과 경제 분야의 중흥에도 힘썼다. 이외에도 기독교의 전도를 적극적으로 개진하고 불합리한 관습을 타파하고자 했으며 위생문제와 가옥개선에도 노력을 기울였다. 상부

로 갈라져버린 민족운동의 흐름 속에서 그는 학교와 교회를 거점으로 삼은 공동체 운동을 통해 그것과 다른 결의 대안적 실천 운동을 전개했던 것이다.

용동마을에는 용동을 둘러싸고 학교마을·병원마을·사택마을이 남과 동으로 둘러싸고 총 4개의 마을로 구성되었으며, 108평 규모의 교원 사택 6동과 31평 규모의 병원 1동 건설을 통해 1925년에 완성되었다. 특히 이 마을들은 기타 도회지에 못지않은 '오산왕국'으로 불리면서도 완전한 자치로 운영되는 모범촌의 성공 사례로 소개되어 그 이름이 알려지기도 했다.[66]

그런데 이러한 근대적 교육기관으로서 오산학교와 자치공동체로서 용동마을에 대한 이승훈의 구상과 실천은 안창호의 이상촌건설운동의 직간접적인 연관 속에서 설계·예비된 것이었다.[67] 한반도 전반에서 전개된 이상촌건설운동은 특히 일제강점기에 두드러지게 나타났으며 그 담론은 안창호의 구상과 연관되어 있다. 그의 이상촌 건설에는 협동조합이라는 조직 형태와 운영 방식을 통한 작물 생산·자본 활용이 핵심적이었으며, 일제강점기 당시의 이상촌에서는 협동조합과 짝을 이루어 지역 기반의 협동운동이 전개되었다.[68]

조직으로서 소비조합과 협동조합은 마을에 거주하는 주민과 교사, 학생들을 회원으로 두고 있었으며 각 동리에 있는 자면회의 대표들은 상임위원으로서 조합회의에 참석하였다. 조합회의는 경제적 문제만이 아니라 지역사회가 당면한 제반 문제들이 제기되고 논의되는 장이었다. 즉 공동 생산·산업 계획·공동 노동의 필요·교육과 계몽 강연·소비조합 문제 등 다양한 사안들에 대한 논의가 이 조합회의를 통해 사지적으로 수렴되었다(위의 글, 285~287쪽 참조).

66 『조선일보』, 1930.05.10; 『중외일보』, 1930.05.11.
67 일제강점기 안창호가 구상하여 주창한 이상촌건설운동, 그리고 이승훈에 의해 구현된 오산학교 및 용동공동체의 역사적 실제를 공동체문화 실천의 역사적 원천이자 초기 조건으로 주목한 연구는 이영배, 앞의 글, 2019a, 169~196쪽; 앞의 글, 2019b, 267~302쪽 참조. 이 실천은 한편으로 서구 근대의 능동적 수용과 그 과정에서 자각(혹은 발견)된 민속/민족의 재구 즉 근대와 민속의 혼종적 구성에 의해 공동체와 그 문화 실천이 주조되었다는 것 다른 한편으로는 자본주의 경제 형태 및 실천과 다른, 공동 노동과 분배, 그리고 그에 따라 축적되는 잉여가치의 공동 전유라는 비-자본주의적 경제 형태라는 것에서, 민속적 근대의 초기조건 즉 공동체문화의 '시초 축적'의 핵심 사례로 분석되었다.
68 김이경·신효진, 「한국 협동조합운동과 이상촌 담론의 역사」, 『2018 생명·협동 연구 최종보고서』, 모심과살림연구소, 2018, 11쪽.

<표 4> 이상촌건설운동의 전개와 그 변화상

민족혁신과 구국사업을 위한 모범촌으로서 이상촌 건설 (1907~1910)	· 신민회 · 대성학교 · 청년학우회 · 태극서관 · 자기회사 등 정치 · 경제 · 언론 · 산업 · 교육 등 한민족의 근대화를 촉진하는 새로운 민족혁신사업을 각 방면에 걸쳐 시작함. · 잘 사는 이상농촌의 모형으로서 모범촌을 제시함. 철도 · 해상교통이 편리한 지역을 선정하여 새로운 형태의 농촌주택과 도로를 만들어 위생적 · 문화적인 농촌환경을 갖추고, 협동에 기반한 근대적 농촌사회를 건설하여 농촌문명을 세우고자 구상함.
재외민족의 생활근거지 및 독립운동기지로서 이상촌 건설 (1910~1932)	· 청도회담(1910) 후, 항일운동의 거점지로서 북만주를 선정했으며, 이곳에 장차 독립운동의 근거지를 마련하여 농업경영과 군사양성을 병행하고자 함. · 구체적인 견본으로 길림성 밀산현의 밀산농장을 계획함. 농지를 개간함과 동시에 사관학교를 세워 독립군을 양성하고자 했음. 그러나 출자 거부로 무산됨. · 미주에서 이루어진 흥사단 운동의 중심으로 이상촌 계획이 설정됨. 그에 따라 흥사단 약법에 상정되어 있는 '민족도 대업의 기초를 준비함'이라는 목적에 '각종 문화기관과 사회사업을 경영하며 모범부락, 직업학교 등을 설치할 것'을 명시함. · 국내 흥사단 운동을 추진하면서 동시에 자료수집 · 기금확보 · 입주자 선정을 위해 1924년 미국에 방문하여 솔트레이크를 답사함. 이곳에서 5만 달러를 모금하였고, 1926년 상해로 건너가는 도중에는 호주도 답사함. 상해에 도착해서는 국내 이상촌 계획을 구체적으로 협의하는 한편, 양자강 연안의 진강 부근을 답사하고, 후보지를 택하여 남경에 동명학원 부지를 매입함. · 그러나 만주사변과 상해사변 등 잇따른 정국의 혼란으로 계획이 중단됨.
농촌부흥과 인재양성을 위한 직업학교 중심의 이상촌 건설 (1935~1937)	· 대전 감옥에서 3년 복역 후 동우회사건으로 재수감되기 전까지 2년간 평양 근교에서 관련 활동을 전개함. · 모범주택으로서 송태산장 건립에 착수함. 즉 자신의 주거 실험을 통해 시범을 보이고자 송태에 대지를 잡고 계획함. 송태산장은 자신이 직접 설계 감독하였는데, 농촌모범주택의 한 모형으로서, 한국가옥의 특징과 기본을 보존하고 부엌과 변소를 거실과 연결하였으며 개량된 부엌과 위생적인 변소를 가졌음. 통풍과 채광을 고려하면서도 주변에서 손쉽게 구할 수 있는 건축재를 사용했으며, 특별한 기술이 필요하지 않도록 설계함. · 제1호 이상촌으로서 달마부락 건립을 추진함. 농촌근대화의 핵심인재를 양성할 직업학교 설립을 중점 과제로 두고 이상촌 설계를 구상함. 학교를 통해 인격과 기술을 연마하고 자각하여 각자 고향으로 돌아가 피폐한 농촌사회를 변혁 · 부강시키는 역할을 맡을 것을 주문함. 민족중흥의 기초를 다지기 위해 실업과 교육을 연결시키고자 함.

　안창호에 의해 시작되어 이후 본격적으로 전개된 이상촌건설운동의 대체적인 윤곽은 <표 4>와 같이 정리할 수 있다.[69] 그는 1910년 8월 한일합방

---

[69] 이돈행, 「도산 안창호의 이상촌 건설 운동 (2)」, 『기러기』 138, 흥사단, 1976년 10월, 11~17쪽을 참조하여 표로 재구성.

직후 구체적인 이상촌의 구상과 실현을 모색해나가기 시작했으며, 1916년부터는 이상촌 건설에 필요한 재원을 마련하고 국외의 선례들이 축적한 경험을 체계적으로 습득하기 위해 흥사단을 조직하여 자금을 모으기 시작했다.[70] 이상촌건설운동은 1924년부터 1932년 사이에 집중적으로 추진되었다. 그는 대한제국의 멸망이라는 불안정한 정세 속에서 자립과 자치의 힘을 길러 국외 독립운동의 근거지이자 일제 통치를 거부하는 이들의 집단생활지, 그리고 농촌 생활을 표본화하고 국외 동포들의 모국문화를 보존하는 온상지 등의 막중한 역할 내지는 역사적 사명을 이상촌이 짊어져야 한다고 보았다.

그는 이러한 구상이 다른 지역에서도 실현될 수 있기를 또한 소망했다. 그는 마을 내의 직업학교에 입학한 학생들은 이러한 모범촌의 생활을 견습하고 자신의 고향으로 돌아가 농촌개조·농민지도를 수행해야 한다고 강조했다.[71] 그의 이상촌은 집단생활을 통해 사회·경제·문화 등 모든 방면에

[70] 1916년부터 흥사단의 단원들은 모두 50불 이상을 내놓았고, 준비적립금의 액수는 약 5천 불에 이르렀다. 기미년 이래에는 상해를 중심으로 몰려든 많은 지사들이 독립운동의 장기화를 인지하게 되면서 이상촌에 대한 구상과 실천을 구체적으로 계획하기도 하였다. 특히 1925년에 이루어진 세 번째 미국행은 이상촌 실현에 필요한 기금의 마련과 동지의 모집을 위한 것이었다. 이때 1년 남짓 미국 체류 기간 동안 이를 실시했고, 미주의 동서 각지를 여행하면서 이상촌 건설에 참고가 될 만한 자료를 얻고 그 식견을 넓혔다. 솔트레이크는 1847년 몰몬교도 약 1700명이 황야를 개척하고 새로운 정착지를 세운 곳이었다. 안창호는 이곳의 도로 배치·가로수의 종류·주택의 건축 등을 자세하게 묻고 살폈으며, 이후 1927년에는 호주에 위치한 신개척지를 방문하고자 했다(장리욱, 「도산과 이상촌」, 『기러기』 41, 흥사단, 1967년 12월, 6~7쪽 참조).

[71] 장세윤, 「1920년대 이상촌 건설운동과 안창호의 활동」, 『도산회보』 54, 도산안창호선생기념사업회, 2004년 7월, 7~9쪽 참조. 하지만 안창호의 구상을 실제로 달성한 경우는 많지 않았다고 한다. 안창호는 1925년 남경에 동명학원을 설립한 바 있고, 또 임시정부 교통총장을 지낸 이탁과 협의하여 길림성 액목현 교하 부근에 농지를 구입하여 경영하기 위해 약 2만 원의 자금을 흥사단에서 마련하여 추진하기도 했다. 나아가 1920년대 후반 손정도 등이 조직한 농민호조사의 농업경영사업과 연계하여 이상촌 후보지를 물색하기 위해 실제로 만주 지역을 답사하기도 했다. 그러나 1932년 윤봉길 의거 직후 검거되어 그는 국내로 압송되었고, 1935년 석방된 뒤에도 수양동우회 사건으로 인해 더 이상 자신의 손으로 이상촌의 구상을 추진시키기 어려운 처지에 놓이게 되었다. 다만 그나마 구체적으로 실현된 사례로는 만주 지역 이상촌건설운동으로서 중국 길림성 회덕현 오가자(五家子) 마을이 언급되기도 한다. 이른바 '요하농촌 개발'을 주도한 인물은 변대우였다. 그는 중국 군벌정권과 일본 관헌의 영향력이 그다지 미치지 않는 곳을 선정하여, 이 마을에 300여 호의 동포들을 이주시킨 다음 한인 농민 중심의 이상촌 건설을 추진하였다. 이곳은 1920년대 후반 즈음 자리를 잡아 가면서, 한인 다섯 세대가 먼저 살았다고 하여 '오가자'라는 이름으로 불렸다고 한다. 이곳은 평안도·경상도 출신 주민들로 구성되

서 합리적이고 도덕적인 결과를 추구한 것이었지만, 그러면서도 다른 사회로부터 고립시키지는 않고자 하는 노력을 기울이기도 하였다.[72] 더욱이 그 성격은 재외동포의 반영구적 생활 근거지 · 독립운동의 실력양성 기지 · 이상농촌으로서 지역 공동체였다.[73]

 그는 국내 모범촌 계획을 다음과 같이 구상했다. ① 땅이 비옥하고 산과 강이 어우러져 있는 장소를 택해 200호 가량의 집단적 마을을 이루며, 마을의 건물과 배치는 한국 건축의 특징을 살리되 현대식으로 생활할 수 있도록 도로 · 하수도 · 상수도 등을 설치한다. ② 주민들이 공동으로 이용할 수 있는 편의시설인 공회당 · 학교 · 운동장 · 우편국 등을 마련하고 마을사무소를 설치하여 마을에 필요한 사무를 관장하도록 한다. ③ 공회당에는 주민들이 자유롭게 이용할 수 있는 오락실 · 담화실 · 도서실을 설치하여 집단적인 사교생활을 훈련하고 운동장에서는 택견 · 태극권 등을 가르쳐 체력을 단련한다. ④ 일반학교와 더불어 직업학교를 세워 실업교육을 실시한다. 여기에서는 농업 · 양잠 · 임업 · 원예 · 목축업 · 공업 등을 가르치고, 농촌 지역의 상업을 위해 농가건축 · 농촌토목 · 요업 · 식료품가공 · 농구 제조

   어 있었으며, 이들은 황무지를 논으로 개간하고 마을에 학교를 세웠으며 농우회 · 청년회 · 소년학우회 등의 대중조직과 촌공회라는 자치기관도 설립하였다.
72 장리욱, 앞의 글, 6쪽 참조.
73 안창호의 이상촌건설운동에 대한 구상을 바라보는 대체적인 시선은 그것이 지리적으로 구애를 받지 않을 수 있도록 한반도로부터 어느 정도 떨어진 대륙의 한 장소에서 한인들을 중심으로 교육체계를 수립하고 자립경제를 실현함으로써 독립운동의 인적 · 물적 후방기지로 삼고자 했다는 것으로 정리되고 있다. 한 예로, 이돈행에 의하면 이상촌건설운동은 안창호에게 '한민족의 정치적 암흑에 대한 광운을 마련해주는 처방'이었는데, 교육을 구국의 기본으로 생각했던 안창호는 국외 민족의 독립운동과 생활의 근거지를 마련하여 거기에 민족의 역량을 배양해나가는 확고한 투쟁방법으로서 이상촌과 모범부락을 생각했다는 것이다. 또한 국외 동포들이 민족적 정통성을 보전하고 경제적 자립을 통해 경제와 교육을 기반으로 잘 사는 이상촌을 만들고 이를 국내에도 적용하여 근대적인 지역공동체로 발전시키는 데 모범으로 삼고자 했던 것으로 본다. 이러한 시선에 따르면 궁극적으로 이상촌건설운동을 통해 구축된 풀뿌리의 모든 역량은 국가와 민족에 수렴되기에 이르는 한계를 지니고 있어 이와는 다른 연구 시선이 요청된다고 할 수 있다(이돈행, 「도산 안창호의 이상촌 건설 운동 (1)」, 『기러기』 137, 흥사단, 1976년 9월, 24~26쪽).

등도 가르친다. ⑤ 이러한 시설들은 모두 주민들의 협동적 생활력을 기르는 훈련 기관으로 구축하며, 학교 밖에서도 농민야학을 개설하여 낮에는 농사일을, 밤에는 야학에서 문해교육·농업기술·생활개선·공동체의식·민족의식 등의 교육이 진행될 수 있도록 한다. ⑥ 주민들은 함께 황무지를 개척하여 농경지를 확장해가며 생활개선운동에 동참한다. 가령 협동조합, 즉 농민들이 경작과 판매를 공동으로 하되 소득을 공동 분배하는 등의 활동에 동참한다. ⑦ 마을은 궁극적으로 자립적 생활과 경제를 추구해야 한다. 나아가서는 그 자립적 경제력을 기반으로 삼아 독립운동의 기지 역할을 담당한다.[74]

이러한 구상을 바탕으로, 그는 경제력을 토대로 한 자치와 자립, 한 사람 한 사람이 교육과 훈련을 받아 직업기능을 가질 것, 그리하여 농·어·임·공 기타 모든 생산 방법을 과학화하고 합리화할 것, 분공합작, 즉 마을사업의 계획과 경영과 노력을 집단화할 것, 마을의 금융과 공동 매매의 협동기관을 세울 것, 한 사람 한 사람의 덕, 즉 신용을 향상하고 마을의 일상생활을 도덕적·위생적·심미적으로 개선하여 생활이 안전하고 유쾌하게 할 것[75]을 그러한 구상에 상응하는 기본 원칙으로 정립하기도 했다.

한편, 이와 같은 이상촌건설운동의 흐름이 조성된 당시의 정세 속에서 이승훈 또한 자주적인 힘 기르기의 중요성을 크게 인식하고 있었던 것으로 이해될 만하다. 특히 그는 "우리의 할 일은 민족의 역량을 기르는 일이지, 남과 연결하여 남의 힘을 불러들이는 일이 아니다. 나는 씨앗이 땅 속에 들어가 무거운 흙을 들치고 올라올 때 제 힘으로 들치지 남의 힘으로 올라오는 것을 본 일이 없다"[76]고 언급한 바 있다. 안창호로부터 조금씩 주장되기

---

74 이광수, 『도산 안창호』, 흥사단출판부, 1985, 199~202쪽; 김이경·신효진, 앞의 글, 13쪽; 이영배, 앞의 글, 2019a, 183·187~188쪽; 앞의 글, 2019b, 278쪽 참조.
75 이광수, 앞의 책, 202쪽.
76 전재현, 「남강 선생의 인격과 일화」, 남강문화재단 엮음, 앞의 책, 374쪽.

시작한 이상촌건설운동에 그가 온 진력을 다한 일과 이찬갑의 권유에 이끌려 무교회주의 그룹과 교류하게 된 것도 그러한 인식 속에서 이루어진 것으로 이해될 수 있다.

요컨대 이승훈은 국가를 잃고 민족을 잊은 이 시기에 마을을 하나의 공화국으로 건설하고자 했으며, 국가의 최종 귀결인 제국주의·군국주의·전체주의에 함몰되지 않고자 했다. 당대의 열강들이 보이는 폭력성을 주시하는 가운데 그러한 의지는 무교회주의에 대한 관심이라는 행보로 이어지게 되었으며, 그가 내세웠던 민족주의는 당시의 정세로서는 자주·자립의 다른 이름이었다고 보아도 무방한 것이었다.

이승훈, 그리고 이승훈으로부터 시작된 용동마을과 오산학교가 이상으로 삼았던 것은 공동체를 중심으로 한 새로운 사회 질서의 구축이었다. 즉 봉건성에 기반한 중세 질서와 전체성으로 귀결되는 근대 질서 모두로부터 벗어나 열린 태도와 일상의 활력을 긍정하는 공동체를 중심으로 그 이상을 펼치고자 했던 것이다. 특히 그가 강조한 '자립'이라는 대안은 그런 보편성에 대한 이중의 거부와 저항 속에서 이루어진 것이었다. 마을 조직과 협동조합을 중심으로 한 공동 생산과 공동 분배라는 비자본주의적 경제 형태를 추구함으로써 자립을 달성하고자 했다는 점, 진실을 중시하면서 그러한 진실 앞에서 허식을 없애고 사실을 앞세우면서 새로운 것들을 만들어가자[77]는 그의 언급이 이를 말해준다고 하겠다.

3. 풀무학교라는 실천 진지의 구축과 대안의 정초

오산학교와 용동마을은 실천의 바탕이자 실마리로서 무교회신앙, 그리고

---

[77] 「신년의 신의견」, 『개벽』 31, 1923년 1월, 89쪽.

근대 이전의 마을과는 다른 새로운 마을 공동체에 대한 상상을 담은 이상 촌건설운동이 결합되어 이루어진 구체적인 역사적 실제였다고 할 수 있다. 다만, 오산학교와 용동마을이 이룬 실천들이 지닌 또 하나의 의의는 충청남도 홍성군 홍동면이라는 남한의 새로운 지역에서 결집되고 만남으로써 새로운 관계와 사건을 촉발시켰을 뿐만 아니라, 이전과 다른 지역사회를 구성했다는 점에 있다. 그러므로 오산학교와 용동마을의 실천이 어떻게 홍동 지역의 풀무학교 설립으로 이어졌는지, 그리고 이전 시대에 구축되었던 역량이 어떻게 풀무와 홍동을 거점으로 모아지게 되었는지에 대한 전모를 살펴볼 필요가 있다. 그런 다음, 그러한 실천의 진지로서 풀무학교가 구축되는 가운데, 학교의 설립 과정에서 제시된 이상과 가치가 어떤 식으로 형성되었는지 짚어볼 필요가 있다.

'평민 지식인' 이찬갑[78]은 주옥로와 함께 팔괘리에 풀무학교를 설립함으로써, 이를 계기로 홍동이라는 지역사회의 초기 전환을 이끈 핵심 주체로 여겨지고 있다. 다만, 나라의 안과 밖이 뒤집히는 전환의 길목에서 이찬갑이 보인 행적은 여러 사건적인 계열들이 접혀진 역사적 주체로서 공동체문화의 초기 조건과 재생의 패턴을 보여주는 것[79]으로 생각될 필요가 있다. 다시 말해, 당대 지구 제국의 확장이 펼쳐냈던 동아시아의 국제적 정세와 그 속에서 소생하던 기독교의 사회적 경관은 무교회주의라는 계열을 생성시켰고, 보편주의를 앞세운 전 지구적 근대 체제에 일정 부분 조응하면서도 농

---

[78] 백승종은 이찬갑의 일대기와 그의 기록물들을 발굴하여 옮기고 분석하면서 그를 '평민 지식인'으로, 그 분석 결과를 '평민 지식인의 세계관'이라는 이름으로 내놓은 바 있다. 백승종에 의하면 일제라는 식민 통치 권력이 이찬갑의 존재를 알거나 담아두지 않았지만 그의 내면은 늘 권력과 전쟁 상태에 놓여 있었던 것으로 읽힌다. 따라서 이찬갑은 직접적 투쟁이나 저항을 내세우거나 현실화하지는 않았다. 그런 점에서 그는 순응이든 저항이든 그 양쪽 어느 곳에서도 주변부 위치에 있는 인물로 평가받을 수밖에 없다. 다만 내면에서 그러한 투쟁과 저항을 늘 안고 살았고, 이를 바탕으로 평민들의 실력 양성을 중심으로 한 실천 기조를 현실 세계에 펼쳐낸 것으로 해석된다. 이를 함축한 말로서 '평민 지식인'을 이해할 수 있을 것이다(백승종, 『그 나라의 역사와 말』, 궁리, 2002).

[79] 이영배, 앞의 글, 2019a, 190쪽.

촌에서 시작하는 '다른 근대'에 대한 상상의 구체화는 이상촌 건설이라는 계열을 생성시켰던 것이다.

물론 이것이, 그가 그러한 역사적 과정들을 경험했다는 사실에서만 비롯되는 것은 아니다. 이를테면 차라리, 식민주의와 타협하는 오산학교의 태도를 보고 뛰쳐나온 일, 조선 기독교의 교회 제도에 염증을 느끼고 목사 수업을 그만 둔 일과 같이, 자신이 가진 입장을 명확히 하고 이를 행동에 옮김으로써, 즉 어느 것에도 흡수되지 않고 차이를 분명하게 둠으로써 이전의 것들과 구분되는 특이성을 생성해온 행적을 보이고 있기 때문일 것이다. 이찬갑이라는 역사적 주체에는 이와 같은 사건적 계열들이 접혀져 있다. 해방과 전쟁 과정에서 남하한 후 보인 그의 행적들은 그러한 계열들을 시간과 장소에 적합하도록 펼쳐낸 것이라는 이해가 가능하며, 그러므로 이러한 사례는 공동체문화의 역사적 패턴을 보여준다고 할 수 있을 것이다.

주류적인 시선에서 보았을 때 이찬갑이라는 인물은 역사적으로 주변부에 위치했던 전이적 존재라고 할 수 있다.[80] 이찬갑은 새 생활을 이끄는 농촌

---

80 이찬갑은 1904년 5월 13일 평북 정주군 용동마을에서 태어났다. 그가 태어났을 때에 이미 용동은 기독교가 중심이 되어 결속된 공동체의 모습을 지니고 있었고, 할머니와 어머니를 포함한 그의 일가도 기독교 신자였다. 이찬갑 또한 어린 시절부터 마을과 가정에서 그 영향을 받아 신자로서 신실한 마음을 가지고 삶을 살아갔다. 1912년부터 1918년까지 오산보통학교를, 1918년부터 1921년까지 오산중학교를 다니다가 1926년 학교가 5년제 고등보통학교로 승격되자 이에 반발하며 중퇴하였다. 1923년에 결혼하였으며, 같은 해 최태사와 함께 오산학우회를 조직하여 1925년까지 회장을 역임하였다. 23세였던 1928년에는 서울 피어슨고등성경학교에서 목사 수업을 받았으나 식민지 시기 한국 교회가 내보이는 문제와 한계를 체감함으로써 학교를 그만두고 평생 평신도의 길을 살기로 하면서 신앙적 삶의 방향을 수정하였다. 이후 함석헌의 오산학교 부임으로부터 시작된 성서모임에 적극적으로 참여하였고 그러면서 『성서조선』에 글을 게재하며 성서조선 그룹의 일원으로 합류하였다. 1928년에는 1년 간 일본 도쿄 빈민굴의 암담한 고난을 체험하되 치바 현의 농촌을 전반적으로 살펴보았으며 중국 난징과 상하이 등을 여행하였다. 그러면서 덴마크 그룬트비의 사상을 접했고, 이를 바탕으로 한 농촌 교육을 구상하였다. 1930년에 종증조부 이승훈이 별세하자, 마을에서 과수원을 경영하면서 마을 공동체 기반의 소비조합운동을 통한 기독교적 이상사회를 실현하고자 전념하였다. 1931년부터 1935년까지는 오산소비조합의 전무이사를 역임하였다. 1938년에는 6개월 정도 일본에 체류하면서 구즈라평민대학에서 수학하였고 무사시노학원과 타마가와학원 등을 시찰하거나 일본의 무교회주의자들이 운영하는 학교를 견학하면서 학습과 교육의 실무 경험을 쌓기도 하였다. 1942년에는 성서조선 사건으로 투옥되었다. 1945년부터 1946년까지 오산학회 총무를 도맡았다. 1948년에 월남하여

의 평민을 중요하게 여겼으며 그 자신이 일과 공부를 병행하는 평민 지식인이기도 했다.[81] 그는 오산에서 핵심적으로 배웠던 부분, 즉 교육과 산업의 부흥과 이들 상호 간의 연결을 통해 완전한 자치를 이룩함으로써 내 나라의 독립을 성취해가야 한다는 점을 인식했다. 그 아래 "비가 오나 바람이 부나 그런 모든 세계의 일에 순응하면서도 내 속에 딴 나라를 이루어가며 꿋꿋하게 살아 나감에 인생다운 것이 있다"[82]며, 삶을 살아감에 있어 체제의 강요에 일견 순응하면서도 꿋꿋함을 잃지 않아야 한다는 점을 강조하였다. 또한 그는 "조선에 돈이 많으면 살까. … 지식이 많으면 살까. 아니다, 모두 아니다. 깨어나는 것이 문제다. 눈을 뜨는 것이 문제다. 움이 돋는 것이 문제다"[83]라며, 한 사람 한 사람의 깨어남으로부터 혁명이 시작되어야 한다고 보았다. 그러한 깨어남은 '그 나라의 역사와 말', 다른 표현으로는 '제 내력과 제 소리'를 수단으로 한 것이어야 했다.[84] 그는 식민 상황이라는 암담하고 비참한 현실의 한가운데에서 자각한 이들로 구성된 새로운 문명사회의 건설을 그 대안의 목표로 삼기 시작하였다.

이 사회의 새로운 질서는 탐욕과 폭력 앞에서도 굳건히 서 있는 "이름 없는 평범성의 실천"[85]을 통해 구성될 수 있는 것이어야 했고, 그렇기에 그는 그 자신부터 이름 없는 평민이 되어 고난을 짊어진 조선의 역사를 평민들의 실천과 연결시킴으로써 둘 모두를 깨우칠 수 있도록 새로운 길을 내고자 했다. 그럼으로써 그는 "산 기독교의 얼굴"을 통해서 "순수한 조선의

서울에 정착하였고, 한국전쟁 뒤인 1953년 『다시 새 날의 출발』을 지었다. 1951년부터 1958년까지 부산과 경기 여주, 인천 등지에서 중고등학교 강사를 하며 청년들을 가르쳤다. 1958년 4월 23일 충남 홍성군 홍동에서 풀무학원을 시작하였다. 그러나 1960년 겨울 곧 병상에 몸져눕게 되었다(백승종, 앞의 책, 348~350쪽 참조).

81 위의 책, 48쪽.
82 위의 책, 318쪽.
83 이찬갑, 『새날의 전망』, 풀무학원, 1974, 79쪽.
84 백승종, 앞의 책, 83쪽 참조.
85 위의 책, 92쪽.

얼굴"⁸⁶을 보고자 했다. 그가 경험한 오산학교와 용동마을은 기본적으로 지역 공동체의 기반을 굳건히 함으로써 안과 밖이 모두 발전할 수 있도록 설계되어 있었다. 이찬갑은 이러한 설계의 중심부에서 일정한 직책을 맡아 관련된 실무를 수행하고 필요한 노력들을 기울임으로써 학교와 마을 발전의 중추적인 역할을 담당하였다. 하지만 그는 여기에 머물지 않고 그러한 실천에 내포된 원리 내지는 철학들을 자기 안의 구성 요소로 받아들였다.

앞에서 언급했던 것처럼, 오산에 위치한 일곱 마을의 동회들은 서로 연합하면서도 그 상위 조직으로서 조합을 두어 공동체적·조직적 기반으로 삼고자 했다. 이러한 조합운동의 연장선상에 이찬갑이 주도한 오산소비조합의 활동도 학교와 마을에서 적지 않은 위상을 지니고 있었다. 그가 전무이사를 맡은 오산소비조합은 학생들과 주민들에게 생활필수품과 학용품을 값싸게 공급하기 위한 역할을 지닌 것이었다. 이찬갑은 특히 이 소비조합 일에 열성을 보였다. 그는 학비를 조합이 보관함으로써 학생들이 학용품과 물품을 합리적으로 구매하고 용돈을 체계적으로 관리하는 데 도움이 될 수 있도록 운영했다. 이를테면 소비를 지도하고 저축을 장려하는 식으로 주민들의 합리적인 금전 관리를 거들어 주면서도 이를 습관화할 수 있도록 조력하는 독특한 은행의 역할을 담당했던 것이다. 뿐만 아니라 조합의 회원은 학생들을 비롯하여 오산의 주민과 교사들까지 포함한 것이어서, 조합은 회의를 통해 마을의 이익을 도모하거나 주민 생활의 여러 문제들이 논의되는 장이 되기도 했다.⁸⁷

그에게는 이미, 교내 조합을 매개로 학교와 마을이 공동의 사회·경제적 연합체를 꾸려가면서 서로 일치를 이루는 경험이 체화되어 있었다. 특히 이찬갑은 이상촌으로서 용동마을의 건설에 핵심적인 역할을 도맡았던 자면

---

86   위의 책, 237쪽.
87   위의 책, 132~134쪽 참조.

회의 활동을 주도적으로 이끈 청년 중 한 사람이었다. 이찬갑은 자면회의 일원으로 농지와 연료 개량, 협동 생산과 노동 및 소득 증대를 주요 사업으로 이끌어갔고, 청년회의 일원으로 금주·금연과 절약 운동 및 신지식 보급 등의 활동들을 주도했다. 이렇듯 이찬갑은 이상촌으로서 용동마을 건설의 중추적인 역할을 수행하면서도 그 핵심적인 주체로 거듭났는데, 그는 관련 사업에 적극적으로 참여했을 뿐 아니라, 심지어는 그 사업의 상당 부분을 직접 기획한 실질적인 주역이었던 것이다.[88]

정기적인 일상 모임과 합리적인 경제 사업을 마을 발전의 두 축으로 삼는 설계의 밑그림을 그리는 데 적극적으로 기여하고 이를 함께 추진해나간 그의 이력은, 개개인의 활력을 바탕으로 하여 공동체의 새로운 출발을 이끄는 것이 중요하다는 그의 실천 철학이 형성될 수 있었던 주요 계기로 주목될 만하다. 함석헌에 의해 주도된 성서모임에 참석하고 무교회주의에 대한 관심이 생겨난 그의 행보도 이러한 계기와 직접적인 연관이 있는 것이었다.

특히 "기독교는 이렇게 일상생활의 종교입니다. 기독교는 의식도, 예배도, 연보도, 교회당도 아닙니다. 생명입니다. 그래서 오직 사는 종교입니다. 앞으로의 기독교는 아마도 특정의 장소 시간에 있는 것이 아니라 날마다의 우리 생활 전체에 있게 하지 않으면 안 됩니다"[89]라는 그의 언급은 어느새 기독교를 무교회주의와 일치시킨 그의 내면을 설명한다. 다시 말해 무교회주의의 특징이라고 할 수 있는 개인적·독립적인 신앙의 추구는 개개인의 깨우침과 일상생활의 활력이 바탕이 되어야 한다는 그의 신념과 밀접한 연관을 지닌 것으로, 이에 대한 관심이 생긴 것도 그 연관 속에서 이해될 수 있다.

---

88   위의 책, 136쪽 참조.
89   이찬갑, 앞의 책, 1994, 182~183쪽.

물론 이는 식민지 조선 교회에 대한 비판적인 자세를 견지했던 그의 태도가 일면 작용한 것이기도 했다. 그는 어린 시절부터 기독교 신자로서 교회의 품 안에서 자라고 살아왔지만, 사실 교회가 자신에게는 좀처럼 맞지 않았다고 고백한다. 교회로부터 거리를 두게 된 직접적인 계기는 1928년 여름 피어선성경학교에서 제 발로 걸어 나온 일이었다. 이 일이 있은 직후 그는 가난한 자에게 복음을 전하는 신앙의 길에 대한 해답을 찾기 위해 일본 도쿄의 빈민굴로 향하여 그 고난의 생활을 그대로 체험하면서, 앞으로 자신이 조선에 돌아가 해야 할 중요한 일들이 무엇인지를 매듭지어 나가는 행보를 이어갔다.

그 계획을 정리해나갔다는 점을 말해주는 것이, 수차례 있었던 일본 농촌의 답사와 선진학교의 시찰이다. 그는 암담한 현실을 극복하기 위해 조선 밖 세계로 눈을 돌리고 그 앞서나간 현장들을 누비고 다녔다. 성서조선 그룹이라는 신앙 동지들을 만나 합류하게 된 것도 이러한 과정에서 이루어진 것이었다. 즉 거대한 열강들 사이에서 제 힘을 내지 못하는 식민지 조선의 비참한 현실과 불투명한 전망 속에서 역사적 주체로서 이찬갑의 내면에는 기독교와 무교회신앙, 개화와 신식 교육, 비자본주의적 경제 사업과 질적으로 다른 마을 공동체의 구상 등 당대의 한반도에서 막 형성되거나 곧 소실되기 시작한 갖가지 선분들이 교차하거나 경합을 벌이고 있었던 것이다.

> 여기는 뿌리는 대로 나고 땀 흘리는 대로 거두는 세계이다. 그렇다. 심고 거름 주고 김매고 솎으며 북주며 가꾸는 의미의 세계, 그리고 정성과 노력에 따라 자라며 이루어가는 참의 세계, 무엇 하나 허투루 있을 수 없고 거짓이란 터럭만큼도 있을 수 없는 세계이다. … 과연 우주의 자리이니 모든 진리가 샘솟듯 솟아나는 세계, 그래서 일찍이 떠들던 대로 반드시 '농업을 인생의 본업' '농촌을 인간의 이상향'이라 하며. … 어디까지나 '언제든 참과 옳음, 무어든 밝고 맑게'의 광명세계 향해 감에, 확신에 추진도 되는 세계다.[90]

농촌은 수난의 장소, 햇볕에 가려 그늘이 드린 곳, 저 여윈 빈곤상, 주름 속에 무거운 짐진 고민상을 보라. 정성 다해, 힘 다해 도시 아이 먹이고 길러냈건만, 속이고 빼앗아 제 어미에 이 천대 웬말인가. 흙을 헤치고야 싹이 나오듯, 고난의 원리도 그러하니 수난의 상징인 조선, 조선의 상징인 농촌의 짐을 지고 허위의 문명 밝힐 영원한 일에 우리의 목표를 걸자. … 바닷개 조개마저 기름 냄새로 먹을 수 없게 된 채 생존 경쟁을 벌이고 있는 현대의 우맹들, 그들의 온갖 추악성이 노출되는 곳 도시가 아닌가. 새 시대의 총아는 농촌뿐, 그것이 민족과 인류 문제의 열쇠다.[91]

그의 행보는 당대의 농촌 현실을 비판적으로 생각하면서, 이른바 새로운 '농촌문명'을 주창하고 이를 실천에 옮기는 것으로 귀결되었다. "조선의 상징인 농촌을 둘러메고"라는 그의 대표적인 언급과 같이, 그에게 농촌은 수난을 온몸으로 맞이한 조선의 상징과 같았다. 그렇지만 동시에 그에게 농촌은 '뿌리는 대로 나고 땀 흘리는 대로 거두는 세계' '심고 거름 주고 김매고 솎으며 북주며 가꾸는 의미의 세계' '정성과 노력에 따라 자라며 이루어가는 참의 세계'로, 생명이 제 모습 그대로 자라나는 세계이기도 했다. 즉 그에게 농촌은 단순히 삶과 생활의 반경이 아닌, '진실' '의미' '참' '진리' '본' '이상향' '새로움'이 늘 소생하는 곳이기도 했던 것이다.

이찬갑 선생님의 의식 속에는 어떤 것이 있냐 하면은, 도시라고 하는 것은, 이건 뭐 성서도 마찬가지고. 하나님이 농촌을 건설하고 악마가 도시를 건설한다는 생각이 우리가 다 가지고 있는 거예요. 도시라고 하는 것은 구정물이다. 하수구다. 온갖 더러운 것이 다 모여가지고 된 것이 도시라는 곳이기 때문에, 좀 자

90 위의 책, 20쪽.
91 이찬갑, 앞의 책, 1974, 51쪽과 56쪽.

연으로 돌아가서, 이마에 땀을 흘리는 노동의 가치, 노동의 의미. … 그 다음에 그 당시의 사회 구성이, 우리나라의 7할, 8할이 농민이었으니까. 이 농민이, 농촌이 개혁이 되면, 바로 서게 되면 우리나라가 바로 선다고 생각했으니까. 학교도 도시에 두지 않고 농촌에 학교를 세웠는 것이고.[92]

이찬갑 선생님은. … 쪼금 달랐어요. 이찬갑 선생은 너무 이 우리나라 사회현실에 대해서 실망을 허고 막 상처를 받는 거에요. 그래서 남한 내려와 가지고 6.25 전쟁도 겪었지, 해방도 겪었지, 여러 가지로 혼란허고, 미국 문물이 들어와 가지고 막 개판치는 거, 너무 속이 상한 거에요. 그래서 야 이게 우리나라가 살라믄, 한 사람 한 사람이 깨야 되겠고 제대로 된 인간이 있어야만 되겠다. 나라가 되겠다. 이 생각만 크게 차 있는 거에요. 그래서 하튼 바른 인간이 제일 중요허다. 대학이고 뭐고 중요한 게 아니고, 진학이 뭐고 중요한 게 아니라 그냥 농사만 짓더라도 바른 인간을 기르는 게 제일 중요허다, 이 생각이 가득 찬 거야.[93]

위의 인용에서도 살펴볼 수 있듯이, 그의 의식과 내면은 당시의 현실 정세와 깊은 연관 속에서 형성된 것이었다. 산업이 침체되는 정세 속에서 민족경제의 어려운 형편은 농촌의 빈곤과 직결되어 있으므로, 이찬갑에게 농촌의 문제는 곧 민족의 문제이기도 했다. 다만 조선의 상징이어야 할 농촌이 빈곤과 낙후의 공간이 되어버린 것은 또한 일제의 수탈 때문이기도 했으며, 따라서 빈곤의 위기 속에서 마을과 생활을 기본 단위로 한 경제적인 자립을 도모하고자 했다. 다시 말해 농촌은 빈곤을 극복해야 우선 '의'가 서기 때문에, 물적 토대를 마련하기 위해 공동체 규모의 계획적인 농촌 경제 사업이 필요했으며, 궁극적으로 그에게 농촌은 새로운 문명의 출발을 가능케 하는 세계로 여겨졌다.

---

92 박완(남, 71세)의 구술(2021년 7월 16일, 홍동밝맑도서관).
93 이번영(남, 72세)의 구술(2019년 3월 8일, 홍성읍 공간사랑).

그는 농촌을 새로운 문명의 건설이 가능한 세계로 바라보았다. 이는 현대의 도시 문명에 대한 그의 강도 높은 비판 속에서 더욱 두드러지게 나타나는데, "도시는 마귀가 만들고 농촌은 하나님이 만든다"[94]는 언급이 그것이다. 그에게 농촌은 다가올 미래의 총아이자 근본적·정신적·중심적·호조적·생장적·자연적·해방적·우주적·종교적인 세계였다. 반대로 도시로 대표되는 현대 문명은 현대적·유물적·기계적·말초적·살벌한·향락적·조작적·속박적인 구정물 문화이자 처참한 인류 멸망의 길로 여겨졌다. 그는 현대 문명의 죄악을 규탄하면서도 농촌이 중심이 된 새로운 문명이 탄생되기를 염원하였다.[95]

그는 제국주의와 자본주의를 향해 가는 도시문명을 맹렬하게 비판하고, 그에 반하는 '가장 오래되었지만 새로운' 근본으로 농촌문명의 상을 제시하고자 했다. 그에게 도시는 환하고 빛나지만, 추악했다. 이에 비견하여 농촌은 빈곤하고 굶주렸더라도 밝고 맑으며 생명으로 가득 찬 곳이었으며, 조선의 수난을 상징하는 곳이었다. 그는 이러한 농촌을 새로운 원리가 생장하는 세계로 다시 일구고자 했다. 더욱이 그는 농촌을 "이 무한 생명을 드리우는 푸르른 하늘을 떠이고 저 무한 조화가 피어나는 누르른 땅덩이를 디디고 그 우주적 인간의 상징 같이 우뚝 선 새 인간 출발일 수 있는"[96] 곳으로 정하고, 농촌을 우주의 자리로 돌려놓음으로써 그 새로운 문명의 국면을 열고자 했다.

이에 부합하는 농촌문명을 구체화하기 위해서는 교육이 반드시 필요했다. "새 이념의 농촌과 교육"[97]을 강조한 그는, 자연의 아들이자 생명의 아들인 인간이 잘 자라게 하기 위해서 돌보고 살피는 일을 교육으로 보았고,

---

94 이찬갑, 앞의 책, 1994, 34쪽.
95 백승종, 앞의 책, 183~186쪽.
96 이찬갑, 앞의 책, 1994, 34쪽.
97 위의 책, 36쪽.

이를 농촌에서 작물 보듯 여기고자 했다. 즉 젊은이들은 "인간 사회의 새싹"이자 "역사 시대의 햇순"으로서, 이들이 대자연의 품속에서 "싹트고, 자라고, 뛰고, 날고 하는 이 모든 자연의 아들들과 함께 그렇게 인간은 더구나 자연스럽게, 고귀스럽게 자라 커감"을 보고자 했다. 또 이들은 이러한 교육을 통해 "시대적 역사적으로 더 새롭고 더 높은 한 시대, 새 의미의 역사"를 지어감과 동시에, "과거의 역사, 그 시대를 이해"하면서 이를 "디디고 올라서야 하는 것"을 강조하였다.[98]

"손수 헤쳐 나아가게 함"은 그가 제시한 또다른 교육 철학 중 하나였다. 이는 "참된 바른살이", 즉 "우주의 창조에 참여하는 노동의 신성, 참의 나라 찾아가는 진리의 미해"를 통해 이룰 수 있는 것이었다. 그리하여 "일함이 없는 공부의 서생"을 그는 "뿌리 없는 나무와 같다"고 보고, "일만 하면 짐승, 생각만 하면 도깨비"라는 비유적 통찰을 통해 노작교육과 생활학습의 상호 연동을 중요성을 강조하였다.[99]

그는 생명과 원천, 근원과 영원을 늘 인접한 곳에 두도록 하기 위해 농촌과 교육을 밀접하게 연결시켜, 새로운 교육 실천을 실행해야 할 필요성을 제기했다. 특히 덴마크에서 선진적으로 상상되고 구현되었던 농촌문명의 모습은 그 핵심적인 참조 모델로 여겨졌다. 당시 덴마크는 농촌과 교육의 진흥을 통한 국민 문화의 갱생을 지향하였고, 그룬트비는 '평민folk교육'이라는 이름으로 그러한 지향의 사상적 기반을 정초한 교육실천가였다. 그룬트비의 '평민교육사상'은 인간의 도덕적이고 종교적인 기초 위에 선 인간성의 도야 혹은 정신적 각성에 대한 문제를 다루며, 여기에 입각한 교육은 자유롭고 행복한 인간을 길러내고 자신과 타인의 문제를 깊이 성찰하는 과정 속에 시대적 과제에 대한 고민을 중첩시키는, 이를테면 '깨어있는 인간'을

---

98 위의 책, 25~27쪽.
99 위의 책, 31쪽.

길러내는 데 주력했던 교육사상이었다.[100]

'평민'은 상류층과 구별되는 사람들이라는 계급적인 의미를 갖는 것과 동시에, 하나의 교육적 인간상으로, 공동체의 오랜 역사적 삶과 언어를 담지하고 구체적인 삶 속에서 이를 발현하는 사람들로 정의되었다.[101] 특히 그룬트비는 평민교육사상을 통해 ① 삶을 위한 교육, ② 살아 있는 말, ③ 내면의 자각과 공동체적 참여, ④ 기독교 정신의 중요성을 강조해왔다.[102] 평민은 생활에 필요한 실제적 능력과 재주를 갖추면서도 공동체 안에서 더불어 살 줄 아는 지혜를 지닌 이들로 상정되었다. 또한 성찰에 기반한 가치관을 가지고 평범한 일상 속에서도 늘 자각하는 존재로 설정되었다. 이들에게 농촌은 살아가는 삶의 공간이기도 하지만, 온전한 내면의 가치, 그리고 자기 고유의 가능성과 창의성을 발견하고 배양할 수 있는 효과적인 교육과 학습의 공간이기도 했다.

이찬갑은 당시 덴마크의 사례와 그룬트비의 교육사상을 습득함으로써 조선 농촌의 갱생을 꿈꾸었으며, 농촌 문제를 해결하기 위해서는 덴마크의 평민교육에서 강조되고 있는 평민, 즉 '깬 인간'이 핵심적이라고 보았다.[103] 이를테면 그는 "교육의 장소는 농촌 … 농촌 없이 인간의 이상인 교육이 피어날 수 없고, 이상의 발화점인 교육 없이 농촌의 꽃이 필 수 없다"고 강조하면서, "새 이념의 농촌교육에서 새 인간, 새 세계"[104]를 드러내고자 했다. 또한 그는 "덴마크 교육에서 강조한 정신교육은 … 민족 공동체의 부흥과 자각을 고취한 것"으로, "진정한 교육은 민족이라는 추상적 존재가 아닌 구

---

100 강선보·정해진, 「그룬트비의 평민교육사상과 그 실제」, 『한국교육학연구』 18(2), 안암교육학회, 2012, 7쪽 참조.
101 위의 글, 9쪽 참조.
102 위의 글; 정해진, 「풀무학교의 근대 교육사적 의미」, 『한국교육학연구』 19(3), 안암교육학회, 2013, 241~243쪽 참조.
103 백승종, 앞의 책, 180~181쪽 참조.
104 이찬갑, 앞의 책, 1994, 53~54쪽.

체적 개인의 형성에 본래의 의미를 찾아야 할 것"[105]이라고 주장했다.

그가 덴마크 교육을 적극적으로 배우고 이를 따르고자 했던 이유 중에는 당시 독일과의 전쟁에서 패한 덴마크가 경제적·사회적으로 극심한 좌절에 이르렀을 때 나라의 부흥을 이끈 것이 농촌교육이었다는 사실이 있었다. 덴마크의 역사적 경험과 마찬가지로 남북한의 어려운 사회현실과 무력전쟁의 참상 등 고난의 길을 걷는 한반도와 농촌의 부흥을 이끌기 위해서는, 그와 같은 덴마크의 농촌교육의 사례를 본받아야 한다는 구상이 있었던 것이다.[106] 제 나라의 역사와 말을 바탕으로 한 평민교육은 이러한 세계적 추세에 대한 본받음의 배경 속에서 이루어진 것이었다.

궁극적으로 이찬갑은 조선에서 주류를 형성하고 있던 기성 기독교계가 주도한 농촌·농민운동에 대해 비판적으로 인식하는 한편, 농촌에서 새 이념과 깬 인간을 통한 새 출발을 강조했다. 그는 신앙과 교육, 협동과 공동체를 핵심으로 한 새로운 농촌문명의 건설에 대한 구상을 홍동 지역에서 풀무학교의 설립을 시작으로 구현하고자 했다. 아래의 인용은 이찬갑과 함께 풀무학교를 공동으로 설립했던 주옥로가 남긴 사후의 언급이다.

> 내가 전에 월간으로 내던 『성서생활』지에 농촌을 지킬 일꾼들이 국민학교밖에 못 나오는 것을 탄식 삼아 글을 냈더니, 그걸 보시고 날 보고 같이 교육을 하자는 것입니다. 나는 그때까지 교육보다 전도에 사명을 느끼고 있었으므로 완강히 거부했더니, 하여간 하나님의 뜻인가 생각하여 보라고 하였습니다. 그 뒤 결국 나도 어떤 일을 계기로, 뜻에 순종키로 결의하여, 3년간만 이 선생을 뒷받

---

[105] 위의 책, 92쪽.
[106] 이찬갑이 24~25세가 되던 즈음 일본 구즈라평민대학에 입학하여 3개월 남짓 학생으로 생활했던 사실은 그가 덴마크의 교육 실천을 본받고자 했던 행보를 말해준다. 당시 일본에는 농촌을 살리기 위한 운동의 일환으로 덴마크 그룬트비의 평민대학을 모델로 한 교육기관이 많이 세워지고 있었고, 그 가운데 우치무라 간조가 설립한 구즈라평민대학에서 일정 기간 직접 수학하고 체험하였던 것이다(정해진, 앞의 글, 2013, 241쪽 참조).

침하여 건축, 운영 등 돌봐드리다가 자리가 잡히면 교육은 이 선생이 맡고 나는 농촌 전도를 하기로 약속을 했습니다.[107]

마흔의 나이가 된 주옥로에게 1958년 당시는, 이찬갑과 의기투합하여 농촌의 근본적 개혁을 추진하고 새 이념의 농촌을 이끄는 일꾼들을 키우기 위해, 성서의 진리를 기반으로 한 풀무학원을 창립했다는 점에서 의미 있는 해로 남아 있었다.[108] 그는 서울 감리교신학대학 졸업 후 고향인 충남 홍성군 홍동면 팔괘리로 돌아와 홍동감리교회의 전도사로 4년간 활동하였으나 형식에 치우친 교회 생활을 체감하고는 독립전도의 길을 걷게 되었다. 이후『성서생활』을 매달 발간하고, 가정예배와 허름한 교회를 빌려 독립적인 예배 모임을 하는 생활을 3년 동안 가지기도 했다. 그러면서 1949년 서울 YMCA에서 동충모의 권유로 함석헌과 당시『성서연구』를 발간하던 노평구를 만났으며 이들에 의해 서울의 무교회 모임을 접하고 이에 공감하며 동참하게 되었다.

그가 35세이던 1953년에는 부산 일심당에서 동충모, 노평구, 최태사, 함석헌과 함께 만났고 함석헌이 부산에서 홍동으로 직접 왕래하여 5일간 성서연구집회를 열기도 했다. 뿐만 아니라, 공주 계룡산에서 노평구의 여름성

---

107 주옥로, 「고별의 말씀」, 이찬갑, 앞의 책, 1974, 27쪽.
108 주옥로는 1919년 12월 24일 충남 홍성군 홍동면 팔괘리에서 태어났다. 그가 태어난 곳은 지금의 풀무학교 본관 부근이었다. 그가 태어날 당시 이웃 마을인 반월에 신안 주씨 집성촌이 형성되어 있을 뿐 아니라 홍동에는 신안 주씨 일가가 많이 살고 있었다. 그 영향으로 그는 어렸을 때부터 유교의 영향을 많이 받았다. 그는 1928년부터 1935년까지 초등과정인 홍동공립보통학교를, 1935년부터 1941년까지 5년제 중등과정인 예산농업학교를 다녔다. 사회적으로는 일제의 학대, 개인적으로는 골막염이라는 지병을 심하게 앓게 되면서 1941년 권유에 의해 기독교 신앙에 처음 입신하였다. 1942년 24세에 결혼하였으며, 이후에는 서산군청을 다니면서 농사기술 지도요원으로 2년 정도 근무하였다. 그러나 골막염이 재발하여 직장을 그만두고는 1945년부터 홍동국민학교에서 2년간 교사로 근무하였다. 서울의 감리교신학대학에 입학하고도 지병으로 고생하였으나 마침내 1951년 3년 과정을 마치면서 지역 농촌전도 활동을 본격적으로 시작했다 (주옥로, 홍순명 엮음,『농민 교육자 주옥로』, 그물코, 2008, 259~281쪽; 최어성, 「풀무농업고등기술학교의 교육에 관한 연구」, 공주대학교 석사학위논문, 1998, 4~6쪽 참조).

서집회에 참석하여 송두용, 이찬갑, 유희세 등과 직접적으로 교류함으로써 무교회 신앙에 들어서는, 생애의 일대 전환을 맞이하였다. 이후 교회생활로부터 성서 중심의 신앙생활로 방향을 새로 설정하였고, 농촌 청년들에게는 가정적 성서집회의 중요성을 강조하면서 여러 성서집회들에 참석하며 무교회주의자들과 신앙적인 교류를 본격적으로 전개했다.

이찬갑과 관계가 깊어진 것은 1954년 안면도에서 이루어진 교육특강에서였다. 이 만남을 계기로, 1958년에 이르러 학교 설립에 관한 구체적인 제의와 논의가 이루어졌다. 그 해 1월 7일에 노평구·이찬갑·유희세·김종길·정두용 등 40여 명이 모여 신년성서집회를 가졌고, 10일 새벽집회 뒤 모임을 통해 이찬갑과 주옥로는 농촌교육에 대해 상의하였다. 이후 2월 18일 학원 창립에 필요한 구체적인 상의를 거쳐, 풀무학원 발기인회가 2월 20일에 결성됨으로써 본격적인 학교 설립의 추진이 이루어졌다. 4월 7일과 8일에는 이찬갑 등 15명이 함께 입주상량을 하였다. 4월 23일 학생 23명과 내빈 10여 명이 모여 풀무학원을 창립되었으며 9월 2일에 풀무고등공민학교로 인가되었다. 이듬해부터는 풀무학원의 주최로 신년성서집회가 시작되었으며, 외부 협력자들의 크고 작은 지원을 받고 교사를 채용하여 학교의 외양을 갖추어나갔다.[109]

주옥로는 풀무교육의 이념 형성에 뜻을 함께하며 학원의 창립을 물심양면으로 도모하였다. 특히 토지 32,000평을 학교 부지와 실습지로 내놓고 학교 운영비 일체를 조달[110]하는 등 설립에 필요한 초기의 재정을 마련하고 학원 창립에 관한 토착 지역사회의 느슨한 합의를 이끌어내는 데 결정적인 역할을 하였다.

주지하듯이 그가 학교 설립을 주도하게 된 일에는 구체적인 농촌 초등

---

109 주옥로, 위의 책, 282~286쪽 참조.
110 최어성, 앞의 글, 20쪽.

교육의 현장에서 그 필요성을 절감했기 때문이기도 했다. 그는 농촌의 열악한 교육 환경 때문에 학습이 단절되는 모습에 한계를 느끼면서도 교육을 매개로 하여 지역에 농촌 전도를 본격적으로 전개하고자 했던 것이다.[111] 이찬갑은 평교사로서 교육에 충실하여 그 인간교육의 이상을 추구했고, 주옥로는 학교 재정과 뒷바라지를 담당하면서 농촌의 독립전도라는 신념을 유지하고자 했다. 이러한 방식으로 공동 설립자인 두 사람은 각자의 개성과 철학, 그리고 지향하는 바에 따라 학교 안에서 그 역할을 나누어 담당하였다.

> 이찬갑 선생님과 주옥로 선생님의 교육사상이 다른 점이 바로 이건데, 이찬갑 선생님은 농촌의 젊은이들을 일깨워가지고 그들이 주인이 돼서 나라를 바르게 이끌어나가야 된다. 그런 생각을 가지고 있었어. 민족주의 교육이다, 그렇게 얘기할 수가 있지. 농촌이 그때만 해도 농민이 70프로였으니까. 이찬갑 선생님이 학교를 개교할 때만 해도, '대다수의 농민들이 깨서 바르게 돼가지고 나라의 주인이 돼야 된다. 그런 뜻에서 농민의 젊은이를 일깨워야겠다' 해서 시작된 게 풀무학교. 주옥로 선생님은 그런 뜻보다는 원래 주옥로 선생님이 전도사였다가, 목사 안수 받기 직전에 이제 교회를 나오셨어. 신학교를 나오셨고. 그러니까 주옥로 선생님은 이 학교 교육을 전도의 일환으로 생각허신 거야. 전도의 일환으로 생각허셔서 '예수를 바르게 믿는 학생들을 길러야 된다' 그것이 주옥로 선생님의 주된 목표였지.[112]

---

[111] '풀무'라는 학교의 이름도 학교가 위치한 곳의 오랜 지명을 그대로 따온 것이었다. 학교가 세워진 곳은 '풀무골'이라는 옛 지명을 지닌 곳이었는데, 여기에는 옛날부터 대장간이 있었고 또한 지형이 풀무의 모양과 같다고 하여 붙여진 이름이었다. 그 밖에도, 순수한 우리말이라는 점, 젊은이들의 심신과 인격을 양질의 쇠를 만들 듯 갈고 닦고 불리고 도야해보자는 다짐, 그리고 성서에 기록된 풀무에 담겨 있는 의미를 고려하여, 풀무를 학교 이름으로 그대로 사용했다(주옥로, 앞의 책, 128쪽).

[112] 최어성(남, 73세)의 구술(2019년 6월 8일, 주옥로 생가).

나누어진 역할 만큼, 두 명의 공동 설립자는 다소 상이한 교육사상을 지니고 학교 운영에 임했던 것으로 전해진다. 이찬갑은 어려운 처지에 있는 민족을 위해 대다수를 차지하고 있는 농촌의 농민을 위한 교육을 실시함으로써 이들이 제 힘으로 설 수 있는 힘을 기르는 일을 중시하였다. 그런 반면 주옥로에게 있어 농촌 교육의 필요는 청년들이 바른 길을 갈 수 있도록 하는 데 있었고, 이는 기독교 전도의 일환으로 생각되었다.

이 지역에 풀무학교가 설립되었던 일은 그동안 역사적으로 접혀진 계열들을 작금의 상황과 조건에 조응한 것이었다. 그것은 차이를 가진 서로 간의 마주침 속에서 가능하고 적합한 방식으로 펼쳐낸 것으로, 이전에는 존재하지 않았던 토양 내지는 진지를 새롭게 정초하여 그것이 구상할 수 있는 대안의 전망 속에서 구체적인 실천의 기축을 건설했던, 일종의 사건으로 이해할 수 있다. 이처럼 풀무학교의 설립은 상이한 삶의 궤적과 가치 지향을 지닌 주체들로서 이찬갑과 주옥로가 만나 이루게 된 것이었다. 개교 당시 단상을 채운 발언들을 간추려볼 때, 풀무학교는 다음과 같은 구체적인 이상을 지니고 있었다.

풀무에서는 일상의 보통생활이 강조되었고 평민주의가 주창되었다. 제 역사와 제 말은 자기반성과 인간 그릇됨에 대한 통한을 이끄는 수단으로 여겨졌다. 즉 '생태주의적 입장에서 농업 위주의 생활 공동체'를 건설하고자 하였으며, 평민 혹은 민중이 중심이 된 역사관을 근간으로 '평민주의적인 기독교 신앙'을 지향하였다.[113] 통일과 조화를 통해 다양성을 존중하고자 했으며, 여러 존재와 가치들 간의 섬세하고도 올바른 관계 맺음이 중시되었다. 보통의 것 혹은 일상의 보통생활은 그 자체로 새로운 것이면서 생명의 싹이자 깨달음의 자료로 여겨졌다. 이는, 가령 "예수의 탄생은 이 세상에서 보통생활의 평민주의와 귀족주의를 분리시킨 가치전환의 사건"[114]이었

---

113 백승종, 앞의 책, 292쪽.

음을 절감했기 때문이었다.

풀무는 홍동이라는 구체적인 농촌 지역을 거점으로 삼아 무교회신앙이 추구해온 종교개혁을 기본 토대로 이어받았으며, 이와 동시에 교육개혁 또한 이루고자 했다.[115] 특히 이찬갑에게 교육이라 함은 새로운 출발을 이끄는 것이었으며, 교육을 통한 새로운 출발은 곧 "기성의 모든 것과는 형식에서가 아니라 질에서부터 근본적으로 다른 새 출발"을 가리키는 것이었다. 그리고 그 교육은 도시가 아닌 "무한 조화의 본바닥"이자 "온갖 새싹이 피어나는 누른 땅덩이를 디디고 선 자연의 농촌"에서 이루어져야 하는 것이었으며, 농촌 교육을 담당하는 학교는 "오직 생명의 진리만이 주인공"이 됨으로써 "맨 속의 것에서부터 깨우쳐가는 새로운 정신의 교육"을 가르쳐야 했다.[116]

학교는 무두무미無頭無尾, 즉 어느 것도 머리가 되거나 꼬리가 되는 것을 지양함으로써 돈과 권력이 지배하고 간판과 출세를 뒤쫓는 사회를 거부하고 자기 안에서 샘솟는 정신과 마음을 단단히 기르는 일의 중요성을 주장하였다. 농촌은 근원적 생명이 충만하고 넘실대는 광경을 일상 속에서 언제든 오감으로 느낄 수 있는 곳으로, 그러한 생명의 진리에서 출발하여 정신과 마음이 성장하는 것을 진정한 배움이라고 보았다. 교육자는 따로 있

---

114 이찬갑, 앞의 책, 1974, 83쪽.
115 지역의 경관 내지는 역사와 관련하여 홍동면지는 무교회주의의 지역적 유입과 정착, 그리고 풀무학원과의 연관성을 다음과 같이 서술하고 있다. "홍동의 기독교는 또 무교파기독교의 영향력을 크게 받아 많은 신자들을 배출했다. 교회라는 제도와 형식을 벗어나 신앙의 본질을 우선 중심으로 하는 개혁적인 무교파기독교는 1950년대 초 팔괘리 주옥로 씨가 전도사로 시무하던 홍동감리교회를 사임하고 서울의 함석헌, 노평구 씨 등으로부터 받아들이면서 홍동에 수입됐다. 나아가 주옥로씨는 서울에서 온 이찬갑씨를 만나 전국의 무교파기독교지도자들의 지원을 받아 풀무학원(뒤에 학교법인이 됨)을 설립하면서 홍동은 우리나라 무교파기독교의 중심지가 된다. 1958년 4월 23일 설립한 풀무학원은 정규 학과에 매주 2시간의 성사시간이 있으며 매주 일요일이면 적게는 20명부터 많게는 1백명까지 모여 예배를 올린다. 또 매년 1월초와 7월말에는 4~5일동안 전국의 무교파기독교 지도자들 1백여명이 풀무학원에 모여 집회를 갖는다." 홍동면지편찬위원회, 『홍동면지』, 1994, 250~251쪽.
116 이찬갑, 『풀무학교를 열며』, 그물코, 2010, 16~17쪽.

지 않으며, 학교를 둘러싸고 교육에 참여하는 모든 존재들은 누군가의 성장을 옆에서 지켜보고 함께 돌보며 다 같이 커가는 것으로 생각되었다.

다른 무엇보다 참된 교육의 실천을 중요하게 여긴 이찬갑에게 "새 교육의 사명"은 "인간이 진정한 의미의 참된 생명으로 자라며 영원을 향해 날개치는 인간으로 지향케"하는 것이었다.[117] 주지했던 것처럼, 제 나라의 역사와 말은 여기에 절대적으로 필요한 교육과 통찰의 수단이었다. 즉 그것은 "자기 역사를 배우는 가운데 자기반성의 절실, 인간의 그릇됨에 대한 통한"을 절실하게 느낄 수 있도록 하는 것이었다.[118] 그러나 이찬갑은, 덴마크는 덴마크의 것일 뿐 민족 문제에만 한정하지 않고, 우리는 자연의 본래 의미를 찾는 새 우주관의 문제와 인간의 본래 의미를 찾는 새 인생관의 문제로 이를 심화시켜야 한다고 역설하였다.[119]

일상의 보통생활을 중요시한 그에게 공동체적 관계 맺음을 근간으로 한 생활과 교육은 따로 떨어져서는 안 되는 것이었다. 그리하여 학교를 세우는 것은 단순히 교실 건물을 짓고 학습 비품을 채우는 일이 아니었다. 노동하는 가운데 배우고 배우는 가운데 노동하는, 일과 공부가 일치된 생활을 이루는 공동체야말로 그것을 이루는 기초적인 지지대여야 했기 때문이다. 그는 "함께 날마다의 생활을 살아가면서 같이 공부하며 일도 해 가는", 그리고 "같이 살며 하는 새로운 생활교육"이야말로 진정한 "산 교육"임을 강조하였다.[120]

주옥로는 이렇게 길러진 교육 주체로서 평민라는 것이 보통생활과 괴리되는 존재가 아니라는 점을 강조했다. 그는 평민을 보통의 삶을 사는 민중 속으로 뛰어들어 순수함을 잃지 않고 살아가야 하는 존재들로 상정했다.

---

117 위의 책, 27~28쪽.
118 위의 책, 29~31쪽.
119 위의 책, 33쪽.
120 이찬갑, 앞의 책, 1994, 76쪽.

주옥로에게 풀무학교는 "하늘에 계신 산 평민 예수께서 세워주신 평민학교"로 여겨졌으며, "평민교사들이 학생 하나하나를 '위대한 평민'으로 길러내는 일이 교육의 전부"로 여겨졌다. 그리고 "풀무인은 평민과 함께 구원받고 평민과 함께 저주받을 평민 공동체"로 규정되었다.

주옥로에게 '위대한 평민'이라는 인간상은 "하나님을 섬기고 진리를 사랑하고, 지혜와 상식을 연마하여 실력을 길러"가면서도 "누구에게도 의지하지 않"으며 그럼으로써 "자유와 평등 그리고 독립정신으로" 사는 이들로, "평범한 사람임을 무상의 영광으로 생각하는 타고난 품성"을 지닌 이들이었다.[121] 건전한 인간교육이라고 하는 것은 이렇게 설정된 '위대한 평민'을 기르는 핵심적인 방법적 지향으로 설정되었다. 즉 인간교육은 "남다른 특성과 장단점"을 가진 이들이 조화와 통일을 이루고 더불어 살기 위해서 필요한 것으로, "사람이 사람답게 되는 일. 즉 하나님께서 맨 처음으로 지어주신 본래 모습으로 돌아가 그의 자녀가 되는 일"로 여겨졌다. "풀무골의 풀무학원에서 인격을 갈고 닦고 도야하는 풀무질"[122]은 이와 같은 지향 속에서 시작되었다.

4. 학교-마을, 공동체적 연계 혹은 공동마을의 조성

풀무학교의 설립 이후, 학교는 새로운 실험의 진지로서 그 역할을 강고하게 유지했고, 그 결과 점차 학교는 지역과 괴리된 것이 아닌 지역 속의 학교로서 자신의 자리를 매겼다. 특히, 이후 전개되었던 공동체적 연계에 의거한 '학교 마을'의 구상은 더욱 결정적이었다. 이는 풀무학교의 다음 세

---

[121] 주옥로, 앞의 책, 148~149쪽.
[122] 위의 책, 130~131쪽.

대 주체에 의해 본격적으로 정립되었다. 다만 그것이 이전 시대와 단절되어 전혀 새롭게 제출된 것은 아니었다. 오히려 그것은 역사적으로 이전의 인물과 사상, 실천의 기반에 좀 더 지역의 색깔을 더함으로써 새로운 그림을 그려나간 것으로 평가되고 있다.

바탕이라는 건 뭐냐면은 이승훈 안창호식, 또 덴마크 그런 영향이고 그러고, 학교에서 더불어 사는 평민, 일도 하고 공부도 해야 된다. 혹은 우두머리가 리더쉽이 아니고 모두 민주적으로 무두무미라든지 그런 게 이렇게 저렇게 돼가지고. … 그러고 서포트 하는 사람들도 다 이사장을 비롯해서 풀무학교 졸업생이거든요. 학교와 마을이 같이 가자는 사상에 공감을 해서 지역 특색을, 맞게 고친거다. 그렇게 생각을 하거든요. 딴 동네 가더래도 그 동네에서 자생적인 거라기보다는 우리나라 근대 역사에서 학교와 마을이 협력관계를 통해서 재생을 시키자. 그런 확장이 아닐까. 그러나 그렇다고 하더래도 그 마을의 독자성은 있는 거예요. 세계가 한 가족이라 하더래도 한 국가의 독자성이 있어야 되거든요. 마을의 독자성이 있지만은, 내 생각에는, 풀무학교도 풀무학교가 중심은 아니에요. 선각자들이 목숨을 걸고 내재적으로 학교와 마을이 협력관계에 의해서 마을을 살려야 된다. 아래서부터.[123]

원래 지역사회 학교를 만들라고 했던 건 아니었고. 그냥 이찬갑, 주옥로 선생이 학교를 만들 때는 초등학교 졸업 맞고 중학교 못 가는 학생이 80프로라니 안타깝다. 돈이 없어 못 가니까. 애네들한테 배울 기회를 주자 그거였어요. 첫째 그거고. 그 대신 이찬갑 선생은 북한에서 정주에서 공동체 운동을 했기 때문에 이상이라던가, 민족의 이상을 심어주고 인간 하나하나를 올바르게 길러야겠다, 사람되게 만들겠다, 그거 였거든요. 그게 이제 매치가 돼서 했는데, 하다가 1960년에 홍순명 선생님이 와서 지역사회 활동하고 바꿔버린 거예요. 지역사회 학교

---

[123] 홍순명(남, 82세)의 구술(2019년 3월 9일, 홍동밝맑도서관).

라는 게 그때부터 만듭니다. 왜 그러냐면은 홍 선생님이 가만히 보니까 이찬갑, 주옥로는 지역사회 학교라는 말을 한 마디도 안 하고 학교를 하고 있지만, 그 분들이 살아온 자체가 지역사회 기반으로 해서 삶 자체가 그렇게 돼있거든요. 그걸 홍 선생님이 이론화시킨 거예요. 그러면서 여러 가지, 거기에 가장 중요한 게 이제 협동조합이죠. 협동조합을 통해서 이렇게 확산시키고 그렇게 한 것이지.[124]

지역에서는, 마을과 학교가 하나 되어 서로 발전해가는 지역 공동체의 구상이 홍순명의 풀무학교 부임 이후 비로소 현실화될 수 있었던 것으로 여겨지고 있다.[125] 앞서 살펴본 것처럼, 실천의 진지로서 풀무학교의 지향은 앞선 역사라고 할 수 있는 이승훈과 안창호의 이상촌건설운동 혹은 덴마크의 영향이 바탕으로 작용한 것이었다. 또한 이찬갑이 강조하였던 '무두무미'로 대표되는 일상 속 민주주의의 훈련은 그 영향을 그대로 이어온 것이라기보다는 지역의 특색이 적용된 것이었다. 그러므로 그것은 서로의 영향 관계 속에서 일정한 반복을 거치지만 새로운 지역에서 토착화를 거치고 학교와 마을이 새롭게 형성되는 과정에서 여기에 공감한 이들이 자신의 문법에 맞게 새롭게 창안한 것이었다.

앞의 인용이 담고 있는 내용 중 주목되는 것은, 정세의 변화와 새로운 실천 주체의 개입에 따라 그 지향의 변주가 이루어졌던 모습이다. 그에 따르면, 실천의 역사적 흐름이 어떤 기원을 그대로 추구하고 있다기보다는, 나

---

[124] 이번영(남, 72세)의 토론(『지역에서 일구는 미래, 공동체문화 재생의 동력과 실천들』, 제1회 지역협력 학술네트워크 컨퍼런스, 2019년 2월 28일, 안동대학교 국제교류관).
[125] 이번영, 『풀무학교는 어떻게 지역을 바꾸나』, 그물코, 2018, 74~75쪽 참조. 홍순명은 1936년 강원도 횡성에서 농사를 지으며 서당 훈장을 하던 집안에서 태어났다. 그는 중학교 시절부터 김교신·노평구·함석헌 같은 무교회신앙을 지닌 사상가들의 책을 읽었고 그 영향을 받으며 성장했다. 한국전쟁 통에 중학교 2학년으로 학업을 중단하고 독학으로 초중고등학교 교사 시험에 합격해 20세에 고향에서 교사 생활을 했다. 춘천농고 교사로 있던 중 군에 입대했으나 제대 후 복직하지 않고 1960년 10월 23세의 나이에 풀무학교로 부임했다. 그동안 학교의 권위주의적이고 비교육적인 관행에 실망을 느끼고 있던 중에 풀무학교 개교 소식을 들었던 것이 그 계기였다(같은 책, 73~74쪽).

름대로의 독자성과 확장성을 담보하고 있는 것으로 여겨지고 있다. 학교와 마을의 내재적인 협력 관계에 대한 강조와 구상은 이전과 다른 국면과 현실에 조응하며 주조되었다. 이를 통해 마을의 독자성이라고 하는 것은 학교와 마을의 내재적인 협력 관계를 통해 달성될 수 있는 것이면서도, 그러한 독자성은 아래에서부터 시작되는 마을의 체제적 구성 속에서 이루어질 수 있는 것이라 여겨지고 있다.

> 풀무학교는 지역사업을 하지 않을 수 없었어요. 안 하면 학교가 망하니까. (웃음) 학교 생존 전략이에요. 그게. 학교가 있는데 건물도 초라하고 학생들도 안 오잖아요. … 지역사업을 하지 않으면 학교가 살아남지 못해요.[126]

학교와 마을의 협력 관계 형성은 이후의 실천들을 주조한 핵심적인 기조였다. 그 대표적인 예시는 학교에서 실시하여 마을로 나간 지역사업들이다. 홍순명은 부임한 직후 이찬갑이 지도하던 교내 소비조합 업무를 인계받아 직접 운영했다.[127] 이러한 행보는 학교와 마을의 협력 관계라는 구상의 필요성이 주체의 내부에서 강화되는 하나의 계기로 작용하였다.

1963년 그는 고등부가 설립되면서 이를 지역과 함께하는 학교로 자리매김하고자 교과 과정을 자율적으로 개편하였다. 당시 국어교사였던 그는 교양국어의 과목 교과서를 직접 제작하고 여기에 지역의 이야기를 담은 단원을 새롭게 추가하였다.[128] 그는 지역의 맥락에 맞게끔 교육 과정을 개편하는 것에서 나아가 학교 밖에서도 활발한 활동을 이어가기도 했다. 그 이유는 학교가 상정했던 가치 지향뿐만 아니라 효과적인 운영의 측면에서도 지역사업은 매우 필수적인 것으로 여겨졌기 때문이다. 그리하여 당시 풀무학

---

[126] 홍순명(남, 82세)의 구술(2019년 3월 9일, 홍동밝맑도서관).
[127] 이번영, 앞의 책, 74쪽.
[128] 위의 책, 77쪽.

교에서는 지역 면내에서 활약하고 있는 졸업생들의 실천 내용과 소비조합·신용조합·도서조합·드라크마회·문집부 등 공적 사안들을 모으고 추진 과제를 간추리면서도 학교 시설의 확장·민중 초급대학의 설립·어학 지도·마을 공업 육성·졸업생 조합 운영·지방의회 진출·지역사회 개조 등 중장기 계획을 수립하여 발표하는 모임을 가지는 등의 지역사업을 전개했다.[129]

지역 내에서 학교의 역할 변화와 국가적 공교육 정책의 변동에 따라 이루어진 학교의 법인화를 둘러싼 내부의 논쟁은 학교가 지녀온 자율성의 확보 및 조정과 자립적 기반 조성의 측면에서 중요한 기점으로 작용하기도 했다. 그 결과, 1977년 학교의 재정과 운영 방식을 담당하는 공식적 기구가 마련되고 그 역할이 좀 더 강화되는 계기가 되었으며, 학교 독자 재산의 확보와 관련 교육 시설의 대폭 확충이 이와 맞물려 이루어질 수 있었다.[130]

이 과정에서 풀무학교는 해방과 전란으로 인한 교육 격차를 해소하기 위해 제도적으로 마련되었던 고등기술학교의 형식으로 계속해서 운영되는 방식을 취하면서, 농촌의 배움 기회를 지속적으로 지역에 제공하는 역할을 정립했다. 비록 운영비의 마련 문제가 큰 문제로 대두되면서 정규학교 인가 문제를 둘러싼 논쟁이 학교를 휩쓸기도 했으나, 교육 당국의 반복적인

---

[129] 위의 책, 78쪽; 풀무교육 50년 기념사업추진위원회, 『다시 새날이 그리워』 1, 호성문화사, 2008, 119·135쪽 참조.

[130] 최태사·이덕준·주옥로·홍순명 등은 개인 사재를 기부하여 학교 법인 재산으로 편입시켰다. 그리고 1977년과 1978년에 걸쳐 네덜란드 ICCO(Interchurch Organisation for Development Cooperation)로부터 1차 1천 2백만 원, 2차 1억 1천여만 원을 지원받았다. 풀무학교는 학교를 법인화하는 과정에서 지원받은 이들 기금을 통해 초가집이던 학교 건물을 신·증축하고 학교 앞의 토지와 가옥을 매입하여 운동장과 실습장을 확장하면서도 운월리 갓골 토지 2만 평을 새로 매입하였다. 이러한 구성원들의 피땀어린 노력과 학교의 뜻에 공감하는 여러 사람들의 조력을 통해 '학교법인 풀무학원'으로 당국의 인가를 받음으로써 제도가 보증하는 교육 기관으로서 외양을 일단 갖추게 되었다. 법인화가 완료된 후에는 임시로 기증된 재산들이 반환되었다. 그럼에도 서울 일심의원을 운영하던 최태사의 서울 미아동 건물은 그대로 학교 운영에 필요한 수익용 재산으로 기증되었으며, 이 공적을 인정받아 그는 학교 법인의 초대 이사장을 맡게 되었다(이번영, 앞의 책, 59쪽 참조).

반려·불허와 이사진의 크고 작은 이슈가 불거짐으로 인해 끝내 성사되지는 못했다. 결과적으로 실력교육의 달성을 통한 자립, 그리고 인격 교육을 바탕으로 한 자치 등 '작은 학교'로서 풀무가 가진 지향이 이 논쟁을 통해 더욱 분명해졌던 것이다.[131]

이와 관련하여 이목을 끄는 한 가지는 지역적 실천의 다양한 영역에서 통용되고 있었던 '평민'이라는 상이다. 풀무의 교육 철학을 담아 이전 시대에 정립되었던 평민이라는 인간상은 이 시기에 이르러 좀 더 현재적이고 다층적인 의미를 함축하는 것으로 상징화되었으며, 그에 따라 풀무가 구현하고자 한 교육적 이상이 보다 공동체적인 지향을 가진 것으로 수정되었다. 물론 이것은 농촌 지역의 눈으로 전체 사회를 조망하는 가운데, 당대의 사회가 처한 위기를 해소할 수 있는 가능한 대안의 하나로 제출된 것이기도 했다는 점을 염두에 둘 필요가 있다.

> 일본의 우치무라 간조라는 분이 있어가지고. 그 분이 '위대한 평민'이라는 말을 했어요. 그런데 이제 주옥로, 이찬갑 선생이 좋게 생각을 했어요. … 우치무라 간조 그 분이 위대한 평민이라 그래서 예를 들었는데. … 그들은 '평민'이 아니여, '위대한 사람'이여. '위대한'에 방점이 찍히는 사람들이여. … 그런데 이찬갑, 주옥로 선생의 평민은 일상생활에 충실한 사람이 여기서 생각하는 평민이다 이거여. 일상생활을 충실히 하는. 일본의 위대한 평민하고 한국의 평민은 뜻이 다르지. 그런데 이제 위대한 평민이 더불어 사는 평민이 됐거든요. … 이제 더불어 산다는 거 그게 참 좋을 것 같다. 평민들은, 평민은 평민인데, 혼자 평민이 아니고, 사이보다 큰 머리에 있는 사람들은 혼자서 위대한 평민이여. 그런데 혼

---

[131] 위의 책, 60~65쪽 참조. 주옥로와 홍순명은 특히 정규 학교 승격과 관련하여 생각의 큰 차이가 있었고 이는 좀처럼 좁혀지지 않았다. 주옥로는 풀무의 경제적 어려움으로 인한 고충으로 정규 학교 승격을 적극적으로 추진하고자 했지만, 홍순명은 처음과 같이 작은 학교로서 자율성을 지키면서 건학의 정신과 본질을 살리는 데 주력했으면 하는 의견을 조용히 피력하였다고 한다 (이승진, 『돌아보니 모두 은혜』, 그물코, 2017, 84~85쪽 참조).

자 평민이래는 건 더불어 사는. 평민이면서 더불어 살면 그게 더, 개인두 되구, 공동체두 되겠다. 평민이 자기 역할을 해야 공동체가 되는 게 아닌가. … 위대한 평민이 더불어 살면은 그거는 개인두 살구, 공동체두 사는 거니까 위대한 평민하구 더불어 사는 거는 전혀 다른 게 아니다. … 나는 위대한 평민두, 더불어 사는 평민두 다 옳다 이거여. 위대한 사람이 혼자 위대하면 안 되고, 더불어 살아야 더 위대하다 이거여.[132]

풀무 공동체는 흙의 소중함과 올바른 인격을 가르치는 작은 학교를 지향하였다. 학교 교훈은 '위대한 평민'에서 '더불어 사는 평민'으로 정하였는데, 더불어 살 줄 아는 것이야말로 교육의 결과일 수밖에 없다는 생각을 전제로 한 것이었다. 즉 더불어 사는 평민은 "남 위에 서는 것보다 모두 더불어 살아야 한다, 더불어 살 줄 아는 사람이 정말 교육을 받은 사람"[133]이라고 본 것이었다. 평민은 저절로 이루어지는 것이 아니라 철저한 교육을 통해 만들어지는 것이라고 여기는 자세를 기본 바탕으로 두었다. 이에 평민이야말로 위대한 것이라고 가르치면서도 이를 위해 한 사람 한 사람 모두를 훌륭하게 키워내야 한다는 평민 중심의 역사와 교육의 방향을 정하였다.

민중이라는 말은 동양에는 없던 말이여. 서양 말의 피플(people)이라는 게 번역을 민중으로 한 거에요. … 인민보다는 평민이 좀 의미가 있다고 할까?. … 커먼(common)이라는 거는 공유라는 뜻이여. 공동으로 소유한다는 뜻에서 커머너(commoner)가 나온 거에요. 뭘 공동소유해야 하냐면은, 숲이 있잖어. 개울 있잖어. 공유지야 그건 공유지. 그 공유지는 개인이 할 수 없어. 모든 사람, 동네 꺼여 그거는. 공유재산을 가지고 있는 사람들이 커머너여. 도시에는 없어, 시골

---

[132] 홍순명(남, 82세)의 강의(평민마을학교 일요성서모임, 2019년 6월 9일, 홍동밝맑도서관).
[133] 홍순명, 『풀무학교 이야기』, 부키, 2006, 23쪽.

사람들이여 이거는. 농촌이여. 그러구 이 공유라는 건 뭐냐면 평등이여 평등. 농촌사람들이구 평등한 사람들이구 평등을 목표로 하는 사람들이구 평등이라는 거는 평화하고 관계가 돼. … 평민이라는 거는 동양에두 있구 서양에두 있는 말이여. … 인류에 보편적인 방향이어야 된다구 나는 생각해요.[134]

    평민이라는 건 평범한 사람이고 평화스런 주체고. 그 사람들이 역사의 주체고, 그 사람들이 삼일 운동을 했고 그 사람들이 농사를 지었고 나라가 어려울 때 나라를 지켰고. 또 생산자다. 그 얼마나 좋아요. 그래서 이제 성경에도 평화를, 평화스런 사람들이 하나님의 자녀라고. 옛날에 시민혁명을 했거든요. 그거는 자유를 위한 투쟁이었어요. 평민은 평등을 위한, 그 뭐 세계적인, 평화라고 그러는 건, 생태를 범, 자연하고의 평화, 이웃하고의 평화 다 포함되니까. 나는 평민이라는 말이 좋다고 생각허거든요. 그래서 졸업생들이 딴 건 몰라도 함께 가야된다. 평민이 자기 의식을 가져야 된다. 평민이 주체다. 그런 걸 가지고 학교에서 들었으니까 학교가 중요하다 이거에요. 사회를 바로잡는 건 법률이나 정치나 경제나 이런 게 아니고 교육이다.[135]

위의 구술에는 평민이라는 주체의 상이 어떻게 그려지고 있는지, 그리고 그러한 평민 주체가 실천의 바탕이 되어야 한다는 점과 이를 위해서는 다른 무엇보다 교육이 중요하다는 점이 담겨 있다. 구술을 통해 강조되고 있는 평민 주체의 상은 우선 도시보다는 농촌을 삶의 터전으로 삼고 있으며 숲과 개울 등과 같은 공유지 혹은 공유재산을 둘러싸고 사회적·경제적 관계를 형성하고 있는 이들이다. 그러한 주체를 가리키는 말로서 평민은 민중 혹은 인민과는 다른 의미를 지니고 있는데, 이들과 다르게 평민이라는 말은 본래 한국적 맥락에서 사용되고 있었던 말이기도 하면서 인류 보편의

---

[134] 홍순명(남, 82세)의 강의(평민마을학교 일요성서모임, 2019년 6월 9일, 홍동밝맑도서관).
[135] 홍순명(남, 82세)의 구술(2019년 3월 9일, 홍동밝맑도서관).

의미를 담지하고 있는 말의 쓰임새를 지니고 있다. 또한 지역 실천의 맥락에서 평민은 사상적으로 정립되어 사용되어온 말이기도 하다. 그것은 근대성의 출현과 더불어 형성되었으며 단순히 공동 소유의 관계 속에서 살아가는 이들만을 의미하지는 않는다.

다만 평민은 어떠한 주체의 상으로서 제시되고 있다. 즉 평민은 평범하고 평화스러운 사람으로 상정되는가 하면, 자기의식을 지니고 사회를 바로잡는 역사적 주체로 상정된다. 즉 생태와 자연, 다른 이웃과의 평화를 유지하면서도 자유를 침해받을 때면 이를 바로잡기 위한 투쟁을 벌이는 주체로서 평민이 강조되고 있다. 이러한 점에서 평민이라는 주체의 상은 주어진 것이라기보다는 만들어지는 것에 가깝다고 할 수 있으며, 여기에 도달하기 위한 교육적 근간이 앞세워지고 있다.

이처럼 풀무는 올바른 가치관과 기본적인 교양의 일상 속 습득을 중요하게 여기면서 이를 구현하는 데 필요한 실제 능력을 갖춘 참 평민들을 길러내는 것을 교육의 주된 목표로 삼았다. 물론 동일한 모습과 생각을 지닌 학생들의 배출을 경계하였고, 역사와 전통 그리고 문화를 각자 나름의 방식으로 재해석하고 체화한 개성 있는 인재들을 양성하고자 하였다.

가르침의 배경으로서 우리가 가진 옛 서당 전통의 일정한 계승을 이루고자 했던 점도 주목될 만하다. 즉 서당을 통해 이루어지는 교육은 기본적으로 근대 교육이 가진 폐해와 대척점에 있는 것으로 인식되었는데, 근대 교육에서는 찾아볼 수 없지만 서당 교육만이 가진 긍정적인 면모로서 협동교육·인간교육·생활교육은 당대에 오히려 유의미하게 적용될 수 있는 우리의 교육 전통으로 여겨졌다.[136] 이와 더불어 서당교육을 통해 도달하고자 하는 '선비'라는 인간상은 공교육 체계의 바깥 서민들을 대상으로 한 지역의 교육적 특성과 결부됨으로써 이 지역만의 독특한 '평민교육'으로 체계화

---

[136] 홍순명, 앞의 책, 25쪽.

되었다. 다시 말해, 선비가 가져야 할 필수 덕목인 청빈한 기질과 서민이 가져야 했던 생활 기반의 공동체적 기질이 결합하여 더불어 사는 평민이라는 새로운 인간상을 도출하였던 것이다. 이를 적용시켜 현실화하고자 했던 장소가 갓골이라는 점은 주지하는 바와 같다.

풀무는 위와 같이 '평민'이라는 인간상을 중요하게 여기면서도, '더불어 삶'을 강조함으로써 학교의 운영과 교육과정을 재설계하기도 했다. 즉 사회 전반의 변화와 더불어 점점 다른 지역에서 나고 자람에 따라 다양한 기질을 지닌 청소년들이 지역의 작은 학교로 입학하였다. 그동안 무심하게 가려져 있던 개성·다양성·소수성이 국지적인 차원에서 발견되고 이를 교육의 범주로 수렴하고자 한 결과, '더불어 삶'의 교육적 가치 정립과 생활의 강조가 이루어졌던 것이다. 즉 평민교육이라는 이전의 역사를 계승하면서도 그 수식인 '위대함'이라는 가치에 '더불어 삶'이라는 가치를 덧대어 새롭게 정립되었다.

그러한 수렴은 "교육은 곧 편견을 없애는 것"이라는 홍순명의 생각에서도 두드러지게 나타난다. 그에 의하면 '더불어 삶'은 강요된다고 이루어지는 것이 아니다. "더불어 산다고 하는 것은 이렇게 서로가 서로에게 마음을 여는 것이고, 그렇게 해서 서로가 기쁨을 발견하는 것이고, 그 속에서 새로운 관계를 이루어나가는 것"[137]이다. 즉 관계 맺음의 방법을 알아가고 기쁨을 체화하며 훈련하는 일이야말로 교육이라는 생각에서 그와 같은 교육적 전환이 이루어진 것으로 이해될 수 있다.

> 종교는 농업 노동의 가치를 높여 주어야 합니다. 성서에서도 우리 아버지는 농부라 하고, 노동은 인격 실험과 함께 창조 사업의 협력이며 이웃 사랑의 실천이라고 가르치고 있습니다. … 성서를 보면 이상적 사회는 군비가 폐지되어 무기

---

137 위의 책, 30쪽.

로 농기구를 만들고, 자연과 사람이 감동적으로 융합되어 모든 사람들이 포도나무 아래에서 휴식하는 가운데 노동의 기쁨과 열매를 누리는 곳으로 묘사되어 있습니다. 유기농업이 기초가 되어 사람과 자연의 생명을 살리고, 자치 정신과 협동 공동체를 실현하며, 소규모 경제 단위와 생태계를 보존하고, 농업과 공업을 결합하며, 새 시장 구조와 생명문화를 창출하고, 대체에너지를 개발하며, 청빈과 높은 지적 창조를 이루어 내고, 국내외 교류를 공통의 목표로 갖는 자치적 지역 공동 사회를 건설하는 것, 그것은 시대의 부름이고 조용히 진행되는 사회 변혁이라고 생각합니다.[138]

물론 '더불어 삶'에 대한 지향이 학생들 사이, 즉 인간과 인간의 관계로 이루어진 학생 사회에만 적용되는 것은 아니었다. 학교는 이를 자연과 생태, 비인간 존재로 확대시킴으로써 관계 맺기의 새로운 가능성을 실제적으로 실험해가는 것으로 나아가고 있다. 그리하여 더불어 살아가는 법을 배우고 익히는 과정에서 얻을 수 있는 삶의 가치와 의미는 ① 자기 자신과 더불어 살기, 즉 개체를 구성하는 기관의 통합 ② 다른 사람들과 더불어 살기, 즉 인간 간의 통합 ③ 흙과 더불어 살기, 즉 인간 개체와 비인간 개체의 통합 등으로 나아갔다. 이는 학교 안에서 공동생활과 주제학습이라는 구체적이고 실질적인 교육방법론으로 정립되었다.[139]

홍순명은 "더불어 사는 것의 첫걸음은 한 사람 한 사람의 학생이 먼저 자기 자신과 더불어 사는 것이라고 생각합니다"라고 말하며, "자기 속의 여러 소질을 조화롭게 발전시켜 인격적 통합을 이루는 일"[140]의 선행 필요성을 강조한 바 있다. 이러한 강조 속에서 교육철학자 페스탈로치의 견해가 차용되었는데, 이를 통해 그 견해는 이 지역 실천의 변환 혹은 심화의 계기

---

138 위의 책, 83~84쪽.
139 위의 책, 33쪽.
140 위의 책, 48쪽.

로 작용하게 되었다. 이로부터 풀무 공동체는 '인문·실업 통합형 교육 과정'의 실험을 전개하고자 했으며, '진리의 공동추구'라는 학습의 기본자세는 공동학습으로 구체화하고자 했다.

마찬가지로 홍순명의 언급에 따르면, 공동생활은 그 자체로 여러 사람들이 함께할 수 있는 방법을 배울 수 있는 방편이 되지만, 주제학습을 통한 스스로 공부하기와 함께 공부하기의 체험은 경쟁이 배제된 공부, 즉 스스로 생각하는 힘을 기르고 함께 하는 지혜를 발견하는 즐거움을 선사하는 것이다. 그리하여 문제해결의 핵심과 본질을 건드리고 꿰뚫는 실질적인 공부를 지향하며, 영역과 범주를 넓혀 폭넓게 공부하는 것을 독려하고자 했다. 모둠과제와 공동발표라는 두 단계로 설계된 주제학습은 곧 공동학습이기도 한데, 이는 단순히 지식습득에 머무는 것이 아니라 더불어 사는 방법을 배우고, 독립적인 주제의 안출과 이에 대한 심화학습을 스스로 가지는 것을 독려하기 위한 것이었다. 모둠과제와 공동발표 그리고 심화학습으로 이어지는 공동학습으로서 주제학습은 의견과 생각의 다양성, 그리고 수렴과 조율을 통한 효과적인 문제해결 능력을 기르는 방법으로 차용되었다. 또한 교과 과정에서 지식과 지혜의 숙달을 이루고, 정신적 가치의 정립과 심화를 스스로 이루도록 도왔다.

나아가 더불어 사는 일은 간단히 말하면 평화를 삶의 가치로 새기고 이를 지향하는 일이고 이러한 평화는 도덕적 가치 내지는 정신적 질서로서 완전한 교육을 통해 비로소 세우고 따를 수 있도록 해야 한다고 강조되었다. 여기에 학교가 해줄 수 있는 이상적인 역할은 직접 깨우침의 학습 경로를 형성하는 일로 설정되었다. 이를테면 교실은 공부방·안방·공동작업실·자료실·회의실·전시실로 얼마든지 쓰임새에 따라 탈바꿈할 수 있도록 하여 교육 공간의 다중성을 추구함으로써 열린 공간으로서 자유로운 활용이 가능토록 하였다. 학교 곳곳에 있는 게시판을 통해 생활화된 토론이 진행되면서 시의성 있는 의제들의 빠른 공론화와 생활을 이어가는 가운데 일상적으로 생각하고 의견을 나누는 일이 이루어질 수 있게 되었다.

뿐만 아니라 목공·문예·원예·제빵·사진·서예 등 특별활동과 음악·미술·합창·역사 등 동아리 활동이 학생들의 주도로 이루어졌다. "흙에서 인터넷까지"[141]라는 말은, 학생 활동의 다채로움을 나타내는 말로 제시되기도 했다. 교내 학우회는 학생자치위원회의 역할을 담당하였다. 환경·교지·국제 문통·기아 헌금·청소·보건·봉사·도서·저축 등 각 위원회의 목표 설정과 그에 맞는 활동이 이루어졌으며, 달마다 주마다 정기적으로 전체회의와 자치 모임을 진행하였다. 여기에서는 모두가 생각해 볼 만하고 시의성 있는 주제와 안건들을 공적으로 의제화하여 학생 자체적으로 논의에 부치도록 하였다. 즉 학교에서는 당시 제기되는 특정한 문제들을 어떻게 다루고 대처해갈 것이며 어떤 실천과 행동으로 구체화할 것인가에 대한 고민과 토론을 진척시켰다.

풀무는 "이렇게 해서 학생들이 함께 생각하는 법, 일을 분담하여 실행하는 법을 익혀 학교 공동체를 만들어 나가고 민주적 생활 태도를 실천하는 것"[142]을 궁극적으로 이루고자 하였다. 또한 풀무의 생활관은 그것 자체로 학생들의 중요한 생활현장[143]으로 여겨졌다. 다시 말해 풀무라는 학습 공동체는 생활관-생활 공동체-생활현장, 그리고 교실-교육공동체-교육현장으로 이원화된 체계로 설계·실행되었다. 또한 이들은 생활과 학습, 기숙사와 교육이 유기적으로 결합하여 학습 공동체의 중심 현장으로서 그 기능을 효과적으로 담당하였다.

풀무학교, 어렸을 때 들어간 거 아닙니까. 그리고 풀무학교의 중등부 3년 동안은요, 성서 같은 거 얘기 안 했어요. 이찬갑 선생이나 주옥로 선생이 성서 같

141 위의 책, 54쪽.
142 위의 책, 55쪽.
143 위의 책, 56쪽.

은 거를 수업으로 갈키거나 이런 건 전혀 안 했어요. 우리보고 믿으라고 권장도 하나도 안 했어요. 고등부 때 그때 인제 성서가 일주일에 한 시간씩 들어가는 거예요. 과목으로. 그 대신 중등부 다닐 때도 일요일날 예배는 봤죠. 선생님들이. 희망자는 나갔지만, 전 한 번도 나간 적이 없으니까. 그랬는데, 고등부 들어와서부터는 수업시간이, 성서시간이 있고 점점 접근해서 성서를 좀 배운 거죠. 주옥로 선생님. 주옥로 선생님이 원래 목사니까. 그렇게 했고. 그 점이 나는 풀무학교가 좋았어요. 믿으라고 강요 안 허고. 중학교 과정에서, 뭐 그냥. 그게 좋았다고 봐요.[144]

풀무학교 교육이 인저 더불어 사는 평민, 그거잖아요. … 풀무학교의 상징적인 거는, 다른 거 없어요. … 일만 하면 소가 되고 공부만 하면 도깨비가 된다. 일과 공부를 같이 허야 사람이 된다. 이 노작교육이에요. 여기서 다 공동체가 나오는 거여. 이 노작교육이라는 거. 노동은 약자가 하는 게 아니고. … 노동 속에 생명이 있구 노동 속에 모든 협업과 공동체 생활 다 들어 있는 거예요. 삶이라는 게 있잖아요. 살림, 살아가는 삶. 이 속에 다 들어 있는 거 아니에요.[145]

위의 구술에서는 풀무학교가 학생들에게 강조한 두 가지 원칙을 살펴볼 수 있다. 하나는 학생 개인의 자율을 보장하고자 한다는 점이고 다른 하나는 일과 공부가 합치된 노작교육을 중요시했다는 점이다. 전자는 무교회신앙이 가져온 태도와도 연관되는 것으로 이해될 수 있는데, 강요하지 않고 자치와 자율에 대한 옹호와 성서를 중심으로 한 공동체의 공적 활동에 대한 독려가 이루어졌다는 점을 살펴볼 수 있다. 후자는 학생이 공부만이 아니라 이와 함께 생명을 활성화하고 공동체를 구성하는 근간으로서 일 혹은 노동이 동시에 수반되어야 한다는 점을 강조한 것이었다. 즉 살림이라고

---

144 이번영(남, 72세)의 구술(2019년 3월 8일, 홍성읍 공간사랑).
145 주형로(남, 62세)의 구술(2021년 8월 20일, 홍성환경농업교육관).

하는 것은 일과 공부의 합치 속에서 비로소 이루어질 수 있는 것이며, 이를 상징하는 것으로 '일만 하면 소가 되고 공부만 하면 도깨비가 된다(일소공도)'라는 언술이 현재까지도 강조되고 있다.

이와 함께 풀무 공동체는 비단 학교 교육만 담당하는 것이 아니라 '예배와 생활의 공동체', 그리고 '지역과 더불어 사는 공동체'를 가능한 현실 속에서 이루고자 해오고 있다. 즉 예배와 생활의 공동체로서 풀무는 "구성원이 저마다 자기 역할을 가지고 서로 유기적으로 평등한 관계를 맺으면 공동체는 발전"한다는 생각을 전제로 하고 있다. 또한 지역과 더불어 사는 공동체로서 풀무는 "지역은 열려 있는 학교 그 자체이고, 학교는 곧 지역의 한 부분"[146]이라는 생각을 전제로 하고 있으며, 이러한 바탕은 지역의 생태 문제를 촉발시키고 실질적인 농사 방법이자 생태 보호의 가치를 추구하는 유기농사 실험이 이루어지는 자양분으로 기능하기도 했다.

이는 지역과 울타리를 치게 된다면 생각하기 어려운 부분인데다, 학교 자신이 지역의 한 부분으로서 그 역할을 다하고자 창안된 실천이라고 이해될 수 있다. 이러한 공동체적 지향은 학교 졸업생을 '수업생'이라고 부르는 이 지역의 독특한 문화에서도 살펴볼 수 있다. 공부가 끝났다는 의미의 졸업생이 아니라, 마친 것은 학교에서 받는 수업일 뿐 이제는 지역과 더불어 사는 가운데 새로운 현장 공부가 시작되었다는 의미에서 그러한 이름 붙임의 관행이 생겨난 것이다. 이를 통해 학교는 또한 지역에서 공부하는 수업생들과 더불어 지내게 되기도 한다.[147]

그래서 풀무학교가 여러 가지를 시작했을 때 분명한 원칙이 있었어요. 그게 뭐냐면 마을과 학교가 하나가 된다. 근데 이 학교는 학교가 마을이어야 하고 마

---

146 홍순명, 앞의 책, 34쪽.
147 위의 책, 35쪽.

을이 학교여야 한다는 그 원칙을 가지고 지금까지 왔다고 생각합니다. 이 풀무학교가 마을에서 하고자 하던 일이 아직까지 완성이 된 건 아닙니다. 그래서 숙제는 계속 있는 것이죠. 그래서 처음에 풀무학교를 운영하셨던 분들이 시작하셨던 행위가 어떤 행위였냐면 학교를 마을로 만들고자 했어요. … 서로 역할 나누기도 하고 서로 도와주기도 하고 이끌어주기도 하고. 필요할 때 서로 논의하기도 하고. 이것이 되어서 마을에 나갔을 때 그들이 그 사회에서 그 역할을 할 수 있다 이런 것이 풀무학교에서 제가 본 것이었거든요. 홍동 지역이 굉장히 오래 지금까지 그런 것들을 지켜오게 된 것은 틀림없이 학교에만 있다고 생각합니다. … 그런 점에서 하나의 정신적인 밑바탕이 되는 것이 아닌가.[148]

요컨대 풀무 공동체는 학교를 지역의 한 부분으로, 지역을 학교의 한 부분으로 삼으면서, 좋은 삶의 환경과 좋은 교육 환경을 지역과 학교의 일치 속에서 이루어가고 있다. 졸업생에서 수업생으로 그 이름을 바꾸어 부르는 것은, 지역으로 나가더라도 풀무와의 연결 속에서 배운 것을 실천하며 지역을 살아가는 태도와 마음의 가짐을 습속화한 것이기도 하다. "흙뿐 아니라 공기와 물까지 죽어가는 이때"에 흙의 소중함을 가르치는 풀무 공동체의 교육 지향은, 전과 다른 국면에 놓임으로써 당대의 학교는 어떤 대안을 창출할 것인가에 대한 고민의 한 결과로 이해될 수 있으며, 이때 더불어 살기는 바로 흙과도 더불어 살기로 이어지게 되기도 하였다. "더불어 산다고 하는 것은 우리의 생활양식이 되어야"[149]한다는 지향 속에서, 생활양식의 구성과 정립을 통한 실천이 학교 공동체에서 이루어지는 교육을 매개로 하여 진척되고 있는 것이다.

---

148 정승관(남, 66세)의 발표(「학교와 지역사회 : 풀무학교와 홍동」, 『지역에서 일구는 미래, 공동체문화 재생의 동력과 실천들』, 제1회 지역협력 학술네트워크 컨퍼런스, 2019년 2월 27일, 안동대학교 국제교류관).
149 홍순명, 앞의 책, 37쪽.

어떤 학교라든지 집단이 뭘 시작을 하게 되면 그 집단이 계속해서 관여를 하게 되죠. 왜냐면 그게 이제 초창기 정신을 잃어버릴 수도 있고 변절될 수 있다는 두려움도 있기 때문에 이렇게 되는데, 여기는 처음부터 '학교에서 시작한 걸 지역으로 내보낸다' 이게 원칙이었어요. 예를 들면 이제 신협 같은 경우는 우리나라에 아직 신협이 들어오기 전에 풀무학교에서 신협을 시작했습니다. 60년대 초에 시에서 아이들하고 그러다가 지역 사람들이 조합으로 참여하기 시작하고 그러고 얼마 안 있어서는 완전히 지역으로 내보내서 지역민들이 완전히 운영하게 하는. 모든 것들이 그렇습니다. 협동조합도 마찬가지고 유기농업도 마찬가지고 생협도 마찬가지고 대체에너지도 마찬가지입니다. 학교에서 어떤 것들을 시작해서 이것을 어느 정도 수준에 이를 때까지는 꾸준히 잡고 하다가 그 이후에는 완전히 지역에서 잡아서 운영할 수 있도록 하는 그런 구조죠.[150]

전술했듯이 '지역은 열려진 학교이고, 학교는 지역의 일부'라는 생각은 "지역의 교육력을 활용하고, 또한 학교를 움직이는 원리가 지역사회를 움직일 때 지역과 학교는 서로 힘을 줄 수 있을 것"이라는 관계 설정에 부응하는 구상의 체계화로 이어졌다. 이를테면 그것은 "학교가 지역의 자치와 생명과 융합하는 공동체에 공감하고 그 실현에 협력하는 것"을 이상으로 삼았다.[151] 위의 구술에서도 언급되고 있는 것처럼, 학교와 지역의 관계는 "학교에서 한 것을 지역에 내보낸다"는 원칙에 의해 운영되었다. 즉 시대가 야기한 문제 지점에 따라 그 대안적인 양식을 학교 내에서 창안하고 시작히여 수준을 높여 나가다가, 궁극적으로는 학교 밖 지역에서 완전하게 운영될 수 있도록 하는 원칙 내지는 구조가 공고하게 자리 잡았다.

---

[150] 정승관(남, 66세)의 발표(「학교와 지역사회 : 풀무학교와 홍동」, 『지역에서 일구는 미래, 공동체문화 재생의 동력과 실천들』, 제1회 지역협력 학술네트워크 컨퍼런스, 2019년 2월 27일, 안동대학교 국제교류관).
[151] 홍순명, 앞의 책, 62쪽.

특히 협동조합과 유기농업, 그리고 신용협동조합이나 대체에너지 등은 학교에서 나름대로 영향력 갖추고 지역으로 진출했던 양식들로, 학교와 지역뿐만 아니라 도시와 농촌, 주민과 학생, 지역과 농가 등 서로의 어깨를 걸고 함께 나아갈 수밖에 없는 사회적 연대 구조를 조건화한 대표적인 사례라고 할 수 있다. 또한 협동조합과 유기농업은 먹거리 생산 체계의 재구조화를 통해 농촌과 도시 간의 연대를 강화한 것이었으며, 이와 동시에 지역 생태 경관의 재활성화를 이끄는 효과적인 방법으로 제시되었다. 학교와 지역의 관계는 서로 힘을 얻고 연대하는 차원에서만이 아니라, 실천 양식이 주조될 수 있었던 처음의 문제 지점을 잃지 않고 유지될 수 있도록 서로 관여하고 감시하는 긴장 관계를 형성해왔던 것으로도 이해되고 있다.

뿐만 아니라, 학교는 지역의 교육을 담당하고 지역은 학교의 실습장으로 활용함으로써 상호보완적인 관계 구조가 설정되기도 하였다. 대표적으로 재생비누 공장을 언급할 수 있다. 학교가 지원하고 지역민이 주도하여 조성된 재생비누 공장은 단순한 제조공장이 아니었다. 재생비누 공장은 학생들의 환경 과목 실습 현장이 될 뿐만 아니라, 자주적 조합 운영을 위한 실습 현장[152]으로도 그 소임을 실행하였다. 즉 교과 실습과 생활 실습을 겸하면서 구체적인 조합 현장의 실습지로도 기능했던 것이다.

이는 지역에 하나의 실천 양식이 자리 잡히게 되면 그것은 지역민을 위한 것일 뿐만 아니라 교육 현장으로도 적극 활용되는 이 지역 공동체 활동이 지니는 특이적 문법을 보여준다. 물론 여기에는 앎 혹은 지식에 대한 새로운 이해가 함축되어 있다. 풀무 공동체에서 지식은 곧 참지식이자 산지식으로, 그것은 창의·사고·실재·올바름 등과 같은 가치 지향과 단단히 결부되어 있다. 또한 이러한 지식의 재규정은 실천의 근간, 즉 이 지역 실천의 지속과 전개에 중요한 단초로 작용되고 있다는 점에서 유의미한 흐름

---

[152] 위의 책, 64쪽.

을 조성하고 있다.

지역과 학교가 더불어 사는 공동체를 이루고자 하는 목표 내지는 이들이 밀접하게 연계된 '학교 마을'이라는 구상의 실현은 전통적으로 작고 변두리에 있던 땅으로 여겨져 마을 살이에서 다소간 배제되었던 갓골[153]이라는 곳에서 전개될 수 있었다. ICCO[154]의 지원으로 조성될 수 있었던 학교 마을로서 갓골의 새로운 디자인은 지난 시간 동안 여러 가지 방식으로 설계되었던 농촌문명의 지향을 자양분으로 삼아 이 지역에 구체적으로 현실화된 것이었다. 풀무 공동체는 두 차례에 걸쳐 제공된 지원금을 활용하여 폭넓은 실습과 교육을 실시하고 지역의 변화를 이끌어가기 위한 준비에 착수하였다. 이를테면 학교 앞 민간 토지 3천여 평과 가옥을 사들여 비닐하우스 밭과 논으로 확장하고 학교 초입에는 지역교육관을 새로 건립하였다.

풀무 공동체는 운월리 창정마을에 위치한 갓골 토지 1만 7천여 평을 사들여 양어장을 만들고 우사와 양돈장을 지었으며 농기계수리센터를 신축하였다. 이때 조성된 갓골은 마을 공동체 시설들이 들어서는 터전으로 되었다.[155] 이들은 이 가장자리 빈 땅이었던 터를 일구어 새롭게 공동마을을 형

---

[153] 갓골은 갓굴이라는 지명으로도 불린다. 운월리 창정마을의 서쪽인 면사무소 쪽으로 형성된 마을이다. 갓골이 속한 운월리는 면소재지가 위치하여 가장 번화하고 일찍부터 신안 주 씨가 터 잡은 곳이다. 차운봉과 매봉재, 시금봉 사이에 위치하고 있으며 운곡·상반월·창정·송풍이라는 4개 마을로 구성되어 있다. 창정마을은 마을 앞에 내가 흐르며 햇빛이 잘 든다고 하여 붙여진 이름인데, 주민들에 의하면 상반월과 구별하느라 '반월'이라는 이름이 더 자주 쓰인다고 한다. 상반월이라는 이름조차 반월 위에 있다는 뜻으로 통한다. 풀무에서 토지를 매입하고 학교 마을을 조성하기 이전의 갓골은, 본래 상여집 한 채 정도만이 자리하고 있고 사람이 거의 살고 있지 않던 외딴 골짜기였다. 현재는 약 20가구가 거주하며 창정마을의 1개 반을 형성하고 있다. 창정마을의 나머지 1개 반은 본동이다(홍동면지편찬위원회, 앞의 책, 2015, 499~500쪽 참조).

[154] ICCO(Interchurch Organization for Development Coorperation)는 개신교 개발협력기구로, 네덜란드 개신교가 연합하여 해외 개발지원금으로 가난과 부정의가 없는 인간 존엄과 복지 세계를 만들어가기 위해 협력하는 취지로 1964년에 설립한 기관이다(정승관, 「1977년의 풀무와 홍동」, 충남발전연구원+홍동마을 사람들, 앞의 책, 57쪽).

[155] ICCO의 지원은 다음과 같은 과정을 거쳐 이루어질 수 있었다. ICCO는 빈곤한 공동체에 친환경적인 주거 환경을 제공하는 비영리 단체이다. 이곳은 기독교에 뿌리를 두고 있지만, 종파를 넘어 다양한 교회들이 협동하는 국제 민간 기구이며 네덜란드 정부와 유럽연합에서 자금을 제공받아 운영되고 있다. 이 기구는 아프리카·중동·아시아·태평양 연안·남아메리카·동유럽

성하고자 했다. 이전의 관습을 고수하는 사람들로 채워지지 않았던 데다, 굳건하게 자리 잡혀 있는 전통사회의 문법에 따르면 쓸모를 찾기 어려운 벽지(僻地)를 택해 학교 마을을 형성하였던 것이다.

무관심하고 버려진 땅이라는 일반적인 평가와 인식은, 역으로 공통의 가치에 기반을 둔 새로운 집합적 실험의 창출과 자본주의적 근대성이 강요하는 삶으로부터 비껴난

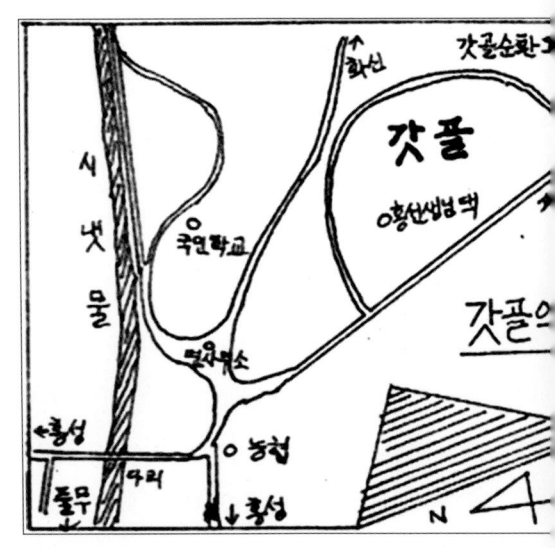

〈그림 2〉 갓골 약도
(『풀무』 7, 풀무학교총수업생회, 1979. 3. 발췌)

'다른 삶의 양식'에 대한 시도가 비교적 자유롭게 성사될 수 있는 조건으로 작용하였다. 뿐만 아니라 면소재지 근처에 위치함에 따라, 이곳은 다양한 취향을 가진 내·외부인들의 왕래가 활발하게 이루어지면서 일면 도시적 성격을 띠지만 그것과는 분명히 다른, 독특한 농촌문명의 새로운 경관들이 점차적으로 현실화되어갔다. 이 공유지에서는 자고 나면 새로운 공동체가 하나씩 생기고 더러는 사라졌으며, 그럼으로써 실험적 대안 사회[156]의 이상

등 개발도상국가들에서 사회봉사·정당한 경제 발전·민주화와 평화 건설 등을 위해 일하며, 한국에서는 부산의 천막 복음병원과 거창고등학교가 처음 지원받은 바 있었다. 두 곳의 주체인 장기려와 전영창의 주선으로 풀무학교는 1978년 ICCO의 지원을 받을 수 있었다. 이후 홍순명은 1979년 9월 ICCO 국제회의에 초청받아 아시아 분과 회의에서 의장으로서 참여하였다. 이 회의의 배석과 토론을 계기로 약 1억 2천만 원을 2차로 지원받았다. 물적 지원과 동시에 홍순명은 당시 약 2개월 동안 네덜란드를 비롯하여 유럽의 선진적인 학교 교육을 들여다보고 지역사회 기관들을 탐방하며 학교 마을의 구상에 대한 시야를 넓히고 앎을 습득하여 돌아왔다. 특히 이 탐방은 스위스 페스탈로치의 교육 철학을 깊이 만난 계기가 되기도 하였다(이번영, 앞의 책, 81~83쪽).

156 위의 책, 86쪽.

적 외양을 그때그때 갖추며 지속되어 갔다.

앞으로 식당, 숙소, 영사, 회의실, 강의실, 방송, 신문, 출판부, 도서 자료실, 탁아소, 정구장이 있는 농촌 문화의 산실이 될 문화센터와 조합 경영의 낙농 공장이 들어서서 자립하는 갓골, 지역사회의 중심 기능을 갖는 갓골이 되었으면 한다. 또 갓골의 희망적 결과를 통해 홍동면 내에 3~4개소 자발적으로 이런 건강한 공동마을이 형성되고 풀무에 해당 학과를 두어 가정과 학교와 사회는 유기적 일치를 이뤄야 하리라. 우리는 이런 공동마을이 낮음에 처하는 정신의 구현과 농촌과 사회발전의 소망스런 방향으로 믿는다. 갓골의 갓은 정사가 분명하고 이지와 정감을 구유한 교양인이며, 물질적 자제가 가능했던 청교도적, 한국의 전통적 인간상인 선비의 의관이 아닌가? 왕선생 눈이 빛나고 최천심이 웃고 주정뱅이 설치고 돌순오빠가 힘내는데 번대콩도 뛴다. 신판 갓 쓴 선비들의 도깨비굿을 한바탕 기대하리로다.[157]

예전 마을 들머리에 서 있던 정자나무는 느티나무가 대부분으로, 시골이 살아 있을 때 느티나무 아래는 사람들이 그늘에 쉬면서 참을 먹고 이야기꽃을 피우며 소식을 나누던 문화 공간이었습니다. 1980년대까지 집 한 채밖에 없던 갓골 마을 들머리에 이제는 느티나무가 자라고 숲과 길, 먹을거리를 짓는 논과 밭, 꽃과 책과 빵이 있고 한 이웃이 사는 마을을 만들어 가고 있습니다. 나라의 생명력은 자연과 역사 속에서 일과 생활이 이웃 문화로 어우러진 소박한 마을에 바탕이 있습니다. 옛 지명인 갓골 이름 그대로 내일을 준비하는 가장자리에서 현재와 미래를 살릴 사람을 소중히 여기며 새로운 이야기로 마을을 가꾸는 모든 사람들과 함께하고 싶습니다.[158]

---

157 홍순명, 「갓골 공동마을」, 『풀무』 7, 풀무학원총수업생회, 1979년 3월.
158 2015년 갓골마을 안내판 발췌.

갓골 공동마을의 새로운 구상에는 풀무 공동체가 생각하는 이상적인 농촌문명의 모습이 담겨 있었다. 성서 기반의 진리를 공동으로 추구하는 것은 풀무 공동체가 가지는 가장 근본적이면서도 궁극적인 지향이자 목표였다. 다만 그것이 가리키는 속뜻은 곧 '평화'로서 전환적인 해석이 이루어지기도 했다. 당대 사회를 병들게 만드는 고질적인 문제로 폭력과 전쟁, 이치에 맞지 않는 인간들의 결속으로부터 벗어나고 이를 해결하기 위해 평화라는 가치의 추구가 꼭 필요한 것으로 생각되었기 때문이다.

그러한 추구 속에서 병폐의 원인으로 지목되고 있는 "대규모 산업 방식과 중앙 집권을 반대"하고 "지방자치와 산업의 분산을 옹호"하는 농촌문명의 상을 제시했다. 이를 구체적으로 실행하는 과정에서 "연대와 노동에 입각한 평민 문화"를 가장 우선한 것으로 생각하였다. 교육과 종교는 일상 속의 구체적인 학습을 통해 혁신을 이끄는 촉매이자 동력으로 생각되어, 평민 문화의 조성을 위한 기본 동량으로 굳건히 세워졌다. 실습은 그러한 가치 추구를 구체적으로 가능케 하는 실행 방법을 고안하는 데 필수적인 과정으로, 갓골에 조성되는 공동마을에는 논과 밭, 개간지와 과수원 등의 실습지가 만들어짐으로써 공동체의 실업 역량을 증대시키는 공간이 되어야 했다. 즉 이 시대에 중요한 가치가 무엇인지 알고 설파하는 것보다는, 그 가치를 구체적으로 어떻게 추구해갈 것인지에 대한 실제적인 역량이 더욱 필요한 것으로 보았던 것이다.

그리하여 외부 기구의 지원, 그리고 학원이 가진 20년의 내적 역량이 결합하여 다각적 영농으로 묶인 학교 마을과 공동체로서 공동마을로 건설되었다. 버려진 가장자리의 땅 갓골은 뒤엎어 갈리고 길이 뚫리며 지하수가 솟고 잔디가 심겼다. 이로써 이곳은 "생산과 소비의 공동화로 공해와 소비의 경제사회 구조의 먹구름 속"에서도 "우애와 자유의 햇살"이 비치는 곳으로 여겨졌다. "종돈의 보급, 육종, 농기계이용조합, 목공예, 풀무지의 지역적 비중 확대 등 지역사회의 고락을 실생활로 나누는 시도들"도 이루어졌다. 궁극적으로 "공동마을은 농촌의 역사적, 사회적 시련을 참고 견디며 협동과 정보, 기술의 축적으로 스스로 변형하는 농촌의 한 보루가 될 것"으로 기대되었다.[159]

풀무농업고등기술학교 생태농업과 전공부[160]의 출범에는 한국사회의 차원에서 펼쳐진 대안운동의 활성화와 그것이 이끈 교육 환경의 변화가 연관되어 있다. 그것이 갓골에 설립된 것은 함의하는 바가 크다고 할 수 있다. "식물의 성장점같이 가장자리에 내일을 위한 창조적 에너지가 있습니다. 새로운 것은 이 가장자리에서 배태됩니다"[161]라는 언급과 같이, 단순히 현실적인 선택에 머무는 것이 아니라 가장자리 내지는 변두리에서 시작하는 새로운 실천은 지역의 실질적인 일꾼들을 길러내는 목표를 가지고 지속되어 오고 있다. 전공부는 학교와 마을의 일치 · 먹을거리와 경제적 자립 · 지역 농업공동체의 복원 · 전인교육의 실현 · 지역순환농업과 공동체의 복원 · 성서의 생활화 · 지역 안팎의 교류와 소통 · 생명평화의 가치 실현 · 교내 민주주의 구현 · 교육의 제도적 한계 극복과 같은 과제를 새기고 관련된 실천을 이어오고 있다.[162]

전공부의 설립 제안은 꽤 오랜 시간 이전으로 거슬러 올라간다. 1977년 늦가을 김교신의 제자 서장석, 그리고 노평구가 학교를 방문하여 장기적인 관점에서 풀무의 학제 연장이 필요하다고 제안하였다. 1992년 3월 홍순명

---

159 홍순명, 앞의 글 참조.
160 풀무농업고등기술학교 생태농업과 전공부(이하 전공부로 줄임)는 시장경제와 경쟁을 대체할 세계관인 생태계의 보편법칙으로서 다양성 · 상호의존 · 개체 속 전체 · 순환 · 자발성 등의 실현에 농업이 가장 핵심 위치에 있다는 생각과 소농이 지역의 다양성을 살려 안전한 먹거리를 생산하고 함께 나누며 모든 이해 당사자의 참여로 농민의 주체성을 회복하는 것이 평화 사회 실현의 중심축이 된다는 믿음 아래 2001년 홍동면 운월리 갓골에서 개교하였다. 성서 위의 학원 · 생각하는 농민 · 자급하는 공동체학교 · 지역에 열린 학교 · 소농의 협동사회 · 연대와 국제교류 · 풀뿌리 주민대학이라는 교육의 방향 속에서 지금까지 농촌 일꾼을 양성해오고 있다(풀무농업고등기술학교 환경농업전공부 누리집[http://www.poolmoo.net]).
161 홍순명, 「전공부 개교 과정과 과제」, 2011년 3월 28일(미발간 원고).
162 위의 글 참조.

은 풀무학원이사회 회의를 통해 3년제 고등학교 교과 과정에서는 기초를 배우고, 이후 새로운 시대의 농업 개척을 위해 우수한 농민들을 양성하기 위해 전공과의 필요성을 제안하였으며, 이 제안으로 말미암아 고등기술학교 학제에 2년제 전공과를 설치할 수 있다는 교육부 고시에 따라 장기적인 안목을 가지고 준비해가기로 하였다.

1998년 12월에 전공과 설치에 대한 필요성이 지역 차원에서 공론화되었고, 1999년 7월부터는 전공부 설립을 위한 구체적인 준비에 착수하였다. 2000년 9월 기공식을 거행하였고 2001년 3월 '풀무환경농업전문학교'라는 이름으로 학교의 문을 열고 첫 입학식을 개최하였다.[163] 이러한 전공부의 설치는 탈주선적 행동과 국가를 경유한 '낡은 지대'로 연착륙시키는 문제를, 다양성을 구성하는 방식으로 해소되는 패턴으로 해석되기도 한다. 즉 대안학교로 체제의 경계 혹은 그 바깥의 위상을 공고히 한 '풀무농업고등기술학교'에 '환경농업전공부'를 설치하여 변화된 환경에 대응하면서도, '더불어 사는 평민'을 지향하는 교육 내용과 농업을 근간으로 한 농촌의 새로운 농민을 길러내기 위한 교육 과정을 유지하고 있기 때문이다.[164]

> 예전에 고등부가 굉장히 중요한, 지역에서 거점 역할을 했는데, 최근 들어 와가지고는 특히 1990년대 들어 와가지고는 풀무학교가 굉장히 역할이 약해졌다는 게 있죠. … 1990년대 대안학교 바람이 불면서 풀무학교 이름이 본의 아니게 좀 나게 되고 그래서 전국에서 풀무학교, 풀무학교 카면서 학생들이 들어오게 되고. 이렇게 들어오게 되니까 자연히 애들이 뭐 인성교육 쪽으로 치우치는 것이죠. … 실제로 농업도 하고 했지만 애들은 '어어' 카는 순간에 다 대학을 진학하는 것이지. 80~90프로가. … 그렇게 해서 예전 고등부가 했던 역할을 할 좀 위의

---

163 정민철, 「사진으로 보는 전공부 10년 약사」, 2011년 4월 28일(미발간 원고).
164 이영배, 앞의 글, 2019b, 297~298쪽.

단계가 필요하겠다 해서 전공부를 만들자고 선거를 했죠.[165]

중학교 중등부는 있다가 이제 공립중학교가 생기면서 없어지고 고등학교만 이제 남아 있었던 거죠. 그러다가 이제 고등학교, 시대가 바뀌면서 고등교육, 고등학교 교육만 가지고는 농촌에서 살아남을 농민을 기르기에는 한계가 있다고 생각해서, 연장과정으로 2년제 정규대학 과정을 만든 거거든요. 무교회주의자들이 전공부를 만들었는데, 내용을 채운 거는. … 무교회주의+생태주의가 전공부를 운영하는 주축인데, 무교회주의는 바탕에 있고 생태주의가 주로 교육에 주류로 이용이 되는 거죠.[166]

고등부 같은 경우는 그러면 교육청 지원을 그때부터 받자. 교육청 지원을 받으면 관리 감독이라거나 이런 제약이 좀 있기 때문에. 그래서 그렇게 좀 정리를 한 것 같더라고요. 그 당시에. 그리고 풀무학교 전공부를 만들면 그 당시 상황이 인제, 거의 다 대학을 가는 분위기였기 때문에, 고등부 친구들이 졸업을 하면 자연스럽게, 특히 농업에 조금 더 관심이 있는 친구들이 이쪽으로 진학을 할 거다. 그렇게 자연스럽게 좀 편하게 어떻게 보면, 전공부만 만들면 인제 뭔가가 잘 해결될 거라고 생각을 했는데, 막상 만들어놓고 보니까. 그 당시에 인제 그때부터 또 풀무학교 고등부가 인기가 좋아져가지고 예전엔 인기가 전혀 없었는데. 그래서 전국에서 또 와서 그 친구들은 여기로 진학을 안 하고 그냥 일반대학으로 거의 다 진학을 하고.[167]

주지한 바 있듯이 초기의 풀무학교, 즉 중등부와 고등부는 농촌이라는 열악한 환경에서 제대로 된 교육을 받지 못하는 지역 출신의 아이들을 그 학생으로 받아들였다. 이후에도 정농회에 참여하는 이들이나 무교회신앙을 지닌 이들의 자녀가 입학하는 추세가 지속됐으며, 졸업 이후에도 자연스럽

---

165 박완(남, 71세)의 구술(2021년 7월 16일, 홍동밝맑도서관).
166 장길섭(남, 59세)의 구술(2019년 4월 19일, 동네마실방 '뜰').
167 강국주(남, 48세)의 구술(2019년 3월 16일, 풀무전공부 연구실).

게 지역과 마을에 진출하는 경향이 뚜렷하였다. 그러나 점차 지역과 학교의 변화된 위상, 즉 풀무학교가 한국사회 내에서 선구적인 대안학교로 주목받게 되면서 학교와 직접적으로 연결된 이들의 자녀에 국한되지 않고, 대안적인 교육을 받고자 원하는 입학생들이 전국에서 유입되었다. 이와 같은 1990년대에 접어들면서 변화된 흐름을 반영하여, 풀무학교는 인성교육으로 일정 부분 전환하면서 지역에 정착하는 일꾼을 길러내는 거점으로서 그 역할이 다소 축소되었다.

특히 학교 내부에서는 대학 진학자가 늘어나고 있다는 점, 그리고 지역공동체의 성원이 될 수 있을 만한 연령이 전과 달리 상승되었다는 점이 문제로 여겨지기도 했다. 이에 전공부의 설립이 풀무학교 이사회에서 논의되었는데, 당시 고등부의 운영조차 어려운 상황에서 반발 또한 만만치 않았지만, 지역과 농업을 살리고자 하는 본연의 역할을 당시의 시점에서 더욱 강화하고자 하는 지향에서 전공부가 설립될 수 있었다. 전공부는 고등기술학교가 둘 수 있는 2년제 심화 과정으로서 지역과 농업을 살리기 위한 구상과 풀무학교의 완성교육을 실현시키기 위해 설립되었다.

위 구술의 발화 주체들은 각각 전공부의 설립과 정착 과정에 일조했으며, 각자가 놓인 위치와 그 성격에 따른 역할들을 도맡은 이들이라고 할 수 있다. 이를테면 한 주체는 무교회주의에 깊이 관여되면서 학원 이사회의 구성원으로 참여하며 초기 전공부의 운영 전반을 총괄하였다. 한 주체는 생태주의의 맥락 속에서 귀농운동의 흐름을 주도하고 지역에서 유기농사를 지으며 전공부의 농사 선생으로 동참하였다. 한 주체는 전공부의 교육과 지역적 역할이 정착하는 가운데 농사와 연계된 인문학 강의를 담당해오고 있다. 전공부는 다양한 주체들이 참여하고 있는 만큼 그 교육 과정의 다양성을 보여주고 있을 뿐만 아니라, 그에 대한 시선도 여러 갈래임을 보여주고 있다.

특히 두드러지는 것은 무교회주의와 생태주의가 구분되는 가운데에서도,

이들이 전공부를 매개로 결합하여 일정한 교육 체계를 구성하고 있다는 점이다. 앞서 살펴본 것처럼, 1990년대에 성행한 이른바 '대안학교 바람'에 따라 풀무학교 고등부에 진학하는 학생들의 성격이 변화하면서 학교는 농업 그 자체에 대한 교육보다는 인성교육에 치중하는 방향으로 교육 과정이 재편된 측면이 있었다. 이에 따라 농촌의 정착 문제와 그 열악한 상황이 문제로 제기되면서 고등부의 심화 과정, 즉 농업에 전념하는 학생들을 위한 교육 체계를 구상하는 일로 이어진다. 이러한 교육적 측면과 더불어 제도적 측면에서 전공부의 설립이 논의되었다. 즉 교육청의 지원 아래 고등부의 안정성은 확보하면서, 전공부의 설립을 통해 학교가 가진 초기의 지향이 유지될 수 있도록 하기 위한 교육 과정의 필요성이 논의로 부쳐진 것이다. 그리하여 위의 구술에서 언급되고 있는 것처럼, 학교의 운영 자체는 무교회신앙에서 출발했지만, 그러한 바탕에 생태주의라는 교육 철학이 개입되면서 더욱 전면화되었다. 이에 따라 전공부는 생태적 실천으로서 농업을 가르치고 농적 생활의 다양한 방식이 가능함을 실험하는 교육 체계를 더욱 강화하는 방향으로 거듭나게 되었다.

> 농업 이론 수업, 그 다음에 되게 다양해요. 미술 수업도 있구. 음악 수업도 있구. … 논어, 노자, 맹자 이런 거 가르치기도 하구, 글쓰기 가르치구, 나는 이제 생태철학, 또 역사. 한국현대사. 이런 수업을 했구. … 원예, 밭농사, 인권과 자치, 토양과 미생물. 농촌 지역에 사는 데 필요한 여러 가지. 유기농업, 생태철학, 글쓰기, 고전, 미술, 음악. 음악은 졸업생들이 해요. 합창 이런 거. 다양하게 하죠. … 결국은 우리 삶의 핵심적인 문제는 유한한 지구 안에서 순환적인 질서에 순응하면서 살아야 되는데, 우리는 그걸 무시하고 직선적인 진보를 추구하는 삶을 살았으니까, 어떻게 하면 우리가 순환하는 자연의 질서에 순응하는 삶을 살 수 있을까. 그런 삶의 형태라는 거는 어떻게 사는 건가. 그런 거에 중점을 둬서, 사람들이 때에 맞춰서 사는 법을 아는 거죠. 그러니까 봄이면 봄에 맞게 살고,

여름이면 여름에 맞게 살고. 겨울이면 겨울에 맞게 살고. 농사두. 봄에 뭘 해야 되구, 여름에 뭘 해야 되구, 가을에 뭘 해야 되구.[168]

고등부의 교육 여건과 현실의 한계라는 인식 속에서 설립된 전공부는 농사와 인문이 결합하는 교육과정을 개발하고 마을을 학교로 여기고 지역주민과 더불어 이루는, 농업 교육의 외연 확장이라는 지향을 실현하기 위해 주력하고 있다. 더욱이 이곳에서 '삶의 방식'으로서 농업을 가르친다는 점은 중요하다. 즉 "농업은 단순히 경제의 한 분야가 아니라 지속가능하고 인간다운 삶을 누리고 살 수 있는, 거의 유일한 '삶의 방식'이라는 것"의 강조 속에서 전공부 교육에서 주력하는 실습은 "단순히 농사기술을 배우는 것이 아니라 … 자연의 질서에 순응하고 조화를 이루며, 땅과 이웃과 더불어 어울려 사는 '삶의 기술', 다시 말하여 '공생공락의 삶의 방식'을 배우는 것"[169] 임을 분명히 하고 있다. 즉 순환하는 자연의 질서에 순응하는 삶, 그러한 때에 자신의 몸을 맡기고 사는 법을 체득하기 위한 교육 과정으로서 농업 이론에 대한 학습이 이어지고 있다. 뿐만 아니라, 이 학습은 예술·문학·철학·공학 등 분과 영역을 가리지 않고 농촌의 실생활에 필요한 만큼 주체적으로 이어지고 있으며, 농사의 가치를 지키며 사는 삶에 대한 배움이 이루어지고 있다.[170]

㉠ 그때는 신념이 굉장히 강했던 거 같아요. 도시생활은 지속가능하지가 않

---

168 장길섭(남, 58세)의 구술(2019년 10월 2일, 갓골작은가게).
169 장길섭, 「풀무학교 전공부 농업실습 10년을 돌아보며」, 2011년 6월 30일(미발간 원고).
170 한편 전공부 내에서는, 어느새 대학이 보통교육이 되었듯이 농민 또한 보통교육을 받음으로써 보다 전문적인 농민의 실력을 갖추는 것이 중요하다는 인식 속에서 '유기농 특구'로서 홍동 지역의 위상을 살려, 학교와 현장의 결합되는 교육을 새롭게 구상하고 있다. 이는 구체적으로 '풀무유기농대학'이라는 학력인정대학의 설립 제안과 이에 대한 논의가 이루어지고 있다(홍순명, 「유기교육, 유기농업, 유기사회를 위한 학력인정 풀무유기농대학 설립을 건의합니다」, 『풀꽃』 25, 풀무재단, 2022, 17~20쪽 참조).

다. 그때 또 이제 환경과 먹거리에 대한 관심이 있어가지고. 그런 책을 보고. 약간 코스가 있어요. 몇 개의 문제의 책들이 있거든요. 굉장히 강력한 동기부여를 받고. 실천해야지. 그러다가 결국 직업에 대한 고민까지 갔죠. … 도시에 사는 거는 정답이 아니야. 정답은 농촌에 내려가는 거야 라고 생각했는데, 지금은 어떤 삶도 의미가 있다고 생각이 들어요. … 전공부를 알던 지인이 먼저 와있었기 때문에, 지인의 남편이 먼저 와있었기 때문에, 그 분 통해서 휴가 때 와서 봤고, 그래서 학교가 부담이 없더라고요. 저는. 왜냐면 그만두면 되니까 중간에. 학교는 많이 다녀봤으니까. 그래서 부담 없어서 왔죠. 전공부를 통해서 홍성이라는 곳을 알게 됐고, 여기 정착을 하게 됐죠.[171]

ⓒ 제가 사실 농사에 뜻이 있어서 홍성에 처음 온 건 아니거든요. 전공부 올 때도, 그런 경우도 간혹 있어요. 물론 진짜 농사짓고 싶어서 오는 사람도 있지만, 저는 크게 생각 안 해봤고. 그냥 오히려 어렸을 때부터 접했던 것 자체가 어떤 도시적인 풍경보다 그냥 이런 농촌에서 지내고 이런 거 좋아해가지구, 그런 게 끌려서 왔던 게 컸고. 근데 실제로 와서 전공부 생활을 하면서 농사를 짓는다는 게 어떤 뭐랄까요. 재미있는 점들. 뭔가 몸을 계속 쓰고, 뭔가를 어떤 것을 기르고, 이런 것에서 오는 기쁨 같은 거를. … 인간이 만들어놓은 규칙이 아니라, 자연적인 어떤. … 그런 거에 맞춰서 사는 것. 내가 막 나 하고 싶은 대로 다 하는 게 아니라 주변과 교감이라던가.[172]

ⓒ 자립하는 걸 중요하게 생각해요. 그래서 자기 스스로 살아갈 수 있게. 집까지는 아닌데, 가구 만드는 것. 그런 기술이라던가. 옷 만드는 바느질 기술. 밥 만드는. 어쨌든 의식주를 스스로 해결할 수 있게. … 전공부는 농사를 해보고 싶어가지구. 학교에서도 농사를 배우긴 했는데, 진짜 텃밭 정도여서. 내가 이 정도로 먹고 살 정도로 농사를 못 짓겠구나. … 현장에 들어가야 제대로 배운다

---

[171] 조대성(남, 44세)의 구술(2020년 1월 21일, 월천농장).
[172] 이준표(남, 27세)의 구술(2019년 5월 26일, 해전대학교).

이런 생각이 있어가지고. … 그래서 현장으로 찾아갔는데, 거기서 조금 데이고. 아 내가 아직은 준비가 안됐구나. 해서 이번에 학교를 선택해서 왔죠. 전공부. … 저희 엄마는 여기를 어느 정도 아니까, 제가 농사를 배워보고 싶다 이러니까. 홍동에 풀무학교가 있다라면서. 처음에는 고등부를 추천을 했죠 엄마가. 근데 고등부 안 가고, 이것저것 하다가 전공부로 왔죠.[173]

외부에서 귀농/귀촌인들의 유입 경로로서 전공부의 역할이 주어지고 있다. 즉 농촌 혹은 지역의 정착을 위한 경유지로 선택되고 있는 경향이 강화되고 있다. 이를 통해 볼 때, 전공부는 고등부의 상위 교육기관으로서 학생들이 그 심화 단계로 선택하여 진학하기보다는, 어느 정도 독립적인 교육기관으로서 지역의 위상을 확보해가는 추세로 보인다. 이를테면 전공부의 입학생과 졸업생이 반드시 고등부 출신에 한정되어 머물러 있지 않으며, 외부에서 지역과 농촌의 정착을 위해, 농적 삶과 농사를 배우기 위한 지역적·교육적 거점으로서 그 역할이 강화되고 있는 것으로 보인다.

전공부 입학생들의 경험과 인식을 담은 위의 구술들은 그러한 이해의 구체적인 단초를 제공하고 있다. ㉠의 구술 발화 주체는 현재 지역에서 농장 자립을 이루고 전업 농부로서 살아가고 있다. 그런 가운데 귀농하기 전 자신의 전공과 재주를 활용해 다양한 마을 안팎의 관계들을 이어주는 문화예술과 미디어 관련 실험들을 창안하고 그 활동들을 전개해나간 바 있으며, 이후 개인 농사에 집중하면서 지역의 생산자들을 색다르게 조직하는 일에 힘쓰고 있다. 그는 환경, 그리고 먹거리 안전에 대한 관심이 생겨나게 되면서 더 이상 도시생활이 안전하지 않을뿐더러 지속가능하지 않다는 점을 크게 받아들이고, 그와는 다른 삶의 대안을 찾기 위해 농촌을 선택함으로써 이 지역으로 들어오게 되었다. 다만 직업을 바꾸고 지속가능한 삶을 실천

---

[173] 정채영(여, 21세)의 구술(2019년 5월 23일, 홍동밝맑도서관).

하겠다는 강한 동기부여에도 불구하고 농촌에 정착하는 일과 농업에 진력하는 일은 전혀 다른 차원의 문제였고, 전공부라고 하는 교육 체계는 그 진입의 높은 문턱을 낮춰주는 역할로서 선택되었다. 그가 다른 지역이 아닌 이 지역에 정착하게 된 것은 전공부라는 버팀목이 있었기 때문인데, 학교가 농업 현장에 바로 뛰어드는 것보다는 비교적 부담이 없는 선택지였을 뿐 아니라, 그 생활을 이어가는 동안 공부와 고민을 병행하는 시간을 비교적 여유 있게 가질 수 있기 때문이었다.

ⓒ의 구술은 상대적으로 전업농으로 뛰어들기보다는 마을살이의 맥락 속에서 지역을 선택하여 들어온 경우에 해당한다. 실제로 그 발화 주체는 전공부와 같은 학교뿐 아니라 교육농장, 마을학교 등 지역 등지에서 이루어지고 있는 수업과 모임 및 활동에 활발하게 참여하면서도 마을사진관의 실무를 담당하거나 지역의 청년들과 규합하여 이전에는 없었지만 농촌이기 때문에 비로소 가능한 독창적인 실험적 시도들을 전개해오고 있다. 구술에 따르면, 그는 시골살이에 대한 관심 속에서 농촌에 진입하게 된 사례에 해당한다. 즉 생계 수단으로서 농업을 배워나가야 한다는 생각보다는, 농촌이라는 공간에서 가능한 다양한 삶의 실험들이 많아질 때, 그러한 농촌 공간의 집단 구성원들뿐 아니라 그 삶을 향유하는 개인도 풍족해질 수 있으리라는 생각이 발견된다. 그에게 전공부는 농사 그 자체보다는 농촌의 생활을 온몸으로 체득할 수 있는 기회를 마련한 계기로 작용한 것이었다. 즉 전공부 생활을 통해 자연적인 순환의 삶을 배우고, 그러한 삶에서 오는 기쁨, 이를테면 인간이 만들어 놓은 문법과 규칙 안에서 자유를 누리는 것이 아니라 주변의 존재들과 교감하며 살아가는 삶의 방식을 체득해갈 수 있었다.

ⓒ의 구술 발화 주체에게는 자립의 문제가 중요한 화두로 자리 잡고 있다. 다만 이는 경제적 자립만을 의미하는 것이 아니라 자신의 가치를 설정하고 독립적인 방식으로 해나가는 일이라는 의미인 것으로 여겨진다. 스스로 살아가는 일로서 자립의 가운데에 농사가 설정되었는데, 그 계기는 이

전 대안학교에 진학하게 되면서 자연스럽게 이루어진 것이었다. 즉 타 지역의 대안학교에서 텃밭농사를 경험하게 되면서 자립의 한 방식으로서 농사가 설정되었다. 그에게 전공부 입학은 그러한 계기 속에서 이루어질 수 있는 것이었다. 마찬가지로 농업 현장의 높은 벽을 체감하게 되면서 전공부가 일종의 농사 학교로서 선택되었으며, 이를 통해 지역에 정착하게 되었다. 현재에는 지역 소재의 협동조합들을 지원하는 센터의 일원으로 활동하면서 지역에서 농촌 생활을 이어가고 있다.

위의 구술들을 통해 전공부의 지역적 위상은 다음과 같이 정리될 수 있을 것으로 보인다. 첫째, 학교라는 형식은 농촌 혹은 농업의 문턱을 부담 없도록 낮춰주는 역할을 하였다. 둘째, 학교를 통해 외부의 인원들이 이 지역으로 유입되기 시작하였다. 역사적 측면에서는, 대체로 도시와 자본 중심의 기존 삶이 아닌 대안적인 삶을 찾아 지역과 농촌을 선택지로 삼는 경우에 해당된다고 할 수 있는데, 이는 최근 변화하고 있는 생활양식의 문제와도 연동되고 있다. 셋째, 농사와 인문이 결합된 전공부의 교육 과정을 통해 자연의 순환에 순응하며 주변을 돌보는 삶의 가치를 체득함으로써 자신이 스스로 정한 삶의 가치와 연동하여 농적 삶을 이해하고 추구하는 경향으로 나타나고 있다. 즉 풀무학교 전공부는 생태주의를 교육의 근본 철학으로 상정하되 사회 전반에 걸쳐 변화하는 경제적·사회적·문화적 현실과 지역의 필요, 그리고 세대교체의 변곡점에 조응하면서 그 교육적 역할과 기능을 유동적으로 설정해오고 있는 것이다. 이와 같은 면모는 아래의 구술에서 더욱 확연하게 살펴볼 수 있다.

> 애초에 설계했던, 목표했던 것들이 안 됐던 거죠. 그래서 아마 전공부의 방향성도 그래서 초창기부터 그렇게 돼서, 고등부의 심화과정으로 설정을 했던 부분들이 많이 바뀔 수밖에 없는 상황이죠. 그니까 시골생활을 처음 해보는 도시의 주로 대학을 마친 사회 초년생들이 주축이 되는. 그래서 뭐 좀 그렇게 그래서

초창기에는 그야말로 전업농을 육성하는 게, 진짜 농사꾼으로 살아가는, 그래서 이 실습 교육이라거나 이런 부분들이 아주 뭐랄까 빡세다고 해야 되나. 밤이든 새벽이든 상관없이 어쨌든 농사가 최우선으로 삼아가지고 했는데. … 인제 그 이후에, 2012년 이후에는 고등학교 갓 졸업한 친구들이 들어와서는 그걸 사실은 수행하기는 거의 불가능하고. 그리고 동기부여도 사실 안 되죠. 왜냐면 30대 초반 중반에 들어온 친구들 같은 경우에 거의 다 가정을 꾸린 상태에서 오거나 그래서 여기 졸업하면 먹고 사는 일이 당장 눈앞에 닥쳤기 때문에 어쨌든 간에 뭘 할려고 하기는 하거든요. 먹고 살아야 되기 때문에. 근데 인제 열아홉 스무 살 이 친구들은 전혀 그런 건 없죠. … 그렇게 해서 인적 성원이, 들어오는 인적 성원도 바뀌고 그리고 나이 때라거나 이런 것들이 바뀌면서 새롭게 조금 모색해야 되는, 그래서 농민 개념도 저희들은 이제는 좀 넓혀야 된다. 이미 애농학교, 애농회 같은 경우에는 그렇게 넓혔더라고요. 흔히 말하는 반농반X라고 하는 쪽으로. 전업농은 별로 거의 없고 겸업농. 아니면 시골에 살면서 다양하게 해야 되는 일들 있잖아요.174

위의 구술은 전공부의 전망과 관련하여, 입학 세대와 연령이 점차 낮아지고 생활 습관과 취향 등이 달라짐에 따라 정착의 거점으로서 전공부의 교육적·지역적 역할에 대한 고민이 넓어지고 있다는 점을 반영하고 있다. 앞서 살펴본 전공부 입학생들의 구술을 통해 발견되고 있는 실제에 대한 인식과 고민을 담아내고 있으면서도, 학교의 입장에서 이루어지는 현실의 진단과 그에 걸맞은 교육 체계의 조정이 필요하다는 주장이 함축되어 있다. 우선 전공부 설립 초기의 취지에 부응하지 않는 현실에 대한 문제적인 인식이 발견된다. 앞서 살펴보았던 것처럼, 전공부가 설립된 중심적인 취지는 고등부의 심화 과정으로서 농사 교육을 통해 지역에 정착하는 청년들을

---

174 강국주(남, 48세)의 구술(2019년 3월 16일, 풀무전공부 연구실).

기르는 것이었다. 그러나 고등부와 전공부의 연관 관계는 취지와 달리 다소 약하게 이어져 있고, 오히려 전공부는 다소 독립적인 교육 기관으로서 외부에서 유입되는 청년들을 받아들여 지역에 정착시키는 역할을 더욱 강하게 유지하고 있다.

다음으로 문제 지점으로 인식되는 부분은 입학생들의 연령과 취향 변화이다. 즉 전공부 입학생들은 점점 대안학교를 졸업하거나 막 대학을 마친 사회 초년생들로 이루어지는 추세가 강화되고 있다. 이들은 현실의 물질적인 조건과 심리적인 동기 등의 요인들에 의해 전공부의 애초 취지라고 할 수 있는 전업농으로서 지역에 정착하기에 다소 어려움이 있다. 그리하여 인적 성원의 변화에 따르는 새로운 모색의 필요성이 제기된다. 이를테면 학교의 입장에서는 전업농으로 정착할 수 있는 이들을 선별할 것인지, 아니면 다른 목적을 지닌 교육 체계로 재편할 것인지와 같은 문제가 두드러지게 나타나고 있다. 위의 구술에 따르면 농민 개념의 확장과 겸업농을 강조하는 쪽으로 교육 체계를 재편하고, 시골에서 소농으로 살아가면서 농촌에 필요한 다양한 일들을 해나감으로써 생활의 풍족함을 확보할 수 있는 교육의 방향을 채택하고 있다. 이를 통해 학생들로 하여금 농적인 생활 방식을 체득하고 자연적·생태적 순환에 의존하는 삶을 추구할 수 있도록 지원하는 쪽으로 전공부의 전망과 방향성이 정해지고 있는 것이다.

지금까지 살펴본 것처럼, 풀무학교의 토대 위에서 '학교-마을'의 구상과 실천이 가지는 의미를 정리하자면 다음과 같다. 지역의 세력가들에게서 학교 설립에 관한 온전한 공감을 이끌어내지 못한 것, 옛 대장간 터에 학교를 세우며 학생들이 밤낮을 가리지 않고 토목 일을 도맡은 것, 학교의 문이 열리고 처음 한동안은 똥통학교라 불리며 지역사회 내에서 낮은 위상을 가진 것, 상엿집 정도가 자리했던 가려진 토지에 외부 지원에 의해 새로운 공동체의 경관을 세운 것 등은 학교의 설립 과정과 일련의 역사들처럼 평면적인 의미를 띠지 않는다. 이것은 '지역과 함께하는 풀무'라는 일방향적 외침 속에서 그것이 지역적 위상을 달리 가져온 역사적 과정과 중첩된다고 할 수 있다.

구체제가 이룬 지역의 농촌 경관은 다른 곳과 크게 다르지 않았음에도, 하나의 진지로 세워진 학교는 대안적인 실험이 이루어지고 그것이 지역으로 전파되어 나가는 일종의 발신지 역할을 하였다. 이 역할의 누적적 과정을 통해 학교의 지역적 위상은 점차 역전되어 간 것으로 볼 수 있다. 그것이 본격화된 출발점은 '더불어 사는 평민'의 주창이 대표한다. 즉 이를 통해 이전의 실천을 이어받으면서도 좀 더 적극적인 실천이 전개되었으며, 이는 지역 밖의 위기 인식 속에서 비롯된 지역 밖의 관심이 생겨나기 시작한 것과 맞물리면서 더욱 박차를 가할 수 있게 되었던 것이다. 전술했던 것처럼, 그 발신지로서 짜임새를 갖고 디자인된 장소는 풀무골, 갓골과 같이 인간적인 것의 손길로부터 멀리 떨어진 곳이었다. 외딴 곳을 새롭게 조성하고 일군 과정은 학교의 지역적 위상이 역전되어가는 과정과 많은 부분 일치한다고 하겠다. 물론 그러한 과정은 다분히 역사적이었다고 할 수 있다.

이 장에서는 무교회주의와 이상촌건설운동, 그리고 풀무학교의 설립 과정과 교육 철학 및 학교 마을의 조성 과정을 상세하게 짚어보면서 이 지역 실천의 한 계열이자 마을공화국의 체제를 구성하는 마을과 신앙, 교육이 어떻게 자리매김되고 있는지 살펴보았다.

서구 근대와의 낯선 마주침 속에서 성립된 조선의 기독교는 새로운 사회 문법과 문화 전통이 이식·형성되는 전이적 시공간에서 권력을 변호하거나 권위를 지닌 세력으로서 스스로 군림하기 쉬운 구조 내지는 처지에 속해 있었다. 왜냐하면 그것은 필연적으로 봉건적 중세 질서라는 구체제 혹은 기존 헤게모니의 전복을 함축할 수밖에 없었기 때문이다. 기독교 사회운동 역시 어떤 진취적인 지향을 추구하는 것이든 스스로의 성전을 세우는 일로 귀결될 수밖에 없는 한계를 노정하고 있었다. 무교회주의가 제 목소리를 내기 시작한 데에는 이런 형국에 대한 비판이 전제되어 있었다.

무교회주의는 권세로부터 멀고 낮은 곳에서 신음하는 존재들에 귀를 기울이고, 온전하게 제 살림을 살아가는 생명으로서 이들의 자립과 소생 가능성을 신뢰하고자 했다. 이는 어떤 초월자 존재의 발아래에서 모두가 머리를 조아리고 복종하는 방식이 아니었다. 당신들과 같은 모습을 가진 평민 존재로서 예수가 남긴 가르침을 집회와 모임이라는 내재적인 관계 맺기를 통해 함께 공부함으로써 깨달음을 얻고, 또 이를 각자의 생활로 돌아가 성찰하는 가운데 자신의 손으로 가능한 만큼 차분히 실현해가는 일에서 출발하는 방식이 오히려 그 자리를 크게 매겼다.

그럼으로써 무교회주의는 특정한 국면이 낳은 부정적인 결과들에 매번 대항할 수밖에 없는 사회정치적 원리를 산출하였다. 이와 함께, 앞서 살펴본 것처럼 무교회주의가 구체적인 역사 속에서 반제국·반식민·반폭력의 경향을 담지하면서도 오직 성서의 진리를 추구하는 공동체를 이상향으로 삼았다는 점은 중요하다. 요컨대 무교회주의는 생명에 대한 존중과 스스로 제 모습대로 성장함에 대한 믿음, 그리고 거대 논리 혹은 전체주의의 폭력을 향한 저항과 작은 일상에서 시작되는 체제의 재구성이라는 두 축을 기본 원리로 삼았던 것이다.

다만 무교회주의의 흐름이 오산학교와 용동마을로 이어진 것을 아주 자연스러운 것으로 보기는 어렵다. 그것은 차라리 우발적이라고 볼 수 있을 텐데, 특정한 국면과 조건 속에 놓인 다양한 존재들이 서로 간의 마주침을 계기로 어떤 생각을 촉발시키고 구체적인 실천 형태를 도출함으로써 그 자신의 역사를 구성해간 것으로 이해될 수 있기 때문이다. 이처럼 오산학교와 용동마을이 구상하고 현실화한 공동체에서 무교회주의는 그 바탕으로 작용하였고 그러므로 무교회주의는 이 지역 공동체문화의 복잡하게 얽힌 매듭을 풀어가는 하나의 실마리로 생각될 수 있다. 여기에 함석헌과 이찬갑이라는 존재, 그리고 이들의 행적이 하나의 매개로 작용했다는 점은 주지하는 바와 같다.

다시 말해 이상촌과 무교회주의, 오산-용동과 풀무-홍동으로 묶이는 공동체문화 실천의 역사적 실제는 이들의 구체적인 움직임들이 매개가 됨으로써 이루어진 접붙임의 결과로 이해될 수 있다. 물론 여기에는 지역 토착 질서의 상부에 위치하고 있었지만, 그 질서의 한계와 변화 필요성을 절감하며 다른 지향성을 지닌 사회적 세력의 새로운 탄생을 바랐던 안창호와 이승훈, 그리고 주옥로와 같은 행위자들도 있었다.

이들이 만나 실천의 진지로서 일궈온 공동체는 그 자체로 기존 체제와 긴장 관계를 이루는 것과 동시에, 그것과 때로는 순응하고 때로는 경합하며 자신의 위상을 유동적으로 점유해오고 있다. 이런 점에서 그 실천의 역사는 일관됨을 유지하면서 전해 내려오는 것이라기보다 오히려 연속성을 거부하는 식으로 존재해오고 있다고 볼 수 있다. 즉 당대의 사회정치 지형이 어떤 고도와 반경을 내비치는지에 따라 기존의 것을 고수하면서도 실천이 가져온 바탕 속에서 이를 변주시키고 나름의 새로운 위치와 모양을 지음으로써 사회 구성과 문화 실천의 수많은 원천들의 형성을 거듭해오고 있는 것이다. 마찬가지로 그 공동체는 유동하는 경계를 지님과 동시에 그 가치체계 또한 새로운 국면 속에서 유동하고 때로는 부유하고 있다고 할 수 있다.

요컨대 공동체문화는 다른 국면에 놓임으로써 그 실천을 변환시키는 방식으로 이전의 그것과 차이를 지니는 새로운 대안을 창출한다고 규정될 수 있다. 그러므로 중요한 것은 관련된 유산들을 이어받으면서도 자신이 처한 부정적 현실 앞에서 어떤 구체적인 대안형식들을 주조하여 자신이 속한 세계에 내놓아오고 있는지 살펴보는 일에 있을 것이다. 앞서 강조되어 왔던 역사의식이라는 부분도 자신이 놓인 시대 앞에서 어떤 비판적 성찰을 계기로 삼을 것인가 하는 문제와 분명하게 연동되어 있다. 따라서 현재 이 지역의 공동체문화는 이전 공동체의 역사적 경험과 유산을 특정한 지형과 시공간에 걸맞은 실천 형식으로 재현한 것이라는 이해가 가능하며, 그러면서도 잃지 않고 지키고 있는 유산들과 새로운 국면이 만나 특이한 가치사슬의 지대를 매번 혁신적으로 구성해오고 있는 것으로 생각될 수 있다.

4

협동문화를 추구하는
대안경제의 실상

선행연구들은 이 지역을 한반도에서 전개되었던 협동조합의 역사적 공백을 메워줄 공간으로 여기는 경향이 강하다. 그런 만큼, 앞서 살펴본 실천의 새로운 진지로서 무교회신앙과 학교-마을의 구상에 이어, 이 지역에서 자립경제가 어떤 식으로 추구되었고 그로부터 협동문화가 생성되어간 구체적인 과정들이 검토될 필요가 있다. 이를 위해 '협동문화'라는 계열화를 시도하고자 한다.

협동문화라는 계열화는 협동조합 혹은 협동운동(협동조합운동)을 민속의 변환으로 보는 시선을 가능하게 한다. 그 시선을 구성하기 위해 지역의 실천 주체들이 발화하는 구술들을 활용하여 그 변환의 징후를 포착하고자 한다. 즉 실천 주체들이 협동운동을 전개해나갔던 기억을 짚어내는 가운데 민속적 경험 혹은 민속적 문법의 활용의 징후들을 포착하여 그것이 가지는 의미를 살펴보고자 한다.

그런 다음, 풀무학교가 중심 내지는 발신지가 되어 시작된 자치 역량이 어떤 경로를 통해 지역사회로 확산되어 갔는지 논의하고자 한다. 여기에서 핵심적으로 보고자 하는 것은 앞서 말한 '학교 마을'의 구상이다. 학교 마을로서 갓골의 구상은 지역사회의 자치 역량을 기르는 터전으로서 현실화되는 실천으로 이어졌으므로, 여기에서 어떠한 논의가 오갔고 구체적으로 어떠한 지역사업들이 생겨났다가 사라졌는지 살펴보고자 한다. 물론 이러한 과정이 순탄하게 진행되었던 것만은 아니다. 협동조합이 기업화·제도화·자본화·거대화되는 한국사회의 추세 속에서 이 지역의 협동운동 또한 부침浮沈을 경험하였기 때문이다.

그러므로 마지막으로, 지역에 의해 자생하였던 자율경제가 점차 시장화되는 추세 속에서 어떻게 거기에 흡수되거나 포섭되었으며, 이에 대한 지역의 대응은 어떻게 이루어졌고 그 의의는 무엇인지 논의하고자 한다.

1. 노작과 협동문화, 민속생태의 자율적 근간

이 지역 실천 주체들의 구술을 살펴보고, 이러한 검토 속에서 지역의 맥락에서는 협동문화를 어떻게 계열화할 수 있을지를 논의하고자 한다. 특히 주목하고자 하는 것은 현재에 와서 이들이 자신의 실천에 대해 발화하는 구술기억 속에서 추려볼 수 있는, 크고 작은 경제적·사회적·문화적 요인들에 의해 소실되거나 변환되어가는 마을문화/민속의 징후와 흔적들이다. 다시 말해 변화된 사회구성체에 조응하는 민속의 변환과 생성을 담아내고 있다고 판단되는 구술을 통해 그 양태가 어떤 것이었는지 논의하고자 한다.

시골은 다른 대안체계가 존재하지 않으니까. 여기는 아주 극명하게 드러날 수밖에 없는 거죠. 그니까 섣불리 이론 체계를 들이대기는 되게 어려워요. 일상에서, 그게 옛날에 공동체들이, 공동체마을이 만들어질 때 노작을 기본적으로 깔잖아요. 거기에 농업이라는 게 들어가면 그게 해소될 수 있는 근거들이 있어요. 협동을 하면. 그잖습니까. 옛날 두레나 이런 거보면. 그게 싫으나 좋으나 논을 같이 매야 되면 어떡하든지 풀리거든요. 동네니까. 근데 이게 어느 날 갑자기 완전히 없어졌단 말이에요. 시골에. 그렇게 없어지니까 풀 수 있는 근거가 없죠. 접촉면이 없어지니까. 이 친구가 없으면 내가 일이 안 되면 결국은 이야기하고 뭐 대화하든 풀죠.[1]

주지하듯이 마을문화/민속이 가능했던 토대는 자연에 순응하며 사는 삶이라고 할 수 있다. 그러한 삶이 인간의 삶에 시간적 주기성을 형성하고 여기에 인간의 문화 내지는 민중의 민속이 그러한 순환적인 마디 속에 배치되었던 것이다. 다만 단작화와 기계화로 대표되는 녹색혁명과 관행농업은

---

1 금창영(남, 50세)의 구술(2019년 4월 20일, 풀무생협·행복나누기).

그러한 자연과 생태에 대한 순응성·수동성을 극복한 인류의 태도에 대한 하나의 비판 지점을 표현하는 것이기도 하다. 그런 점에서 녹색혁명과 관행농업이라는 이름을 사용함으로써 비판하거나 그것을 행하지 않고 이전의 유기적인 생업 농사로 돌아가는 일은 민속의 기능성을 회복하는 일과도 관련 있을 수 있다.

이와 관련하여 위의 구술이 공동체적 기본 원리로서 노작勞作의 중요성을 강조한다는 점은 중요하다. 즉 농촌에서 공동체가 가능했던 유일한 물적 토대라고 하는 것이 노작이었다는 강조가 담겨 있는 것이다. 또한 언급되고 있는 것처럼, 두레라는 가치실천 양식은 노작을 기본으로 하고 있으며, 협동에 기초하여 공동체의 구성을 가능하게 해온 것으로 이해되고 있다. 이와 같은 언급은, 그러한 두레의 유산이자 공동체의 기본 원리로서 노작이 과거만이 아닌, 관행농업이 지배적인 현재의 시점에서도 중요함을 제기하는 것으로 주목될 수 있다.

> 그 전에는 농민이 농자천하지대본이라고 한때는 농민이 경제의 국가의 기본이었지만, 자본주의 시장경제체제가 발달하면서, 경제가 발달함에 따라서 농민은 제일 하층이잖아. 그러니까 그 하층인 이유가 그건 거 아녀. 농민이 다 떠나구 농촌을 다 떠난 게 농민이 자기 일한 만큼 충분헌 대가와 보상을 받지 못해서, 경제적으로 교육적으로 문화적으로 모든 문제에서 뒤떨어지니까, 바깥으로 나갈 수밖에 읎고. 나감으로써 농촌이 자꾸 피폐되니까. 그거를, 될 수 있는대루 농민을, 농민이 기본적인 정신이, 나는 농업 농촌을 살리는 길이, 나라를 안전허고 부강한 그런 나라루 만드는 기본이다.[2]

위 구술의 발화 주체는 풀무학교의 지원과 교류 속에서 이루어진 유기농

---

[2] 주정배(남, 75세)의 구술(2021년 8월 22일, 운월리공소 앞).

업의 도입과 협동조합의 실천을 지역으로 확산시키는 일을 담당하였다. 뿐만 아니라 그러한 실천의 연장선에서 이루어진 홍동과 홍성지역 전반의 초기 농민운동을 결집하고 조직화하는 일에 일조한 바 있다. 즉 자연 생명을 살리고 지역 생태를 근본적으로 회복시키고 이로부터 안전한 먹거리의 생산을 통해 자립적인 살림살이 경제를 추구해가는 토대가 전체적으로 구축되어가는 가운데에서, 농민의 권익과 수익을 보장하는 사회운동의 확산과 강화를 도모해온 바 있다. 이에 대한 당위로서 농민과 농촌의 처지를 설명하는 그의 구술에서 역사적인 이행이 추동한 농민과 농촌의 경제적 위상 변동에 대한 단면을 읽어볼 수 있다.

위의 구술은 홍성지역 농촌운동 내지는 농민운동의 맥락에서 근대 이전 농민의 새로운 주체화가 설명되고 있으며, 근대 이전의 역사와 현재의 사회운동을 연결지어 이해하고 있다. 정치적 성격의 조직 형태가, 그것이 놓인 사회문화적 장의 어떤 층위를 반영하면서 농민운동으로 전환 혹은 구조화되는 맥락을 담고 있기 때문이다. 당시 홍성지역의 농민운동은 농민회를 중심으로 한 활동들이 지배적이었던 것으로 볼 수 있는데, 이것은 농민 주체의 호명을 통해 이루어질 수 있는 것이었다. 근대 이전의 농민 주체는 농자천하지대본農者天下之大本, 즉 나라 경제의 기본으로 상정되었지만, 점차 자본주의 시장경제체제의 도입에 따라 하층으로 남게 되는 것이 농촌 축소화와 피폐의 원인으로 지목되고 있다. 따라서 농민의 권익 보호와 그 생업 활동에 대한 충분한 대가와 보상, 그리고 농촌의 문화적·교육적 선진화는 그러한 사회정치적 맥락 속에서 의제화될 수 있었던 것이다. 이로부터 근대 이전의 농민문화/민속이 이후 근대적 의미의 정치 조직으로 전화하는 모습을 이해할 수 있게 된다.

한편 마을 단위 실천의 측면에서, 홍동면 문당리가 초기에 형성한 실천의 궤적은 근대 이전의 마을문화/민속이 어떻게 지역/마을 차원의 협동문화 형성에 기여했는지 살펴볼 수 있는 중요한 참조점이 된다. 이 마을은 문산과 동곡으로 이루어져 있으며, 면 단위 공동체적 실천의 선진지로서 홍동면이 본격적으로 부상하기 이전까지 유기농업을 중심으로 생태마을을 조성함으로써 지역운동을 선도해온 문화적 기억을 형성하고 있다.

주목되는 것은 과거 문당리에서 활발하게 전개되었던 마을사업 내지는 지역운동에 대한 기억을 다루는 구술 가운데, 당대 마을민속의 문법이 적극적으로 활용되었던 징후적 기억들이 상정되고 있다는 점이다. 말하자면 외부의 지원 없이, 마을사업에 필요한 자금을 공동으로 모아내는 작업 속에서 과거 마을민속의 전통이 활용되었던 면모가 포착된다. 이를테면 어린이집의 설립을 위한 모금을 공동으로 진행하면서 지신밟기가 이루어졌을 뿐 아니라, 노동 조직으로서 두레의 변용이라 할 만한 방식이 동원되기도 했다. 이와 더불어서 농한기 여성들의 공동노동을 활용하여 수익금을 모으기도 하였다. 이는 마을에 어떠한 문제가 일거나 필요성이 제기되어 이것이 공유되었을 때, 마을이 공동으로 협업하여 해결하는 방식이 근래의 마을사업과 지역운동의 맥락 속에서도 지속적으로 전개되었던 것으로 이해될 수 있도록 하는 특징적인 사례라 할 만하다.

문당리에는 주민들이 자체적으로 제기한 필요에 따라 그들의 자립적인 힘으로 1986년 문화동어린이집을 개원하였다. 여기에는 이 지역의 생업적 맥락이 결부되어 있다. 이 지역은 홍동저수지(화신저수지)를 중심으로 홍동면과 장곡면이 수계를 공유하고 있다. 특히 홍동면은 이 저수지에서 발원한 삽교천을 따라 화신리·문당리·금평리·운월리·구정리 등 여러 마을이 중심에 들野을 공유하며 그 주위를 둘러싸는 식으로 농업농촌 경관이 조성되어 있다. 어린이집은 그 이름처럼 문산마을·화신리·동곡마을에 살고 있는 아이들의 육아를 위해 주민들이 협력하여 개원한 것이었다. 전통적인 생업 경관인 들을 공유하며 가까이 살고 있는 세 마을의 주민들이 공통의 의제를 제시하고 연대한 '어린이집돕기운동'은 전에 없었던 새로운 공동체적 실천에 있어서 생태적 환경과 조건에 기반을 둔 기존의 공동체적 문법이 중요하게 작용했던 점을 말해주고 있다. 세 마을은 단순히 인접한 마을들이 아니라, 형성된 마을의 한 가운데에 들을 공유하며 문화권을 형성하고 있기 때문이다. 주민들은 이 사건을 두고 마을에서 일어난 최초의 지역운동, 즉 이후에 대단히 활발하게 전개되었던 지역운동의 시작 지점이었던 것으로 회고되고 있다. 뿐만 아니라 마을 어린이집의 설립과 운영 과정 자체에 지역의 생태적 경관 구성이 함축되어 있음을 알 수 있다.[3]

> 그 전에는 어떤 일이 있든지 그냥 마을 공동체하면 뭐 상여계. 뭐 그런 거잖아요. 무슨 계모임. … 그때 마을 어르신들이 추석 때, 아니면은 뭐 구정 때. 자녀들이 오니깐 풍물 치면서 집집마다 복 빌어주느라고 풍물 치면서 모금운동을 하러 다녔어요. 그 돈. 그러니깐 누구네 집 가서 막 풍물치고 하니깐 이제 동네 사람들이 놀잖아요. 그러면 자녀들이 다 집에 와서 있을 때니깐, 그때는 큰돈이 만 원 짜리였죠. 그러니까 만 원 짜리 한 장이 나오는 거야. 그걸로 후원하고. 그 돈 모아서 어린이집 운영하고. … 우리가 뭐 장판이 필요하다 하믄, 누구가 장판을 사서 놓고, 누구 뭐 사서 놓고 해가지고, 마을 공동으로 어린이집을 운영을 했었어요 문당리가.[4]

문화동어린이집은 외부의 지원이 없이 마을 차원에서 자생적으로 설립된 만큼, 그 설립의 과정은 마을이 공동으로 참여하였을 뿐 아니라 기존 마을 공동체의 문법을 활용하는 식으로 진행되었다. 위의 구술은 당시 어린이집 설립을 위한 모금운동[5]의 기억을 담아내고 있다. 특징적인 것 중 하나는 마

3   문화동어린이집 설립 과정에 대한 자세한 내용은 정예화·장유리·신소희, 「천 개의 기억 1: 문화동어린이집」, 『마을』 1, 마을학회 일소공도, 2017, 127~135쪽 참조.
4   정예화(여, 60세)의 구술(2021년 8월 13일, 초록이동지협동조합).
5   표면적으로는 이미 운영되고 있던 갓골어린이집에 다니기에는 너무 멀다는 것이 설립의 주요 계기였으나, 그 이면에는 풀무학교를 다니면서, 또 학교생활을 갈무리하는 창업논문을 작성하면서 고심했던, 마을어린이집의 설립을 경유한 농촌운동에 대한 풀무학교 출신 수업생인 실천주체의 의지가 있었다.

을의 자체적인 동력에 의해 자립적인 어린이집의 설립과 운영이 이루어졌다는 점이고, 다른 하나는 마을걸립과 풍물이라는 근대 이전의 관습적 문화 내지는 민속적 요소가 전에 없던 새로운 마을운동이라고 할 수 있는 어린이집의 설립과 운영을 위한 모금 과정에서 적극적으로 동원되거나 활용되었다는 점이다.

주지하는 것처럼, 어린이집을 비롯한 문당리의 마을운동은 홍동이라는 면 단위 지역의 공동체 운동의 초기 동력을 협력적으로 구성하였다는 점에서 유의미하게 여겨지고 있다. 뿐만 아니라, 이를 통해 형성될 수 있었던 공동체 운동의 새로운 문법은 마을의 이후 공동 활동을 추동하였으며 그러한 문법이 지역적으로 전파될 수 있는 계기가 되기도 했다는 점에서도 중요한 기점에 해당한다. 특히 어린이집 운영에 필요한 주요 자재와 집기 등 물품들도 상호부조의 형식으로 한 데 모아지면서 개원을 이끌었을 뿐 아니라 그러면서 이에 대한 마을의 공동재로서 의식이 자리 잡기도 했다는 점은 마을문화/민속이 역사적으로 변환되는 한 단면을 보여준다는 점에서 중요하다. 위의 구술에서 살펴볼 수 있듯이, 이전 마을 공동체의 전통, 이 마을의 맥락에서는 세시의 시간 속에서 상여계 조직이 주도한, 풍물이 동원된 지신밟기와 걸립의 활용이 새로운 마을운동의 동력으로서 흡수되어 작용하였던 이전의 내막을 읽을 수 있기도 하다.

> 거기다가 겨울이면은 여자들이 강정, 강정을 만들어가지구 그걸 직거래했어요. 서울에 민우회생협이라고. 버스에 갖다 실려 보내면 거기서 가지가구 막 이렇게 해가지구, 직거래할 때 강정을 만들어가지구 그걸 팔았어요. 그래서 팔아가지구, 그 남은 수익금 가지구 어린이집에 놀이기구를 다 샀어요. 미끄럼틀, 뭐 시소, 막 이런 거도 하다 못해 다 사서 해놓고, 그렇게 어린이집에다 집중을 많이 했죠 동네 사람들이. … 젊은 청년들, 그때는 총각인 사람두 있고 결혼한 사람두 있었던 젊은 청년들이, 모내기를 고짓모라 그래요. 고짓모라 그러면은, 이렇게

논 한 떼기를 맡아서 모를 심어. 열 명이 심든, 다섯 명이 심든. 그면 열 명이 열 명 품값을 주는 게 아니라, 모 하나 심는 데 얼마. 이렇게 했어요. 그걸 고짓모라 그래요. 그러면, 그 청년들이 몇이서 모여가지고 어린이집돕기청년모임에서 논을 이렇게 몇 개를 맡아서 막 열심히 숨을 거 아니에요. … 그런데, 어른들이, 청년들이 저렇게 열심히 하니까 어른들이 그걸 보조를 해주러 거기를 가는 거예요. 같이 도와주러. … 우리 나이 때 아마 어르신들이 마을 사업을 그렇게 했고.[6]

또한, 문화동어린이집의 설립과 운영 자금을 마련하는 과정에서 마을의 공동 협력 노동으로서 이전 사회의 두레와 품앗이의 전통이 활용되기도 했다. 즉 여성을 중심으로 공동으로 강정을 만들어 외부에 판매하였던 것이 그 하나이고, 남성 청년이 중심이 되고 중장년이 여기에 보조하면서 공동으로 고지모[7]에 참여하였던 것이 다른 하나이다. 이들은 여성 혹은 남성으로 나누어져 전개되었지만, 마을 주민들의 노동력과 상품을 판매하여 그 수익금을 마을 공동의 기금으로 전환시켜 어린이집의 설립과 운영이라는 새로운 마을 사업에 활용하였다는 점에서 공동의 마을 경제 활동으로서 전개되었다.

이와 같은 공동의 협력적 노동 형태는 품앗이의 전통의 변용으로 해석될 여지가 있으며, 비강제적인 노동교환으로서 일정하게 제도화를 거쳤다는

---

[6] 정예화(여, 60세)의 구술(2021년 8월 13일, 초록이동지협동조합).
[7] 고지모는 고지의 노동 형태로 모를 심는 것을 의미하는, 민속사회의 전통적인 노동 형태이자 한 가정의 경제적 어려움을 다른 가정과 마을의 연결망으로 최소한으로 책임지는 공동체적 생계방식라고 할 수 있다. 고지모는 노동조직으로서 두레가 담당하던 공동의 모심기를 고지꾼이 담당하는 것으로, 고지는 그런 점에서 일종의 두레의 변용이라고 해석되기도 한다. 고지는 궁핍한 사람이 연대책임에 의해 농업경영자와 노동계약을 체결하고 춘궁기에 노임의 일부를 미리 차용하여 그것으로 생활의 궁핍을 우선 메우고, 농번기에 노동을 제공하는 것을 뜻한다. 이는 품앗이 전통에 속해 있다고 볼 수 있지만, 임금노동의 성격이 더욱 강화된 노동 형태라고 할 수 있다(김택규, 『한국농경세시의 연구』, 영남대학교출판부, 1991, 394~396쪽 참조).

점에서 협동노동의 한 관행으로 자리 잡고 있었던 것으로 이해될 수 있다. 특히 마을 여성들이 중심이 되어 농한기에 강정을 만들어 외부에 판매하던 일은 일종의 두레의 결성이라고 생각될 수 있다. 또한 이것이 자본주의에서 일정하게 비껴나 있는 시장으로서 생협을 통해 판매한 일은 당시 지역의 생태환경을 중시하고 유기농업을 전개하던 지역운동이라는 당대의 맥락이 지닌 특성으로서 이해될 수 있다.

한편 고지모는 식량이 부족하던 시절, 최소한의 가정 생계를 마을 공동의 차원에서 부담한 농경세시의 한 양식이라고 할 수 있으며, 기본적으로 상호부조의 관념이 자리 잡고 있다. 이 마을에서는 고지모를 마을운동이라는 새로운 목적에 따라 변용시켜 활용함으로써 내부적인 물적, 인적 동력을 확보하였던 것으로 해석될 수 있다. 이렇듯 이 지역의 맥락에서도 협동문화는 일정하게 민속적 계열을 형성하고 있으며, 그것은 자율과 자치의 지향 속에서 보다 적극적으로 민속적 양식을 차용한 것으로 한국 민속사의 맥락 속에서도 유의미하게 접근될 수 있다.

2. 협동조직의 자생 혹은 자치·민주 역량의 증진

이 지역 실천을 이끌었던 데다, 그 역사를 현장의 관점에서 정리한 바 있는 한 주체는, 이상적인 지역 공동체를 이루는 세 가지 요소로서 지역사회교육·협동조합·풀뿌리 언론을 든다. 또한 그 중심에는 풀무학교가 있으며 풀무학교는 비제도권 학교로서 비판적 성찰을 통한 자유로운 교육을 실행함으로써 사람들을 길러 지역에 내보내고 새로운 실험을 계속해오고 있다고 말한다.[8] 무교회신앙을 가진 이들과 풀무학교 출신의 지역 주체들은

---

8   이번영, 『풀무학교는 어떻게 지역을 바꾸나』, 그물코, 2018, 9쪽 참조.

난국의 위기를 맞은 시기에 서로의 버팀목이 되어주었는데, 풀무학교에서 그것은 신앙을 통해 구성원들 삶의 근본적인 변화를 이끌었고, 이로부터 지역이 전과 다른 모습으로 갱신되는 새로운 전기가 마련되었다.

> 학교에 있으면서 도서조합을 50년을 끌고 댕겼듯이, 소비조합도 20년을 붙잡고 있었고. 또 30년 붙잡고 있었고 학교에서. … 동네에 그래도 핵심 되는 사람이 한 20%만 있으면 된다. 60년이 지나니까. 근데 그 사람들이 왜 지역사업을 하느냐면 해봤거든요. 학교에서. … 졸업생들은 알거든요. 그게. 공부는 못 해도 알 거는 아는 거거든요. 남 따라 인생은 안 살게끔 환경이 강요를 한 거거든요. … 그러니까 부족한 사람들이 살 길을 찾은 거고. 또 하나는 부족한 사람들이 다행히 이걸 우리끼리 한다 그런 게 아니고. 같이, 더불어 산다 그랬거든요.[9]
> 지금 풀무의 어떤 리더들이 의식이 어떻든 풀무 나와서 지역에 남아 있는 사람은 적어도 탈근대적인 생태주의적인 사고를 하는 사람들이 있어요. 그 사람들이 유기농업 운동, 협동조합 운동을 하고 있는 거죠. 협동조합이라고 하는 거는 민주적인 조직이란 말이에요. 민주주의를 훈련할 수 있는 조직이에요. 협동조합이 되게 많다는 것 자체가 결과적으로 무교회신앙을 가진 사람들이 만든 풀무학교의 업적이죠.[10]

위의 구술은 그러한 해석에 힘을 보탠다고 할 수 있다. 즉 학교 교육을 통해 심어진 개혁적 원칙들이 학생 개인들의 삶 태도를 크게 변화시켰고 이들이 지역으로 나가 일정한 역할을 수행함으로써 전에 없던 작지만 새로운 협동 실험들이 지역에 나타나기 시작했다. 신앙을 바탕으로 진리를 증언하는 방법으로 실천하는 무교회의 종교적·사회적 개혁 태도는 이른바

---

[9] 홍순명(남, 82세)의 구술(2019년 3월 9일, 홍동밝맑도서관).
[10] 장길섭(남, 59세)의 구술(2019년 4월 19일, 동네마실방 '뜰').

'원칙을 중시하는 개혁'[11]을 추구하는 자세가 사람들의 마음속에 정립될 수 있도록 했고, 이는 풀뿌리에서 시작되는 자율·자치적 역량과 직접적으로 연계되면서 지역의 실천 지형을 해당 국면에 조응하는 형태로 변화시켜나 갔던 것이다.

그럼으로써 학교 안의 배움은 학교 밖의 지역운동으로서 변환되거나 확장·전개되어 나갈 수 있었다. 풀무 공동체는 자신의 내면을 가꾸고 농촌의 소박한 삶을 일구며 실질적인 대안 양식을 형성해간다는 원칙을 고수하며 점진적으로 개혁해나가는 방향을 변화된 자리에서도 지속적으로 추구했다. 요컨대 지역은 학교를 교육적으로 지원하고 학교는 지역의 일꾼을 배출했다. 그런 가운데 이 둘은 머리를 맞대고 서로의 앎을 키워나가면서도 지역 차원에서 발견되는 위기 문제의 해결을 위한 대안들을 나름의 방식들로 모색했다. 이를 잘 보여주는 것으로, 이 지역의 초기 실천 경향으로 자리 잡은 학교와 지역의 공동체적 연계를 들 수 있다. 즉 '학교 마을'이라는 구상을 가진 풀무학교를 매개로 하여 지역사회 자치 역량의 증진이 이루어졌던 것이다.

> 우리는 학교생활이. 한 나절 오전에 공부허구. 오후에 점심 먹구서부터는 계속 작업했어. 터 닦느라고. 학교 산이 막 이렇게 돼있었거든. … 그거 다 우리 손으로 했어 다. … 걸어올 때는 그냥 가방만 들고 온 적은 한 번도 없어. … 지게 지구 학교 오는 거야. … 국민핵교 댕기는 애들이 막 쫓아오면서 돌 던져. 째그만 돌 주워다 던지면서, '똥통학교 똥통학교' 그러며 쫓아 댕겼어. … 배워야 되겠다는 생각 때문에. 중학교만 졸업해갖고는 아무것도 못 허잖아. 고등학교 과정을 좀 가르쳐 달라구. 우리 손으루 다 직접 해. 우리가 해달라 했으니께 불평헐 수가 있나. 일 헌다고 우리 불평 한 마디도 안 했어. … 그렇게 어렵게 오후에 점심 먹구서부터 밤까지. 깜깜할 때 집에 갔어 맨날. … 교실 한 칸 없는 데서

---

11 이번영, 앞의 책, 18쪽 참조.

고등학교라고 시작을 했으니까. 그때 고등부 일학년이 열세 명이 입학했는데, 교무실. 그런게 본관 자리에 초가집으로 두 칸이 있었어. 그 한 칸은 중등부 우리 일 년 선배가 배우구. 고 다음엔 고 옆에 칸은 사무실로 썼어.[12]

풀무학교는 지역의 유력자로 구성된 기성회와 논의하는 방식으로 지역 주민들의 요구를 반영하여 함께 준비해 설립하고자 시도했지만, 의견 차이로 인해 그것이 온전하게 이루어지지는 못했다. 설립에 필요한 기금의 마련뿐 아니라 전과 다른 새로운 학교의 경관을 지역에 뿌리내리도록 하기 위해서는 지역 토착민들의 공감과 합의, 그리고 구체적인 사안에 대한 논의들이 필요했다. 하지만 학교를 통한 새 사회 건설에 뜻과 마음을 모은 설립 주체들은 학교가 지향한 소신과 철학이 지역 토착 세력들에 의해 왜곡될 수 있다는 우려를 은연중에 내비치기도 했다.

이처럼 기독교 신앙의 전도와 구원, 지역 공동체의 발전과 결속 등과 같은 이상과 목적이 당시 지역 주민들에게 받아들여지기란 그렇게 쉬운 일은 아니었다. 그리하여 초창기의 풀무학교는 지역학교로서의 면모가 제대로 정착되지는 못했다.[13] 다만 입학생들의 학교를 향한 애정과 열망은 그와 다른 경로로 전개되었는데, 앞의 구술은 이를 나타낸다. 풀무학교의 개교 초기에는 운동장에서 자갈 골라내는 일부터 학교 건물의 신축과 정비에 이르기까지 전교생이 소집되어 학교의 경관을 꾸려가는 일에 동원되었다. 전교생이 지게에 삽과 낫을 얹고 등교할 정도였던 데다가, 오전에는 수업을 하고 오후에는 학생들이 지게를 지고 흙과 나무를 나르는 진풍경이 벌어졌는데, 오죽하면 '공부보다 일을 더 많이 했다'고 회고되기도 한다.[14] 체제의 손

---

12 최어성(남, 73세)의 구술(2019년 6월 8일, 주옥로 생가).
13 이번영, 앞의 책, 73~74쪽 참조.
14 박만순, 「'빨갱이'로 몰려죽은 초등학교 교사, 그 학교에 부임한 교사 아들」, 『오마이뉴스』, 2021.06.05.

길이 갖추어둔 학교 건물에 학생들이 들어가 교육을 받는 것이 아니라 학교 경관 자체를 학생들의 손으로 일구고 조성해온 것이다.

이러한 맥락에서 특히 1963년에 고등기술학교령에 따라 고등부가 연장 설립된 사건은, 다름 아닌 중학교를 졸업한 지역 학생들의 적극적인 배움 욕구가 발견된 것이 핵심적인 이유였다는 점에서 유의미하다. 즉 중등부 1회 졸업생들의 요구에 따라 이들이 졸업하고 1년을 기다려 고등부가 설립될 수 있었고, 이중 15명이 고등부에 연이어 진학한 것이다.[15] 학생들의 자율과 선택은 비단 교육자들의 강조에 의해 주입된 것이 아닌, 학교 자체를 손으로 일구고 그 활동과 살림을 직접 꾸려가는 과정에서 자연스럽게 길러진 것이었다.

홍성에서 홍동까지 걸어가려면 한 시간 걸리는데, 차도 없었으니까 그때는. 홍동면에 가게가 두 개가 있었어요. 거기가 물가가 비싼 거에요. 그게 비싼 거에요. 장이 비싼 게 아니라. 시골 오지니까 가게 딱 했으니까 자기들도 갖고 오느라고 비용도 들었겠고 비싸게 팔지. 그러니까 풀무학교에서는 거기서 물건 사다 쓰기 힘든 거야. 그러니까 직접 그렇다고 해서 계속 홍성 걸어가서 사올 수는 없고 그러니까 협동조합을, 소비조합을 만들어가지고 공동으로 구입을 해다가 나눠 쓰는 거였죠. 홍성읍에서 구하기도 하고 예산에 가서 구하고 어떤 것은 서

[15] 당시 고등부는 그 취지에 따라 그리스도의 순수한 진리를 배우고, 진심하되 자유롭고 평화를 사랑하는 실질생활을 통해 민족정신을 훈련하며, 독립적인 생활 능력을 갖춘 농촌의 일꾼을 기르고, 최소한의 건물과 최저 학비로 최선의 시설을 통한 교육을 실시하면서도 스승과 제자가 일치된 공동체 생활을 배우고자 하였다. 이에 따라 전문적 교양강좌를 개설하고 성서와 국어를 배우며 국문·영어·수학을 기초과목으로, 사회·과학·농업을 상식과목으로 가르쳤다. 오전에는 학과수업, 오후에는 자율적 실습과 과외학습으로 연구와 독서 등 취미활동을 가졌다. 뿐만 아니라 학생들의 취향과 상식에 따라 자유로운 활동을 개시했다. 즉 학우회는 전교생 자치위원회로 운영되고 생활반을 통해 생활목표와 생활 질서 훈련을 가졌다. 성서와 고전, 독서 등 클럽활동을 실시하는 연구회를 가졌으며 신용조합과 소비조합 실무를 배우고 이를 실질적으로 담당하는 협동반이 개설되었다. 알맞은 기술습득과 지도를 위해 가사반이 운영되었으며 배구·정구·탁구·등산 등에 참여하는 체육부의 활동도 이루어졌다(「풀무학원 안내서(1963년도)」, 1962.12.20[『농민 교육자』, 144~146쪽 재인용]).

울까지 가서 물건을 구해다가 학교에다가 놓고, 구판장이죠. 이익 같은 거 많이 안 붙이니까. 그렇게 시작 했든 거죠. 소비조합이. … 형태를 소비조합으로 헌 거는 설립자 이찬갑 선생님이 정주에서 오산 소비조합을 자기가 했든 사람이니까, 1929년인가 했어요. 그러니깐 경험이 있잖아요. 일본 가서 협동조합에 대해서 좀 공부, 공부는 정식으로 안 했겠지만 얘기는 들었고, 그러니까 소비조합을 자연스럽게 한 거죠.[16]

풀무학교 졸업생이 주축이 되어 결성된 조직의 지역적 실천은 다음의 몇 가지 활동을 통해 살펴볼 수 있다. 풀무학교소비조합[17]은 학교라는 공간에서 출발하여 점차 지역으로 진출했던 초기의 사업이었다. 그것은 1959년 9월에 소비조합 구판장이 설립된 것으로부터 시작된다. 이때의 명칭은 풀무협동조합으로, 생활용품을 공동으로 구입하고 그 물품을 싸게 판매하고자 마련되었다. 이는 단순히 물품을 판매하여 수익을 얻기 위해서라기보다는, 풀무학교 학생들과 교직원들에게 필요한 물품인 학용품과 생활필수품을 공동으로 싸게 구입할 수 있도록 하기 위한 목적에서 공동으로 출자금을 모아 시작될 수 있었던 것이었다.

주목되는 것은 이러한 그 시작에 이찬갑의 영향이 있었다는 것이다. 이찬갑은 평북 정주에서 오산학교를 다니면서 1929년 9월에 양계조합과 소비조합을 설립했던 경험이 있었고, 더불어 1931년 9월부터 1935년 3월까지는 오산소비조합의 전무이사를 맡아 실무를 관장하기도 했기 때문이다. 당시 오산소비조합은 오산에 거주하고 있는 주민과 오산학교의 교사 및 학생들

[16] 이번영(남, 72세)의 구술(2019년 3월 8일, 홍성읍 공간사랑).
[17] 풀무소비자협동조합의 출발 및 전개 과정에 대한 내용은 백승종, 앞의 책, 132~134쪽; 김형미, 「홍성지역 생협운동의 전통」, 아이쿱협동조합연구소 엮음, 『한국 생활협동조합운동의 기원과 전개』, 푸른나무, 2012, 129~130쪽; 박경철, 「협동과 연대의 마을」, 송두범 외, 『우리는 왜 농촌 마을 홍동을 찾는가』, 그물코, 2017, 169~170쪽; 이번영, 앞의 책, 92~142쪽; 염찬희, 「한국전쟁 후 다시 시작한 협동조합운동」, 한국협동조합운동100년사편찬위원회 엮음, 『한국협동조합운동 100년사』 I, 가을의아침, 2019, 191~198쪽을 참조하여 재구성하였다.

로 구성되어 있었고, 오산이 묶어내고 있는 일곱 마을의 동회의 상위 조직으로 결성된 것이었다. 이처럼 풀무소비조합의 결성은 오산에서 이미 소비조합의 결성과 실무를 경험한 이찬갑이 주도한 것이었으므로, 용동마을에서 벌어진 이상촌건설운동과 협동조합 운동의 연장선으로 평가되고 있다.

> 이건 학교였거든요. 학교 안에서 계를 못하니까 학생하고 교사하고 졸업생 그 사람들이 학용품, 빵 같은 거 몇 가지 품목만 했어요. 그렇게 했는데, 특히 학용품같은 거. 그런데 졸업생들이 끼고 그러다 보니까 나중에 인근에 돼지 기르는 사람들 사료도 구입해가지고 확산이 됐죠.[18]

> 젤 츰에는 이게(풀무생협) 소비자협동조합부터 시작했어요. … 그때 당시에는 이런 마트두 읎구 뭐 시장이 도로두 안 나고 그랬기 때문에, 우리 소비조합이 필요했었지. 뭐 물건이 비싸구 이런 건 그때 당시는 차량 같은 디다가 실쿠 댕기믄서 마을 돌아댕기믄서 라면 같은 거 뭐 생필품 같은 거 이런 거 싸게 팔구 공급허고.[19]

그 이후 풀무소비조합의 변천 과정을 살펴보면 다음과 같다. 초창기 소비조합의 구판장은 풀무학교 교실 반 칸에서 시작했으며, 이후 주옥로의 집 안마당과 학교 운동장 사이에 있는 방 세 칸 크기의 창고 건물을 고쳐 진열대를 민들어 물건을 올려놓고 판매했다. 처음에는 학용품의 판매를 위한 문방구로 시작했으나, 점차 그 품목이 책과 빵, 비누 등의 생필품으로 확대되었고, 이후에는 낫과 같은 간단한 농기구도 취급하게 되었다. 이때까지는 학교 안의 구판장으로 시작한 것이었으나, 1969년 3월 2일에 풀무학교소비조합이 지역 차원에서 정식으로 결성되는데, 이때 학생들이 모내기

---

18 이번영(남, 72세)의 구술(2019년 3월 8일, 홍성읍 공간사랑).
19 주정배(남, 75세)의 구술(2021년 8월 22일, 운월리공소 앞).

를 하고 받은 4,200원이 소비조합 설립을 위한 기금으로 쓰이기도 했다.

1980년 봄에는 풀무학교 일요성서집회 부녀반의 봄맞이 농민 강좌에서 서울여자대학 이동영 교수의 소비자협동조합에 대한 특별 강연이 있었고, 이 좌담회가 끝난 뒤 부녀반을 중심으로 지역 소비자협동조합발기인회가 만들어져, 5월 2일에 풀무학교 강당에서 풀무소비자협동조합 창립총회가 열렸다. 이때 참석한 주민은 27명으로, 창립총회를 통해 홍순명 교장이 이사장으로 선출되고, 통과된 정관을 통해 출자금은 1구좌당 5,000원으로 정했다. 이후 준비 기간을 거쳐 7월 1일 홍동면 운월리 송풍마을 홍동양조장 별채 10평 크기의 가게를 월세 2만 5,000원으로 얻어 문을 열었는데, 이때 조합원이 31명, 출자금이 7만원이었다. 이는 한국에서 처음으로 지역주민이 자발적으로 만든 소비자협동조합으로 평가받기도 했다.

하지만 풀무소비조합은 창립 3년 만인 1983년에 경영부실로 해산된다. 풀무소비조합은 개인 출자금이 부족하고, 차입금에 의존하는 재무 구조 탓에 많은 부채를 감당하지 못했고, 특히 풀무학교로부터 지원받은 200만원을 상환하면서 운영에 타격을 받았던 것이다. 이외에도 구체적인 운영상의 문제와 교육의 미비가 해산의 요인으로 작용하기도 했는데, "풀무소협의 실패 경험은 다음 협동조합을 운영하는 데 소중한 교재"가 되었다고 평가되기도 한다. 1983년 12월에 재창립을 위한 발기인회를 열고, 새 풀무소비자협동조합 창립총회를 열었다.

> 그래서 저기 소비가 중요헌 게 아니라, 농업의 생산자들이 수익이 있어야 된다. 그리서 인저 생산자조합으로 바뀌면서. … 농민이 유기농을 생산허지만, 생산해두 그거를 팔어줄 사람이 있이야지. 사가는 사람이 읎으면 소용이 읎다. … 그래서 고 풀무소협, 그러니까 풀무생협 생산자회 따루. … 나는 고 생산자회 회장을 허면서 직거래 관계에 힘을 쓴 거야. … 소비자조합이 인제 매장을 여기서. 화란, 풀무학교 인제 화란 ICCO라구 해가지고, 거기 지원받은 사람이 그거를 건

물을 짓는 것두 내가 그걸 추진했었어요. … 그래서 고거 그 소비조합 뒤에 포장 치고 창고짓고 거기서 생산자회를 모임을 매주 저녁에 해서, 생산자덜 누구는 상추, 누구는 뭐 콩나물, 누구는 열무. 이런 식으루 해가지고.[20]

이전의 조합 형태를 계승하면서도, 지역 농민 위주의 조합으로 성격을 달리 했으며, 1984년 2월에 풀무신협에서 무료로 제공한 강당 약 25평에 판매장을 마련하면서도 내부적으로 재정 운영과 교육 홍보, 구입 판매, 그리고 생산 유통이라는 네 개의 위원회를 구성하면서 좀 더 체계적인 운영 방식이 도입되었다. 1986년 4월부터는 홍동양조장 건물에 분점을 내어 농자재와 공산품, 종자를 판매했고 이후 1987년 6월부터는 마을을 순회하며 생활물자의 배달 판매를 시작했다. 이후 대다수 조합원이 농민인 관계로, 농산물 판로 문제가 화두로 떠오르면서 생산자 조직으로 변모하게 되었다. 뿐만 아니라 이렇게 조직된 생산자회에서는 매주 모임을 통해, 각종 작물의 생산에 대한 계획을 공유하고 서로 학습함으로써 협동조합을 매개로 한 민주주의의 일상적인 훈련을 통해 지역의 민주적 역량이 점진적으로 증대되어 갔다.

그것이 이제 소비조합이면서 지금은, 생산자협동조합이라갰지만, 지금은. 그래서 생산자협동조합이라개서 생협이라 했어 우리는. 근디 지금은 생활협동조합이야. … 우리나라는 지금 생협이 소비자협동소합이 중심이 되면서두 유기농산물 생산자덜이 거기 계약해가지고 허는 생협 역할두 같이 해. 두 개를 같이 허는 것이 이 시기에 좀 많은데. 지금 홍동에서는 그것이 지금 약간 변형됐어.[21]

---

20 주정배(남, 75세)의 구술(2021년 8월 22일, 운월리공소 앞).
21 주정배(남, 75세)의 구술(2021년 8월 22일, 운월리공소 앞).

현재의 시점에서 협동조합의 명칭과 관련한 혼재가 발견된다. 즉 소비자협동조합, 생활협동조합 등 조합의 목적과 기능, 역할에 따라 역사적으로 다양한 양식적 갈래들로 분화하거나 수렴되고 있는 가운데, 명칭으로서 조합의 유형을 구분하게 될 때 명확한 경계와 분할선이 존재하지 않는 것처럼 보이기도 한다. 위의 구술은 그러한 내막을 담고 있다. 풀무의 경우, 협동운동의 역사 속에서 생협은 곧 생산자들이 주체가 되어 농산물의 생산과 공급의 역할과 기능을 담당하는 협동조직 형태를 의미하는 것이었다. 풀무 생협이라고 하는 것은 풀무소협을 그 기원으로 두고 있으며 생산자들의 협동조직으로서 생협은 기존 협동조합의 기능과 역할을 유지하면서 여기에 생산자 주체들이 참여함으로써 새로운 영역이 추가되는 식으로 구조화된 것이었다.

이를테면 소비자협동조합이 소비자들에게 물품을 값싸게 공급하고 소비를 원활하게 하는 것을 주요 업무로 삼고 있는 것이라면, 그것과 연결되는 방식으로 새롭게 조직되었던 이른바 생산자협동조합은 생산자들이 땀흘려 재배한 농산물을 제 시간에 공급하고 그 대가를 제 가격으로 보장받기 위해 창안된 것이었다. 비록 현재의 시점에서 협동조합의 세계적 확산과 그 밀접한 교류 속에서 생협이라고 하는 것은 통상 생활협동조합을 의미하는 것으로 되었지만, 자생적인 필요로 말미암아 지역의 차원에서 창안되었던 풀무에서의 생협이라 함은 생산자의 권익과 농산물의 가격을 보장하기 위한 조직적 장치이자 그것의 소비와 공급망으로 연결된 사회적·경제적 구조를 의미하는 것이었다.

계라고 허는 거는 상당히 불안하고 사고도 많이 나니까. 그거 누가 갖고 도망가는 경우가 너무 많았어요. 너무 많았는데, 공식화하고 기구화하느라고 소비조합이 했던 거보다 신협은 10년쯤 후에 시작이 됐죠. … 주옥로 선생님이 했는데, 협동조합을 정식으로 했어요. 처음부터 아주 신협을. 그거에 대해서 쪼끔 지식도

있고 공부도 해가면서 그랬었지.[22]

풀무협동조합 혹은 풀무학교소비조합을 결성하여 학교와 지역을 연결하는 흐름은 풀무신용협동조합[23]의 경험과도 같은 맥을 형성하고 있다. 농촌 고리채 문제가 심각해지면서 그 악순환을 해소하고 생활을 개선하기 위한 방편으로 신용협동조합에 대한 논의가 풀무학교를 중심으로 진행되고 있었다. 특히 한국에서도 이미 1960년에 성가신협이나 가톨릭중앙신협의 설립을 시작으로 신협의 설립이 점차 확장되어 가고 있었고, 이에 풀무학교의 구성원들을 중심으로 라이파이젠과 로치데일 사례를 학습하며 본격적으로 신협의 설립이 공론화되기 시작했다. 1969년 11월 20일에 교사와 졸업생 18명이 약 5,000원의 출자금을 모아 풀무학교 교실에서 풀무신용협동조합의 업무를 시작했는데, 이는 학교를 근거지로, 농촌의 작은 면 지역에서 시작했다는 점이 그 특성으로 평가된다.

이후, 1967년에 「지역 사정에 입각한 신용조합과 구판조합」이라는 논문으로 풀무학교 고등부를 졸업하고, 1968년에 협동교육연구원에서 신협에 대한 교육을 정식으로 받는 등 신협과 관련한 꾸준한 관심을 가져온 정규채는 1972년 1월에 강습회를 열고 새롭게 발기인회를 조직하고 규약을 만드는 등 체계를 갖추기 시작했다. 1972년 3월 15일에 조합원 22명과 출자금 십 수만 원을 인계받아 업무를 시작하게 된다. 1982년 8월 1일에 신협법이 제정되고 그해 10월 8일에 창립총회를 개최하고, 12월에 재무부로부터 인가를 받아 법적 요건을 갖추었다. 그리고 1975년 3월 1일에는 학교 안에 있던 사무실을 홍동면소재지로 옮기게 되었다. 이는 학교에서 결성하

---

22 이번영(남, 72세)의 구술(2019년 3월 8일, 홍성읍 공간사랑).
23 풀무신용협동조합의 출발과 전개 과정은 정규채, 「풀무와 함께한 36년 신협운동을 회고하면서」, 풀무교육 50년 기념사업추진위원회, 『다시 새날이 그리워』 3, 호성문화사, 2008, 41~44쪽; 박경철, 앞의 글, 169~170쪽; 염찬희, 앞의 글, 198~201쪽 참조.

여 자생력을 갖춘 후 지역으로 내보내는 실험으로서, 학교에서 인재를 키워 지역에 내보낸다는 풀무학교의 교육 목표와도 부합하는 것이었다.

초기의 풀무신협은 협동조합의 본래 취지를 염두에 두면서 조합원을 중심으로 금융과 지역사회의 문제를 함께 해결해나가고자 했다. 다만 초창기에는 농촌 고리채 문제가 심각했던 만큼 신협 조직에 대한 오해를 불식시키고 긍정적인 이해를 돕기 위한 노력을 기울였다. 이들은 저녁시간에 지역을 돌며 홍보교육을 했으며, 때로는 많은 조합원이 대출을 받기를 원해 소액으로 나누어 되도록 여러 사람이 쓸 수 있도록 했다.

당시 신협은 금융 사업 이외에도 지역사회의 의료 및 복지를 위한 활동도 전개했다. 조합원 건강을 위한 기생충 검사 사업, 의료보험이 없던 시절 의료비 절감을 위한 홍성의료원과 의료계약, 돼지 콜레라 퇴치를 위한 예방접종, 지역 축산업의 확장에 따라 유기적인 운영을 위한 각종 지원과 제공, 유기농업 관련 학습 모임 진행, 마을 경관 개선을 위한 벚나무 심기와 하천 정비 사업, 양돈 사업, 미생물 사업 등 비록 학교 안에서 출발했지만, 지역의 생업과 자립 기반의 형성을 위한 실천에 몰두하고 진행했다. 신협의 이러한 행보는 앞에서 거론한 생협과 마찬가지로, 당시 자생적인 협동조직들이 지역사회에서 발견된 문제와 그 필요들을 민감하게 받아들이면서 다소 중첩된 영역과 여러 방면의 난관들에 포괄적이고 즉각적으로 대응해 갔던 모습을 확인할 수 있게 한다.

그 보름밤모임이라는 건 간단히 얘기허먼은, 여기 풀무 초창기 졸업생들이 매번 보름밤이믄 모여서 그냥 서루 동네 소식두 전허고 개인 소식두 근황 얘기허고. 뭐 얘기허다 보믄 나라가 돌아가는 소리두 허고. … 농기계조합 같은 거 그런 것두 그런 데서 상의를 허지. 농기계조합은 사실 그것두 풀무학교에서 일본에서 풀무학교에 큰 기계, 그때 당시에는 가마니 짤 때거든요. 가마니 짤 때 가마니 짜는 기계를 보내줬는데. … 농촌에 기계가 읎고 농기계가 읎구, 농기계가 비싸구. 그래서 농기계조합을 만들어서 농민들이 싸게 농기계를 이용해서 농작업을 헐 수 있도록 허면 좋겠다.[24]

비슷한 시기, 홍동보름밤모임은 학교와 지역의 연계망, 나아가서는 지역에 필요한 일을 찾고 이를 진행하기 위한 체계를 갖추기 위해 초기 논의와 결의의 장으로 풀무학교 초기 졸업생을 중심으로 결성되었다. 홍동보름밤모임은 주기적인 모임을 통해 지역의 현안과 대응 방안에 대한 매우 구체적인 논의가 이루어졌고, 그에 따라 실제적인 활동의 여러 성과들을 축적하였다. 1979년 4월, 회의를 통해 서울에서 자연식품을 전문으로 판매하고 있는 업자와 무농약농산물재배계약을 체결한다.[25] 1979년 6월에는 협업을 위한 양돈조합을 구성하기로 결의하기도 했는데, 회원 17명이 참석한 회의를 통해 갓골 농장에 대지를 확보하여 돈사를 짓고, 회원이 출자한 새끼돼지 200마리를 한 사람이 길러 이익을 분배하기로 했으며, 시설책임과 경영관리로 역할을 분담하기로 했다. 뿐만 아니라 다음 단계에 시작할 버섯재배와 농산물 가공 사업에 대해서도 기본적인 정보와 의견을 교환한 바 있다고 소개되고 있다. 나아가 조합을 구성하기 위한 토론 과정에서 '농정이 미궁에 헤매는 현 상황에서 우리가 살 길은 오직 협업뿐'이라며, '이는 앞으로 있을 협업농장의 시발점'으로 언급되어, 협동관행에 대한 이들의 인식을 엿볼 수 있기도 하다.[26]

1979년 9월에는 이 모임의 주도 하에 풀무농기계이용조합 및 수리서비스센터가 그 지역의 필요에 따라 운영을 시작되기도 하였다. 당초 풀무학

---

[24] 이번영(남, 72세)의 구술(2019년 3월 8일, 홍성읍 공간사랑).
[25] 이때 무농약농산물은 일반 농산물 값보다 30% 더 비싼 값에 판매하기로 되었는데, 콩류 10(단위 가마) 판 10, 참깨 10, 들깨 10, 흑임자 5, 수수 10, 율무 20, 반두콩 10, 조 5, 기장 5, 밀 5, 당근 수시로 약간, 매주 제1차로 200kg 정도였다고 한다(「홍동보름밤 모임 무농약 농산물 재배계약」, 『풀무』 8, 풀무학교 수업생회, 1979년 4월).
[26] 「풀무 양돈조합' 구성」, 『풀무』 10, 풀무학교 수업생회, 1979년 6월.

원이 ICCO의 지원금을 받게 되면서 이를 가지고 갓골에 건평 60평의 건물과 트랙터, 바인더, 이앙기, 고성능분무기, 경운기 등 시가 2천만 원 상당의 농기계와 시설을 '홍동수업생단'에 내놓았고, 홍동보름밤모임에서 조합의 목적과 운영방침, 운영위원의 구성 등 그 운영의 문제가 토의·의결됨으로써 본격적으로 진행되었다. 이들의 활동을 통해 지역 내에서 주민 누구나가 조합에 가입하여 농기계를 대여해 이용하고 수리 받을 수 있게 되었으며, 보다 큰 틀에서는 농촌기계화 운동의 큰 전환점을 지역적 차원에서 이루게 된 것이기도 했다.[27]

그런 한편, 풀무학교 졸업생과 지역에 거주하고 있는 여성들을 중심으로 지역의 식생활을 개선하기 위해 식품을 가공하고 식생활을 교육하며 가공식품을 판매하는 홍동식품가공조합이 결성되기도 했다. 각종 빵과 잼류 제조로 불량공해식품을 몰아내고 지역의 식생활을 개선하는 마을산업으로 자리매김하는 것을 그 목적으로 삼았다. 구체적으로 현미의 도정과 제분분쇄, 제면, 제병, 착즙착유 등 가정용기구를 들여와 조합원의 이용사업과 학생 및 주민의 식생활 교육장, 자연식품의 도시 판매가 그 사업내용을 이루었다.[28] 이처럼 지역에서 필요한 일과 이를 담당할 조합을 구성하기 위한 토론이 풀무학교 졸업생이 주축이 된 '홍동보름밤모임'에서 진행되었고, 이는 자치 역량의 기본 토대로 그 학습과 경험이 의미 있게 여겨져 왔다. 풀무학교 초기 졸업생이 중심이 되어 지역의 일을 돌보는 협동조합이 연쇄적으로 조직되는 면모를 이와 같은 장면들에서 살펴볼 수 있다.

---

27 「풀무농기계이용조합 발족」, 『풀무』 13, 풀무학교 수업생회, 1979년 9월.
28 「홍동식품가공조합 발족」, 『풀무』 42, 풀무학교 수업생회, 1982년 3월.

3. 협동적 지역사업의 구체화와 혁신의 흐름

　학교와 지역의 밀접한 연계망을 매개하기 위해, 생각과 역량을 갖추고 있는 학교에서 지역사업을 기획하여 지역으로 내보내고 학교의 졸업생들이 이를 담당하면서, 궁극적으로는 지역이 그러한 사업들을 독자적으로 운영해가는 구조가 형성되어 갔다. 이를 통해 협동적 지역사회를 구현하고자 했으며, 그러한 협동의 문법을 통해 점진적으로 지역사회를 혁신해나가는 방향을 추구했다. 물론 지역사업이라고 하는 것은 한두 가지를 의미하는 것은 아니었고, 크게 보아 소비조합, 신용조합, 도서조합 등 대체적으로 사회적 연결 내지는 협력에 기반을 둔 경제적·문화적 사업들로 구성되었으며, 이를 추구해온 역사적 시간이 길어짐에 따라 수십여 가지에 이르는 지역사업들이 생겨났다가 사라지기를 반복하였다. 아래의 구술은 그 대체적인 실상들을 거론하고 있다.

　　학교에서 지역사업을 했어요. 그 저 이찬갑 선생님 때부터 오산학교 때부터 학교는 마을이다 이래가지고 뭐 협동조합 이것저것 했는데, 하다보니까 50년 동안에 50가지를 했어요. 학교에서. 큰 거는 이 도서관도 60년에 시작을 했거든요. 그래서 이 도서관을 문을 연 것이 50년을 했어요. 학교에서. 도서조합. 백 원씩 돈 내가지고 청계천에서 책을 사다가 한 달이 두번 한 번 택배가 없으니까 완행열차를 타 가지고 그래서 동네로 갔다가 면사무소로 갔다가 노인정으로 갔다가 홍성읍으로 갔다가 결국 일로 온 거에요. 도서관은 하나만 해도 그런데, 무슨 소비조합, 신용조합 무슨 뭐 50가지를 했어요. 그런데 그거를 하는 게 아니고, 다달이 이걸 통계 내는 게 아주 어렵더라고요. 다달이. 물건 얼마를 사오고 월 말에. … 풀무학교는 지역사업을 하지 않을 수 없었어요.[29]

---

[29] 홍순명(남, 82세)의 구술(2019년 3월 9일, 홍동밝맑도서관).

이에 따라 생겨나기도 사라지기도 했던 많은 지역사업 중에서 현재 남아 있는 자료를 통해 확인할 수 있는 것들을, 공동마을로 조성되었던 갓골이라는 공간에서 전개된 사업들을 중심으로 대략적으로 언급해보도록 하겠다. 팔괘리 풀무골에 자리 잡은 풀무학교, 홍동천 수계인 문당리와 금평리를 중심으로 형성되어 있는 유기농업과 더불어, 운월리 갓골은 지역과 학교의 연결을 지향하여 디자인된 공간이라고 할 수 있다. 앞서 언급되었던 것처럼, 네덜란드 ICCO는 1977년과 1979년에 협력기금을 지원했는데, 이는 풀무학교 강당과 학교 실습지, 갓골 학교 용지, 학교 지역교육관 등 1980년 전후에 이루어진 사업에 필요한 부지를 마련하고 건물을 짓는 데 쓰여, 이것이 풀무학교와 홍동 지역사회의 연계적 실천이 시작될 수 있는 계기가 되었다.[30] 갓골이라는 공간이 이른바 '공동마을'로 선택되어 그 외부적인 지원에 따라 전체적인 설계상이 그려진다. 즉 하나님의 뜻인 평화와 진리의 추구를 위해 지방자치와 산업의 분산, 연대와 노동에 입각한 평민문화를 옹호했다. 다만 그 방식은 전면적이고 적대적인 방식이라기보다는, 교육과 종교에 기초하여 개인의 일상적 활동을 통한 점진적인 발전과 변화를 추구하는 방식이 추구되었다.

이는 지역에 소재한 여러 단체의 지원에 의해 비로소 실천으로 구체화될 수 있는 계기가 마련되었으며, 이를 통해 낙농과 다각적 영농을 위한 토지 마련을 마치게 된다. 이러한 갓골 공동마을은 대내적으로 종돈 보급, 육종, 농기계이용조합, 목공예 등 구체적이고도 조직적인 실천이 시도될 만한 공간으로 상정되었으며, 이는 대외적으로 위기와 시련의 농촌을 협동과 정보 공유, 기술 축적을 통해 스스로 변형하는 방식으로 재생하는 한 보루 혹은 모델이 될 것으로 기대되기도 했다.

당시에는 아직 다양하게 구축되지 못했지만, 농촌문화의 산실이 될 문화

---

30 정승관, 앞의 글, 57쪽.

센터와 조합이 경영하는 낙농 가공장이 들어서 지역사회의 중심 기능을 담당하면서 자립하는 거점이 될 수 있을 만한 공간으로 의미화되기도 했다. 더불어 이러한 갓골의 모습이 모델이 되어 범지역적으로 확산된다면 이들이 연결망을 형성하여 하나의 유기적인 연합체가 될 수 있을 것으로 여겨졌다. 농촌 사회의 발전을 위해 도모되고 있는 이러한 계획은 이른바 개척의 한 노력으로 받아들여지고 있고, 또한 그에 임하는 데 있어 갓골이라는 명칭의 기원이 선비의 의관과 결부되어 전통적으로 존재해온 청교도적 인간상과 이어졌다.

풀무 일원과 지역주민이 주체가 되어 주도적으로 추진한 실천들이 이곳 갓골에서 순차적으로 실현되어 갔다. 우선적으로 착수된 것은 시범농장의 설립이었다. 풀무학원이 주체가 된 갓골 공동마을 및 농장의 건설은 운월리 창정마을 갓골의 대지 17,080평에 기초작업을 거쳐, 해당 농장은 '유기농법에 의한 학원부설 시범농장'이라는 이름으로, 다각적 영농을 통한 농촌문제의 실험연구와 공동마을 건설을 목표로 한 것이었다. 이 농장은 이름 그대로, 유기농업과 다각적 영농을 개발·교육할 뿐 아니라, 이를 지역사회로 확산시키는 일을 도맡고자 하는 목적에 의해 그 설립이 주장되었다. 갓골은 이 농장을 시작으로 하여 공동마을의 구성을 기획하였는데, 이는 5년간에 걸쳐 이루어질 수 있는 것으로 계획되었다. 이를 위해 종돈이 생산되고 보급되었을 뿐 아니라, 과수, 농기구 이용조합과 수리센터 설치, 목각공예품의 제작과 수출 등의 실시를 목적으로 두고 착수가 본격화되었다.[31]

이어서 1981년에 풀무수업생과 지역주민이 주도하여 이미 1979년부터 구체적인 계획이 수립되었던 갓골어린이집이 개원되었다. 이는 더욱 다양화된 실천의 초기 양상을 담아내고 있다. 갓골어린이집은 1979년에 입안되어 구체적인 계획이 수립되었다. 국내외적으로 유아교육의 중요성이 고조

---

31 「갓골 공동마을 착수」, 『풀무』 7, 풀무학교 수업생회, 1979년 3월.

되고 있는 사회적 현실 속에서 홍동이라는 작은 지역에서 풀무 수업생과 주민들에 의해 자생적으로 이루어진 갓골어린이집의 개원은 지역사회를 변화시켜나가는 운동의 중요한 분기점이 되었다.

어린이집의 운영은 또한 마찬가지로 풀무학원과 풀무신협, 학부형, 지역 주민 등의 주체들이 그 책임을 도맡았으며, 이로써 어린이집은 지역사회가 공동으로 소유하고 공동으로 운영하는 기관으로서 그 역할을 분명히 하였다. 설립 추진 과정과 마찬가지로 그 운영 또한 당대 협동조직들의 운영 기조를 따라 민주적이고 독창적인 방식으로 이루어질 수 있도록 규약과 원칙을 정하였다. 아울러 어린이집에서 행하는 교육 과정은 되도록 어린이집이 발붙이고 있는 지역과 농촌에 걸맞은 내용들로 구성하고자 하였다. 뿐만 아니라 어린이집은 단순히 아이들을 기르고 양육하는 일만이 아니라 지역 운동의 맥락 속에서 이해되고 진척되었다.[32]

홍동대체공업연구소의 실험도 이 공간에서 진행될 수 있었다. 홍동대체농업연구소는 이른바 농촌과학화의 산실을 조성하고자 하는 목적 속에서 설립될 수 있었다. 연구소 건물은 약 15평 규모로 계획되었으며 재료실과 작업실, 거실 다락방 등의 구조를 갖추게 되었다. 주목되는 것은 그것이 농가주택의 시범적 모델로서 태양열을 이용한 가옥구조를 실험하였다는 점이다. 즉 태양열 집열판을 이용하여 난방장치를 가동하고, 풍차를 설치하여 가정에서 사용할 전기를 생산하고자 하였다. 이외에도 이곳에서는 식품의 가공과 메탄가스와 관련된 실험 등 농촌을 과학화하는 일에 필요한 실험들을 그 필요성과 시의성, 현실성을 고려하여 진행하고자 하였으며, 이를 바탕으로 국제적인 교류를 실시하고자 하였다.[33]

1980년대 중반에 이르게 되면 '지역사회 대학'의 설립 필요성이 본격적으

---

32 「갓골어린이집」, 『풀무』 31, 풀무학교 수업생회, 1981년 4월.
33 「홍동대체공업연구소 건립」, 『풀무』 24, 풀무학교 수업생회, 1980년 8월.

로 제기되면서, 이와 관련하여 지역과 지방자치가 좀 더 전면적으로 강조되었다. 누차 언급되었던 것처럼, 영성에 기반하여 지역과 학교의 연계망 속에서 생태적 가치를 지향하는 농업의 실천이 이루어지기 위해서는 기본적으로 교육이 필수적으로 수행되어야 한다는 점이 역설되었다. 즉 지역 농업의 협업 및 과학화를 위해서는 노동자가 경영하는 적정규모의 비공해 공업, 생태계 보존, 시사에 대한 즉응적인 관심, 전통문화의 재창조와 활성화, 국제적 이해와 협력의 안목, 청소년에 대한 보습 교육의 기회 마련이 지역의 자립을 통해 이루어지기 위해서는 '지역사회 대학'이 설립되어야 한다는 것이었다.[34] 즉 지역이 표방되고 그것이 대단히 강조되었으며, 중앙이 아닌 지역을 중심으로 교육과 농업, 경영, 공업, 생태계, 생활, 문화가 창출되어야 할 필요성이 제기되었다.

아울러 새 사회 혹은 새 국가를 건설하기 위해서는 단위 지역의 주체성을 회복함으로써 지방 정부가 제기능을 발휘할 수 있도록 풀뿌리 민주주의가 활성화되어야 한다는 점이 역설되기도 했다. 구체적으로, 생태계의 순환을 위해 유기농업을 실시하고, 직거래를 통한 도농협력, 그리고 자주적으로 관리되고 지역에 귀속되는 소규모 공업이 융합되는 농공구조, 탐욕을 거부하는 생활양식, 공동체 정신을 기르는 윤리기반, 지역대학의 기능을 갖는 복선형 교육의 도입, 그리고 여러 지역들의 국제적 교류를 통해 탈수도권, 탈거대산업을 위한 지역 활성화의 노력이 강조되었다.[35] 물적 토대와 관련한 이러한 지향은 풀무학교의 자립 기반 마련을 위한 지역사회의 진출과 더불어 마을학교를 표방한 전공부의 설립을 통해 지역과 학교의 연계망 강화와 공동체적 가치 추구를 위한 매듭으로 이어졌다.

이와 같은 여러 실천 속에서, 갓골이라는 공간은 학교의 자립을 위한 거

---

[34] 홍순명, 「지역사회 대학의 필요」, 『새벽별』 100, 1986년 9월·10월·11월.
[35] 홍순명, 「실업과 운영방향」, 『풀무』 115, 풀무학교 수업생회, 1990년 9월.

점이자 학습을 위한 실습지 등 여러 역할과 기능을 아우르면서도, 실제로 학교와 지역을 이어주고 이들의 자치 역량을 마음껏 길러나갈 수 있는 하나의 실험지로 여겨지게 되었다. 이 자치 역량이라고 하는 것은 대체로 학교의 공감과 지원을 바탕으로 하면서도, 그런 만큼 학교의 지향과 결부되어 학교는 지역에 필요한 것들을 내어주고 또 지역은 그러한 활동에 도움을 주는 등 실제적인 상호 연계가 이루어지는 곳이었다. 이러한 모습을 보여주는 예로 갓골어린이집과 풀무학교생협, 그리고 홍동밝맑도서관이 지역과 학교의 협동 속에서 새롭게 세워지는 과정을 살펴볼 수 있다.

풀무학교생협은 1981년 갓골어린이집에서 시작한 풀무식가공조합에 그 연원을 두고 있다. 풀무식가공조합은 1959년 학교에 자리하던 소비조합이 지역으로 나가게 되면서 학교에 거점을 두고 있는 조합도 추가로 유지되어야 한다는 차원에서 독자적으로 결성한 것이었다. 또한 그것은 갓골어린이집이 지역에서 자리를 잡아가는 과정과 중첩되어 있다. 자라나는 어린이들과 농가의 일손 여건 속에서 도무지 짬이 나지 않는 지역의 처지에서, 농촌의 어린이들과 여성들에게 농약이나 방부제를 치지 않은 건강한 간식을 제공하자는 제안이 있었다.

이에 학교 지원금을 사용하여 오븐을 구입하였고, 빵을 구울 수 있는 건물과 공간은 당시 풀무학교의 영어회화 교사로 온 케빈 갤리거의 도움으로 조성할 수 있었다. 그는 농촌의 어린이와 여성들에게 건강한 먹거리를 생산·제공에 필요한 공간을 조성하기 위한 지원금을 네덜란드 대사관으로부터 받았다. 건축을 겨울에 시작하다보니 수업이 없을 때면 학교를 빠져나와 본관서 안 보이게 허리를 굽히고 곡괭이로 언 땅을 직접 파가면서도, 목재와 건축은 학교와 연이 닿는 사람이나 지역 주민의 도움을 얻는, 쉽지 않은 과정을 거쳐 조합 건물을 지을 수 있었다.

준공식을 거행하고 '풀무식가공조합'이라는 이름으로 정관을 만들어 20여 명이 모인 가운데 총회를 진행하였다. 농촌 환경에서는 현실성이 없다는 이유로 반대하는 의견이 있었으나, 이를 무릅쓰고 조합의 문을 열었다. 빵은 보잘것이 없었다고 하지만, 어린이집에서도 조금 소비하고 나머지는 기차를 타고 서울 등지의 다른 어린이집들을 다니며 팔았다. 오븐은 개인 생계를 위한 통밀빵 판매에 잠시 사용되다가, 풀무학교 가사실에서 그리고 갓골 나들목으로 옮겨짐으로써 학교의 자립을 위한 제빵이 새 체제 속에서 다시 시작되기도 하였다. 현재 풀무학교생협 자연의가게가 자리한 통나무 건물은 전공부 교사로서 연을 맺은 주병근에 의해 설계되어 2006년에 지어진 것이었다. 이는 전공부 개교와 맞물리면서 학교생협 또한 새로운 기운과 활력 속에서 빵을 만들어 학교의 자립을 이루기 위해 이루어진 것이었다.

학교생협은 건축이 완료되는 것과 동시에 이사회를 구성하고 총회를 열어 정식 조합 체계를 갖추었다. 학교생협은 학교의 자립을 추구하기 위한 것일 뿐만 아니라 학생을 대상으로 한 민주적 운영과 조합 원칙 준수와 같은, 협동조합 교육이라는 초기 교내 소비조합이 가졌던 본연의 역할도 꾸준하게 유지해오고 있다. 뿐만 아니라 전공부에서 지은 우리밀로 빵을 만들어 지역민과 방문객에 제공했으며 학생들의 제빵 교육과 실습도 도맡았다.[36]

갓골어린이집은 어린이집 보육 과정부터 대학 과정까지 일관되고 온전한 평생교육이 달성되어야 진정한 지역 교육이 될 수 있다는 의지 하에, 1980년 말부터 건축하기 시작하여 1981년 4월 개원하였다. 즉 지역사회의 개발을 위해서는 지역 교육이 필요하고, 그러한 지역 교육은 어린이를 대상으로 한 공동육아에서부터 출발할 수 있다는 생각에서 어린이집 사업이 시작되었다.[37] 그것이 갓골에 만들어진 것은 갓골마을의 경관이 매입되어 먼저

---

[36] 풀무식가공조합과 풀무학교생협에 대한 내용은 홍순명, 「풀무학교생협의 역사」, 2014년 9월 24일(https://cafe.naver.com/gmulko/217) 참조.
[37] 갓골어린이집에 대한 내용은 최루미, 『우리 삶에 빛나던 날을 기억합니다』, 글을읽다, 2018 참조. 초기의 갓골어린이집은 겨우 교실만 지어진 상태에, 교사가 아이들을 돌보고 간식을 만드는 등 일상적인 돌봄뿐만 아니라, 그 운영도 주도하여 담당하였다. 이때 어린이집의 보육료는 3,000원 정도였으며, 15명 내외의 아이들이 등원하였다.

조성되었다는 현실적인 이유가 있었으나, 동시에 학교의 품 안에서 자라되 지역의 도움을 얻으면서 지역 교육의 한 역할을 담당해나가기 위한 것이기도 했다. 갓골어린이집은 상황중심 교육을 추구하는 농촌 어린이집으로, 독일의 유아교육 사조를 적용시켜 생활중심·생태육아를 접목시킨 교육을 적용한 것이었다. 상황교육은 획일적인 틀에 매인 것이 아니라 일상적으로 일어나는 상황 속에서 자율과 연대를 배우는 교육으로서 갓골어린이집의 교육 과정에 적용되었다.

교사들은 식가공건물로 쓰던 교사숙소에서 생활하였으며, 이후에는 기숙사를 쓰며 오전에는 어린이집, 오후에는 풀무학교에서 과목을 가르치며 출퇴근하는 교사들도 있었다. 갓골어린이집은 소통과 협력의 교육이라는 풀무학교의 지향을 이어받아 부모회의를 중요하게 여기고 진행했다. "엄마 선생님들"[38]이라는 호칭은 그 맥락에서 지어진 것이었다. 부모회의는 아이들 간식, 소풍, 어린이날 잔치와 같이, 교육과 살림살이, 행사 등 여러 부분들을 교사와 부모가 함께 의논하고 결정하는 역할을 담당하였다. 이 회의에서 부모들이 자발적으로 보육료를 인상해야 한다는 주장을 할 정도로 어린이집은 실무자와 지역 주민들이 함께 꾸려나가는 것이라는 생각이 강했다. 어린이집 이사회는 '작은 부분이라도 사유화하지 않고 공공성을 지키려는 현장의 노력'을 말해주는 대표적인 사례로 언급된다. 이사회는 갓골어린이집이 '마을 어린이집'으로서 보육의 공공성을 유지·강화하기 위해 전반적인 살림살이를 관장할 뿐 아니라 정기적으로나 필요할 때 근로봉사를 실시함으로써 지역이 함께 아이들을 키우는 어린이집이라는 것을 행동을 통해 분명히 하였다. 어린이집도 지역에 필요한 일이 있거나 아이들에게 이로운 일이 있으면 언제든 참여함으로써 지역과의 연계망을 강화·유지해왔다.

이와 함께 어린이집이 자리하는 곳이 농촌이라는 점도 짚어볼 만하다.

---

38 위의 책, 100쪽.

농촌은 사계절과 절기, 그리고 작물을 심고 자라게 하고 수확하는 등 농한기와 농번기를 분명하게 체감할 수 있는 곳으로, 아이들에게 생태교육을 하기에 적합한 장소로 여겨졌다. "당시 갓골어린이집의 교육은 교사가 일방적으로 가르치기보다는 사계절과 절기 리듬을 중심으로 함께 어울리고 생활하며 아이들의 자연스러운 성장을 지원하는 것이었다"[39]는 한 교사의 언급이 그것을 말해주고 있다. 주지하는 것처럼 어린이집의 운영과 아이들의 보육에 지역사회와 맺는 네트워크를 중요하게 여긴 갓골어린이집은 가정통신문과 교육안내문 이외에도 1984년부터 가정 및 지역사회와 소통하고 교류하려는 노력과 투명한 살림살이 내역을 공유하기 위해 『갓골』이라는 회지를 분기별로 발행하기도 하였다.

이와 더불어 일일찻집이나 바라지후원회와 같은 행사들은 보육료나 정기적인 후원금만으로는 충당하기 어려운 어린이집 재정을 확보하면서도 어린이집을 통해 맺어진 관계들을 가시화하고 농촌 유아교육의 필요성을 대외적으로 알리는 일에 있어서도 유의미한 것이었다. '갓골극단'을 결성하여 기금 마련을 위해 연극을 상연하였던 것도 이러한 맥락 속에서 진행된 것이었다. 이처럼 갓골어린이집은 선례 없이 시작된 그것의 개척 과정에서 농촌 실정에 맞는 보육기관으로서의 역할을 나름의 방식으로 갖추어나갔다.

이상과 같은 갓골어린이집의 사례는 육아와 보육으로 인한 개별 농가의 어려움을 공공성을 확보한 단체를 설립함으로써 지역사회가 함께 분담하는 협동의 문법이 적용된 것이었다. 어린이집은 지역에서 이른바 '열린 어린이집'의 역할을 담당하며 지내왔다. 당시만 해도 지역에서는 아이나 어른들이 모일 수 있는 장소가 거의 없었고, 비교적 일찍 시작하였던 갓골어린이집에 아이들과 어른들이 모임으로써 어린이집은 동네 사랑방이자 마실방, 살롱의 역할을 담당하기도 했다. 가을걷이를 마친 10월 말이나 11월 초에 행

---

[39] 위의 책, 54쪽.

해진 '작은 가을잔치'는 그런 모임을 직접 특정한 문화 양식으로 확장했던 사례였고, 농한기가 되면 '청년대학' 강좌를 열어 강사의 교육을 받고 책을 읽으며 토론하는 등 일종의 마을학습 활동이 이루어지기도 하였다.

앞선 구술에서도 언급되었던 것처럼, 홍동밝맑도서관의 설립 과정은 풀무학교의 도서관 운동의 역사와 중첩되어 있다.[40] 그것은 1965년 시작된 풀무학원도서조합에서 시작된 것으로 운위되기 때문이다. 도서조합만 보더라도 그 유지가 어려워 여러 차례 소실되었다가 발족하기를 반복하지만, 분명한 것은 그것이 소비조합·신용조합과 함께 풀무학교 조합운동의 초기 역사를 이끌었다는 것이다. 이는 조합운동이 단순히 경제적 문제를 해결하기 위한 것이 아니라, 문화적·정신적 수준의 향상을 먼저 생각한 결과이기도 했던 것이었다. 또한 그것은 풀무신협의 도서보급 운동으로도 이어져 전개되었는데, 이는 상호 교류를 넘는 유기적·통합적인 지역운동이 전개되었다는 사례로 언급될 수 있다. 이는 1979년 풀무신협 사무실 옆 공간에서 홍동학생도서실이 열리는 일로 이어졌다. 홍동학생도서실은 홍동의 중요한 문화시설로 성장하였는데, 해마다 독서발표회·백일장·영화감상회 등의 행사를 진행하면서도 지역 문화 활동의 중심적인 역할을 담당하기도 했다. 하지만 운영의 어려움으로 다시 문을 닫았던 도서실은 1998년 풀무학교 출신이 홍동면장에 부임하면서 홍동면민도서실이라는 이름으로 문을 열었다.

풀무학교와 홍동의 도서관 운동은 이러한 부침 끝에, 2004년 홍동밝맑도서관이 세워짐으로써 지역민들의 문화적 욕구를 충족하며 안정적인 활력을 얻을 수 있었다. 건립은 이찬갑의 차남 이기문의 전문서적의 기증과 비용의 기부가 큰 계기가 되었다. 이 재원을 가지고 지역 주민들이 주체가 되

---

40 풀무학교와 홍동지역의 도서운동과 홍동밝맑도서관의 건립 과정은 이번영, 「홍동밝맑도서관이 세워지기까지」, 『마을』 1, 마을학회 일소공도, 2017 참조.

고, 주민이 함께 활용하는 마을도서관을 건립하자는 제안이 있었다. 마침 풀무학교 개교 50주년과 맞물리게 되면서 지역주민과 풀무학교 수업생, 학부모 등이 지역도서관건립추진위원회를 창립하면서 지역도서관 건축을 함께 추진해갔다. 이 추진위원회는 2007년 6월부터 2011년 10월 개관까지 약 64회에 걸쳐 회의를 열고 준비에 착수함으로써 지역에 작은 마을도서관이 설립될 수 있었다. 도서관이 건립되는 과정과 마찬가지로 운영 또한 공동으로 이루어지고 있으면서도 독서뿐 아니라 전시와 공연, 쉼터와 장터 등이 열리고 지역 관련 자료를 한 데 모아 보관하는 지역의 핵심적인 문화시설로 자리 잡고 있다.

4. 시장경제의 위기와 대응, 대안경제 조직의 다양화

학교에서부터 시작하여 지역으로 진출하여 독립적으로 운영되었던 대표적인 사례로 풀무생협이 있다. 앞서 언급되었던 것처럼, 당시 풀무생협은 소비자단체와 생산자단체의 성격과 기능, 역할이 혼재되어 운영된 측면이 있었으며, 이는 조직의 자생성으로 인한 것으로 지역의 필요와 요구에 대응해가면서 조직의 성격을 규정지어온 흐름을 반영한 것이었다. 풀무생협이 학교의 교사와 학생들, 지역의 소비자와 생산자들, 일반 주민들의 생활상의 어려움과 한계를 협동의 방식을 통해 해소해간 사례라는 것은 분명하다. 하지만 이후 협동운동의 거대화 혹은 전문화라는 국면을 거치면서 일대의 변곡점을 맞이했던 과정을 중요하게 짚어볼 필요가 있다. 그것이 부정적이었다는 점은 명확한데, 자율경제로서 운영되었던 조직이 일정하게 자본에 포섭되는 상황을 낳게 되었기 때문이다. 따라서 이 지역 협동운동의 맥락에서 초기 자율경제의 지향을 지닌 조직의 운영이 점차 자본화되어가는 과정, 그리고 그 과정에서 운영의 기조와 그에 대한 인식은 어떻게 나타나고 있는지, 이후 자본화에 대한 대항으로서 새로운 협동조직이 어떻게 모색될 수 있었는지 살펴볼 필요가 있다.

풀무생협의 성격 변화는 전국적으로 있었던 생협 유통시장의 변화에 대한 지역의 대응 차원에서 이루어진 것이었다. 1990년대에는 단위생협에 대한 직거래가 주를 이루었다면, 그 후반부터는 생협물류연합체가 생겨나게 되면서 생협의 유통 구조와 생산 및 소비 관계가 규모화된 경제 연합으로 인해 일대 변화를 맞게 된 것이다. 그리고, 앞서 살펴보았듯이 풀무생협은 지역 차원의 협동운동이라는 맥락에서 자생적으로 조직되었다는 점에서 지역 기반의 종합적 조직이라는 성격을 나타내고 있었으나, 이전 국면과 맞물리게 되면서 지역은 유기농산물의 산지産地로서, 그리고 조직은 생산자 조직으로서 변화하게 되었다.

위의 두 가지 변화와 맞물리게 되면서 풀무생협은 이에 대한 적극적인 변화를 모색할 수밖에 없었는데, 이를테면 규모화된 시장 상황에 따라 경쟁 체제로 포섭되면서 일반농산물의 생산에 더하여 가공과 축산 부문의 생산에 공격적인 투자를 감행하고 그 판로의 다각화를 도모하게 된다. 이러한 요인들에 의해 풀무생협은 조직의 성격이 변화하였을 뿐 아니라 운영의 위기도 동시에 맞게 되었다.[41]

> 2005년. 그때가 인제 제가 풀무생협에서 활동한지 9년째 되던 해에, 그때 이제 풀무생협이 되게 정책적으로 중요한 결정들을 하죠. 그게 인제 생협들이 이제 작은 규모였을 때는 풀무생협이 뭐, 그 당시에, 지금 이름 많이 바뀌었지만. 민우회생협, 지금 두레생협 전신인 수도권사업연합, 아이쿱 전신인 21세기생협연대. 이제 골고루 했었는데, 2005년도에, 그 당시에 인제 어쨌든 언론의 힘이, 언론의 어쨌든 잘 먹구 잘 사는 뭐해서 친환경들이 계속 뜨면서, 외형적인 힘에 의해서

---

41 이에 대한 자세한 내용은 허남혁, 「생협 생산자 조직의 생산-소비관계 변화」, 『농촌사회』 19(1), 한국농촌사회학회, 2009, 161~211쪽 참조.

시장 파이가 크면서 생협들두 막 성장들을 했죠. 그러면서 생협들도 각자, 힘을 모은 게 아니라 각자 이렇게 경쟁하는 이런 게 되면서, 생산지를 쪼개기 전략. 자기 산지 갖기. 뭐 이걸로 이렇게 그런 전략들이 되면서, 홍성 역시두 어디에 줄을 서야 되냐 라는 기로에 서있었던 거죠. … 홍성 지역은 좀 풀무에서 아이쿱에 인제 올인하는 전략으로 갔고. … 풀무생협 위기. 위기는 좀 무리한 사업 확장이었죠. 예컨대 그 당시에 이제 2003년, 2004년 요때. … 전국의 모든 지자체가 친환경농업이 이제 대안농업인 것처럼 하면서 육성 정책들을 막 펼치죠. … 모든 지자체들이 친환경농업 육성 경쟁에 붙은 거죠. 그래서 이제 2003년 그 당시도 보면, 홍성군에서도 지자체장이 엄청 밀었어요. 그래서 이제 막 홍동, 장곡 뿐만 아니라 홍성군 전역에, 다 이제 오리집도 지원하고 오리지원하고, 했던 그런 시기가 있죠. 근데 그때도 저는 이제 좀 그렇게 무리하게 확장하는 거에 대해서 좀 반대 입장을 했었고. … 그래서 이제 경영적으로도 보면, 계속 사업을 계속 확장하는 형태로. 그래서 막 제가 다른 거로, 다른 형태로 해서. 그때 뭐냐면 처음에 이제 수도작을 중심으로 했었고. 고 다음에 이제 채소 쪽 했었고. 근데 이제 축산이 붙게 되고. 이제 수도작도 이제 막 도정공장이 만들어지게 되고, 막 하면서, 어디서 어느 분야에서 얼마큼 남아서 어디에서 얼마큼 까지는지 계산이 안 될 지경.[42]

1980년대 이후 본격적으로 활성화되었던 풀무생협은 지역 차원에서 운동의 초기에 시작되었다는 점에서 지금과 다르게 제도적 차원에서 전문화된 시스템이 갖춰지지 않은 상황에서 운영되었던 측면이 있다. 즉 유기농을 통해 지역의 생태를 회복하고 먹거리 안전을 수호하고자 하는 의식을 지닌 지역의 생산자들이 뜻을 모아 자율적으로 결집하여 조직을 결성하고, 이들이 자체적으로 도시 소비자들과 직거래 관계를 형성함으로써 독자적인

---

42 정상진(남, 53세)의 구술(2021년 7월 17일, 자택).

판로를 형성하였다는 점에서 한국 협동운동의 역사에서도 상징적이고 유의미한 사례로 여겨지고 있다.

그러나 앞에서 언급했듯이, 1990년대 후반, 2000년대 초반 도시 공간의 개발 및 팽창과 도시 소비자들의 먹거리에 대한 의식과 욕구가 증진되고 그에 따라 단위생협들의 연합과 물류화가 이루어지면서 유기농작물에 대한 시장도 함께 급격하게 확장되었다.[43] 당시 풀무생협은 이러한 시장의 상황에 조응하여 조합원들이 비용을 모아 일부 자부담으로 RPC(도정 공장)를 설립하는 등 공격적인 투자와 판매를 감행하였다. 이는 전국적인 차원에서 이루어지고 있는 유기농산물의 시장화 추세에 지역도 발걸음을 맞추는 것을 뜻하는 것이었는데, 비유하자면 그것은 생산자의 입장에서 '생협에 납품하는 농사'로 전환되는 것을 의미하는 것이었다.

유기농산물이 전적으로 시장화되고 지역의 생산자도 여기에 포섭되면서, 점차 가격경쟁력이 더욱 중요해지게 되었다. 다시 말해 이러한 시장 안에서 지역은 유기농산물의 산지로서 그 정체성을 일방적으로 부여받았을 뿐 아니라, 다른 산지들과의 농산물 가격 경쟁이 본격적으로 전면화되었다. 가격경쟁력을 확보하기 위해 지역 생산자로서는 소량 다품종이 아닌, 단작을 선택할 수밖에 없었으며 다양하고 복합적인 조합원의 욕구와 필요를 충족했던 그 이전의 조직 성격과는 다르게 생산과 납품이 제 일의 목표로 설정되었다. 지역 차원에서 생협은 운동으로 시작되었지만, 이 시점에 이르러 이들에게 생협연합체들은 일종의 물류회사로 여겨질 만한 것이었다.

구체적으로, 풀무생협은 2003년 산하에 환경농업영농조합법인을 설립하고 경종-축산의 유기순환적 지역농업을 지향하되, 생협물류연합체 중 하나

---

[43] 단위생협들의 물류연합과 친환경 유기농산물 시장의 형성과 확장에는 여러 요인들이 있었는데 그 중 하나가 1998년부터 본격화되었던 국가인증제도이다. 국가인증제도가 시작되면서 친환경 유기농산물의 시장이 형성되고 그 유통규모가 커지기 시작하였던 것이다(허남혁, 앞의 글, 175~176쪽 참조).

인 21세기생협연대(현재 아이쿱COOP의 전신)와 연결됨으로써 급증하는 친환경 유기농산물 시장에 발맞추어 급성장을 이루게 되었다. 하지만 2005~2006년에 그러한 성장세가 꺾일 뿐 아니라 2007년까지 극심한 조직의 위기를 맞게 되는데, 그 요인에는 정부의 쌀수매정책 폐지와 친환경 쌀생산지의 급증, 그리고 유기농 소비의 급감 등이 있었으며, 이 요인들이 겹치면서 유기농 쌀파동이 발생하기에 이르렀기 때문이다.[44] 유기농의 대중화가 오히려 친환경 농산물의 적체 현상을 빚는 역설이 일어나게 된 것이다.

> 풀무생협허고 영농이 같이 존재허다가 생협이 떨어져나간 거죠. … 소비자가 있는 곳으로 가는 게 맞는 거구. 영농은 말 그대루 영농조합법인이니까 이건 생산자단체니깐. 생산만 전념허게 만드는 게 맞지. … 생산자단체와 소비자단체가 같이 있으니께 문젠 거야. … 소비자단체는 소비자단체루 가고. 생산자단체는 생산자단체로 가고. 그렇게 가는 게 맞고. 또 생산자단체지만 주곡허는 사람은 주곡단체루 허고. 채소허는 단체는 채소단체로 허고. 축산허는 사람은 축산허는 단체루 허야지. … 다 분리를 해서 책임경영을 시켜야 된다는 거지. … 서루가 책임 안 질라 그러니깐 빚이 늘어나요.[45]
>
> 지금은 후배들이 이어서 명맥은 유지허고 있어요. 지금두 생협이라든지 그런데 정신은 해가지고. 근디 생협두 인제 중간에 좀 문제가 있어갖고 지금은 인제 자연(드림-인용자), 거 신성식이가 허는 그쪽으로다가 흡수뒤고. 여기 장곡으루 간 정상진이가. … 그쪽에서 우리 초창기의 풀무 그 정신 그것을 어느 정도 실현허고 있고. … 풀무학교에서도 우리 농민회 활동을 같이 했던 선배덜, 후배덜. 요런 뭐 제자덜이 그쪽 일들을 지금 현재는 다 이어나가 있어요. … 생협 내포루 매장이 갔어요. 고거는 별개고. 생협 매장이 내포로 갔구. 우리가 츰에 만들었던

---

44 위의 글, 176~177쪽 참조.
45 주정산(남, 50대)의 구술(2021년 8월 22일, 풀무환경농업영농조합법인).

그 생협의 명맥이 지금 내포, 내포에 생협 글루 가서 개장헌지가 얼마 안 됐어요. 지원 좀 받어갖고 내포로 가 있고. 고 담에 우리 생협의 본래 취지대루 허는 게 지금 장곡 가면은 오누이 저 뭐허고 장곡에. … 옛날에 여기 있을 때 풀무생협 이사허고 허다가 여기 생협이 약간 변질되면서, 자기 고향으로 가서 해가지구 지금은 어느 정도 귀농자도 많이 모이고. 여기 저 마을 공동체를 허는데, 그쪽이 지금, 오히려 홍동보다, 그쪽이 중심이 되다시피.[46]

이후 풀무생협은 소비자단체로서 아이쿱 자연드림, 생산자단체는 풀무환경영농조합법인으로 분리되고 그 안에 세부적으로 주곡과 채소, 축산으로 법인화되어 책임경영의 방식으로 운영되고 있다. 변화하는 현실 속에서 지역의 협동운동은 점차 기업화 내지는 전문화되어갔으며, 이에 따라 경영상의 이유로 분리를 거듭해갔던 것이다. 주목되는 또 하나의 분리는 조직 자체의 분리라고 할 수 있는데, 풀무생협의 경영 전환 과정에서 일부 생산자들이 그 대항으로서 새로운 조직화를 시도하였던 것이다. 이는 단순히 생산자들 간의 결집만을 의미하는 것이 아니라, 실천의 지역적 확장을 의미하는 것이기도 했다. 이를테면 새로운 뿌리내림이 이루어지면서 생산자들의 참여도를 증진시키고자 노력했다. 이전 생협의 정신과 가치를 유지시키고 자율경제를 도모했으며, 운영의 안정성을 확보함으로써 자본화와 기업화의 맥락 속에서 비껴나고자 했다. 그 결과 생산자의 생산과 안정적인 운영 및 경영에 주안점을 두는 방식으로 조직의 변모가 이루어졌다.

90년 초반이니까. … 좀 그때만 해도 전체적으로 농민회가 쫙 성장을 했다가, 약간 주춤하는 시기. … 서부, 갈산. 홍성군농민회가 간척지불하, 뭐 그런 싸움부터 하면서, 그때가 인저 가장 80년대 중후반 요때가 가장 번성했던 그런 시기구.

---

46 주정배(남, 75세)의 구술(2021년 8월 22일, 운월리공소 앞).

어쨌든 그 싸움 이후부터는 쇠퇴기. … 4H 활동을 해서 애들을 좀 조직해서 들어가자. … 4H 활동을 되게 열심히 했어요. … 이 친구들을 죄다 끌꾸 농민회를 가입을 했죠. 그래서 오히려 홍성군농민회의 중심이 장곡 지역으로. … 농업 농촌 살리자구 하는 건데 내가 먼저 망할 거 같다. 방식을 좀 바꿔보자. 라고 해서 고 이후에 농민회 활동보다는 홍동 중심으로 해서 그때 인제 풀무생협. … 풀무생협에 들어가서 좀 친환경농업을 통해서 좀 경제적인 그런 도움을 받을 수 있는 활동들을 하자. 라고 해서 인저 고 싸움 이후에는 좀 친환경농업 활동을 하게 됐죠. … 우리 마을에 작목반 만들고 해서 장곡 지역에 첨에 세 개, 그리고 다섯 개 쌀 작목반을 만들어가지고 이제 장곡 지역에도 친환경농업을 이렇게 확산하는 그런 역할들을 했죠.[47]

장곡 지역을 중심으로 조직된 홍성유기농영농조합법인[48]의 결성에는 홍동 지역의 실천과 연계된 장곡 지역의 친환경농업 실천이 자리하고 있다. 장곡 지역에서 오리농법을 통한 유기농쌀의 생산은 1997년 대현리에서 시작되었다. 1998년부터 유기농산물의 출하가 실시되었으며, 2000년에는 대현리·도산리에서 오리농법작목반이 결성되었고 이어 2001년에 엽채류와 근채류 등을 담당하는 채소작목반이 결성되며 진전되었다. 이러한 장곡 지역의 친환경농업 실천의 전개와 확산에는 지역의 농민운동 경험이 일정 부

---

47 정상진(남, 53세)의 구술(2021년 7월 17일, 자택).
48 장곡을 지역적 거점으로 삼고 있는 홍성유기농영농조합은 친환경농축업의 실천을 통해 안전하고 좋은 품질의 농축산물을 생산하고 이를 통해 협업에 기초한 농촌 공동체를 조성하고자 하는 목적을 가지고 지역에서 농업 실천을 전개하고 있다. 특히 농업시스템에서 축산의 중요성을 재고하고 이를 토대로 순환농업을 지역 차원에서 추구하고 있다. 유통 과정을 줄이고 상호 신뢰를 바탕으로 한 유기농축산물의 직거래를 지향하며, 나아가 농촌마을과 도시소비자 사이의 연대를 통한 도농공동체를 형성하고, 다른 지역단체들과 협력 관계를 형성하여 지역사회의 발전을 도모하고 있다. 이러한 설립 목적에 따라 친환경농축산물의 생산과 유통을 비롯하여, 이 밖에도 가공사업, 도농교류, 대외협력, 교육사업 등 여러 관련 사업으로 확장하여 전개하고 있다(장효안·송두범·김종수·박춘섭·안수영·홍은일, 『2013 충남 사회적기업 및 마을기업 실태조사』, 충남발전연구원, 2013, 78~94쪽 참조).

분 기여한 것으로 이해되고 있다.

이를테면 1990년대 4H와 같은 농촌 조직을 활용한 지역 활동이 활성화되기 시작했던 점을 들 수 있다. 지역 농민운동의 쇠퇴 속에서도 홍성군농민회 장곡면지회의 결성을 추동했으며, 1990년대 후반에 이르러 지역 농민운동은 농민회 활동에서 친환경농업의 실천으로 전환되는 흐름으로 전개되었다. 즉 농민운동의 한계 속에서 친환경농업의 수요와 공동체경제의 기반을 활용하여 점차 농업의 가치를 지키면서 경제적 자립을 도모할 수 있는 사업으로 전환되는 과정으로 이어졌던 것이다.

당시 장곡 지역에도 친환경농업을 개별적으로 하는 농가들이 일부 있었다. 이들의 기존 농민운동의 조직화 경험은 작목반의 결성과 친환경농업이 지역적으로 확산되는 데 일정한 역할을 수행했던 것이다. 이는 지역 농민들이 풀무생협에 참여하게 되는 시기와 맞물려 있는데, 풀무생협이 친환경 유기농산물 시장의 성장 흐름에 발을 맞추게 되면서 장곡 지역으로 확산되어간 것이기도 했다.

> 근데 이제 제가 그 당시에 이제 뭐 어쨌든 이사로, 풀무생협의 이사로 활동을 하고 있었던 그런 시기였는데. 어쨌든 이제 뭐 그 아이쿱의 전략이 규모와 그 경쟁력. 뭐 이런 전략이기 때문에, 난 거기에 동의할 수 없다. 아직 여기 중소농들이 많기 때문에. 그래서 이제 계속 반대했음에도 불구하고 이제 정책적으로 그렇게 결정하면서. 결정이 되면서, 이제 제가 그러면 이거 아니다. 라고 이제 동의하는 그런 그룹들이 있었어요. 직원 내부에서도 있었고, 또 생산자들 중심으로 있었고. 그래서 이제 2005년도 8월. 그러니까 하반기죠. 그때 이제 어쨌든 거기에서 나와서 홍성유기농을 만들게 되는 거죠.[49]
>
> 창립멤버. 원래는 홍성군이, 유기농이, 풀무생협이 있었고 농협작목반이라고

---

49 정상진(남, 53세)의 구술(2021년 7월 17일, 자택).

있었거든요. 거기 풀무생협에 있다가 여기가 설립되면서 이쪽으로 왔죠. 홍성유기농영농조합법인이라고. 두레는 소비자 단체. 소비자 단체는 아이쿱이 허고 한살림이 제일 크거든요. 매출이 한 5천이 넘으니까. 그 다음에 두레는 좀 규모가 적은 편이야. 두레허고 홍성유기농허고 이렇게 서로 매치가 되는 거야.[50]

장곡 지역의 친환경농업 농가들은 풀무생협의 생산자로 참여하면서 지역에서 생산된 유기농산물을 출하함과 동시에 홍동 지역의 실천과 직간접적인 연관을 맺어왔다. 특히 2000년대 초반 풀무생협과 정농회의 주최로 가을나눔의축제와 오리입식행사 등 농도교류의 장을 생산자로서 함께 주도하여 꾸렸던 사례는 생활권이나 행정리의 구획을 넘어서 새로운 공동체성의 경계를 구성하게 되었던 대표적인 사례이다. 즉 두 지역은 마을사회의 전통적 경관에 기반하여 상이한 생활권을 향유하고 있지만, 수계라는 생태적 경관에 의해 연결되어 있어 유기농업의 실천과 확산에 필요한 범지역적인 관계를 구성했던 것이다.

이처럼 장곡 지역의 친환경농업 생산자들이 풀무생협에 참여하고 있었다는 사실은 중요하다. 변화된 먹거리 시장의 환경에 대한 풀무생협의 대응과 경영 방침은 홍성유기농이 설립되는 직접적인 계기로 작용했을 뿐만 아니라, 풀무생협이 출자와 납품 문제 등의 한계를 내보이고 있는 상황 속에서 소농 규모의 생산자에게도 홍성유기농이 일정한 대안적 선택지로 기능했기 때문이다.

당시 풀무생협은 여성민우회생협과 수도권사업연합 등 비교적 다양한 도시 소비자 단체 혹은 단위 생협들과 관계를 맺고 거래를 추진하고 있었다. 하지만 풀무생협이 변화된 먹거리 시장의 환경, 특히 급속한 친환경농산물 시장의 성장에 대응하여 물류 중심의 연합체로서 규모화를 추구했던 아이

---

[50] 임웅철(남, 70세)의 구술(2019년 4월 19일, 마을회관).

쿱생협과 손을 잡고 거래처를 단일화하면서 아이쿱생협의 산지정책에 직접적인 영향에 들어가게 되었다. 풀무생협에 참여하는 생산자들 중 일부는 여기에 반발했고, 이는 지역의 친환경농업 생산자 조직으로서 풀무생협이 추구해온 가치와 운영 시스템의 문제로서 그 논쟁이 수면 위로 떠올랐다. 자신의 산지정책과 맞지 않는 지역을 정리해가는 아이쿱생협의 운영 방식을 보면서 지역의 일부 생산자들은 아이쿱생협과 단독 출하 및 유통 관계를 맺는 것에 대한 위험성을 인지했고, 장곡 지역 생산자들이 중심이 되어 홍성유기농의 설립을 도모했다.

> 홍성유기농이 만들어지면서도 그때는, 제가 축산을 전공하기도 했고 그리고 제가 풀무생협에 있을 때, 생협판의 순환 농업형 축산 시스템을 좀 하자고 제안을 했었어요. … 유기농업이 원래 원론적으로 순환농업이지 않습니까? 축산하고 이 경적 농업이 순환하면서. … 축분도 그냥 폐기물로 버려지는 게 아니라, 농경지에 자원으로 활용될 수 있는 시스템. 그래서 그때 생협에서도 어쨌든 안전한 농산물을 먹으려면 축산물도 같이 소비해줘야 된다. 그래야 이 지역에 그런 순환농업을 통한 유기농업이 활성화되고 안전한 농산물 생산할 수 있다. … 저희가 홍성유기농 만들고 나서도, 매출의 한 70프로가 축산으로 해서 시작을 했죠. 채소보다 축산 쪽. … 나이 좀 드신 분들은 수도작하고, 채소 농사 중심으로 하고. 젊은 친구들은 축산 쪽 중심으로 하면서. … 단협들하고 독자로 직거래. 그래서 그때부터 안양 쪽에 있는 바른두레생협이나 성남에 있는 주민두레생협. 그런 데 하고 직거래를 통해서 시작을 하게 됐죠.[51]

2005년에 설립된 홍성유기농은 바른생협과 자매결연을 체결함으로써 독자적인 생산과 유통 체계를 형성해나가고자 했다. 특히 축산에 집중하는

---

51 정상진(남, 53세)의 구술(2021년 7월 17일, 자택).

차별화된 전략을 수립하고, 유기농 친환경 농축산물 집하장과 유기축산한우 시범농장을 개설하여 순환농업의 지역적 체계를 조성하고자 했다. 이러한 홍성유기농의 구상과 설립에는 장곡 지역 생산자 7명이 직접적으로 참여했는데, 설립 당시와 그 직후까지만 해도 적합한 생산과 유통의 체계가 제대로 가시화되지는 않았다. 이듬해 도산리 생산자들이 참여하고 지역에서 생산된 유기농축산물의 출하와 공급이 실시되면서 비로소 영농조합의 사업적 기틀을 구축해나갔는데, 지역의 유기농축산물을 농협과 단위 생협 매장에 입점하고 군내 어린이집의 급식재료로 공급하면서 점차 본격화되기 시작했다. 홍성유기농은 설립 초창기만 해도 운영과 실무의 어려움을 겪을 수밖에 없었다. 이를테면 축산품의 유통과 판매에 대한 경험이 부족하다보니 쌓인 재고를 처리하는 데 고초를 겪거나, 농산물의 유통 과정에서 중간 사업자에게 대금을 받지 못하는 등의 혼란을 경험하기도 했다.

> 그때 2008년 그때 또 지원 사업을 통해가지고, 시작은 2005년도 시작은 이제 도산리에 50평 되는 건물에서 시작을 하다가. 2008년도 그때 한 200평 되는 건물 짓고 하는 그런 과정들이 있었는데. 저는 어쨌든 살려보자 이거였는데, 이사들은 그 당시에 정서가 지원 사업이 있으면 적당히 이렇게 하다가 그냥 그냥 나눠 먹고 끝나는 이거라서. 그래서 이제 그때도 뭐가 있었냐면, 건물을 질리면 땅이 있어야 되잖아요. 그래서 난 이 땅을 조합에 출자를 해서 구매를 하자. … 조합의 사업도 이제 경제 사업뿐만 아니라 삭종 위원회를 만들어가지고 역할들을 많이 분산을 했어요. 그러니까 초기에는 만든 창립 멤버 다섯 명이서, 출자도 가장 많았고, 이 사람들만 이사로 참여했는데, 이후에 그런 일을 겪고 나서 각종 위원회를 만들었죠. 작목반들이 모인 생산관리위원회나, 그리고 신규 조합원들 참여할 수 있는 문화위원회나 또 대외협력위원회도.[52]

---

[52] 임응철(남, 70세)의 구술(2019년 4월 19일, 마을회관).

또한 사업장 부지의 구입 방식이나 조합 실무자 인사와 관련된 의견의 상충, 생산과 출하 문제를 둘러싼 조합원 사이의 요구와 갈등이 표면화되는 등 조합의 공동 사업에 있어 크고 작은 부침을 경험하기도 했다. 이에 홍성유기농은 조합 내의 다양한 의견을 수렴·조정하고 관련 규정들을 수립해나가는 방식으로 운영의 안정성을 확보하고자 했다. 구체적으로, 2008년 건물의 부지를 매입하는 과정을 통해 이 조합의 특징을 살펴볼 수 있는데, 단순히 지원사업에 의존하여 조합원들의 생계를 도모하는 것이 아니라 부지의 매입조차도 공동의 출자를 통해 진행함으로써 조합의 사업과 운영을 함께 공동으로 담당한다는 원칙을 고수하는 방식으로 조직의 민주성과 지속가능성을 확보하고자 했다.

나아가서는 경제 사업에 집중하는 방식의 한정성으로부터 벗어나 생산관리, 대외협력, 문화 등 각종 위원회를 만들어 단체 내 역할들을 분담하는 운영 방식을 택하면서 안에서 표출되는 다양한 요구와 목소리를 반영하는 조직적 체계를 형성했다. 다시 말해 생산을 중심으로 한 경제 사업뿐 아니라 신규 조합원들이 참여할 수 있는 각종 위원회들을 설치함으로써 협동조합 내에 다양한 단위 조직들을 조성하고, 그 안에서 일상적이고 주기적인 모임을 통해 조합원 참여자들의 문화적인 향유와 사회적인 교류, 학습 등을 충족하고 이들의 공동체성을 도모하고자 했던 일은 지역 협동운동의 이전 경험과 연결되는 것으로 이해될 수 있다. 또한 출하가격연동제를 실시하거나 직영농장[53]을 개설하여 운영하는 등 다양한 사업을 추진하는 데 노력을 기울이기도 했다.

---

53 직영농장 사업은 귀농인 교육과 친환경농업 종자 및 육묘를 확충하기 위해, 2009년 하우스 6동을 임대하여 '채담이농장'이라는 이름으로 추진되었다. 채담이농장은 생산되는 채소류 품목의 다양화를 꾀하면서 학교급식과 생협에 공급하고, 조합원들에게 농장을 임차하여 지역 정착에 실질적인 도움이 되고자 하는 목적을 지니고 있었다. 초기에는 새롭게 농업경영을 시작하려는 사람들과 장애인들의 재활을 위한 교육농장으로 활용되었다. 기획이 가지는 새로움에도 불구하고 참여 농민의 미숙함으로 인한 농사 및 농업 경영의 실패와 그에 따른 손실 발생 등 감당하기 어려운 난관이 지속되기도 했다.

그런 한편 홍성유기농은 지자체와 농업 정책의 사회적 지향과 맞물려 한 차례 전환기를 맞이하기도 했다. 즉 충남형사회적기업으로 2010년에 예비 선정, 2012년에 최종 선정되면서 사업의 다양화를 꾀하게 된 것이다. 특히 직영농장으로 운영되었던 채담이농장이 가지는 사회적 가치를 공적 영역에서 인정받음과 동시에 직원의 인건비를 지원받음으로써 운영상의 난관을 어느 정도 해소할 수 있게 되었다. 즉 사회적경제와 관련된 정책이 시행됨에 따라 지역 차원에서 농업이 가지는 생산 이외의 다양한 가치에 주목하게 된 하나의 기점이 되었다.

이러한 실질적인 지원과 변화는 지역의 소통 공간에 대한 필요가 제기되고 관련 사업이 추진되는 모습으로 이어지게 되었다. 예컨대 2013년 3월에 시작한 생미식당은 지역식당, 같은 해 12월에 시작한 생미장터는 지역매장이라는 목적을 가지고 열릴 수 있었다. 생미밥상을 전신으로 두고 있는 생미식당은 농번기를 맞은 조합원과 지역의 농민들의 식사를 해결하기 위해 시작되었고, 생미장터는 지역의 농산물과 홍성 지역에 기반을 두고 있는 사회적기업의 생산품을 판매하고 전시하기 위해 시작되었다. 둘은 점차 지역에서 활성화됨에 따라 회의실과 카페 용도로도 활용되며 지역의 소통 거점 기능을 담당하기도 했다.[54]

결론적으로, 이와 같은 생산자 협동조직의 역사적 분화로 인해 현재 지역의 생산자들은 그러한 다양한 선택지에 따라 조직에 참여하고 있다. 그

---

[54] 과거의 홍성유기농은 축산이 전체 매출의 70%를 차지할 정도로 중심이었으나, 현재는 친환경 채소 생산을 중심으로 운영되고 있으며, 두부와 콩나물, 소시지 등 가공식품을 학교급식에 공급하거나 온라인·두레생협을 통해 판매하고 있다. 또한 포어스라는 자회사를 설립하여 유기농 쌀을 원료로 하는 우리쌀카레와 부침가루, 녹차 등 분말 가공품도 생산·판매하고 있다(박진도, 「지역을 바꾸는 사람들, 홍성유기농영농조합법인」, 『오마이뉴스』, 2021.04.18). 현재의 시점에서는 104명의 조합원이 참여하고 있으며 장곡 지역의 생산자가 절반 정도를 차지하고 최근 귀농한 사람들이 조합원으로 다수 참여하고 있다. 또한 '유기농업 기반 홍성형 프로젝트'라는 이름의 국토균형발전위원회의 지역발전투자협약 선정 사업에 동참하면서 청년농부 육성과 생산자 조직화에 힘쓰며 공공급식 확대 등 변화하는 농업 정책에 대비하는 일에 주력하고 있다.

조직들은 풀무생협, 홍성유기농, 농협 등으로 크게 나뉘어지고 있다. 조직체가 다양한 만큼 그 취지와 목적, 기능과 성격도 상이하다고 할 수 있는데, 협동조직의 기업화·전문화·자본화·제도화가 전반적으로 강화되는 추세 속에서 지역의 조직들은 거기에 발을 맞추기도 하고 먼 거리에서 토착적인 지역운동의 맥락을 유지하기도 한다. 단일 환금작물의 재배를 규모화하여 많은 수익을 지향하는 대농만큼이나 농사 규모를 키우기 어려운 처지에 있거나 지역 유기농업이 가지는 본연의 가치를 유지하고자 하는 소농 생산자들이 지역에 산재하고 있는 것은 분명해 보이며, 이에 따라 지역의 협동조직들도 사회 전반에 걸쳐 변화하는 사회경제적 조건에 조응하면서 한계를 발견하고 또 그러한 한계를 극복하기 위한 대안을 끊임없이 찾아내고 실행시키면서 협동의 연결망을 이어줄 수 있는 선택의 폭을 넓혀가고 있는 것으로 보인다.

이상과 같이, 이 장에서는 마을공화국 체제의 한 부분을 구성하고 있으면서도 이 지역 실천의 한 계열을 형성하고 있는 협동조합운동을 중점적으로 다루고자 하였다. 지역의 협동조합운동은 이른바 협동문화로 개념화할 수 있을 것으로 여겨진다. 왜냐하면 그것은 일정하게 근대 이전의 조직 형태들이 점차 공적인 성격을 보이면서 변환된 것으로 생각될 수 있기 때문이다. 즉 두레와 계, 품앗이는 일제강점기라는 역사적 시간을 지나게 되면서 체제가 방치해버린 생활상의 한계와 문제들을 자율적으로 해결하기 위한 근대적 가치실천 양식으로서 협동조합과 같은 외양을 띠고 변환된 것이라고 할 수 있으며, 민속적 연관 속에서 그러한 이 지역을 중심으로 전개되고 있는 협동문화의 실천 양상들을 중점적으로 검토해보고자 하였다.

우선, 협동문화와 그 자율적 성격은 지역 실천 주체들의 발화에서 발견되는 민속의 징후와 흔적들을 통해 살펴볼 수 있었다. 근대 이전의 조직 형태들은 점차 협동조합이나 신협과 같은 금융기관 등이 만들어지게 되면서 사라져간 것으로 이해될 수 있다. 이는 통상적으로 기계화나 산업화로 인한 생업 주기의 변화 등과 같은 요인에 의한 것으로 분석되어온 경향을 비껴난 것이라고 볼 수 있는데, 민속은 현실의 조건에 대응하면서 그 속성이 다르게 발현되고 있는 것이라고 이해하게 되기 때문이다. 그런 점에서 마을공화국 체제의 한 부분을 구성하고 있는 협동문화를 마을문화/민속의 변환으로서 이해할 수 있게 된다.

또한, 이 지역 실천에서 협동조합운동이 어떻게 전개되어갔는지 소상하게 살피는 가운데, 풀무학교의 지역적 역할이 강조되고 있음을 살필 수 있었다. 협동조합이라고 하는 것은 그 자체로 민주주의를 훈련할 수 있는 조직으로서 의미화되는데, 그것은 그 경향상 조합주의를 지향했던 무교회주의의 영향에 의한 것이기도 했다. 보다 직접적으로는 풀무학교라는 울타리 안에서 소비조합이라는 형태로 시작될 수 있었으며, 그러한 협동조합의 실질적인 경험이 있는 풀무학교 출신들이 지역으로 나서게 되면서 지역적 차원으로 협동조합운동이 활성화되게 되었다. 물론 그것은 조합의 결성이나 교육만으로는 충분하지 않았다고 할 수 있는데, 소비자협동조합에서 생산자협동조합으로 전환을 꾀하게 되고 지역의 생산자들이 협동조합에 보다 적극적으로 참여하게 되면서 지역에 토착화되어온 측면을 살펴볼 수 있다. 뿐만 아니라 좀 더 포괄적인 차원에서 금융기관으로서 신용조합의 활성화에 따라 그러한 협동의 문법이 확산되어 가기도 했다.

협동조합과 마찬가지로 풀무학교에서는 지역사업을 실시하였는데, 그것은 공동농장, 어린이집, 대체공업연구소, 학교생협, 도서관 등의 설립으로 이어졌으며, 그 거점은 학교부지로 매입된 갓골에서 이루어졌다. 즉 갓골이라는 가장자리 공간은 학교의 자립을 위한 곳이면서도 학생들의 학습을 위한 실습지로 그 기능을 담당하고 나아가서는 학교와 지역을 이어주는 역할을 담당하기도 하였다.

지역에 점차 뿌리내린 협동문화의 문법은 한국사회 전반의 차원에서 이루어진 생협의 거대화·자본화·물류화·제도화 국면과 맞물리면서 위기를 맞게 되기도 하였으며, 이것이 조직 내지는 실천의 분화를 낳음으로써 그 대항으로서 새로운 협동조직이 모색되기도 했다. 생협의 시장화는 곧 유기농산물의 시장화를 의미하는 것이기도 하였는데, 당시 안전한 먹거리에 대한 관심이 증대하고 그와 관련한 정책적 투자가 늘어나는 시점에 지역의 생협 또한 여기에 동참하게 되었던 것이다. 공격적인 투자 끝에 생협의 운영은 한 차례 위기를 맞게 되었지만, 조직의 새로운 모색 내지는 분화 속에서, 홍동에서 장곡으로의 이전과 확장이 이루어지게 되었다. 이러한 국면은 지역사회의 변환을 근거 짓는 초기 조건으로 작용하게 되었으며, 생산자로 하여금 선택지가 넓어지는 것을 의미하기도 하였다.

5

생명농업의 실천에 따른
마을생태의 전환

이 지역 실천 사례에서 농업은 상당히 중요한 위치를 점유하고 있다. 효율성과 적정성을 중시하는 적응 위주의 생업 전통과 마찬가지로 근대화 과정 속에서 형성된 자연환경·경제체계·사회구조의 복합적이고 중층적인 조건들을 충분히 고려하고 놓치지 않으면서도, 여기에 생태적 의미를 지향하고 생명의 살림을 중시하는 가치 위주의 생업 실천이 활성화되고 있기 때문이다. 또한 근대와의 마주침 속에서 민속이 발견되거나 공동체가 소실되면서 공동체를 찾아나서는 것처럼, 생산성 위주의 근대적 농업이 농촌을 지배함에 따라 유기농업의 실천이 더욱 의미를 갖게 되고 있기도 하다. 이러한 면모는 자연환경의 절대적인 강제에 순응하며 공동체의 살림살이를 꾸려온 근대 이전의 생업 전통의 한 변환으로 이해할 필요가 있다.

또한 이는 마을공화국 체제의 한 실천 계열로서 구체화되고 있다. 이 지역 실천은 마을의 생태성을 중심에 두고 다양한 가치실천 양식들이 창안되고 그것이 점차 확장되는 모습을 보이고 있기 때문이다. 그러므로 지역의 실천이 보여주는 이와 같은 면모를 대안농업으로서 살펴보고, 그것이 지역사회를 어떻게 변화시켜 가는지 살펴보고자 한다.

지역에서는 무교회주의가 기독교적 섭리이자 가르침으로 삼고 있었던 생명사상을 구체적으로 실현하고자 하는 맥락에서 유기농업이 선구적으로 전개되었으며, 이는 풀무학교가 중심이 되어 시작될 수 있었다. 동시에 그것은 도입된 것이라고 볼 수도 있는데, 일본 무교회주의자이자 애농학교 교장인 고다니 준이치의 방문과 강연이 결정직인 계기가 되었기 때문이다. 이를 계기로 하여 풀무학교에서는 단순히 생명을 살리는 농업으로서 유기농업을 가르치는 전기를 맞이하게 되었다. 앞서 '학교 마을', 그리고 협동운동의 계열들에서도 살펴보았던 것처럼, 유기농업 또한 마찬가지로 비록 학교에서 시작되었지만 지역적 차원으로 전파된 역사를 보이고 있다.

그러한 지역적 전파는 생산자의 조직화가 결정적인 계기가 되어 촉발되었다. 즉 협동문화의 문법이 유기농업의 지역적 전파 과정에서도 적용되었다는 것이 특징인데, 이는 협동운동의 확장으로도 이해될 수 있다. 또한 개별 농가와 농민들을 생산자 주체로서 위치시키고 이들을 조직화하여 주기적으로 교육하고 모임을 가짐으로써 유기농업의 주체적인 생산을 도모하였다. 정농회, 풀무생협 등은 그러한 지역적 전파를 가능케 한 초기의 생산자 조직화의 면모를 살펴볼 수 있는 주요한 사례이다. 이와 함께 오리농법의 도입은 유기농업이 지역 실천의 한 갈래로서 비중 있게 정착될 수 있도록 한 핵심적인 계기였다. 이와 직접적으로 연결되어 지역운동 차원에서 생태마을이 자치·자율적으로 형성되는 과정이 전개되기도 했다. 이러한 과정은 전통적인 마을문화/민속이 새로운 시대를 맞이하여 어떤 기능을 나타내며 새로운 마을을 형성하는 과정에서 활용되고 그 역할은 무엇이었는지 살펴볼 수 있도록 한다.

이와 같은 과정에서 생산자의 조직화, 농민의 단일대오는 그동안 유기농업의 필수적인 조건이었다. 수계를 공유하는 자연적·생태적 경관은 절대적으로 작용하였고, 공통의 시간 리듬 속에서 생업과 문화의 주기를 형성하며 유기농업의 실천을 지속시켜온 특징이 있어 왔다. 이러한 지역 실천의 기반은 또 다른 분기점을 맞이하게 된다. 농업으로 먹고 사는 일과 지역의 정착, 실천의 방향성 등의 요인들에 의해 농사 혹은 농업을 중심으로 한 다양한 가치실천 양식들이 창안되는 방식으로 대안농업의 계열이 힘을 얻고 있다. 돌봄농사와 자연재배는 현재의 시점에서 주목되는 그러한 대안농업의 새로운 계열이라고 할 수 있다.

비슷한 맥락에서 대안적 농업 내지는 농업적 대안을 끊임없이 고민하며 지역의 생업을 이끌어온 다양한 실천들이 분기하면서 지속되는 가운데, 이전 실천의 역사를 종합하고 그 양식들을 체계화하면서 재영토화하는 흐름이 나타나고 있기도 하다. 다양한 실천들이 집중됨에 따라 지역이 점차 포화되면서 상대적으로 적은 밀도를 가지지만 그러한 실천에 일부 참여하고 있으며 자연적·생태적 경관을 공유하고 있는 동네를 중심으로 실천의 새로운 경계가 확장/구획되고 있다. 즉 생태적으로나 실천적으로나 확장되어 연결되어 있는 인근 지역에 새로운 토대를 다지면서 기존과는 다른 문법을 형성하고 있는 실천이 이어지고 있다. 이러한 실천의 이전 혹은 확장이 농업을 중심으로 이루어지고 있다는 점이 핵심으로 지목될 수 있다. 장곡 지역에서 활성화되고 있는 교육농장과 돌봄농장 등 농장을 거점으로 하여 이루어지고 있는 실제적 사례들이 지역 실천의 대표성을 새롭게 확보하고 있기 때문이다.

1. 기독교적 생명 이해의 구현과 실천

풀무학교는 기독교 신앙과 더불어 사는 법을 일상생활에서 몸으로 익히고 무장한 평민 주체를 길러 지역사회에 내보내는 일에 주력하였다. 이들은 지역 혹은 농촌 사회에 필요한 일을 주체적으로 찾아 제 몸으로 일구는 일을 전개해감으로써 학교의 안과 밖을 변화시켜나갔다. 특히 농촌의 일상을 재편하고 농촌 인구의 욕망을 조정하는 수직적 규율체계가 작동되었던 국가동원체제의 한가운데에서, 증산을 최대 목표로 삼는 녹색혁명형 농업은 대다수의 농촌을 자본주의적 근대 체제에 포섭시켜가는 주요한 전략이었다.[1] 이러한 상황 속에서도 풀무학교는, 설립의 중요한 이념으로 채택했던 농촌교육을 지향하며 협농에 기반을 둔 농업 생산의 기틀을 마련하는 것과 동시에 지속적으로 지역에 확산시켰고, 초기에 구축했던 이러한 조건과 동력은 현재까지도 크게 효과화되고 있는 것으로 이해될 만하다.[2]

주목되는 것은 이 지역의 유기농업 실천 계열이 반근대적이면서 반자본

---

1 반다나 시바, 한재각 옮김, 『자연과 지식의 약탈자들』, 당대, 2000; 류지한 옮김, 『누가 세계를 약탈하는가』, 울력, 2003 등 참조.
2 이찬갑, 『풀무학교를 열며』, 그물코, 2010 참조.

적인 성격을 보이고 있다는 점이다. 무교회신앙을 가진 이들은 성서를 통해 읽어낸 생명 존중의 가치를 유기농업이라는 구체적 실천 양식으로 주조하였다. 이는 증산 위주의 근대적 농업 재편에 저항했다는 의미에서 반근대적인데다, 농업을 잠식하고 있던 자본 친화적 생산 패러다임을 실천의 내부에서 굴절시켜 시장 논리를 비껴간 생산-소비 관계를 창출했다는 점에서 반자본적인 성격을 내포하고 있다. 이와 같은 지역의 유기농업 실천 양식은 종교적 속성과 협동조합의 방식, 생태적 조건의 상호 밀접한 연관 속에서 주조된 것이었다.

> 농업에 대한 생각이 조금씩 바뀌어가지고 생명존중이라고 하는, 특히 1975년에 고다니 선생이 다녀가시고 이렇게 하면서, '아, 농업은 이와 같이 우리가 먹고 살기의 수단이 아니라 참 이와 같이 생명을 존중하고 생명을 사랑하는, 설사 내가 경제적으로 부유하지 못하더라도 이와 같이 유기농이라는 정신을 가지고 우리가 농업을 하지 않으면 안 되겠구나.' 그게 발전이 되어서 생태적인 사상도 뛰어 들어오게 되고.[3]

> 그니까 60년대 이후로 고등교육 받은 사람들이 세상을 망쳤어요. 지속 불가능한 사회를 만들었어요. 근데 1958년에 이찬갑 선생이 개교를 하면서 농업 농촌 농민을 중요시하는 교육을 했단 말이에요. 그래서 그 영향을 받은 사람들이 지역사회에 남아서 유기농업 운동하고 협동조합 운동을 해서 지금의 홍동을 만들었어요. 나중에 인제 귀농 귀촌자들이 결합을 해가지고 토박이들하고 풀무학교 나온 사람들하고 귀농 귀촌한 사람들하고 만나서 지금의 이런 것도 만들었고 그랬죠.[4]

---

3   박완(남, 71세)의 구술(2021년 7월 16일, 홍동밝맑도서관).
4   장길섭(남, 59세)의 구술(2019년 4월 19일, 행복나누기).

지역의 유기농업 실천이 종교적 속성을 띤다는 점은 성서를 연구하면서 얻은 생명 존중의 가치에 대한 무교회주의의 인식에서 그 일단을 우선 살펴볼 수 있다. 핵심적인 부분은 "생명은 생명으로써만 산출함"이라는 생명 산출의 원리에 대한 김교신의 언급이다. 그는 "대체로 더러운 것이 그 본질을 이루었고, 썩을 것, 육된 것이 그 중심세력을 점거하였다. 그러므로 한 번 뜯어고쳐서 새로운 질서로 만들어야 할 것"으로, "식물과 동물, 지구와 천체가 모두 새 질서를 갈망"[5]한다고 언급하고 있다.

그러므로 이 우주의 새 질서를 위해서는 말씀, 그리고 이를 통한 투쟁이 중요하다는 점을 언급하면서 창세기 1장에 주목한다. 즉 하나님이 생명을 창조하실 때 물과 땅 등 자연적 재료를 항상 빼지 않았던 것에 주목하면서, 그는 "하나님이 명령하고 방편으로 물에게 혹은 땅으로 협조케 하니 이에 능력과 재료와의 사이에 생명 성장의 신비한 사실이 현현顯現되었다"며, "생명의 저편에 능력의 활동이 있고 자연의 방편方便이 이를 보조하여 생명이 출현 성장"[6]한다는 것을 지적하였다. 이는 무교회주의가 지향하는 생명 존중의 가치를 나타내는 것으로, '오직 생명으로 생명을 키운다'고 하는 생명사상은 그들의 공동체 구상에서 중요한 위상을 차지하고 있다.[7]

> 풀무학교 초창기 밝맑 이찬갑 선생님이 농촌 문화, 우리나라의 산 뭐는 농촌에서 나올 수 있다. 공부만 허는 놈은 도깨비구. 또 산 평민이 새 역사를 헌다. 평민이라는 걸 굉장히 강조허셨어요. … 거기 내가 중등부, 고등부 6년 다녔잖아요. … 나는 거기에, 그래서 농촌 농민을 위해서 살겠다 했었는데. … 고다니 준이치 일본 애농학교 교장 선생이 와가지고 그때 파단이라는 농약 해가지고, 피해

---

5 노평구, 『김교신 전집』 2(신앙론), 부키, 2001, 173쪽.
6 위의 책, 32~33쪽.
7 김건우, 「해방 후 무교회주의자들의 공동체 구상」, 『사이』 19, 국제한국문학문화학회, 2015, 83~84쪽; 이영배, 「공동체문화 실천의 분화와 지식생산의 주체화」, 『실천민속학연구』 37, 실천민속학회, 2021a, 53쪽 참조.

갖고 건강한 농산물 유기농 먹거리가 중요허다. … 거기 일본에 고다니 선생이 일본 애농고등학교를 세워갖고 애농고등학교 교장을 했었어요. … 그때 당시만 해두 우리나라 실정은 식량이 부족허구 그래서 증산이, 통일배 짓구 증산이 목적이지. 건강식품 유기농식품이 목적이 아니여. 양이 문제지, 질이 문제가 아니라고. 그래서 국가에서는 유기농이라는 단어 자체두 읎었구.[8]

홍동 지역에서 유기농업 실천이 일본 애농회[9]의 고다니 준이치의 방문을 통해 시작될 수 있었다는 점은, 이와 같이 생명 존중의 가치를 일상생활을 공유하는 공동체의 구성을 통해 실현해야 한다는 무교회주의의 지향과 무관하지 않았다.[10] 그가 1975년 9월 25일 풀무학교를 방문하면서 한반도에서는 처음으로 유기농업이 소개되었다. 당시 그는 풀무학교 교직원과 학생들 앞에서 일본이 저지른 과거 역사에 대해 반성·사죄를 표하고, 야나세 기료와 아와지 섬 원숭이 등 구체적인 사례를 들어 화학 비료와 제초제의 위험을 알리고 이를 주요 농법으로 사용하고 있는 일본 농업의 폐해를 지적하며 한국 농업은 이와 같은 전철을 밟지 말 것을 강조했다.

8   주정배(남, 75세)의 구술(2021년 8월 22일, 운월리공소 앞).
9   일본 애농회(愛農會)는 그 강령에 따르면, 농업을 인간생활의 밑바탕으로 이해하고 인생의 궁극적 목적을 사랑의 실천에 있음을 확신하며 애농애인·애농정신·애농교육을 통해 사랑의 실천을 생활에서 행하고 농업의 참 사명을 자각하며 농촌을 근본적으로 개선함으로써 새 일본 건설의 초석이 되기 위해 이상농촌건설에 매진하고자 결성된 단체이다. 처음에는 애농숙(塾)의 발족으로부터 시작하였으며, 이때에는 애농구국·인격교육·애농정신이라는 원칙을 세워 16명이 참여했다. 이후 1946년 2월, 70여 명이 모여 애농회를 창설하고 기관지 '애농'을 창간했다. 애농회는 정기적으로 '애농신문'을 발간하고 '신앙강습회', '성령신앙대회' 등을 개최하면서 전국단위의 조직으로 발돋움하였고, 농업기술 전수를 통해 농촌 후계자를 육성하고 생활개선운동을 주요 사업으로 채택하고 매진하였다. 1954년에는 애농교육을 위해 애농고등학교의 전신인 애농근로도장을 개설한 바 있으며, 1955년 애농단기대학을 설립한 뒤 1963년에는 애농학원 농업고등학교를 설립하여 1964년에 개교식 및 제1기 신입생 입학식을 개최했다. 1972년 1월에 가졌던 성서연구회에서 '자강회'의 야나세 기료를 초청하여 제초제와 화학비료 등 농약 공해에 대한 경고를 듣고, 이를 계기로 무농독 유기농업의 확산과 전파에 앞장섰다. 자세한 내용은 고다니 준이치, 홍순명 옮김, 『농부의 길』, 그물코, 2006 참조.
10   고다니 준이치, 홍순명 옮김, 「고다니 준이치의 한국 방문기」, 임락경 외, 『정농의 씨앗을 뿌린 사람들』, 그물코, 2016, 198~225쪽 참조.

"주 안에서 사귐을 깊게 하고 싶다"는 그의 회고에서 알 수 있듯, 이 방문은 단순한 탐방이 아닌 긴밀하고 지속적인 신앙적 교류를 위한 방문이었다. 일본 애농회장이자 애농고등학교장이었던 고다니 준이치는 1975년 9월 16일부터 25일까지 열흘 동안 한국을 방문하였다. 이는 1974년 말 원경선[11]이 일본 애농고등학교 견학 당시 그의 한국 방문을 요청하면서 이루어질 수 있었다. 그는 방문을 통해, 일본 국민이 한국 국민에게 범한 과거의 죄를 사죄하고, 일본의 애농 운동과 애농학원 교육에 관심을 가진 이들과 교류하고 특히 풀무학원에 방문하여 결연을 맺고자 하였으며, 한국의 북부와 중부, 남부 지방의 농촌과 농가, 농업 현장을 보고 듣고자 하였다.

풀무학원에는 둘째 날에 방문하였다. 당시 풀무학원은 중등부와 고등부로 구성되어 있었으며, 학생 수는 100명 쯤 되었다고 한다. 학생들의 환영회와 그의 강연이 이어졌고, 이후에는 주옥로 교장의 안내로 홍동 지역의 농촌과 농가, 농업을 견학하였다. 당시만 해도 한국 정부는 식량 증산에 전력을 기울이고 있었고, 홍동 지역도 가는 곳마다 통일벼를 재배하며 화학비료와 농약을 투입하고 있었다고 한다. 그는 한국이 근대화된 일본 농업의 후발 주자가 되려고 한다는 설명을 듣고 큰 충격에 빠졌다고 전한다.

그의 강연을 통해 풀무학교는 농업 교육에 대한 지향과 의식의 전환을 이루게 되었다. 그때까지 관행농업에 기초했던 풀무학교의 교육과정이 유기농업으로 전환되는 발판으로 작용했기 때문이다. 다음날 부천 소사에서 이어진 그의 강연에 참여한 농민들은 논의 끝에 1976년 한국 정농회[12]를 결

---

11   평안남도에서 태어난 원경선(1914~2013)은 한국전쟁 이후 월남하여 자신이 정착해 살고 있던 경기도 부천에 풀무원 농장을 설립했고, 1976년에는 경기도 양주로 농장을 옮겨 운영했다. 1970년대 한국에서는 처음으로 유기농법을 시작했다. 그런 점에서 그는 '한국 유기농의 아버지'라고 불린다.
12   정농회(正農會)는 우리나라에서는 최초로 유기농업을 실천하기 위해 1976년에 창립된 농민단체로, 생명의 농사로서 하나님의 사랑을 실천하는 것을 기치로 하는 농민들의 모임이다. 경천애인(敬天愛人)의 진리를 농업으로 구현하여 우리나라 전 농토가 화학적 오염으로부터 벗어나 자연환경 및 생태계의 질서를 보전하는 생명농업으로 조속히 전환할 것을 바라고 유기농업을

성하는 데 힘을 모았다. 이후 정농회의 활동은 풀무학교와의 적지 않은 연관 속에서 전개되었다. 지역의 중심적인 활동 주체들이 정농회에 참여하면서 유기농업을 배우고 이를 학교와 지역에 확산·전파하는 일에 힘썼다.

> 초창기에 풀무학교 사람들은 다 빨갱이 됐어요. 그래서 풀무학교 선생은 외국에 절대로 나갈 수 없었고 그 다음에 풀무학교는 외부에서 손님들이 자주 오시는 편이거든요. 우리는 아직 누가 오는가를 아직 모르는데 경찰서에서 와서 이 사람들이 왜 여기에 오냐 이런 것들. 유기농업을 처음 시작했을 때는 풀무학교에서 모내기를 해 놓으면 옆 지역민들이 와서 다 뽑아버렸어요. 왜냐하면 그때는 증산 얘기를 할 땐데, 안 한다고 하니까.[13]

하지만 지역에서 유기농업을 실천하고자 한 당시, 증산 위주의 농업 정책을 고수하고 있었던 국가와 대립되는 것으로 여겨져 그 실천이 쉽지 않았다고 전한다. 특히 유기농업을 가르쳤던 풀무학교의 경우에는 그 구성원들이 국가에 반하는 세력으로 여겨져 행정 권력에 의한 규율이 시도되었을 뿐 아니라 지역민들로부터도 곱지 않은 시선을 받을 수밖에 없었다.

유기농업을 실천한 토박이 농부의 경험에서도 살펴본 바 있지만, 학교 주체를 통해서도 그러한 경험을 엿볼 수 있다. 즉 초창기 풀무학교 사람들은

실천함으로써 전 국민의 건강 증진과 건전한 생활(사회)풍토 조성에 기여하는 것을 목적으로 하고 있다. 전국에 걸쳐 7개 지회가 조직되어 있으며, 농약과 제초제, 화학비료를 사용하지 않는 유기농업을 각 지역에서 실천하는 600여 명의 회원들로 구성되어 있다. 이들은 매년 정기 연수회와 총회를 통해 회원 간 유대를 도모하고 단체의 목적과 취지에 따른 교육을 실시하며 정기적으로 회보를 발간하는 등 출간 사업도 전개하고 있다. 정농회에는 홍성 지역의 농민들이 다수 참여하고 있으며, 아시아청둥오리벼농사농민교류회, 정농생명농업교실, 정기총회 및 연수회, 여성강사워크숍, 정농40주년기념식 등 중요한 행사들을 홍성에서 개최했다. 홍성지회는 1991년에 창립되었으며, 단체 내에서 중요한 위상을 지니고 있다. 현재 사무국은 홍동 갓골에 위치하고 있다.

13 정승관(남, 66세)의 발표(「학교와 지역사회 : 풀무학교와 홍동」, 『지역에서 일구는 미래, 공동체문화 재생의 동력과 실천들』, 제1회 지역협력 학술네트워크 컨퍼런스, 2019년 2월 27일, 안동대학교 국제교류관).

이른바 '빨갱이'로 여겨져, 활동에 일정한 제약을 받을 수밖에 없었다. 심지어는 풀무학교에서 모내기를 해놓으면 지역민들이 방해하기도 할 정도로 지역에서 유기농업의 실험을 이어가는 일은 신앙의 실천이기도 하면서 지역사회를 바꾸어나가는 운동의 한 차원으로 여겨져 전개될 수밖에 없었다.

2. 생명농업의 체계화 혹은 농민의 생산자화

이 지역의 유기농업은 무교회주의자 고다니 준이치의 방문으로 시작될 수 있었다. 이를 통해 유기농업의 필요성이 지역에 전파되고 유기농업 기술을 직접 일본에 방문하여 배워온 과정이 있었으며, 그것을 지역민들의 뜻과 힘을 모아 조직화하는 방식으로, 즉 협동운동의 방식으로 유기농업의 가치와 실천을 확장시키고자 하였다.

여기에서 풀무생협은 중요한데, 왜냐하면 유기농업을 일종의 대안농업이었다고 할 수 있다. 당시 통일벼, 즉 식량증산을 목표로 한 농정이 지배적이었기 때문이다. 그리하여 유기농업을 어떤 식으로든 지역에 전파하고자 하는 의식이 학교를 중심으로 만들어졌다. 그런데 이러한 전파는 풀무의 가치가 지역으로 나가는 과정으로도 이해할 수 있다. 풀무의 가치는 토착민, 지역민을 대상으로 한 교육을 통해서나 혹은 풀무 출신들이 지역으로 나감으로써 전파될 수도 있었다.

요컨대 당시 지역민의 대다수가 농업에 종사했기 때문에 농업을 중심으로 한 가치실천이 효과적으로 확산될 수 있었고, 풀무의 가치 역시 그것과 연동된 협동운동의 전개 속에서 전파될 수 있었다. 이를테면 지역민은 지역의 농민 혹은 생산자화되었고, 이들을 규합하고 조직화하는 협동적 과정이 동반되었던 것이다. 그리하여 풀무생협에 많은 지역 농민들이 참여하게 되면서 풀무의 가치가 확산되는 계기로 작용하였다. 협동운동의 한 가지라고 할 수 있는 풀무생협의 결성, 그리고 풀무생협 내에 생산자회의 조직 과정은 풀무의 가치가 지역으로 직접적으로 전파될 수 있는 마중물이 되었다.

> 풀무학교 3회 졸업생인데, 제가 풀무학교에서 일을 허다가 일본에 가서 한 2년 유기농업 연수를 했는데. … 77년도에 일본 갔다가 1년쯤 돼서 왔다가 78년도에 다시 가, 79년도에 귀국했거든요. … 나는 풀무학교에서 있으면서 거 3년, 6년 배우면서 나는 농촌을 위해서 농민을 위해서 평민으루 살겠다. 그런 생각을 가지고 있었기 때문에, 농민운동두 허고 여기 생협두 만들고 신협두 허고. 그렇기 있었어. … 일본 애농회. 내가 애농고등학교루 연수를 갔었는데, 애농회에 그 정신이 뭔고 허믄 애농구국(愛農救國)이에요. 농업이 나라를 구하는 그 근본이다, 그런 뜻인데. 일본은 전후의 식량 사정이 굉장히 내가 볼 때에 맞는 애기거든요. 전후 직전. 그래서 일본에서 먼저 생겼고. 그게 인제 한국에 여기 원경선 선생이라고. … 거기 풀무원에서 우리가 기독교 신앙 가진 사람덜이 거기서래니 성서모임을 했었어요. 근데 거기에 풀무학교에 내 근무헐 때 풀무학교에서 인제 둘이 거기 참여허게 됐었는데, 그 모임에서 일본 애농회 설립자 고다니 준이치 선생님이 와가지고 강연을 헐 때 그런 정신이 좋다 생각해서 여기서 농업단체를 만들었는데, 그거를 애농이라구 일본말 그대루 허먼 안 되고, 일본 감정이 안 좋은 사람이 있구 그래서, 여기서 인제 정농회라고 헌 거야. 바른 농사.[14]

이처럼 풀무교육공동체가 지향했던 농촌 자립과 협동이라는 기틀을 마련하기 위해, 지역사회로 반경을 넓혀 새로운 실험에 박차를 가하던 풀무학교 수업생들은 그 영향으로 유기농업 실천 활동으로 점차 전환·확장해나갔다. 그러나 유기농업 실천을 통해 지향해야 할 가치는 분명했지만 농사법에 대한 실무적인 지식과 기술은 충분하게 확보되지 않은 상황에서, 모

---

14   주정배(남, 75세)의 구술(2021년 8월 22일, 운월리공소 앞).

임을 통한 학습과 실습에 기반을 둔 교육을 통해 이를 습득하고 쌓아나가는 것이 우선시되었다.

위의 발화에서 보듯, 이런 상황에서 학교의 안과 밖에서 지역사회의 협동적 실천을 이끈 풀무학교 수업생들은 본격적으로 유기농업을 실행하기 위한 첫걸음을 떼어나갔다. 농촌과 농민에 기여하기 위해 지역에서 평민으로 살고자 했던 이들은 당시 막 활성화되고 있던 여러 협동조합에 직간접적으로 참여하면서 지역의 자치와 자립에 대해 고민하고 일하는 데 전념하고 있었다.

이때 이루어진 고다니 준이치의 방문 및 강연과 한국 정농회 창립은 지역 실천의 전환을 이끈 계기가 되었고, 수업생들 또한 그 전환을 좀 더 적극적으로 도모하며 핵심적인 역할을 수행해나갔다. 구체적으로, 위의 발화 주체는 1977년과 1978년 두 차례에 걸쳐 애농고등학교와 전일본농업자대회 등 일본에서 장기연수 과정을 통해 유기농업과 자연농업을 배워왔고, 이때 배운 내용을 농업기술자협회 농민대회에서 강의하기도 했다. 또한 1976년 류달영[15]을 중심으로 협회 내 한국유기농업연구회가 발족되는 일에 관여하면서 한국에서 유기농업의 정립과 확산의 전기를 마련하는 일에 일조하였다.

지역에서도 연수생 모집과 연수 결과 및 내용이 속속 공유되면서 유기농업이 주요 화두로 떠올랐을 뿐만 아니라 지역의 현안을 논의하고 대안을 고민하기 위해 풀무학교 수업생들의 주도로 만들어진 홍동보름밤모임을 통해 유기농업연구회가 결성되었다. 이러한 일련의 과정은 향후 지역의 유기농업 실천에 필요한 역량을 형성하고 관련 주체들이 결합되는 흐름으로 이어지기도 했다.[16] 이처럼 이후 풀무학교와 애농학교, 정농회와 애농회의 교

---

15 류달영(1911~2004)은 일생에 걸쳐 농학 연구와 유기농 실천 및 식량자급 운동에 전념했다. 초기에는 농촌계몽운동을 전개했으며, 정부 수립 이후에는 1978년에는 한국유기자연농업연구회를 창립하여 초대회장을 역임하기도 했다.

류를 통해 홍동 지역에서는 증산 위주의 농업정책에도 불구하고 유기농업의 실천이 이어질 수 있었다.[17] 아래의 인용은 그러한 내막들에 대한 사후의 인식과 해석을 담고 있다.

> 그게 제가 봤을 때는, 그거 같애요. 농법이나 뭘 팔아서 얼마를 벌자라는 걸 정농회가 극복한 거라는 거. … 정농회 조직을 만들고 난 다음에, 이 사람들이 1년 한 번씩 만나자면서 돌아갈 때, 그 사람들이 얼마나 답답하고 힘들었을까 생각해보면, 하자라고 약속은 했는데 가서 그럼 어떻게 농사질래. 그때 모든 논문이나 글들은 증산이나 녹색혁명이고 비료 넣고 농약 주는 거였는데 이제부터 그거 안 한다고 하면, 그때 성령의 감화 감동을 받아서 이제부터 하지 말자라고 약속은 했는데, 그럼 이제부터 내가 어떻게 해야 될까. 답이 아무것도 없었죠. 근데 그 사람들은 이렇게는 하지 말아야 된다는, 지금 내가 여기서 멈추거나 돌아가야 된다는 생각 때문에 정농회가 만들어진 거잖아요.[18]

이처럼 지역의 유기농업 실천은 자치와 자율에 입각한 자립적 농촌경제와 지역사회의 반근대적 지향이라는 풀무학교의 이념적 지반[19]과도 맞물려 전개되었다. 더욱이 이때는 지역의 움직임을 이끄는 동력으로서 협동조합의 문법이 서서히 뿌리내리고 있던 상황이기도 했는데, 이러한 문법이 지

---

16 이경란, 「홍성 농업 역사 속의 풀무학교」, 풀무교육 50년 기념사업추진위원회, 『다시 새날이 그리워』 2, 호성문화사, 2008, 141~142쪽 참조.
17 지역에 유기농업을 뿌리내리고자 하는 풀무학교 수업생들의 의지는 매우 분명하고 치열했던 것으로 보인다. 특히 지역에서는 유기농업의 철학과 원칙, 그리고 직거래가 처음 시작되는 시점에서 소비자의 요구가 어떻게 함께 갈 수 있을 것인지 등의 논의가 홍동보름밤모임과 1997년 결성된 지역개발연구회를 중심으로 거듭되었던 것으로 전한다(김기흥, 「유기농업을 꿈꾸는 마을」, 송두범·김기흥·박경철·이관률, 『우리는 왜 농촌 마을 홍동을 찾는가』, 그물코, 2017, 94쪽 참조).
18 금창영(남, 50세)의 구술(2019년 4월 20일, 풀무생협·행복나누기).
19 이영배, 「공동체성의 변환과 유동하는 경계들」, 『인문학연구』 46, 경희대학교 인문학연구소, 2021b, 225쪽.

역에서 유기농업이 확산되는 과정에도 중요한 역할을 했다는 점은 그러한 이해를 돕는다. 구체적으로 풀무신용협동조합은 유기농업 교육을 지역의 농민들에게 실시하면서, 좀 더 적극적으로는 지역 농민 10명으로 구성된 유기농업작목반이 결성되고 운영될 수 있도록 지원을 아끼지 않았다. 뿐만 아니라 유기농업에서 자원순환과 농가의 소득 보전의 중요성을 인식하고 양돈을 중심으로 축산 기술과 관련된 교육과 지원을 실시했다.

> 가장 중요헌 건 생산자들이 움직였다는 거. 가장 핵심이, 생산자들이 움직여서 생산자들이 단체들을 자꾸 인저 조아린 거지. 이끌어갈라고. 생산자가 헐 수 있는 한계가 있잖아. 단체를 허기 위해서는 보이지 않는 자금의 힘이라던가 뭐 관에서 끌어올 수 있는 힘이라던가. 일단은 농사의 맹목적인 농사만이 아니거든. … 홍동 같은 경우는 예전에두 정농회나 이런 것두 있지만, 다른 데 농민회 조직이 있었다구. … 그런 선생님들이 오셔가지고 농촌의 계모임이나 이런 것들이 농민회나 이런 것들 통해서 머리가 이제 깬 거여. 이 홍성이나 홍동 지역 쪽이. 근데 이런 유기농이라던가 아무나 맹목적으로 껴들 게 아녀요. 가장 또 핵심적인 게 풀무학교 있잖아요. 풀무학교서 교육을 받고 나오신 여기 이 분들이 하시는 얘기 듣다 보니까, 가장 핵심적인 건 교육이죠. … 왜냐믄 홍동이 추구허는 일들이 무엇인가를 그 사람들두, 안 하구 싶어두 헐 수밖에 없는 상황. 조합원들두 거기에 인저 많이 소속이 돼있고. 그러다보니께 인저 풀무생협두 생기구. … 신협두 이제 그런 조직에서 좀 어느 정도 일정 정도 생협과두 움직여보기두 하구. 그런 시대가 쭉 흘러간 거예요. 그다보니까 유기농이라는 강성이 인저 전국적으로 확산이 막 되기 시작헌 거여 인자. 소비자 패턴들두 상당히 좋았고. 맞아떨어진 거여. … 시대의 흐름에 자꾸 점점점점 여까지 오면서까지, 단체들두 엄청나게 고민 많이 했구. 생산자두 거기에 많이 했구. … 지역은 알게 모르게 숨 고르기가 스스로 허는 거예요. 농협은 농협대루 생협은 생협대루.[20]

지역의 생업 구조에서 유기농업이 또 하나의 기본 혹은 선택지로 자리잡을 수 있었던 배경에는 어느 한 가지로만 설명되기 어려운 매우 복잡하고 중층적인 과정이 있었다고 할 수 있다. 위의 인용에서는 무엇보다 생산자의 역할이 강조되고 있다. 즉 조직을 결성하고 이끌어간 것도, 유기농업을 실제로 추진했던 것도 결국 지역의 생산자들에 의해 이루어졌다는 점이 강조되고 있다. 물론 생산자가 그러한 결정적인 역할을 수행하게 된 데에는 풀무학교의 교육으로부터 시작된 생명 존중의 가치 지향, 농민운동의 맥락에서 규합되었던 농민회의 조직적 대응, 협동조합을 필두로 전개되었던 문제해결 중심의 지역적 변화, 도시 소비문화의 패턴 및 흐름의 거시적 전환 등의 맞물림이 있었다. 무엇보다 생산자들의 지역적 연대가 핵심이 되어 전개되었던 유기농업 실천은 당시로서는 지속가능한 농업을 현실화하는 몇 안 되는 길이었다.

풀무소비자생활협동조합은 지역 유기농업 실천의 확산과 성장을 함께 한 역사를 가지고 있다. 이 조합은 풀무학교 설립자인 이찬갑의 소비조합 운영 경험을 이식하여 1959년 교내에 설립된 구매부를 기원으로 두고 있다. 당시 소비조합은 지역사회로 진출하면서 풀무소비자협동조합(풀무소협)으로 재창립되었으며, 풀무소협은 학용품을 공동구매하여 학생들에게 싼값에 제공하는 역할에서 지역민의 생활필수품과 농자재, 철물 등 공산품과 생활물자를 공급하는 구판장의 역할을 담당하는 것으로, 지역의 요구와 필요를 반영하면서 사업을 확장해갔다. 중요한 점은 조합이 농촌에 자리하고 있는 만큼 당시 조합원의 대부분이 농사를 짓고 있는 생산자이기도 했는데, 조합원으로 참여하고 있는 이들의 요구도 반영하면서 점차 지역의 농산물의 공급·판매 사업도 전개하기 시작했다는 점이다.

20 김중호(남, 55세)의 구술(2021년 8월 20일, 초록이둥지협동조합).

근게 원래는 유기농업이, 지금은 돈벌이의 수단으루 전락을 허구 또 예전에 유기농산물은 벌레두 있구 그런 것들이 그냥 막 여성민우회라구 허는 데가 최초루 우리 홍동허구 80년대 초에 자매결연을 맺었구. 그때만 히두 차가 없었어. 시내버스를 거그다가 박스에 느서 보내주믄 그 사람들이 자기들이 소비자들이 그냥 사먹구. 그렇게 히서 우리나라 유기농을 시작해서 기왕이믄 건강한 지구 환경 문제들이 있듯이, 그때 당시 미리 앞서서 건강한 땅과 환경을 후대에 물려주야 된다. 그래서 유기농 히야 된다구 교육 받구서 실천했던 것들.[21]

이후 1984년부터 풀무소협은 수도권에 위치한 소비자 단체에 계절 일반 농산물 직거래 사업에 착수함으로써 지역에서 재배한 일반미와 배추, 무, 양념류 등을 서울과 부천 지역에 공급했다. 1989년부터는 여성민우회생협과 유기농산물 직거래를 공식화하면서 지역 밖 농산물 직거래 사업이 본격화되기 시작했다. 이어서 1990년에는 매장을 건립하고, 1991년에는 지역 농산물 보관 창고를 설치하는 등 농산물 판매 중심으로 조합의 사업이 확장되는 추세가 지속되었으며, 1992년에는 지역 농민 35명이 모여 조합 산하에 풀무유기농업생산자회를 발족하고 1993년에는 조합의 명칭을 풀무소비자생활협동조합(풀무생협)으로 변경하면서 지역의 생산자들로 구성된 협동조직으로서 정체성을 확립해가는 행보로 이어졌다.

이는 지역 내 유기농업 생산자들의 협동 체계를 만들어내기 위한 노력의 일환으로 유기농산물의 판매를 통해 자립적 농촌경제를 도모하는 시작짐이기도 했다.[22] 또한 이는 쌀파동으로 인한 풀무생협의 도산과 풀무영농으로

---

21 이기영(남, 50대)의 구술(2021년 8월 21일, 금평리 마을회관).
22 특히 1980년대 중후반 본격화되었던 수도권 지역의 소비자생활협동조합 운동은 풀무생협과 도시의 단위 생협 간 직거래가 활성화될 수 있었던 중요한 계기로 작용했다. 지역의 입장에서는 생태 환경의 선순환 조건을 갖추기 위해 땅과 물을 되살리는 유기농업을 선택했다고 하더라도 농산물의 판매와 농가 소득 보전의 문제를 고민하지 않을 수는 없었다. 풀무생협을 중심으로 직거래를 통해 유기농산물을 집단적으로 판매하는 방식은 그 해결책으로 고안되었다고 할 수 있는데, 이는 도시에서 벌어진 소비자운동과 그 운동의 일환으로 제기된 안전한 먹거리에 대한

의 재편, 그리고 장곡 지역 홍성유기농영농조합으로의 분화로 이어진다. 그러한 재편과 분화에도 불구하고 지역 농민들을 엮어주는 역사적 경험으로서 1980년대 홍성의 농민운동을 들 수 있다.[23] 이와 같은 생산-소비 관계의 대안 모색은 타자화된 농민이 아닌 상생을 지향하는 실천으로 읽을 수 있다.

3. 유기농업의 토착화와 농도農都 연계의 문화적 실험

비슷한 무렵인 1991년에는 유기농업의 가치에 공감하는 지역의 생산자들이 늘어나게 되면서 풀무학교 지역교육관에서 정농회 홍성지회가 창립되었다. 여기에 풀무학교 수업생들과 교사들이 참여하여 유기농업에 대한 신념과 철학을 지역의 안과 밖에서 서로 공유하고 보급·정착시키기 위한 모임을 지속적으로 가지기 시작했다. 지역의 친환경 생산자들이 늘어나고 관련 조직이 생겨남에 따라 유기농업 실천의 원칙과 신념을 확립하고 고수하는 일, 즉 성경을 정관이자 규약으로 삼고 하나님이 땅에서 창조하신 섭리대로 살아가기를 지향하며 하나님의 섭리에 따른 농사로서 유기농업을 실

문제의식이 맞물린 결과라고 볼 수 있다. 농산물 직거래는 단순히 농촌 생산자와 도시 소비자의 직접적인 거래만을 의미하지 않는다. 이 방식은 그만큼 반드시 서로에 대한 신뢰가 바탕이 되어야 한다는 점에서 이른바 얼굴 있는 경제로 여겨졌다. 지역에서는 적극적인 의미의 농도교류의 발판이 마련되었다. 또한 직거래 방식은 시장 경제의 논리를 비껴간 대안적 경제 관계의 유의미한 하나의 방식으로 선택되었다고 볼 수 있다.

[23] 1980년대 홍성군에서 펼쳐진 농민운동은 지역의 운동 차원에서 그다지 주목받지 못했다. 홍성 지역의 농민운동은 1983년 서부면과 갈산면 농민들과 현대건설의 토지반환싸움을 계기로 조직화될 수 있었고, 풀무학교 수업생들은 홍성 YMCA의 Y농촌지도자교육을 받고 Y영농회를 조직하는 데 기여하였다. 이를 계기로 1987년에는 홍성농민회가 조직되었으며, 그 중심에는 홍동지역에서 실천을 이어가고 있던 풀무학교 수업생들이 있었다. 이들은 지역에서 운동을 이끌며 전국적 차원의 민주화운동에 대한 인식의 지평을 넓혀나갔는데, 이러한 동력은 이후 UR과 WTO 등 한국사회의 신자유주의적 재편 속에서 대안적 농업을 고안하고 추구하는 흐름으로 이어지는 또 하나의 동력으로 작용했다(이경란, 앞의 글, 143쪽).

천하고자 했다.

정농회 홍성지회는 태초의 모습과 같이 씨를 뿌리고 수확물을 거두는 농법을 고민하고 이를 지역에 전파·확산하는 일을 집단적으로 도모했다. 여기에는 친환경 농산물이 도시 소비자들을 중심으로 주목받기 시작하고 관련 상호간 이해와 교류를 근간으로 한 협력 체계가 자족적으로 형성되는 등 사회 환경의 변화가 자리하고 있었다. 이러한 정세 속에서 정농회는 기독교 정신을 근간으로 농사가 개개인 농민들의 신앙의 깊이를 증명하는 것이라 여겼다. 또 그러한 변화 속에서 유기농업의 실천에 대한 근본적인 가치와 지향을 다지는 기능을 수행하는 한편, 그러한 변화에 조응하면서 실천 양식의 변환과 확장을 도모하기도 했다.

> 이건 신앙인 거 같애요. … 지금은 자재나 이런 게 좋아가지고 지금 자재값만 돌아가두 어느 정도 잡아지는데, 그때는 자재두 없었어요. 그래가지구, 그 신과의 약속이라는 그런 얘기가, 나두 가끔 소비자들허고 얘기헐 때는 우린 이런 심정으루 농사 집니다 라구. 신과의 약속을 내 자신과 합니다 라고. 지역 유기농이 그거에요. 내 자신과의 싸움에서 분명히 져요. 농약을 치야 되기 때문에. 왜, 벌레 먹구 막 금방 망가지는데. 안전사고두 많이 나잖아요. 사고두 많구. 그래서 아마 정농회가 오히려 신과의 그런 신앙에 대한 깊이를 가지구 농사 지야만이 진정한 유기농이 아니었나 생각했을 때, 그렇게 나는 정의가 되더라고요. 그땐 정책허고도 맞지도 않앴어요. 정책 그때는 막 증산해가지구 빨리 막 사람 많구 먹을 건 딸리구 자급 수준이 안 되니까. 이상헌 짓두 많이 했는데. 지금은 공동체를 만들래두 만들 수도 없어요. 만들어질 수도 없고.[24]

이를테면, 한편으로는 "나두 가끔 소비자들허고 얘기헐 때는 '우리 이런

---

[24] 김중호(남, 55세)의 구술(2021년 8월 20일, 초록이둥지협동조합).

심정으루 농사 짙니다', '신과의 약속을 내 자신과 합니다'라고. 지역 유기농이 그거예요. 내 자신과의 싸움에서 분명히 져요. 농약을 치야 되기 때문에. … 그래서 아마 정농회가 오히려 신과의 그런 신앙에 대한 깊이를 가지구 농사지야만이 진정한 유기농이 아니었나 생각했을 때, 그렇게 나는 정의가 되더라고요"와 같은 위의 발화처럼, 이들에게 유기농업 실천은 대단히 근본적인 차원에 있었으며 개인의 노력만으로는 유지하기 어려운 것이었으므로 신앙으로 무장한 회원들 간의 모임과 연수 등의 정기적인 교류가 필수적이었던 것이다.

다른 한편에서는 유기농산물의 판매와 유통 체계를 확장하기 위해 정농유통센터를 설립하고, 이후 1990년 정농생협을 설립함으로써 변화된 환경에 대응해나가기도 했다. 즉 경제정의실천시민연합(경실련)과의 전략적 조우를 통해 경실련과 정농회가 농산물의 판매와 유통, 생산과 공급을 각각 담당하며, 도시 소비자에 건강한 먹거리를 제공하고 유기농업 실천을 어렵게 지탱하고 있는 회원 농가의 소득 보전을 목적으로 둔 정농생협을 설립하면서 농산물 시장의 변화된 환경에 대응해나갔던 것이다.[25]

> 우리 축제 여기서 한 번, 나눔의 축제를 한 번 해보자. 그러구, 유기농업을 그 전부터 해왔으니까, 그때는 완전한 유기농업은 아니었고, 비료는 쪼끔 주구. 무농약부터 시작을 했으니깐요. 그런데 축제를 할 때 가을에, 우리가 좋은 점이 뭐냐면은 메뚜기가 막 뛰어노는 거예요. 농약을 안 하니까. 그래가지구 뭐 걸어 다니는데 메뚜기가 막 뛰고 그러니까, 아 메뚜기의 상징은 농약을 안 하는 거.

---

25 정농회는 기존의 주류 농업방식에 저항하며 성경에 기초한 이웃사랑을 강령으로 채택한 농민단체로, 새로운 농업방식을 추구하면서도 교육과 출판을 통해 회원들의 의식교육과 대안농업의 보급과 확산에 기여해온 역사적 의의를 가지고 있다. 또한 농업방식 뿐만 아니라 지역의 대안적 공동체문화 형성에 일정한 역할을 담당했다. 이와 같은 정농회의 대안적 실천은 신사회운동의 일환으로 펼쳐질 수 있었으며, 특히 생명농업운동을 표방하며 홍동을 비롯하여 장성 한마음공동체, 팔당생명살림 등 지역을 거점으로 한 대안 공동체 형성을 견인해왔다(허미영, 「한국의 생명농업운동에 미친 정농회의 영향」, 『담론201』 12(1), 한국사회역사학회, 2009, 27~58쪽).

우렁이가 또 진짜 토종 우렁이가 살고. 그래서 그거를 이용해서 가을에 서로 나누자. 거저 받았으니 거저 나누자라는 생각을 가지고, 정농회 모임이 홍성지회가 되게 컸어요. 전국에 정농회가 있는데, 홍성지회가 가장 컸었어요. 활발하고. 그래서 홍성지회에서 정농회원들이, 그때 주형로 씨가 거기 정농회 지회장이었으니까. 그래가지구 같이 모여서. … 이제 그 각자 생산한 물건들, 뭐 고추 생산한 사람 고추, 쌀 생산한 농가는 떡, 돼지 키우는 집은 돼지, 과수 하는 사람은 과일. 그래 잔치를 그냥 벌이는 거지 막. 쫙 갖다 놓고. 근데 누가 돈 하나 안 줘. 어디서 지원받는 거도 없이, 각자 내놓고. 그 너무 감동적이었던 게 그래서 사람들을 모으고, 도시 사람들을 불러서 잔치를 한 거죠. 저기 저수지 밑에 거기가 논이 있었어요. 논이 우리 논이 아니었고, 다른 집의 논을 우리가 임대해서 쓰든, 도지 주고 쓰든 논이 있는데, 거기 저수지 뚝방에가 넓으니까 거기서 인제 잔치를 하고, 거기서 메뚜기를 잡기 행사를 한 거죠. … 그게 인제 제일 첫 번째 가을축제였죠. 그게 92년도에요. 92년도 봄에 아마 산안마을에 가서 거저축제를 보고 와서, 그 해 가을에 축제를 한 거예요. 그때 정농회 중심으로. 92년도에. 그 축제가 엄청 오래했어요.[26]

지역의 유기농 생산자라는 공통의 정체성을 띠고 있는 이들 단체는 비단 생산 및 소비 관계와 그에 따른 유통망을 체계화하는 활동에 머물지 않았고, 협력으로부터 얻은 활력과 토착적 생태 기반을 근간으로 특정한 문화양식을 주조하고 지역 공동체문화의 새로운 범주를 구성해내기도 했다. 대표적으로 1992년에 시작된 '가을나눔의잔치'는 직거래를 통해 생태적 가치에 공감하고 교류하던 도시 소비자들이 농촌 체험을 통해 보다 직접적인 농도교류를 시작하는 계기가 되었다. 이와 동시에 생산자로서의 정체성과 지역민으로서 정체성을 겸하여 지닌 지역 농민들이 농촌 경관과 그 속에서

---

26 정예화(여, 60세)의 구술(2021년 8월 13일, 초록이둥지협동조합).

생활했던 경험을 토대로 하여, 당시만 해도 소실되었던 민속적 가치실천 양식을 재현한 사례에 해당한다.

가을나눔의잔치는 정농회 홍성지회에 참여하고 있던 농민 회원들을 주축으로 진행되었으며, 당시 경기 화성 산안마을에서 진행되었던 '거저축제'를 체험한 것이 계기가 되어 기획되었다. 행사는 메뚜기와 우렁이로 상징되는 논생물들이 살아 숨 쉬는 농촌의 생태적 경관에서 건강한 방식으로 생산된 농산물과 회원들이 준비한 음식을 참여자들이 함께 나눠먹으며 시간을 보내는 것으로 구성되어 있었다. 특히 거저축제가 모토로 삼았던 '거저 받았으니 거저 나누자'는 생각은, 공유와 나눔을 행사의 근간이자 핵심적인 가치로서 차용한 것이었다. 이와 같은 가을나눔의잔치가, 지역 유기농업의 실현이 박차를 가하면서 활성화될 수 있었다는 점은 중요한 함의를 지닌다. 농촌을 떠나간 도시 소비자들이 알고 있던 예전의 농촌 경관이 유기농업을 통해 회복되고 있다는 점과 생태적 가치를 매개로 지역의 농민들이 생산자 단체에 참여함으로써 도시와 농촌, 생산자와 소비자, 지역과 마을 사이에 사회적 연대의 계기가 마련되어 활성화되고 있다는 점에서 그러하다.

실상 유기농업이라고 하는 것은 눈에 보이지 않는 행동이나 단기적인 교육만으로는 녹록지 않은 것이었다. 생태적 측면에서 유기농업은 지역의 합의를 이끌어내고 여기에 되도록 많은 농가들이 참여하는 것이 매우 중요했다. 그러나 지역민들의 참여는 물론이고 지역의 합의를 이끌어내는 일조차도 쉽게 이루어지기 어려웠다. 이러한 상황 속에서 오리농법의 도입은 중요하게 작용하였다. 오리농법은 유기농업의 한 방법론으로 도입되었으며, 유기농업을 하게 될 때 맞게 되는 어려움의 많은 부분들을 획기적으로 해결해주는 것이었기 때문이다. 유기농업과 마찬가지로 오리농법 역시 일본이라는 국외의 사례를 통해 이론적으로 먼저 도입될 수 있었고, 풀무학교 출신의 한 토박이 농부의 구체적인 실험을 통해 실시될 수 있었다.

홍 선생님이 아니면 저는 저가 없어요. 제가 공부를 하도 안 하니까 괜찮아, 괜찮아 했는데 다 속셈을 가지고 계셨던 거예요. 너는 농사를 지어봐라. 그러고 항상 저한테 선생님은 뭐라 해요. 21세기는 유기농업의 시대가 열린다. 너 그것 좀 준비해봐라. 하도, 홍 선생님이 내가 제일 싫어하는 과목만 가르쳐요. 영어 뭐 이런 것만. 그래서 이거라도 제가 소원을 들어 드리려고 유기농업을 시작한 거예요. 그리고 자료를 저한테 많이 줬어요. 이게 94년도에 제가 졸업하고 지쳤을 때 포기하려고 할 때 선생님이 편지 한 통이 딱 와요. 주군에게. 이 농법은 자네가 필요할 거 같네. 그 딱 보니까 이해가 가요. 오리가 농사 짓는다는 게. 동네를 다니면서 오리농법 한다고 하니까 동네 사람들이 뭐라고 그래요? 이제 완전히 미쳤네. 보면 [미쳤다고] 이렇게 손을 흔들었어요. 진짜 많이 울었어요.[27]

오리농법은 위의 구술과 같은 계기 속에서 시작될 수 있었다. 보다 직접적인 계기는 풀무학교 교사의 소개와 이를 받은 학생의 실험이었다. 농촌 지역의 아이들을 교육시키고 학교와 마을을 연결하여 지역사업을 지속하던 풀무학교를 진학하는 학생들에게 학교 책상에서 하는 지식 위주의 공부가 제 일의 목표였다고 보기 어려울 것이다. 차라리 지역과 농촌에서 앞으로 어떤 역할을 담당하며 살아갈지에 대한 고민이 더욱 우선하였고, 이는 위의 발화 주체인 지역 토박이 학생도 마찬가지였다. 그는 졸업 이후에도 유기농업을 실천하며 지역에 남아 살아갔지만, 쉽지 않은 탓에 포기를 앞두고 있었다. 실제로 고된 노동이 수반되는 유기농업이 시역에서 실천되면서 많은 이들이 건강의 위협을 받았다. 교사로부터 오리농법에 대한 학습과 실험을 제안 받은 지역 토박이 학생은, 제공받은 자료를 보고 곧장 그 실험에 착수하였다. 유기농업에 대한 지역의 인식과 마찬가지로, 전혀 새로운

---

[27] 주형로(남, 61세)의 발표(「환경농업이 가져다 준 지역운동」, 『지역에서 일구는 미래, 공동체문화 재생의 동력과 실천들』, 제1회 지역협력 학술네트워크 컨퍼런스, 2019년 2월 27일, 안동대학교 국제교류관).

방식이라고 할 수 있는 오리농법을 하는 자신에 대한 인식도 매우 부정적이었던 것으로 전한다. 그럼에도 지역의 무시를 받아가면서도 지속시킴으로써 또다른 국면을 맞이하게 되기도 하였다.

> 홍 선생님이 오리농법을 줘서 시작돼두 다 시작헌 게 아니에요. … 곽민기라구. … 그 친구는 호기심이 많고 나를 잘 따라줘요. 그 친구가 '나두 형님 해보께요' 허갖고, 같이 해보고. 사람 다니믄 지나가다가 다 보여지. 시험보가 너무 좋았지요. 그러면서 시작을 했고. 그 담에 우루과이라운드가 나를 도와줬지. 다 죽는다고 할 때, 친환경으루 가야 된다. 우루과이라운드를 이길 수 있는 방법은 차별화된 농업이다. 그걸 내가 강조했거든. 그르니까 우루과이라운드는 우리에게 적인데, 아픔인데, 아픔을 볶아먹자 이거죠. 고춧가루 치구 막, 음식이 맛 읎어두 양념으루 잘 허면 먹잖아요. 똑같애요. 어떠한 어려움두 우리가 지지고 볶아버리면 된다고. 우루과이라운드 활용헌 거 아니에요. 우루과이라운드가 터지면 세상은 물 밀 듯이 들어와. 그러나 농약 안 친 거는 주인을 안 쳐먹지 않지 않는다. 그런 식으로 헌 거예요. 그래갖구서 인저 설득해갖구 해갖구 헌 거.[28]

지역의 차원에서 유기농업의 가치에 공감하는 생산자들이 늘어나고 있었지만, 관행농업을 고수하던 일반농가들로 하여금 유기농업에 전면적으로 전환시키는 것은 사실 쉽지 않은 일이었다. 즉 지역의 유기농업 확산은 모임과 교육만으로는 달성하기 어려운 다른 차원의 문제였던 것이다. 여기에 1994년 오리농법이 도입[29]되면서 지역에서 유기농업 실천 농지가 급속하게

---

28 주형로(남, 63세)의 구술(2021년 8월 20일, 홍성환경농업교육관).
29 오리농법은 홍순명에 의해 일본의 농업 관련 잡지가 번역되면서 처음 주목되었고, 보다 직접적으로는 일본에서 오리농법을 최초로 행했던 후루노 다카오가 1993년 풀무학교에서 오리농법에 대한 강연을 진행한 것이 도입의 계기가 되었다. 당시 부산일보 동경지국장이었던 최성규가 부화사업을 위해 그를 강사로 초청한다는 소식을 들은 홍순명은 당시 풀무학교 교사였던 최상업과 함께 경남 창녕을 직접 찾아 그에게 오리농법에 대한 강연을 요청했다. 이듬해인 1994년부터 홍동에서는 홍성군농촌지도소의 지원금을 받아 관련 자재를 구비하여 세 농가와 농지 약

확대될 수 있는 전기가 마련되었다. 오리농법은 유기농업 실천에서 가장 큰 난관이라고 할 수 있는 김매기, 즉 제초의 어려움을 획기적이면서도 환경친화적으로 해결할 수 있는 방법으로 주목받았다.

위의 발화 주체는 오리농법을 지역에서 처음으로 실험하고 전개할 뿐 아니라, 무엇보다 주변 사람들과 함께 하는 것을 중요하게 여겼다. 그는 되도록 주민들이 많이 오가는 논에 시험적으로 오리농법을 실시했고, 그 때문에 마을 입구에 있던 주막에 다녀오는 사람들이나 장에 다녀오는 사람들이 발길을 멈추고, 벌레를 따먹거나 자맥질하는 오리들을 정신없이 구경하는 일이 많았다고 한다. 도입 첫해에 있었던 오리농법의 실험이 나름대로 성공을 거두자 이듬해 1995년에는 19농가로 확산되어 무농약 단체 인증을 받았기도 했다.[30]

오리농법의 도입으로 지역의 유기농업은 눈에 띄게 확산되기 시작했는데, 여기에는 오리농법이 유기농업의 실천에 있어 고도의 노동 강도가 필요한 제초의 어려움을 기술적인 면에서 혁신적으로 해결해준다는 장점도 있었지만, 좀 더 거시적인 측면에서는 그것이 우루과이라운드 협상의 타결과 발효로 시작된 글로벌한 농업 시장 환경에 대응할만한 경쟁력을 갖추고 차별화된 농업으로서 기대한 결과이기도 했다.[31]

11,000평에서 오리농법이 시작되었다(후루노 다카오, 홍순명 옮김, 『백성백작』, 그물코, 2006; 이나바 미츠구니, 홍순명 옮김, 『생물다양성을 살리는 유기논농사』, 그물코, 2010; 홍순명, 『논과 마을을 살리는 오리농업』, 그물코, 2014).

30 김기흥, 앞의 글, 103쪽 참조.
31 우루과이라운드(UR)는 관세 및 무역에 관한 일반협정(GATT)과 관련하여 1986년 열린 제8차 다자간 무역 협정으로, 우루과이 푼타 델 에스테에서 협상이 진행되었다. 협상의 대상으로 농산물 분야의 확대가 포함되었는데, 이때 이루어진 농산물 수입 개방은 한국의 농업 생산 시장을 크게 뒤흔든 역사적 사건으로 남아 있다. 이에 대응하여 1992년을 전후하여 187개 시민단체와 농민단체, 학계가 연합하여 '우리 쌀 지키기(UR 반대) 범국민 비상대책회의'가 결성되고, 이듬해 '우루과이라운드 거부 및 쌀 전량수매 쟁취를 위한 전국농민대회'가 열리는 등 한국 농업의 심각한 타격으로 인해 많은 피해를 입은 농민들의 거센 저항이 잇따랐다. 1993년 타결된 이 협상은 1995년 발효되었으며, 이후 세계무역기구(WTO)가 설립되는 것으로 이어졌다. 이전까지의 한국 농업은 자급자족을 위한 식량작물의 생산이 주로 이루어졌으나 이를 기점으로 특용작물 품목 생산 및 단작화가 확연하게 증대되었다. 이후에도 한국 정부는 외국의 농산물 시

오리농법의 도입에 의한 지역 유기농업의 확산의 역사에서 문당리의 실천은 핵심적이다. 유기 논농사의 특성상 수계를 공유하는 인접한 농지들이 모두에서 화학비료와 농약을 사용하지 않는 것이 매우 중요하기 때문에 기존 관행농지를 유기농지로 전환시켜나가는 일이 관건이었고, 따라서 개별 농가들로 하여금 유기농업 실천에 참여시키는 일이 무엇보다 중요했다.

> 뜻만 가지구 헐 수 없잖아. 뭐 지역적으로 저 공동체 형성헐라믄 주민들을 비롯해서 시대적으로 맞아 떨어져야 되는데. … 그게 인저 허다가 어깨 너머 글 배운다고, 환경이 뭔지, 또 동력이 뭐가 안 좋은 건지, 알게 모르게 그게, 그냥 다 공부가 되고 기억이 되고. 그러니까 소비자들이 와도 말을 거침없이 허는 거여 인저. 1년, 2년, 막 10년 쌓이다보니까. 다 문당 사람들 지금두 내일 유기농에 대해서 얘기허라고 허면 80먹은 노인네허고 물어봐. 얘기 잘 해. (웃음) 그게, 보이지 않는 교육이여 교육. 문당리가 아직까지 이렇게, 진짜 말 그대로 친환경 아닌 걸 뭐를 갖다가 손을 쓸라고 허다 보면 양심이 찔려가지고 못 허고 있는 게, 그게 보통 마음 가지고 되질 않거든. … 그거는 몸소, 자기가 피땀 흘려서 배운 거고, 허야 된다는 의무감이 자기도 모르게, 감수성이 백힌 거거든. 진짜 그거는 쉽지 않은 거거든. 이쪽 지역을 한 마디로 말헌다믄, 그런 전통이 있단 얘기여.[32]

풀무학교 수업생이면서 문당리에서 나고 자란 지역 토박이 농부의 작은 실험에서 시작된 오리농법은 문당리라는 전통적 마을사회에서 생활을 공유하는 가까운 이웃들을 설득하고 이를 통해 많은 이들이 동참함으로써 그

장 개방 압력에 한국 정부가 쌀을 포함해 국내의 모든 농산물을 전면 해방하기로 하면서, 국산 쌀의 경쟁력 확보 방안이 중요한 화두로 등장하기도 했다(『한국민족문화대백과사전』; 김성훈, 「우리 쌀 지키기」 우루과이 라운드(UR)의 추억」, 『한국농어민신문』, 2014.07.04).
32 김중호(남, 55세)의 구술(2021년 8월 20일, 초록이동지협동조합).

확산이 촉발되었다. 그 초기의 역사, 즉 여럿이 오리농법으로 쌀을 재배하게 되면서 문당리오리농작목반이라는 이름으로 마을 차원의 생산자 조직이 구성되었고, 제도적 차원의 판로 체계가 미처 수립되기도 전에 이들이 모여 자체적으로 수매를 실시했다는 사실은 어려운 농촌 현실과 경제적 여건 속에서 새로운 활로를 마을이라는 생활 단위의 협동의 방식으로 모색해나갔다는 점에서 유의미하다고 볼 수 있다. 문당리에서 오리농법의 도입은 근대화된 농촌 현실 속에서 전통적인 마을 경관을 유지하고 이를 기반으로 공동체적 기억을 소생시켰으며 토박이 주민들을 지역운동의 주체로 확대하는 새로운 전기로 작용했다.

오리농법은 다음과 같은 이유에서 유기농업에 대한 진입장벽을 크게 낮춰주었다. 하나는 '신이 내린 농법'으로 여겨질 정도로, 투입되는 오리가 경운·잡초제거·해충방제·양분공급 등의 역할을 수행함으로써 유기농업을 실천하는 데 필요한 고강도의 노동력을 혁신적으로 줄여주기 때문이었다. 다른 하나는 기본적으로 오리농법은 오리의 구매도 공동으로 해야 하고 오리가 빠져나가지 못하게 논에 망을 치는 일도 많은 인력이 동원되어야 하는 등 농사에 필요한 자재를 준비하는 과정에서부터 처분하는 과정, 그리고 생산된 쌀의 판로 개척 문제 등 연중 내내 함께 농작업을 해나가는 것이 필수적이기 때문이었다. 특히 두 번째 이유, 즉 오리농법을 실천하는 과정에서 반드시 수반되어야 했던 공동의 농작업은 마을의 공동체 의식을 소생시키는 역할도 담당했던 요소로 주목될 수 있다.

나아가 '오리보내주기운동'과 '오리입식축제'[33]는 지역 주민들의 노고와 역

---

33 '오리보내주기운동' 및 '오리입식축제'와 관련된 당시 신문기사(사진)의 내용을 옮기면 다음과 같다. "농촌에 오리일꾼을 보내주세요! 화학비료나 농약을 사용하지 않고 농사를 짓는 농민들의 모임인 정농회 홍성지회는 1일 중앙일보를 통해 도시민에게 오리를 보내달라는 이색적인 주문을 했다. 오리농법으로 무공해 벼를 생산하기 위해서이다. 모내기가 끝난 6월 초쯤부터 논에서 오리를 기르면 오리는 잡풀과 벌레들을 먹어치운다. 따로 제초제와 살충제를 쓸 필요 없이 무공해 쌀을 생산할 수 있다. 비료는 오리배설물만으로 충분하다. 정농회 홍성지회장(주형로, 37, 충남 홍성군 밀알농장)은 도시 사람들을 농사일에 간접적으로 참여시켜 도농일심이 되

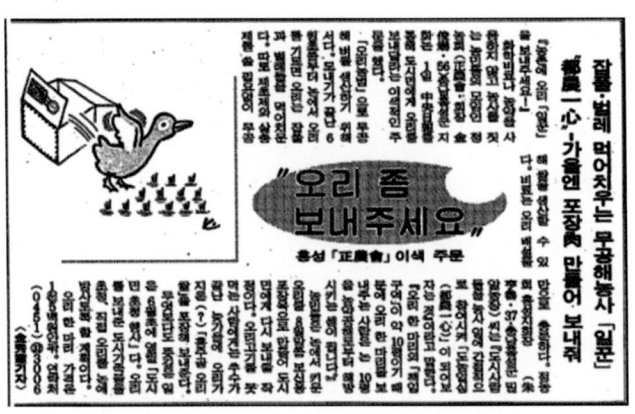

〈그림 6〉 '오리보내주기운동' 신문기사 『중앙일보』, 1995.04.01.

량이 집약되어 그러한 당시 시대적 상황과 맞물린, 도시와의 교류 속에서 공동체 의식이 구조화된 역사적 기억으로 자리매김되었다. 구술된 기억을 통해 그 과정을 재구해보자면 다음과 같다.

95년도에 중앙일보에 기사가 떠요. 오리를 보내주세요. 농촌의 이색주문. … 우리두 그 기사가 나갔는지 몰랐어요. 계속 전화가 오는 거야. 그때는 핸드폰이 아니고 집전화였는데. 밥을 먹을 수가 없을 정도로 전화가 와요. 어떻게 참여하냐, 어떻게 참여하냐. 그래가지구 저희도 깜짝 놀랬어요. … 경실련하구 정농회하구 같이 송파구에 매장을 하나 냈어요. 그래서 정농회 물건을 거기서 팔아준 거야. 유기농산물 이런 거, 친환경농산물을. … 거기를 회의를 하러 갔는데, 거기에 중앙일보 기자가 있었대요. 근데 밥 먹다가. … 도시 사람들이 오리를 사서 어보자는 것이라고 말한다. "오리 한 마리의 책임 구역이 약 10평이기 때문에 오리 한 마리를 보내주는 사람은 논 10 평을 농약 공해로부터 해방시키는 셈이 됩니다." 농민들은 논에서 키운 오리를 8월말쯤 보신용 포장육으로 만들어 도시민에게 다시 보내줄 작정이다. 오리고기를 못 먹는 사람에게는 추수가 끝난 늦가을에 오리가 지은 홍주골 오리쌀을 포장해 보내준다. 무엇보다도 뜻깊은 일은 6월 초에 열릴 도시민 초청 행사다. 오리를 보내준 도시 가족들을 초청, 직접 오리를 논에 방사하도록 할 계획이다. 오리 한 마리 가격은 1천 5백 원 안팎."(「잡풀/벌레 먹어치우는 무공해농사 일꾼」, 『중앙일보』, 1995.04.01.)

보내주면 우리가 그 오리를 가지구 농사를 지어서, 가을에 그 오리를 도시 사람들한테 돌려주면 어떻겠냐, 라는 생각을 이제 해서 얘기를 했대요, 밥 먹어가면서. 근데 그거를 그 기자가 그냥 내버린 거야 그냥. 낸다는 소리도 없었고.[34]

'오리입식축제'는 '오리보내주기운동'이 촉발되면서 시작될 수 있었다. 오리보내주기운동은 1995년 4월에 발행된 한 기사에 의해 촉발될 수 있었다. 그 기사는 〈오리 좀 보내주세요. 홍성 정농회의 이색주문〉이라는 제목을 달고 발행되었는데, 위의 구술은 그 내막에 대한 제보를 담고 있다. 당시 정농회에서는 경실련과 함께 유기농산물을 판매하기 위한 매장을 서울 송파구에 열었다. 이 매장에서 정농회에 소속된 생산자들이 재배한 유기농산물을 판매하였으며, 오리보내주기운동에 관한 이야기는 관련 회의의 식사 자리에서 이루어진 것으로 보인다.

구술 내용을 통해서도 확인해볼 수 있는 것처럼, 그것은 다소 우연한 계기에 의해 시작된 것으로 보인다. 즉 '도시 사람들이 오리를 사서 보내주면 지역 생산자들이 그 오리와 함께 농사를 짓고 가을에 다시 돌려주면 어떻겠냐'와 같은 이야기가 오갔으며, 같은 자리에 있었던 기자가 이 내용을 신문 지면에 옮겨 낸 것이었다. 지역에서는 이를 예상하지도 못했고 준비도 하지 못한 상태에서 빗발치는 소비자들의 전화에 일일이 응대해야 했다. 이처럼 오리보내주기운동은 매우 우연한 계기에 의해 촉발되었으며 충분한 준비 기간이 없이 시작된 것이었다. 다만, 단편적이지만 당시 신문을 통한 광고가 유효하게 작용하여 운동이 시작될 정도로 도시 사람들의 농촌에 대한 관심이 적지 않았다는 점, 그리고 당시의 미디어 환경이 신문과 집전화를 활용하여 소통해야 했던 상황이었다는 점을 대략적으로 읽어볼 수 있다.

---

34 정예화(여, 60세)의 구술(2021년 8월 13일, 초록이동지협동조합).

열 마리를 보내주면, 새끼오리 열 마리를 보내주면 그거를 농사에 이용을 하고, 농사에 이용한 그 오리를 가을에 도시 소비자들에게 다시 돌려드리겠다 라는 내용이에요. 그 내용이 나가니까 계속 전화가 오구 있어. 그래서 엄청 고생했어요. 그거 다 일일이 받아적느라고 연필루. … 그러면서 어떻게 참여를 해야 하냐. 맨 첨엔 당황을 했죠. 그래서 그러면 오리가 한 마리가 그때 1,500원이었어요. 상당히 비쌌던 거 같애, 그때만 해도. 흔하지 않았을 때니까. 오리 1,500원짜리 열 마리를 한 구좌라고 생각을 하고. 오리로 사서 보낼 수 없지 않냐 도시에서. 그러니까 돈을 15,000원을 보내면 그걸로 오리 열 마리를 사서 늫겠다. 그런 내용으로 이제 전달을 한 거죠. … 그랬드니 어떤 사람은 15,000원을 보내고, 어떤 사람은 30,000원을 보내고, 어떤 기업에서는 500만 원을 보냈어요. … 농촌은 다 떠나가는 농촌이었어요 그때. 그래서 농촌에 희망이 없다라고 다 얘기할 때였거든요.[35]

새끼오리 열 마리를 보내주면 지역에서 농사에 이용하고, 그 오리를 가을에 다시 소비자들에게 돌려준다는 내용으로 광고되었다. 오리를 보내달라는 내용으로 기사가 발행되었지만 도시에서 오리를 보내주는 것은 현실적으로 불가능했기 때문에, 모금을 통해 이를 해소하고자 했다. 그러자 약 400명 가량이 되는 많은 소비자로부터 연락이 왔다고 한다. 이에 당시 오리 한 마리당 1,500원으로 책정하고 새끼오리 열 마리를 15,000원에 한 구좌로 설정하였고, 이 내용으로 소비자들에게 전달하였다.

그러자 여러 유형의 소비자가 참여하였으며 그만큼 모금되는 액수도 천차만별이었다. 즉 백화점 직원들이 동원되기도 하고 제주도를 비롯한 다양한 지역에서 연락이 오기도 하였으며 어린 아이들이 모은 저금통에서 나온 돈이 모금되기도 하는 등 시골의 한 생산자 조직 혹은 마을 차원에서 이루

---

35 정예화(여, 60세)의 구술(2021년 8월 13일, 초록이둥지협동조합).

어지기 어려운 수준의 후원과 모금이 활발하게 이루어졌다. 위의 발화 주체는 당시의 상황을 예상하지 못한 채 충분히 준비하지 못한 상태에서 대단히 당황하였고 또 그만큼 고생도 많았다고 회고한다. 그러면서도 비록 당시의 농촌이 버려지는 처지였음에도, 즉 모두가 떠나가고 희망이 없다고 이야기함에도 농촌에 대한 감수성과 향수가 남아 있어 이것이 가능했던 시기였다고 술회하기도 한다.

아니 세상에 유기농업을 한대? 그것두 농민들이 이런 아이디어를 갖구 도시 소비자들을 끌어들인대? 도시 소비자들이 같이 함께 농사 짓는다. 그러니까 그 제목이 뭐냐면, 도농일심 함께 짓는 농사였어요. 도시 소비자들이 농업에 어떻게 참여를 하는 거에 대한 방법이었거든요. 오리를 사서 주면, 그거 가지구 유기농업을 하겠다. 그러믄 그 유기농업 한 거를 가지고 나중에 오리를 처분하고 자기가 준 거를 다시 받아가지구 갈 수 있게 하겠다. 그르구 자기가 오리를 사서 줬기 때문에, 당신은 유기농업 한 데에 일조를 한 것이다. 직접 논은 안 맸지만. 그리고 환경을 살리는 일에 동참한 일이다 라고 저희가 편지를 써서, 그 함께라는 말을 되게 많이 했든 거 같애요. 그러니까 그 마음을 움직이게 했었죠. 그래서 함께라는 말을 되게 많이 썼어요. 함께 짓는 농사지만, 가족이라는 말 되게 많이 썼고. 함께 해주신 가족한테. 이렇게 편지도 되게 많이 써서 보내기도 하고. 그래서 그 사람들이 이제 그 돈 모아진 게 1,950만 원인가 모아진 거예요. 95년도에.[36]

당시 지역의 농민들이 좋은 뜻을 가지고 안전한 먹거리를 생산하는 유기농업을 행한다는 것, 오리보내주기운동을 통한 모금 활동이라는 생각을 자체적으로 기획해낸 것이 도시 소비자들로 하여금 크게 감화시켰던 것으로

---

36 정예화(여, 60세)의 구술(2021년 8월 13일, 초록이둥지협동조합).

술회되고 있다. 나아가 도시 소비자들과 농촌 생산자 농민들이 함께 농사를 짓는다는 의미에서 '도농일심 함께 짓는 농사'를 그 표어로 정하였다. 그러면서도, 여기에 참여한 소비자들에게 직접 논을 매지는 않았더라도 유기농업을 하고 환경을 살리는 데 일조한 것이라는 의미를 더해줌으로써 농도 교류의 발판을 마련하였다. 이를 통해 농촌과 도시가 위계적으로 따로 떨어진 것이 아니라 밀접한 연결망 속에서 다른 위치에 속해 있음을 체감할 수 있도록 했을 뿐 아니라, 함께 하는 가족이라는 의미를 더함으로써 성원에 보답하고 그 교류의 밀도를 더욱 강화하고자 했으며 이를 단순히 모금이 아니라 직접 농사에 참여하는 하나의 방법으로 설정되었다. 1995년 당시 모금액은 약 1,950만 원이었다.

  사람들은 그냥 목소리만 들은 거죠. 전화기로. 주소 적어주고. … 그럼 그 사람들은 돈은 보내주는데, 여기를 한 번이라도 와봐야 되지 않겠나. 진짜 이걸 오리를 사서 오리농법을 하는지. 내가 산 오리가 누구 아저씨네 논에 들어가서 일을 하는지. 그걸 보여줘야 되지 않겠냐. … 그때가 딱 오리가 넣기 좋은 때에요. 6월 6일날. 그러니까 6월 6일날이 노는 날이기도 하고. 그래서 편지를 다 썼어요. 그렇게 오리들을 많이 보내주셨는데, 그 오리를 사다가 넣고, 직접 와서 오리를 갖다 넣는 행사를 하겠습니다. 오십시오. 라고 다 편지를 썼어요. 그랬더니 가족 단위로 차들을 가지고 오신 거잖아요. … 여러분들은 오실 때 접시하고 숟가락만 가지고 오세요. 젓가락만 가지고 오세요. 우린 일회용을 사용하지 않습니다. 환경을 생각한다고 하면서 일회용 쓰고 싶지 않습니다. 그래서 접시하고 젓가락만 가져오세요. 다른 건 다 준비를 해놨습니다. 이러고 김치 담고 막 이래가지고, 그 국수 삶아서 잔치를 했어요. … 근데 왔다가 갈 때, 그러니까 그러고 인제 오리를 잔뜩 요만한 새끼오리를 인제 한 1킬로 되는 오리들을 갖다놓고는 애들한테 다 이렇게 농사를 잘 지어라, 풍년이 됐으면 좋겠다, 어떤 덕담을 해서, 몇 명씩 그 아저씨들한테 딸려 보내는 거지. 누구네 논의 아저씨에 누구네 가족들은 거기루 가세요. 그래서 계속 연관이 될 수 있도록. 그래서 그거를 가지구, 누구네 논에 갖다가 놓는지 알 수 있게끔. 그렇게 행사를 했어요. … 그때는 지원을 하나두 안 받구 농민 스스로, 우리끼리 그냥 한 거예요.[37]

    그러한 오리보내주기운동은 도시 소비자들과 지역 농민들이 직접 모여 잔치를 즐기는, '오리입식축제' 혹은 '오리쌀이야기축제'라는 이름의 축제판으로 이어졌다. 위의 구술에서 살펴볼 수 있는 것처럼, 그 축제판은 몇 가지 특징과 의미를 지니고 실험적으로 시도된 것이었다. 먼저 축제는 자연의 리듬에 따르는 생업 주기에 맞춰 진행된 것이었다. 현충일은 오리의 입식에 있어서 적기인데다가 국가공휴일로 정해져 있어 쉬는 날이기도 했다. 축제가 이루어졌던 현충일이 국가공휴일이라는 점은 통상 엄숙하고 조용하게 보내야 하는 것으로 여겨졌던 당시의 풍조에도 불구하고, 오히려 가족 단위의 도시 소비자들이 지역에 방문할 수 있는 더욱 직접적인 계기가 되기도 하였다. 이에 따라 국가의 시간성에 대응하는 축제적 시간성이 마을과 도시의 연결 속에서 형성될 수 있었다.

    그리고 축제는 무작정 놀고 즐기는 것이 아니라, 일회용에 해당하는 자원을 제한적으로 사용함으로써 유기농업에 일조한다는 축제의 취지에 맞게 친환경적으로 진행되었다. 축제는 농사를 친환경적으로 짓기 위해 반드시 필요한 것 중 하나인 오리를 논에 넣는 일이 행사의 중심이라고 할 수 있지만, 그 이외에도 마을잔치로서 도시에서 온 손님들을 잘 대집하고 돌려보내는 일도 중요했다. 이에 따라 회원들과 주민들을 동원하여 우리밀국수와 돼지고기, 김치 등 음식을 직접 장만하여 갖추되, 접시와 숟가락 등 식기는 개인들이 직접 챙겨오도록 함으로써 동네에 버려지는 일회용 쓰레기들을 최소화하고자 했다. 대접을 위해 갖춘 음식 또한 대부분 구입한 것이

---

[37] 정예화(여, 60세)의 구술(2021년 8월 13일, 초록이둥지협동조합).

아닌 직접 준비한 것이었다. 그리하여 친환경 농사 내지는 유기농업에 일조한다는 의미를 지닌 축제의 취지가 그 전체적인 연행 속에서 통합적으로 달성되어갈 수 있도록 진행되었던 것이다.

또한 직접 눈으로 보고 몸을 써서 움직이고 사람들과 대면하는, 즉 특정한 축제적 연행을 유도하여 참여자들로 하여금 농사의 과정과 마을의 생활이 직접적으로 체험될 수 있도록 함으로써 그 교육적 효과가 잘 전달될 수 있도록 하였다. 축제를 매개로 하여 즐길 거리를 제공함으로써 모금으로만 참여한 이들이 직접 방문하여 눈으로 볼 수 있도록 한 일이나 소비자들의 도움으로 제공되었던 오리들이 어떤 농부의 논으로 들어가는지 보여준 일, 오리에게 덕담하는 방식으로 자신이 참여한 농사가 풍년을 이룰 수 있도록 기도하고 예축한 일 등은 도시 소비자들로 하여금 참여의 강도를 높이고 관계의 접촉면을 넓힐 뿐만 아니라 농사 아닌 일을 통해서도 농사에 참여할 수 있고 농촌 아닌 곳에 살고 있어도 농촌과 연결되어 있다는 인식을 심어줄 수 있는 계기가 되었다.

이 모든 과정이 농민들 스스로, 즉 자율적인 차원에서 이루어졌다. 다시 말해 축제의 모든 과정이 지역 농민들의 머리와 몸, 혹은 생각과 실천 속에서 이루어진 것이었다. 이러한 축제는 도시와 농촌의 관계가 두터워지는 계기를 마련하는 것이었지만, 동시에 지역의 생태운동의 측면에서도 유의미한 것이었다. 앞서 살펴보았던 것처럼, 유기농업을 실천하는 일은 실제적인 농사 과정도 매우 힘들 뿐 아니라, 국가 정책에 반하는 일로 여겨지는 상황 속에서, 지역에서는 부정적인 인식이 대체적이었던 것으로 보인다. 그러나 변화하는 농업농촌의 현실에 조응하면서도 축제민속의 변환이라고 할 수 있는 새로운 기획을 통해 지역민과 도시민 모두를 묶어낸 일은 유기농업에 대한 인식을 긍정적으로 전환시키고 이에 대한 참여의 문턱이 낮아지게 되었다. 또한 준비하는 과정이 육체적으로 매우 지치고 고된 과정이었음에도 불구하고 지역운동의 역사에서 중요 부분을 구성할 뿐 아니라 이후

운동의 지속 과정 속에서도 일정하게 활력을 부여해주는 기억으로서 작용하기도 했다.

> 난리가 난 거죠. … 다 설문지를 보냈어요. … 그때 60대 되신 분들이, 자기는 농민들이 이런 생각을 했다는 거에, 이렇게 농촌이 어려워지고 있고 희망이 없다라고 얘기할 때 이렇게 농촌에서 이런 생각을 아이디어를 냈다는 거는 진짜 기가 막힌 생각이기 때문에, 나는 3만 원을 보냈지만 오리 필요 없다. 쌀두 필요 없으니 그 일에 계속 쓰여지게 후원을 할테니까 계속만 해달라고 편지를 직접 써서 하신 분이 있고, 옛날부터 우리나라에 어려움이 있을 때 들구 일어나서 나라를 구한 거는 농민들이다. 동학혁명. … 그런 얘기를 하면서, 이제 후원하겠다.[38]

처음으로 하는 행사인 탓에 시행착오도 많았다. 모아진 돈으로 오리들을 구하고 그 오리들과 함께 농사를 짓는 가운데, 오리들이 집을 벗어나 모두 도망치기도 하였다. 주민들은 도망친 오리들을 다시 붙잡기도 하였지만 역부족이었고 도망친 오리들의 공백을 어떻게든 메워야 하는 상황이 빚어지기도 했다. 즉 농사가 끝날 시기가 되면 도시 소비자들로부터 제공받은 오리들을 다시 돌려주어야 하기 때문에, 잃어버린 오리들에 대한 보상을 어떻게든 해야 하는 상황이 빚어졌던 것이다. 위의 제보에 따르면, 주민들은 도시 소비자들에게 양해를 구하고 설문지를 보내, 지역에서 생산할 쌀 혹은 오리 중 어떤 것으로 보상받을 것인지 조사하였다고 한다. 여기에서 일부 소비자들은 어렵고 희망이 보이지 않는 농촌 현실에서 이와 같은 생각을 한 농민들에 감화했을 뿐 아니라 역사적으로 농민들이 나라의 어려움에 들고 일어난 바를 언급하면서, 보상이 필요하지 않을뿐더러 앞으로 후원해주겠다는 편지를 보내기도 했다고 한다.

---

[38] 정예화(여, 60세)의 구술(2021년 8월 13일, 초록이동지협동조합).

96년도에 흑향미가 들어오면서, 흑향미쌀이 훨씬 비쌌다 그랬잖아요. 그때 무슨 생각 했냐면, 아 우리 돈이 될 때 환경농업을 위한, 환경을 위한 기금을 마련해보자. 그래서 환경기금이에요. 환경기금이란 돈으로 까만쌀을 생산하면서. … 30킬로 조곡 한 가마가 그때 돈으루 10만 원이었었어요. 엄청 비싼 금액이었죠. 그 10만 원 할 때, 만 원씩을, 한 가마에 만 원씩을 기금으루 모은 거야. … 그때 첫 해 1,500만 원이 모아졌어요. 농민들이 아무두 불만이 없었어요. 왜냐면 까만쌀을 심으면 일반쌀보다 훨씬 더 비싸게 받았으니까. … 다 너두 나두 까만쌀을 심겠다는 거예요. … 그르구 무슨 생각을 했냐면은 여기를 전부 다 유기농 단지로 만들려면, 니네 논 옆에 다 농약을 하지 말아야 된다. 그래서 논 한 구간에 심을 수 있는 까만쌀을 심을 수 있는 권한을 주면, 나머지 두 구간은 일반쌀루 해라. 그르니깐 까만쌀 한 가마를 한 논을 하기 위해서, 갑자기 세 구간이 돼버린 거예요. 이 세 구간을 농약을 안 치는 게 돼버린 거예요. … 까만쌀을 심을 수 있는 권한을 주는 거예요. 그리고 농약치지 말라구. 같이 하자구.[39]

운동 차원의 축제를 통해 지역의 유기농업에 대한 인식이 다소간 긍정적으로 변화되었다면, 흑향미의 보급은 주민들로 하여금 직접 유기농업에 뛰어들도록 하여 지역의 유기농지 면적이 폭발적으로 증가하는 직접적인 계기로 작용하였다. 당시 흑향미는 건강한 신체를 유지하기 위해서는 안전하고 영양이 많은 먹거리가 중요하다는 담론 속에서 높은 가격에도 불구하고 활발하게 판매되었다. 심지어는 일반미가 조곡 가마에 40kg이 들어간다면, 흑향미는 30kg만 들어가도 채워지기 때문에, 더욱 적은 양으로 판매될 수 있어 일반미에 비해 수익금이 상당히 높았다. 문당리에서는 이 흑향미를 '까만쌀' 혹은 '꺼먹쌀'로도 부르며, 1996년에 들어왔다고 한다. 문당리에서는 흑향미의 보급 과정에서 판매 수익금의 일부를 환경기금으로 모은다는

---

[39] 정예화(여, 60세)의 구술(2021년 8월 13일, 초록이둥지협동조합).

원칙, 그리고 농약을 치지 않는 조건 하에 흑향미를 심을 수 있는 권한을 준다는 원칙을 세움으로써 마을의 공동재화를 새롭게 생산하면서도 많은 농가들로 하여금 유기농업으로 전환할 수 있도록 유도하여 유기농지의 면적을 넓혀나가고자 하였다.

당시 흑향미는 한 가마에 10만 원이라는 가격이 책정되어 판매되었으며, 이 중 1만 원은 마을 공동의 환경기금으로 거둬들였다. 수익 일부를 기금으로 낸다고 하더라도 흑향미를 재배하는 것이 일반미에 비해 수익 면에서 월등하기 때문에 많은 농가들이 여기에 참여하기를 원하였다. 첫 해만 해도 1,500만 원이라는, 마을로서는 큰 금액이 환경기금으로 모아졌다. 농가 개인으로서도, 마을로서도 흑향미의 재배는 큰 이익을 가져다주기 때문에 불만이 있을 수도 없었고, 독려가 없이도 참여가 두드러졌다. 그러자 지역을 유기농업 단지로 조성하려는 생각 속에서 많은 농가들이 유기농업에 참여할 수 있도록 하기 위해, 흑향미 재배의 권한을 주는 대신 농약을 치지 않아야 한다는 조건을 내걸었다. 즉 유기농업은 수계를 공유하거나 인근 농지의 참여가 필수적이어야 하는데, 이를 충족시키기 위해 기존 농지를 유기농지로 전환시키는 조건으로 흑향미 재배를 허용했던 것이다. 만일 흑향미 재배를 한 구간에 걸쳐 하고 싶다면, 적어도 두 구간은 유기농지로 전환시켜야 한다는 원칙을 고수하였다. 이 원칙이 제대로만 수행된다면 흑향미를 재배하는 구간을 포함하여, 결과적으로 세 구간이 유기농지로 전환되는 것을 의미하는 것이었다.

당시 흑향미의 인기는 일반 수매만을 진행하던 지역의 농협으로 하여금 유기농산물을 수매하도록 했을 뿐 아니라, 생산하기만 하면 판매될 수 있게 계약재배를 성사시키도록 하기도 했다. 당시로서는 지역에서 생산된 유기농산물이 생산자 개인 농가의 창고에 보관되었던 현실이었지만, 농협이 수매를 진행함으로써 그 보관은 농협에서 전적으로 담당하게 되었다. 또한 유통업자들은 없어서 팔지 못할 정도로 높아진 흑향미의 인기와 각광 속에서 최대한 질 좋고 많은 양의 흑향미를 취급하기를 원했고, 주민들은 이러한 유통업자들에게도 환경기금을 거두어 마을의 공동기금으로 축적하였다.

그리하여 작목회를 중심으로 한 지역의 생산자들은 유기농산물을 생산하고 농협은 그러한 유기농산물의 보관을 담당하며 유통업체는 유기농산물을 제값에 판매하는, 안정적인 삼자 계약이 성사되었다. 또한 생산자들은 한 유통업체가 독점할 수 없도록 조치함으로써 판매되지 않은 농산물이 적체될 경우도 대비하였다. 이를 통해 농민들은 즐겁게 안전한 먹거리를 생산함과 동시에 지역의 생태를 보존하는 유기농지의 면적을 늘려나갈 수 있었고 농협은 유기농산물의 수매를 담당함으로써 생산자들로 하여금 안정적인 판로를 보장해주었으며 유통업체들은 주민들이 자체적으로 만들어놓은 유통의 원칙과 체계 속에서 유기농산물의 판매를 활발하게 진행할 수 있었다. 그리하여 930여 농가에 이를 정도로 유기농업을 하는 농가들이 급증하였으며, 유기농 쌀만을 가공하는 마을 공동의 정미소가 별도로 설립되어 3년 정도 운영됨으로써 마을의 자체적인 수입이 충당되기도 하였다.

> 그때 인제 95년도에 오리쌀이야기축제를 하면서, 오리넣기행사를 하면서. … 도시 사람들, 소비자들을 교육을 시킬 필요가 있겠다. 그러구 도시 아이들, 농촌에 대한 것들을 체험할 수 있는, 교육을 할 수 있는 공간이 필요하겠다, 라고 생각을 하고, 저 건너편에 3천 평의 땅을 그 공동 기금으로 사게 돼요. 저기가 뽕밭이었거든요. … 저 언덕이 뽕밭이었어요. 근데 그때 막 뭐 어린이집을 시작을 해서부터 계속 으쌰, 으쌰 해서 마을 사업들을 계속 할 때고, 오리농법 막 이렇게 막 하고 있을 때니까, 저 땅이 필요하다. 환경농업교육관(홍성환경농업교육관)을 짓자. 근데 저 땅이 필요하다. 마을의 가운데쯤 되니까, 저 땅이 필요하다. 그래서 그 주인한테, 이 땅을 파십시오. 근데 그 주인이, 나는 팔고 싶지 않지만 마을이 필요하다고 하면은 내가 팔겠다. 그래가지구 저 공동 땅을 만들어놔요. 공동 땅을 만들어서 놓고, 해마다 그 기금을 모은 거지. … 그거 가지구 이제 땅 사고,

저걸(교육관) 지을 생각을 하고, 흙벽돌을 찧기 시작을 했죠. … 그래서 그걸 갖다 계속 찍은 거지, 흙벽돌을. 그래서 환경농업을 하고 있고, 생태환경이나 이런 것들에 대한 것을 이제 지향하는 사람들이, 집도 생태적으로 한 번 져보자. 그래서 흙벽돌을 찧게 됐고. 서까래를 제주도 산나물을 껍질 벗기지도 않은 생, 짤라 가지구 여기루. … 낫으루 그 껍질을 벗기고, 저 흙벽돌을 한 3만 장을 찍어놓구.[40]

앞선 오리입식축제 혹은 오리쌀이야기축제를 통해 지역민들에 의해 제기된 또 한 가지는 도시 소비자들을 대상으로 한 농촌과 농업을 가르치는 사회교육의 필요성이었다. 즉 주민들과 회원들이 자율적으로 축제판을 벌이고 관련 행사를 진행하면서 지역의 유기농업이 장기간 지속되기 위해서는 도시 소비자들의 인식이 매우 중요하다는 점이 제기되었고, 이에 농촌과 농업에 대한 교육이 직접적인 체험 프로그램을 통해 이루어질 수 있도록 하나씩 기획해나가기 시작하였다. 이를 위해 가장 먼저 착수한 것은 교육관의 건립이었다. 즉 체험을 중심에 둔 교육을 위해서는 공간이 필요하므로, 마을에 소재한 교육관의 건립이 본격적으로 착수되었던 것이다.

교육관이 건립될 땅은 개인 소유의 땅이었지만, 설득을 통해 매매하여 마을 공동의 땅으로 전환하였다. 땅의 매매와 건축에 필요한 자금은 해마다 모으고 있었던 환경기금을 통해 충당하였으며, 마을 공동의 땅을 매매한 후에도 해마다 환경기금을 모으면서도 주민들이 자제적으로 건축에 필요한 흙벽돌을 찧고 서까래를 직접 만들며 준비해갔다. 이와 같은 마을운동은 앞서 살펴보았던 문화동어린이집의 설립 과정과 중첩되어 있으며, 그러한 과정이 가져다준 공감과 활력의 연장선에서 이루어질 수 있었던 것으로 여겨지기도 한다. 뿐만 아니라 건축 과정에 주민들이 직접 몸과 손으로

[40] 정예화(여, 60세)의 구술(2021년 8월 13일, 초록이동지협동조합).

참여하면서도 그 자재와 원료로 흙과 산나물을 공수해 활용함으로써 생태적인 건축을 지향하였다.

> 그르구 인제 그때 김성훈이라구 농림부장관 계셨어요. … 그 분한테 그런 이제 계획을 얘기를 했고, 우리 땅두 샀다. 흙벽돌두 3만 장 찍어났다. 서까래두 뭐 700개 정두 깎아났다. 우리 지원해달라. 우리가 집을 져야 되는데, 환경농업교육관을, 우리가 스스로 하겠다. 그래서 그때 환경농업교육관 사업계획을 올려라. 그래서 사업계획을 올렸어요. … 농림부장관의 재량사업비라는 게 있다면서요. 그 재량사업비로 여기 그 환경농업교육관을 전국에 다섯 개를 짓게 된 거예요. … 동네 사람들이 경운기에다가 저 흙벽돌을 저쪽 금평리 하우스 하나 빌려서, 비가 오면 안 되니까 거기서 찍어서 가지온 거를 다 무료로 다 날르구. 서까래 깎구. 하다 못해 지역에 귀농귀촌인들이 몇 명 있었어요. 홍성에, 그때도. 그 분들이 너무 감동해서 자기들두 하루 와서 막 봉사하고. 그렇게 해서 만들어놓은 건물이에요 저게. … 옛날이기도 하지만, 다 봉사가 다, 그러니깐 그 설계하신 분도 봉사야 다 그냥. 그런 의미가 굉장히 있으니까, 그런 역사를 가지구 있는 마을에서 저런 농민들이 한 거에 대해서 너무 감동을 받아가지구. … 저기에 들어가는 비품들 있어요. 다 기증받은 거였었어요. … 커튼을 부녀회에서 다 해주구요. … 교회에 120만 원 주고 그 탁자를 해주구. 뭐 팩스는 누가, 뭐 보일러는 누가, 이 경쟁이 붙어버린 거예요. 그래서 준공식할 때 후원금도 엄청 많이 들어왔어요. … 건물만 져놓구 들어가는 거는 다 후원받아가지고 다 채워진 거예요.[41]

위의 언술에서도 살펴볼 수 있는 것처럼, 교육관이 설립되는 일련의 과정들은 모두 마을의 자율적인 차원에서 진행되었다. 즉 교육관은 그 설립을 위한 준비 과정에서와 마찬가지로, 실제로 지어지는 과정도 자율적으로

---

41 정예화(여, 60세)의 구술(2021년 8월 13일, 초록이둥지협동조합).

실시되었던 것이다. 주민들의 의식과 욕구에 따라 교육관의 건립 준비는 시작될 수 있었을 뿐만 아니라, 땅·흙벽돌·서까래 등 마을 자체적으로 거의 모든 준비를 갖추고 난 다음 관의 자금 지원으로 건축이 착수될 수 있었다. 특히 '흙벽돌 3만장'이라는 언술은 상징적인데, 직접 건축 자재를 공동으로 제작했던 경험 과정이 함축되어 표현된 것이기 때문이다.

상향식으로 이루어진 이와 같은 과정은 이후 동네 사람들과 귀농/귀촌인들의 무료 봉사를 통해 지어지는 과정으로까지 이어졌는데, 흙벽돌을 나르는 일, 서까래를 깎는 일, 교육관 건물을 설계하는 일 등은 대체로 이 마을의 자율적인 실천에 감화를 받은 이들이 동참하면서 진행될 수 있었다. 건물 안을 채우는 비품들도 마찬가지였다. 커튼, 탁자, 팩스, 보일러 등 비품들은 마을 안팎에서 자발적인 기증을 받아 구비하게 되었으며, 일부 후원금을 받아 교육관 운영 자금으로 활용하기도 하였다.

거기 간판이 여러 개 있어요. 혹시 보셨나 몰라두. 착한학교, 무슨 뭐. 귀농운동본부, 뭐 이렇게. 그게 뭐냐면 그 사람들이 거따 붙인 거예요. 그때 생각에, 그게 참 지혜로운 방법이었지 않나. 이게 문당리의 연수원이 아니다. 작은 단체들이, 니네들이 연수원을 가질 수 있냐? 없지 않나. 근데 여기를 니네 연수원이라 생각하고 갖다 걸어라. (웃음) 그래 갖다 걸구 자기네들이 이용을 하는 거예요. 그래서 여기루 많이들 왔었어. 뭐 체험하러 오고, 뭐 세미나를 하든 뭐 하여튼 활동가를 2박 3일 뭐 워크샵을 하든. 다 여거 가지고, 자기네 연수원처럼, 외서 이용을 하니까 훨씬 이용하는 것들이 많아졌잖아요? 그러고 또 의미두 있으니까. 그래서 그렇게 해서 저기 그렇게 현판이 많이 생긴 거였어요. … 문당환경농업교육관이라구 안 하구, 홍성환경농업교육관이라구 했던 거두, 좀 지역을 넓게 포괄을 하는 게 낫겠다.[42]

---

42 정예화(여, 60세)의 구술(2021년 8월 13일, 초록이둥지협동조합).

풀뿌리 차원에서 진행되었던 위와 같은 과정들은 다른 지역과 다른 단체와 연대의 망을 중시하고 구축하는 행보로 이어졌다. 이를 보여주는 것이 교육관 앞에 걸려 있는 여러 종류의 현판들이다. 주민들의 자발적인 욕구와 참여에 의해 교육관이 조성되었지만, 이것을 단순히 마을의 소유물로 여기지 않았다. 교육관의 설립 과정에는 이 마을 주민들뿐 아니라 인근의 다른 마을 주민들까지 참여하였고 여러 주체들의 봉사와 도움이 있었으므로 이곳을 열린 공간으로 활용한다는 원칙을 세웠던 것이다. 이를 표현한 것이 '홍성환경농업교육관'이라는 이름이다. 교육관에 들어갈 지역명으로 '문당'이 아닌 '홍성'을 사용함으로써 이곳이 범지역적으로 열린 공간임을 새기고자 하였다. 또한 당시 활성화되고 있었던 시민단체 내지는 운동본부들이 공동으로 사용하는 연수원으로 활용하고자 하였다. 자체적인 연수원을 운영하기에는 어려운 처지에 있었던 이들에게 교육관을 열어둠으로써 교육관은 풀뿌리 자치 단체들의 연대와 대안적인 실천이 교차될 수 있는 지역적 공간으로서 자리매김하고자 했던 것이다. 이러한 일련의 과정들을 통해 문당리는 환경농업마을로 거듭나게 되었다. 교육관의 준공식에서는 '문당리 발전 백년 계획'이 발표됨으로써 생태마을로서 문당리의 정체성이 상징적으로 확보되기도 하였다.

4. 농農적 삶 양식의 창안과 실험의 다각화

1997년 IMF 이후 공동체 담론의 부상과 전국적인 차원에서 이루어진 귀농/귀촌자의 증가 현상은 농촌 지역의 변화와도 깊은 관련을 가진다. 홍동 지역에는 1997년 즈음부터 귀농자들이 유입되기 시작했는데, 초기에 정착했던 귀농자들은 대체로 1996년 전국귀농운동본부에서 운영했던 귀농학교를 이수한 이들이 많았다.[43] 이들은 "귀농학교를 통해서 사회현실, 농업현실, 생태계현실을 이해하고 그래서 농업이 필요하다는 걸 자각한 사람들"이며 "대부분 유기농업을 하고 혹은 자연농업을 하고, 생태적인 농업을 하려는 사람들"이었다.[44]

1990년대 말에 유입된 귀농자들은 대체로 마을의 협동조직과 농민단체의 구성원으로 참여하고 실무 역할을 수행하면서 자기 개인의 농사를 지어야 하는 이중의 부담을 안고 생활했고 자신들의 농산물의 판로도 대개는 생협이나 농협 조직을 이용했다면, 2000년대 이후 귀농자들은 농산물 판매를 기존의 협동조직에 의존하기보다는 소비자를 직접 조직하여 판매하는 꾸러미 사업을 주로 했으며, 자신들에게 필요한 조직을 스스로 만들어 참여하고 귀농자들 상호간의 사업과 연대에 치중해왔다.[45] 특히 이들에게 농업은 지속가능하고 인간다운 삶을 누리고 살 수 있는 거의 유일한 '삶의 방식'이고, 유기농업은 단순한 농사 방식이 아니라 그러한 지속가능한 사회로 나아가기 위한 총체적인 생활의 방식으로 이해되었으며, 이러한 의미에서 지역 공동체는 작은 규모의 유기농사를 짓는 소농들로 이루어져야 하는 것으로 이해되었다.[46]

---

[43] 당시 귀농학교는 전국귀농운동본부가 출범하기 전부터 운영되고 있었는데, 농사 기술보다는 농촌과 농업의 실제 현실을 비판적으로 들여다보고 생태철학적 실천을 지향하는 교육 과정들이 중심적으로 편성되었다. 이 과정을 이수한 귀농자들은 유기농업을 하며 오래 전부터 지역에서 활동하고 있던 농민들이 있는 지역에 결합하여 정착하는 방식으로 거점들을 만들어나갔다. 홍동 지역은 풀무학교와 정농회 홍성지회, 풀무생협이 있고, 여기에 참여하여 유기농사를 짓는 농민들이 있어 귀농자들이 결합하는 거점이 되었다.

[44] 장길섭(남, 62세)의 구술(2019년 10월 2일, 갓골작은가게).

[45] 장길섭, 「홍동 지역 유기농업운동 소묘」, 충남발전연구원+홍동마을 사람들, 앞의 책, 141쪽.

[46] 이와 같이 이상적인 의미에서 소농들이 짓는 유기농업은 다음과 같은 필요충분조건을 갖추는 농사로 간주된다. ① 농가마다 자기 조건에 맞는 적정한 인간적 규모를 가져야 한다. ② 사람·땅·가축·식물이 올바른 비례와 균형을 이루며 높은 생물다양성을 유지해야 한다. ③ 적절한 윤작·간작·혼작 등 생태적 기술이 적용되어야 하고 화석연료의 사용이 축소되어야 한다. ④ 단위 농장 혹은 일정 지역(마을 혹은 면 단위) 내의 생산과 소비가 균형을 이루는 물질 순환을 고려해야 한다. 홍동 지역은 이와 같은 조건을 모두 실현하고 있다고 보기는 어렵지만, 절대 다수가 1헥타르 내외의 소농으로 이루어진 곳이기 때문에 가능성을 지닌 곳으로 여겨진다(위의 글, 137~138쪽).

풀무학교 전공부는 근대화·산업화 즉 비농업화가 추동하는 파국적 상황에 대항하기 위하여 농업을 지속가능하고 인간다운 삶을 누리고 살 수 있는 유일한 삶의 방식으로 여기는 교육과 실습을 담당해왔다. 특히 전공부의 농업 실습 과정은 자연의 질서에 순응하고 조화를 이루며, 땅과 이웃과 더불어 어울려 사는 '삶의 기술'로서 '공생공락의 삶의 방식'을 추구하는 삶의 방식을 가르치는 것을 지향했다.[47] 이를 통해, 대안적인 생활양식으로서 농적 삶이 추구되는 것과 동시에 다채로운 성격을 지닌 주체들이 지역에 정착하게 되고 이들 간의 소통과 교류가 활발하게 진행되면서, 지역의 농업 실천이 다양화되는 계기가 조성되기도 했다.

> 그때는 고등부가 그렇게 만들어낸 거고. 2001년도에 전공부가 만들어지고 나서는 이제 전공부에서 그런 역할들을 사실은 많이 했었거든요. 마을활력소도 전공부 구내에서 처음에는 시작을 했었고, 각종 단체들이 다 전공부 구내에서 처음엔 거의 다 시작을 했습니다. 아주 작은 단체들이. 근데 그것들이 분화되어 나간 게 한 2010년. 뭐 그 정도에 분화되어 나가면서 좀 자리를 잡고 하지 않았을까. … 그래서 한 2010년에서 2015년 사이에 어느 정도는 되면서 전공부의 역할, 이제는 고등부의 역할이 되게 많이 축소가 됐다면 신협 나가고 생협 나가고 하면서, 그리고 전공부 만들어지면서 그 역할들이 거의 다 전공부로 왔다면, 이제는 전공부 역할도 2010년에서 2015년 사이에 좀 많이 역할이 축소되는. 일단 마을 안내라거나 이런 부분들도 없어졌고 뭐 회의나 각종 회의나 이럴 때는 이제 일원으로 가는 거지. 전공부에서 주도해가지고 뭘 한다거나 이러지 않거든요.[48]

그런데 전국적으로, 혹은 도시 중심으로 마을운동과 마을활성화에 대한

---

47 장길섭, 「풀무학교 전공부 농업 실습 10년을 돌아보며」, 위의 책, 201쪽 참조.
48 강국주(남, 48세)의 구술(2019년 3월 16일, 풀무전공부 연구실).

담론이 증진되면서 이 지역에 대한 관심도 점차 높아져가던 시기가 있었다. 그러한 외부의 관심이 집중되기 시작한 시기 속에서 지역은 이에 대해 대응하면서도 지역 실천의 변곡점이라 할 만한 필요와 욕구가 발견되기 시작하였는데, 이로부터 실천의 분화들이 활발하게 이루어졌다. 고등부의 심화 과정으로서 지역에 정착하되 농업을 통해 자립할 수 있는 청년들을 육성하기 위해 설립된 전공부였지만, 지역에서 다양한 가치와 의미 지향이 발견됨으로써 실천이 분화되는 국면 속에서 나름의 역할을 수행하게 되었다. 다시 말해, 풀무학교 고등부의 울타리 안에서 협동조합이나 유기농업 등 다양한 실천의 씨앗이 지역으로 퍼져 나간 것처럼, 전공부의 울타리 안에서도 시대의 변화와 맞물려 새롭게 발견된 필요와 욕구를 충족시키기 위해 실천이 분화되는 조짐들이 보이기 시작했던 것이다. 그리하여 전공부는 이전 고등부의 교육적 역할뿐 아니라 지역적 역할도 일정 정도 감당하기 시작하던 시기가 있었다.

위의 발화 주체가 정리하고 있는 지역 실천의 궤적에서도 발견될 수 있듯이, 2010년부터 2015년까지는 이와 같은 전공부의 역할도 점차 줄어드는 추세에 있었던 것으로 보인다. 그것은 역으로, 그동안 전공부의 울타리 안에서 보였던 분화의 조짐들이 실제로 지역 차원으로 진출함으로써 현실화되어간 것을 의미하는 것이기도 했다. 전공부의 역할은 이렇듯 분화된 실천들이 생각을 정리하고 힘을 모을 수 있도록, 즉 준비 과정을 충분히 가질 수 있도록 하는 것이었다. 이후 실천의 분화가 진행되면서 전공부의 역할이 축소됨에 따라 더 이상 풀무학교 자체가 지역 실천을 주도하는 것이 아니라, 지역에 점 조직처럼 산재해 있는 다양한 실천들이 자립적인 힘을 기르고 관련 활동들을 이어갈 뿐 아니라 풀무학교조차도 지역의 중심 이슈를 이끌어가는 역할보다는 그러한 점 조직의 하나로 자리매김하는 것을 의미하게 되었다. 실제로 지역의 실천과 조직들을 통합적으로 구성하고 있는 마을활력소·달모임·마실통신 등 자치적인 회의체 내지는 미디어들에서도 풀무학교의 역할과 기능은 여러 실천들 가운데 하나로서 참여되고 또 재현되고 있기도 하다.

> 내가 원하는 거를 적극적으로 챙기는 것에서 플러스 남에게 해가 되지 않는. 플러스 남에게도 도움이 되는. 요 지점들을 찾으려고 노력했던 사람들이 저는 지금, 저는 최근의 10년 사이에 되게 많았다고 생각을 해요. … 공동체문화가 되게 중요하지만, 공동체를 얘기하는 순간, 이 공동체를 위해서 너희가 복종하고 헌신하고 하라는 모양으로 가면. … 당장의 문제를 해결할 수 있을지 모르겠지만. … 그거는 넘어서야 될 지점이라고 생각을 해요.[49]

지역 실천이 분화하는 흐름 속에서 이루어졌던 다양한 세대들의 유입은 이전과는 다소 다른 실천의 경향들을 추동하였다고 볼 수 있다. 물론 이러한 경향이 세대들의 구분선을 더욱 명확히 하면서 서로를 배척하는 문화를 조성한 것은 아니다. 오히려 다양한 세대들의 생각과 취향을 서로 중첩시키고 이들을 새로운 실천의 창안으로서 연결시키는 문화가 더욱 강화되었으며, 앞서 강조되었던 실천의 분화라는 것은 바로 이러한 맥락 속에서 이루어질 수 있는 것이었다. 주지하고 있듯이 위 구술의 이면에는 실천 세대의 교체 내지는 전환 문제가 함축되어 있다. 즉 최근 10년 사이 지역이라는 문밖으로 나서고 본격적인 실천에 뛰어들게 된 사람들이 고민하고 있는 어떤 하나의 지점이 발화되고 있다.

이들에게 희생과 헌신, 복종은 폭력과 착취의 다른 이름이며, 설령 그것이 당장의 마주한 문제를 해결할 수 있는 지름길이 될 수 있다고 하더라도, 그로부터 또 다른 문제가 발생될 수 있다는 이유, 혹은 그것이 해결된 다음의 문제는 어떻게 할 것인지에 대한 고민 때문이라도 그것은 반드시 넘어

---

[49] 최문철(남, 45세)의 구술(2021년 7월 24일, 꿈이자라는뜰).

서야 하는 것이기도 했다. 내 자리를 단단하게 하는 일, 내가 원하는 것을 적극적으로 챙기는 일, 남에게 해가 되지 않는 것을 하는 일, 남에게 도움이 되는 것을 하는 일은 따로 떨어져 단일하게 선택되어야 하는 것이 아니라 모두 충족되어야 하는 것이다. 즉 내가 하게 될 실천은 이 모든 것을 충족하는 어떤 지점에서 시작되는 일이어야 하고 그것은 다음 내지는 이후를 위해서라도 이전의 경향과는 다른 것이어야 했다.

우리는 위 구술의 예를 통해 대안적 생활양식이 창안되고 그럼으로써 지역의 실천이 분화·다양화되는 내막을 대략적으로 파악할 수 있게 된다. 또한 이로부터 사람들, 취향들, 생각들, 고민들의 만나기와 연결하기를 통해 단일대오의 형태를 거부한 채 점 조직으로 산재하고 있지만 지역사회를 점진적으로 변화시켜나가는 실천의 새로운 경향이 가진 일면에 대해서도 짐작해볼 수 있게 된다.

기존의 홍동이라는 지역에는 전공부를 비롯하여 학교와 졸업생, 그리고 주민들이 각자 혹은 함께하며 다양한 지역사업들이 진행되어 오고 있었다. 여기에 전공부가 설립되면서 지역의 네트워크 내지는 일정한 연결망이 조성되고 기존의 실천들이 여기에 일정하게 합류하게 된다. 전공부 혹은 다양한 경로로 지역으로 유입된 사람들은 이러한 연결망에 자연스레 걸쳐지게 되는 면모를 보이게 되는데, 이 지점은 개인의 진로와 지역의 필요가 마주치는 지점이라고 할 수 있다.

위의 발화 주체가 전념하고 있는 꿈이자라는뜰의 실천은 이러한 지점에서 출발한 하나의 지역사업이자 실천으로서 위상을 지닌 것으로 판단된다. 즉 기존의 지역 네트워크가 채 현실화시키지 못한 생각의 단초들을 만나기와 연결하기를 통해 현실화하고, 이를 통해 지역이 가지는 일정한 한계들을 극복하되 지역을 더 다양한 실천들로 채워나가기 위한 과정에 합류하게 되는 면모를 보여주고 있는 것이다.

초등학교, 중학교에서 오랫동안 특수교사 생활을 하셨던 선생님들이 이제 동네에 지역주민으로 같이 사시다보니까 자신들이 가르쳤던 제자들이 어떻게 살고 있을까를 궁금해 하기도 하고, 또 알아서 눈에 들어오기도 하겠죠. 근데 대부분의 청년들은 어떻게 지내고 있었을까요? 네, 뭐 농촌이 도시와 다른 지점들이 있었을 텐데, 집에서 그냥 머물러 있는 경우가 대부분이었어요. 그래서 선생님들은 당신들이 12년 동안 초등학교, 중학교, 고등학교 열심히 가르친다고 애를 썼지만, 결국엔 백수가 되는 상황들이고 사회적으로 고립이 되는 상황들을 오랫동안 지켜보셨던 것 같습니다. 괴로우셨겠죠. 농촌에서 흔한 직업인 농부로 농사를 지으며 살아갈 수는 없을까라는 막연한 기대를 가지고 시작을 했습니다.[50]

위의 구술은 지역이 가지는 고민과 개인의 가진 생각이 마주치는 과정을 담고 있다. 중요한 점은 지역의 필요라고 하는 것이 발견된다는 점이다. 꿈뜰의 결성은 지역주민으로 정착하여 살아가고 있는 특수교사들의 시야에 자신의 제자들이 들어옴으로써 이루어질 수 있었다. 이 경우, 지역의 필요라고 하는 것은 누군가가 강력하게 그 필요를 주장할 때만이 아니라, 존재들에 대한 방치와 고립, 소외와 배제와 같은 문제들이 누군가의 시야에 들어오게 되었을 때 발견되는 것이기도 했다.

이러한 존재들도 농부로서 농사를 지으며 살아갈 수 없을까 하는 막연한 기대라고 하는 것도 지역의 필요와 연관된다. 농촌문화와 생태성을 중시하는 지역 실천의 기존 문법의 연장선에서 이해될 수 있기 때문이다. 도시의 시선으로 볼 때 농촌은 한계가 분명한 곳이라고 볼 수 있고, 그런 점에서 농촌은 이러한 존재들이 설 자리가 별로 없다. 하지만 농촌에서만 할 수 있으면서도 그 흔하고 흔한, 농사라고 하는 일을 이들의 설 자리로 삼게 된다

---

50 최문철(남, 45세)의 발표(「장애와 농(農) 촌(村)을 연결하면 우리 동네 발달장애인도 좋은 삶을 살 수 있지 않을까?」, 『공동체, 배움길, 미디어』, 제5회 지역협력 학술네트워크 컨퍼런스, 2021년 5월 2일, 온라인 회의).

면 더 없이 좋지 않을까 하는 기대 속에서 전에 없던 실천이 주조된 것이다. 이는 지역의 문법 속에서는 잠재적으로 접혀 있던 것이 펼쳐지는 사건으로서 이해될 수 있는 과정이기도 했다.

    2009년 가을. 보루는 내년에 전공부 창업을 앞두고 있다. 보루는 농사를 지어 자립을 하고, 마을에 정착해서 살고 싶은 꿈이 있었다. 그래서 1년전에 홍동으로 아내와 아이, 어머니까지 온 식구를 데리고 내려왔다. 전공부에서의 2년. 어린 아이와 식구들을 챙겨야 하고, 학교 수업도 들어야 하고, 농사실습도 해야 한다. 창업을 앞두고 농사일을 배우고 익히기에 바쁘다. … 보루는 아이들에게 관심이 많다. … 보루는 아이들과 함께 어울려 일하고 놀기를 좋아하는 편이다. 풀무전공부 2학년 논농사 과제도 "풍년새우와 햇빛, 아이들과 함께 짓는 논농사"였다. 그래서 논농사를 짓는 동안 어린이집 아이들과 함께 볍씨도 뿌리고, 모내기도 하고, 벼바심(추수)을 진행하기도 했다.[51]

    위의 주체는 2008년에 풀무학교 전공부에 입학하면서 지역으로 들어오게 되었고, 이 과정에서 온 가족이 함께 홍동으로 이주해 들어왔다. 그는 농사를 지어 자립을 하고 마을에 정착해서 살고 싶은 개인적인 꿈이 있었기 때문이다. 2년 간 있었던 그 과정에서 비슷한 처지에 있어 고민을 나눌 수 있는 여러 친구들과 새로운 생각의 길을 열어주는 선생님들을 만나 시간을 보냈다. 식구들을 챙기기도, 학교 수업을 듣기도, 농사실습도 해야 하는, 바쁘고 빠듯한 시간들이었다. 더군다나 2009년 가을 전공부 창업을 앞두고, 자립을 위해 농사일을 배우고 익히는 일에 여념이 없었다. '전공부 생활'은 지역에 정착하는 일과 농업으로 자립하는 일이라는 단일한 목표만

---

51 보루, 「꿈이자라는뜰의 지난 흐름을 읽어내는 작업을 시작하며」, 꿈이자라는뜰 블로그, 2016. 01. 28. https://www.greencarefarm.org/233

으로 간단히 정리되지 않는 시간이었다. 그 이유는 학교라는 울타리 안에서 자신의 생각과 동료의 고민, 학교의 가르침과 지역의 필요가 만날 수 있는 어떤 지점을 찾아갈 수 있는 시간으로 채워지기 때문이다. 인용에 따르면, 위의 주체는 아이들에게 관심이 많은 데다, 아이들과 함께 어울려 일하고 놀기를 좋아하는 편이기도 하다. 이것을 반영하여 "풍년새우와 햇빛, 아이들과 함께 짓는 논농사"라는 과제를 만들어보기도 했고, 실제로 어린이집 아이들과 함께 볍씨도 뿌리고, 모내기도 하고, 벼바심을 진행하기도 했다.

    그러던 9월 어느날, 장애학생들을 위한 농업교육 프로젝트를 맡아보라는 제의를 받는다. 우연인지 필연인지 모르겠지만, 원래 보루는 장애인, 이주민, 노인들과 함께 농사를 지으며 살고 싶은 마음이 있었다. 하지만 우선 농사로 자립을 하고 싶었던 보루는 자신의 계획, 의지를 내려놓고 주어진 일을 받아들여야할지 말아야할지 고민을 시작한다. 농사를 지어 자리를 잡을 때쯤, 그러니까 한 20년은 지나야 시작할 수 있을 거라고 생각했던 일을 지금 당장 시작해도 되는 것일까? … 보루는 결국 이 제안을 받아들이기로 한다. 전공부 2년의 시간동안 삶의 태도가 사뭇 달라졌기 때문이다. 어떤 일을 시작할 때, '나'의 계획과 의지가 중요한 편이었는데, 이제는 바깥에서 '나'에게 주어진 일이라도 어느 정도 맞춰나갈 수 있다면 내 일로 받아들여 보겠다고 마음 먹은 것이다. … 앞날은 알 수 없지만, 어려움이 생긴다면 여기 이 마을에서 어떻게든 해결해주지 않을까 하는 매우 막연한 기대도 있었다.[52]

물론 그렇다고 해서 창업을 앞두고서 지역에 정착하는 일과 농업으로 자립하는 일에 대한 고민을 미루어둘 수만은 없었다. 그러던 차에 장애학생들을 위한 농업교육 프로젝트를 맡아보라는 제안을 받았다. 농사를 통해

---

52   위의 글.

자립하는 삶을 계획했지만, 전공부에 있으면서 아이들과 함께 짓는 농사를 해본 것과 같이 그는 원래 장애인, 이주민, 노인들과 함께 짓는 농사를 해보고 싶은 마음이 있기도 했다. 고민은, 먼 미래에 하게 될 수 있으면 좋겠다는 그 일이 이제 막 학교의 울타리를 나서야 하는 이 상황에 당장 닥친 것에서 시작되었다. 고민 끝에 보루는 그 제안을 받아들이기로 한다. 이전의 그가 나의 계획과 의지가 중요한 편이었다고 한다면, 전공부에서 생활했던 2년이라는 시간은 나에게 주어지는 일도 나의 일로 받아들이는 가능하게 하였다.

> 학교에서는 마을하고, 그러니까 마을 주민에게 손을 잡을 수밖에 없었던 지점이 있었을 거고. 또 학교 선생님들은 교육이나 장애에 대해선 잘 알고 계시지만, 농장에 대해서는 잘 알고 계시지 못한, 그러니까 농업에 대해서는. 그리고 결국에는 아이들이 살아갈 터전은 마을이잖아요. 그러니까 마을의 연결고리는 학교로서는 한계가 분명히 있다고 보셨을 거 같애요. … 1년만 있고. … 나갈 거야. 라고 처음 만나는 자리에서 말씀하셨던 선생님이 계셨어요. 근데 그 선생님이 1년 동안 같이 생활을 하면서 지내고 나서는, 아, 장애를 가진 아이들이 농사를 짓는 것, 그리고 마을과 연결되는 것, 그리고 마을 주민과 이어지는 것이 의미가 있구나. 이거는 계속돼야 될 일이구나 라고 생각을 바꾸셨어요. 1년 사이에. 그리고 1년 있다 가겠다는 분이 5년을 채우고 계셨고.[53]

지역에서 필요로 하는 일을 나의 욕구와 중첩시키고 연결시키는 일이 이와 같은 과정 속에서 이루어질 수 있었다. 위의 주체에게 주어진 제안과 고민은 꿈이자라는뜰이 형성될 수 있었던 지역 전체의 고민이기도 했기 때문이다. 위의 주체는 자연스럽게 그 네트워크에 소속되면서 그 고민을 함께

---

[53] 최문철(남, 45세)의 구술(2021년 7월 24일, 꿈이자라는뜰).

하는 방식으로 합류하게 되었다. 고민이라고 하는 것은 중요하다고 할 수 있는데, 지역에서 필요한 것을 채우는 과정이기도 하면서, 제도와 체제가 지원해주지 못하거나 지역이 미처 살피고 보듬어주지 못하는 부분, 즉 지역의 필요와 욕구를 찾아내고 그것을 우리의 문제로 확장하는 과정을 수반하기 때문이다. 이와 같은 꿈이자라는뜰의 형성 과정에 대한 사례는 농업 농촌 교육을 통해 지역의 유입과 정착을 매개하는 전공부의 이후 과정 속에서 지역의 네트워크와 그 실천에 합류하면서 어떤 식으로 개인이 정착해 가고, 지역 차원에서는 이전과 달리 새로운 고민과 필요가 하나의 실천으로 이어지는지를 보여주는 중요한 사례라고 할 수 있다.

    그렇게 만들어진 게 '꿈이자라는뜰'이라는 조직이자 농장입니다. 그래서 학교 선생님들하고 저희하고 이제 좋은 관계를 가지면서 저희는 '꿈이자라는뜰'의 마을교사, 주민교사라는 버팀목으로 자리 잡고 있었고요. 2009년부터 이 일을 시작했으니까 당시에는 마을교육공동체라는 개념이 없었을 시점입니다. 근데 학교가 가지고 있는 가능성과 또 지역이 가지고 있는 가능성. 그러니까 학교는 안정성을 가지고 있고요, 지역은 자율성과 자발성을 가지고 있잖아요. 이게 만나는 시점이었다고 생각을 합니다. 농업이 낯설은, 특수교사분들은 장애와 교육에 대해서는 잘 알고 계시지만 농업에 대해서는 낯설죠. 근데 농부들 같은 경우는 장애와 교육이 낯설어요. 그러니까 '우리가 어떻게 할까? 좀 협력을 하자. 서로가 잘할 수 있는 것들로 부족한 부분들을 메꿔주자' 해서 그렇게 저희가 팀웍을 가지게 되었고.[54]

현재 꿈이자라는뜰은 지역에서 돌봄농사를 실천하고 있다. 꿈이자라는뜰

---

[54] 최문철(남, 45세)의 발표(「장애와 농(農) 촌(村)을 연결하면 우리 동네 발달장애인도 좋은 삶을 살 수 있지 않을까?」, 『공동체, 배움길, 미디어』, 제5회 지역협력 학술네트워크 컨퍼런스, 2021년 5월 2일, 온라인 회의).

은 학교를 졸업한 동네의 발달장애인청소년들이 지역주민으로서 살아갈 수 있도록 하기 위해 돌봄농사를 실천한다. 돌봄농사는 농사에 대한 다른 접근 방식을 지향한다. 즉 농사는 인간과 자연이 연결되어 생명을 돌보고 도구를 다루는 일인데, 이를 위해 오감을 정교하게 사용하며 서로 소통하고 협력하면서 진행되는, 농적 자극을 주고받는 사회적이고 전인적인 일이라는 것이다. 이때 농사라는 것은 생산력을 주요 가치로 삼고 있는 것과 다른 가치를 실천으로서 구체화한다. 또한 농촌은 비교적 넉넉한 인심과 안전한 울타리를 제공하는 장소로 여겨지고, 보다 구체적으로는 농장에서 진행하되 마을이라는 공간 안에서 지속시킴으로써 장애와 농업을 교육으로 연결하여 사람을 건강하게 만드는 치유의 과정으로 삼는 실천을 이어가고 있다.

그런 한편, 이외에도 생명사상적 기초를 '학교 텃밭'이라는 구체적 실천 형태로 구현하고자 하는 실천으로 교육농을 거론할 수 있다. 교육농은 아이들이 삶의 일부이자 문화로서 농을 누리고 향유[55]하는 것을 지향한다. 구체적으로 교육농은 자연에 대한 감수성과 살아 있는 지식·지혜를 배우고 건강한 생활력을 기르기 위해 학교에 텃밭을 만들고 식당에서 나온 쓰레기로 퇴비를 만들어 작물을 기르고 이를 먹는, 학교 안에서 배우는 먹거리 순환 체계와 그 지속가능성을 고민한다. 또한 지역 학교와 협력하여 지역의 논·밭·산·하천을 배경으로 아이들에게 농촌적인 것을 이야기함으로써 지역에 뿌리 내린 삶을 살 수 있도록 돕는 활동을 전개하고 있다.[56]

무경운·무비료·무제초·무농약이라는 자연농법의 네 가지 원칙을 고수하며 지역에서 농사 짓는 '자연재배'의 실천이 전개되고 있기도 하다. 자연농법·자연농 등 지역과 생태적 환경, 실천의 지향에 따라 다른 이름과 특성을 보이고 있다. 지역에서 자연재배의 실천은 중요한 함의를 지닌다.

---

55 박형일, 「지금 '농부'로 살아가는 교육 : 텃밭과 부엌을 학교의 중심으로」, 충남발전연구원+홍동마을사람들, 앞의 책, 193쪽.
56 교육농연구소 엮음, 『온 마을이 학교』, 그물코, 2011, 8~15쪽 참조.

농지를 공유하며 자연농법을 실험적으로 전개한다. 기술로서 농사를 실험하는 것만이 아닌 한 해를 주기로 독특한 공동체 실험을 전개한다. 참여자를 지역민으로 한정하지 않고 다른 지역에 거점을 두고 있고 다양한 직업을 가지고 있는 사람들이 자유롭게 참여하거나 빠진다. 즉 '자연재배논모임'은 농사 기술의 실험만이 아니라 모임과 노동을 통해 공동체의 경험과 실험을 전개하고 있다. 즉 이와 같은 실천들은 유기농업이라는 토양을 이룬 지역에서 농업의 또다른 대안적 전망을 예시하고 있다.

> 2002, 2003년이 풀무생협이 거의 맥시멈으로 꽉 찼을 시기인 거 같애요. … 다양성은 싹 사라져버렸어요. 농민들이 소량으로 농사지어가지고 텃밭에서 하는 것들 소용 없어졌죠. … 옛날 재래종 완두콩은 존재할 이유가 없어져 버렸어요.[57]
>
> 정농회가 만들어지고 난 다음에 이 사람들이. … 이제부터 농약과 비료를 안 쓰겠다고 약속을 했지 않습니까. … 유기농이 뭔지도 모르고, 농약과 비료는 안 써야 되는데 그러면 어떻게 해야 되는지 모르겠지만. 하여튼 이거는 안 하겠다고 생각한 거지 않습니까. 자기가 자기 선언을 한 거거든요. … 저는 정농회가 유기농업이라는 목적을 걸 수 있었던 건 본인들이 그 자리에서 멈췄기 때문이라고 생각합니다.[58]

앞서 정리했던 것처럼, 유기농업의 시장화에 따른 산지로서 지역 농업의 공격적인 투자가 있었다. 그로 인해 단작화가 급속하게 진행되고, 작물의 다양성 및 토종 작물과 재래종이 주변화되는 일이 잇따랐다. 이는 작물의 다양성과 재래종의 중요성이 사라져가는 것에 대한 비판적 인식과 실천으

---

[57] 금창영(남, 50세)의 구술(2019년 4월 20일, 풀무생협·행복나누기).
[58] 금창영(남, 50세)의 발표(「자연농을 통한 공동체 재생과 의미」, 『지역재생을 보는 관점』, 제1회 콜로키움, 2019년 5월 10일, 안동대학교 지역산학협력관).

로 이어졌는데, 문제점이 무엇인지 알아보기 위해 실천의 초기로 돌아가보면, 정농회 창립 과정으로 거슬러 올라갈 수 있다. 그 과정에서 유기농업을 주창하는 행보가 갖는 의미는 전체 체제가 이끄는 방향이 가지는 문제점을 제대로 인식하고 그것이 오류를 확인하며 그로부터 그 일을 더 이상 하지 않겠다고 선언하는 것에 있다. 즉 구조에 휩쓸려가는 자신을 인식하고 그 자리에서 멈추는 것이 중요했음을 돌아보게 되었던 것이다.

> 저는 개인적으로 제도나 구조를 이야기해서 세상은 바뀌지 않는다고 생각합니다. 지역에서 내가 먼저 할 수 있고, 내가 당장 변할 수 있는 건 뭘까라고 생각해서 저는 이제 아카메. 일본에 가면 아카메라는 지역이 있습니다, 마을이. 여기 이름이 아카메거든요. 아카메에 가면 자연농학교라고. … 일 년에 삼백 명에서 많게는 사백 명이 모여서 농사짓는 커뮤니티가 만들어져 있는데요. … 제일 중요한 건 뭐냐면 기회의 균등입니다. 지역의 공동체는 어떤 특징이 있냐하면 친한 사람끼리 해요. … 마을에 이렇게 포스터를 붙여요, 매해. 저는 이게 그나마 우리가 건강할 수 있는 하나의 방법이라고 생각합니다. … 우리 수준에 맞는 공동체의 연습은 저는 자기 영역을 주고 자기 영역만 열심히 해서 거기서 나오는 거는 자기가 갖고 가야된다. … 우리는 어느 날 갑자기 공동생산, 공동분배는 돼야 공동체 아니야라는 생각을 하고 있더라. … 어떤 자족에서 오는 어떤 충만함. … 그런 이유 때문에 하는 거지. 외부에 대한 그런 연결 필요라고 생각하지 않습니다.[59]

자연재배논모임은 그 대안으로 선택된 것이었다. 위의 실천 주체는 자연농을 아카메 자연농학교를 통해 접할 수 있었다. 실제 자연농을 실시해가

---

[59] 금창영(남, 50세)의 발표(「자연농을 통한 공동체 재생과 의미」, 『지역재생을 보는 관점』, 제1회 콜로키움, 2019년 5월 10일, 안동대학교 지역산학협력관).

는 과정 가운데, 그 공동체적 의미는 기계화·단작화에 휩쓸리지 않고 멈춘 상태에서 비로소 되살아날 수 있다는 것이다. 자연재배논모임이라는 공동체의 지역적 의미는 그것이 지역민들이 규합하는 방식을 따르지 않는다는 점이다. 누구나 참여할 수 있고 누구나 평등하게 할 수 있는 만큼의 농사 규모를 배당받는 것을 추구한다. 자신의 농사는 자신이 짓는, 개인의 자유를 보장하는 평등한 공동체의 중요성을 자연재배논모임을 통해 실현해가고 있다. 다만 그것은 완성된 공동체를 의미하는 것이 아니라, 공동체가 되어가는 과정으로서 하나의 연습이자 훈련으로 여겨지고 있다. 그 수준도 누구에게 내세울만한 것이 아니고, 구성원들이 만족하고 계속해서 참여할 수 있는 정도의 수준을 유지하고 있다. 공동체라는 것이 계속해서 그 수준을 증대시키고 발전시켜나가야 한다는 점도 이들에게 크게 중요하지 않다. 현실화된 의미에서도 그것은 시간의 순환에 의해 반복되어 가는 구조와 양태를 보이고 있다. 자연재배논모임은 확장과 발전을 위한 새로운 연결을 지향하지 않되, 시간의 주기적인 순환 속에서 할 수 있는 수준의 모임과 나눔을 실천해가고 있는 공동체의 한 사례라고 볼 수 있다.

주지하는 것처럼, 자연재배논모임의 실천은 이전의 공동체적 유기농업 실천을 일구어가는 과정에서 뜻하지 않게 잃어온 가치와 의미 지향을 되짚어보고 이것을 어떻게 회복시킬 수 있을 것인지에 대한 고민을 하나의 실천으로 현실화하여 보여주고 있는 대안농업의 한 사례로 이해할 수 있다. 실천의 지형이 변화하는 가운데, 그 전체적인 상을 주시하면서도 자연의 순환 속에서 모임과 나눔의 가치를 공유하는 관계를 유지·존속함으로써 만족해가는 노작에 기초한 공동체를 실험해가고 있는 것으로 이해할 수 있다. 때로는 마을에 기초한 두레 공동체의 현대적 변환 내지는 축소판으로 생각될 수도 있다. 자신의 논을 특정한 면적에 따라 배당받고 그 논을 돌보고 노동을 함께 하고 그로부터 얻어진 결실을 농한기에 나누는 과정을 공유하며 자연에 기초한 생업적 주기와 리듬을 형성하고 있기 때문이다. 도시와 농촌 등 살고 있는 지역이나 농사기술의 숙련도, 나이와 성별에 구애받지 않고 따로 또 같이 짓는 농사의 과정에 참여할 수 있다는 점도 중요한 공동체적 의미를 지니고 있다고 이해할 수 있다. 즉 현대 사회의 변화와 조응하는 다양한 능력과 취향, 환경을 지니며 살아가고 있는 사람들이 이러한 자연의 주기와 리듬에 자신의 몸을 맡기는 노작 공동체로서 의미가 있다. 자연적 리듬의 회복과 참여가 중심이 됨으로써 대안적 가치를 만들어나가는 새로운 농업적 실험으로서 유의미하다고 볼 수 있다.

5. 실천의 이전 혹은 확장과 지역사회의 변환

학교와 지역의 연계성 문제, 그리고 그와 함께 지역 실천의 역사적 흐름의 변곡점으로서 장곡 지역의 개척이 중요하게 언급될 필요가 있다. 기존에는 학교와 지역의 연계가 매우 중요하게 언급되었고, 그래야만 하는 것으로 인식되었던 경향이 강했던 반면, 어떤 변곡점에서 그러한 연결고리가 점차 옅어지거나 변화되는 모습을 보이게 되었다. 이를테면 학교가 교육적 성격을 더욱 집중하여 강하게 가져가는 모습이 나타나는가 하면, 학교가 가진 교육적 역할을 그 울타리 밖 지역이 담당하는 모습이 나타나기도 했다. 이는 실천이 분화하고 다른 가치가 형성되고 지향되는 흐름으로 이어지기도 했다.

중요한 것은 그러한 지역 실천이 가진 흐름의 변곡점이 여전히 농업을 중심으로 이루어지고 있다는 점이다. 물론 새로운 실천의 영토로서 장곡 지역이 선택된 과정과 그 이유로서 삽교천(홍동천) 수계를 공유하고 있고 그럼으로써 농업실천의 연계성이 선험적으로 자리잡고 있었다는 점이 지적될 수 있다. 그리하여 농업의 대안을 신앙과 지역, 시대적 차원에서 변환시켜 온 흐름이 장곡 지역으로 이전 혹은 확장되었으며, 이를 통해 장곡 지역은 그 내부에서 실천의 통합적 체계를 구성하고 운영되고 있다는 점에서 특징적이다.

따라서 장곡 지역의 실천은 현행화된 홍동의 실천에서 접힌 잠재성이, 차이를 나타내면서 펼쳐지고 있는 장으로서 이해될 수 있다. 장곡 지역의 실천은 홍동에 그 원천 혹은 연원을 두고 있지만, 그와는 다른 새로운 가치와 문법을 형성해가고 있다. 또한 행정과 정책의 지원과 맞물림으로써 농정의 변화된 패러다임을 적극적으로 흡수 혹은 역으로 제안하면서 중요한 흐름들을 조성해가고 있다는 점이 중요하게 거론될 수 있다. 특히 아래의 구술들은 홍동과 장곡 실천이 가지는 관계와 그 실천의 성격에 대한 경계 안팎의 다양한 시선과 인식들을 담고 있어 주목된다.

협업농장 같은 경우에는 교육기관은 아니고 그냥 협업농장이죠. 그러니까. 협업농장인데, 젊은 친구들이 와가지고 농사를 단기간이나마 좀 배우면서 적응할 수 있는 그러면서 전공부에 오랫동안, 정 선생이 있었고 했기 때문에 이런 교육을 거기 접목을 시키고 그랬던 것 같구요. … 협업농장은 농장이라는 정체성을 가지고 교육이 인제 들어가서 지금 뭐 괜찮게 나온 거고. 여기(전공부-인용자) 같은 경우에는 교육기관에서 농업 실습을 강조하는, 그래서 그게 인제 들어오는. 그러니까 좀 반대죠. 그 시작이. 정체성이 그리고 또 다르고.[60]

사실 장곡은, 이 홍동의 이 운동이 확산돼가지고 거까지 간 거고. 유기농업도. 그 다음에 사람도 여기서 파생돼서 갔고. 근데 이제 그쪽에서 협업농장이란 걸 이제 열심히 하니까. 그 언론이나 이런 데서 각광을 받고. … 일정한 시점이 됐을 때 나서서 그걸 한 거거든요. … 연대할 수만 있다면. 그리고 이게 생태적으로 보면 수계로 묶여 있으니까 고 두 군데는 같이 가야 되는 거에요. 어쨌건. 우리가 살기 위해서도 같이 가야 되고, 저쪽도 우리의 경험이나 뭐 이런 거를

---

60 강국주(남, 48세)의 구술(2019년 3월 16일, 풀무전공부 연구실).

다 활용해서 지금 하고 있거든요. … 여기(홍동-인용자)는 뿌리가 깊어가지고 사람이 굉장히 많이 곳곳에 포섭돼 있고 저기(장곡-인용자)는 하나의 점처럼 지금 시작되고 있는 거고.[61]

상당히 역동적인 데가 장곡이 돼 있는 거죠. … 장곡에서 할 수 있는 역할이 있고 홍동에서 할 수 있는 역할이 있고. … 거기서 협업농장이나 일소공도나, 행복농장이나 이게 이렇게 짜임새 있어서 완벽한 구조가 만들어지죠.. … 홍동사람들은 굳이 장곡에서 여러 가지 활동들 있을 때, 아 저기가 뭔가 움직임이 있고 뭔가 만들어지는 거구나 생각했고 여기는 그냥 있는 거 즐겼죠. 뭐 새로운 거 할 필요는 없고. 그런 정도였단 말이죠.[62]

주지하듯이, 현재 활성화되고 있는 장곡 지역의 실천은 홍동 지역 실천의 이전으로, 혹은 확장으로 운위되고 있다. 이와 같은 장곡 지역 실천의 특징은 홍동 지역의 실천 경험과 자원이 옮겨간 것이면서도 홍동 지역의 실천과 직접적인 네트워크를 형성하고 있는 것으로 인식되고 있다. 앞서 언급했던 것처럼, 전공부가 가지는 현장의 영향력이 이전보다는 많이 줄어든 상태에서, 실천의 분화와 자립이 현실화되고 그럼으로써 장곡의 실천이 두드러지게 부상해가고 있는 상황에 있다. 특히 농업의 지역적 실천에서 중요한 점은 장곡 지역의 실천이 홍동의 지역 실천의 경험에서 발견되는 한계를 농장이라는 틀로 해소하려는 경향을 보이고 있다는 점이다. 홍동 지역이 학교라는 울타리 안에서 실천의 역량을 먼저 키워내고 지역사회로 진출시킴으로써 다양한 실천 양식이 발원할 수 있었다면, 장곡 지역은 그러한 학교라는 울타리를 없애고 직접 농장에서의 생활과 작물 생산을 체험하면서 청년과 장애인 등 지역사회에서 뿌리내리기 어려운 소수자들을 진

---

[61] 장길섭(남, 62세)의 구술(2019년 10월 2일, 갓골작은가게).
[62] 금창영(남, 50세)의 구술(2019년 4월 20일, 풀무생협·행복나누기).

출시켜 독립시키고, 때에 따라 제기되는 의제를 중심으로 연대하려는 구상을 그리고 있다는 점이 실천의 기본 특징으로 제기될 수 있다.

이는 홍동의 경험에서 발견되는 학교라는 울타리가 가지는 한계에 대한 인식에서 비롯되는 것은 분명하다. 그런 점에서 지역사회의 변환의 측면에서 이전과 다른 전망을 도출하고 있으며, 특히 지역사회에 대한 경험을 교육 과정의 중요한 고리로 설정하여 농장 체험을 통한 농촌 진출을 도모하고 있다. 다시 말해, 농촌의 문화적 문법을 익히고 사회적 자본을 취하는 방식으로 효과적인 연착륙을 도모하는 한편, 새로운 취향과 감수성을 그러한 문법에 맞도록 융합시켜 지역 농촌의 경관을 새로이 조성하려는 시도를 지속하고 있다. 다만 이러한 새로운 실천의 계기를 마련하고 있음에도, 농정의 혁신적 아젠다를 구성하고 있는 '사회적 농업'이나 '다기능농업'으로의 제도적 포섭의 계기도 함축하고 있다.[63] 사회적 농업이라는 이름으로 보편화되고 있는 이러한 계기는 풀뿌리로 이야기되는 지역의 자율적 실천이 제도적으로 활용되거나 시장 영역의 확장을 의미하는 것일 수도 있다. 물론 이는 지역의 재생을 견인하는 마중물 역할을 하는 것으로 인식되고 있기도 하다.

이처럼, 한 사람과 조직, 그리고 지역에서 출발한 실천 양식은 독립과 분화를 거듭하면서 이전의 실천과 연계되지만 그와는 다른 실천 양식들의 생성으로 이어지는 모습들이 반복적으로 펼쳐지고 있는 모습은, 유동적인 장소성을 지닌다는 특징을 보여주는 예로서 주목된다. 특히 젊은협업농장의 실험은 농업 생산 중심의 장곡 지역의 실천이 다양한 영역들로 분화·확장되는 흐름으로 이어졌으며, 이는 동시에 홍동 지역 실천의 이전과 변화, 연계가 한층 본격화되는 하나의 분수령이었던 것으로 인식되고 있다.

그 실험은 풀무학교, 협동조합, 유기농업, 마을을 강조하고 공동체적 가치를 재조명함으로써 대안적 진지를 구성하고자 했던 홍동 지역 실천의 유

---

63 이영배, 앞의 글, 2021a, 46쪽.

산들을 새롭게 융합시켜 지역사회의 색다른 변환을 시도했다는 점에서 지역 실천의 특징적인 국면이자 사례로 이해된다. 물론 이는 사회의 변화와 맞물려 있으며, 단순히 지역 실천이 공간적으로 이전되거나 확장된 것만을 의미하지 않는다. 그것은 국지적인 수준에서 발견되는 사회 전반의 변화를 문제적으로 감지하고, 변화된 사회적 상황에 조응할 수 있도록 비교적 장기간 지속된 실천의 구조를 전면적으로 수정·재편한 핵심적인 사례에 해당하는 것으로 조명될 필요가 있다.[64]

> 농촌과 농업을 동시에 진행을 시켜야 되는데, 지금은 농업만이 어떻게 되는 과정에서 문제가 생깁니다. … 농촌에 거주하면서 마을에서 농사를 지으면서 소위 말하는 농촌 공동체라는 거를 지속시키고 있는 사람들. … 요 그룹들이 사라지게 된다고 하면, 농촌 자체의 구성 요인들이 다 사라지게 되는 거예요. … 어떻게 지속시켜 나갈까. … 이게 저희들은 중요했습니다. … 청년들이 진입하는 단계에서 농촌 지역사회의 공동체성을 이해를 하고 진입을 하고 있는가. … 다 홍동에서 하던 활동 방식입니다. … 교육을 시켜서 독립하는 방식이죠. … 분화는 지역사회에 농장을 독립해나가는 방식. … 분화시켜 놓고 분화된 것끼리 어떻게 연대할 거냐가 중요한 거죠. … 분화된 상태에서 한 가지 프로젝트를 할 때 이런 팀들이 결합하는 방식. … 꼭 학교라는 틀을 안 가지고 있어도 된다. 마을

---

[64] 이 책의 대상을 지칭하는 말로 '홍동과 장곡'이나 '홍동-장곡' 혹은 '홍곡'보다는, 굳이 '홍동(-장곡)'을 명명하여 논제에 새긴 이유도 이와 같은 판단에 기인하는 것이라고 이해되었으면 한다. 장곡 지역에서 전개되고 있는 실천이 홍동 지역의 실천에 원천을 두고 있고 또 그 유산을 이어가고 있다는 인식이 존재하는 것은 분명하다. 하지만 중요한 것은 새롭게 등장한 지역/실천의 한계와 제도/정책의 요구를 반영하면서 독자적인 영역과 실천 양식이 조성되고 있다는 점이다. 이는 기존 실천의 경계와 구분된다는 점, 그리고 전에 없던 요구들을 반영함으로써 새로운 선분을 그리고 있다는 점에서 탈영토화/재영토화의 흐름이 동시에 내재되어 있다. 따라서 장곡 지역의 실천은 홍동 지역 일대에서 전개되고 있는 실천이 확산되고 분화하는 특정한 국면에 놓여 있는 것으로 이해될 필요가 있으며, 이와 같은 지각변동의 상황 속에서 이 지역 실천은 축적된 그간의 경험과 역량을 바탕으로 하여 좀 더 유연하고 다각적인 실험을 추진함으로써 다른 생성의 계기들을 마련하고 있다는 점이 궁극적으로 강조될 필요가 있다.

자체를 이렇게 전환시키면 되는데. … 단지 '청년들을 교육시킨다'도 있지만, '마을의 교육기관을 유지시킨다'는 부분도 아주 중요한 부분이다. 그거를 통해서 청년 세대가 연착륙을 해야지만이 되지 않겠냐. … '기존의 공동체성을 어떻게 이 청년들한테 주입을 할 거냐'라는 것도 중요한 거고. … 아주 미묘한 문화 차이거든요.[65]

위의 발화에는 홍동 지역 실천의 경험 속에서 그 한계를 일정하게 극복하고자 했던 실천 주체의 인식이 함축되어 있으며, 장곡 지역의 실천과 구상을 새롭게 시작하면서 중요하게 고려되었던 점들이 직간접적으로 언급되고 있다. 주목되는 것은 다음 몇 가지 정도이다. 먼저 농촌의 지속가능성에 대한 고민이 있다. 발화에 따르면, 농촌의 지속가능성은 농업과도 관련이 깊지만 그러한 농업의 생산 여건과 환경의 개선만으로는 그것이 담보되지 않으며, 반대로 마을의 사업적 기반 마련을 유독 강조하면서 농촌의 지속성을 고무하려는 경우에도 그 성패는 또한 불투명하다는 실천 주체의 비판적인 생각이 내포되어 있다.

이를테면 농촌 마을에 거주하지 않으면서 농사를 짓는 이른바 출입경작 농민의 등장은 생산성 중심의 농업 육성에 골몰하는 정책적 관심도 농촌 공동체의 소실을 막아내기에는 역부족이라는 견해를 뒷받침하는 사실 중 하나로 언급되고 있다. 즉 농사를 짓기 위해 반드시 농촌 마을에 살지 않아도 되는 것이 지금의 실상으로, 농업 생산성과 농촌 거주 인구의 증감이 결코 비례하지는 않는다는 것이다.

나아가 그것은 오히려 대농, 즉 소수의 농민들에 의해 이루어지는 대규모 농업을 촉진시킴으로써 농민의 수적 감소와 농촌 구성원들의 다양성 축

---

[65] 정민철(남, 53세)의 발표(「농업과 마을 그리고 청년: 충남 홍성군 장곡면, 홍동면 사례를 중심으로」, 『지역에서 일구는 미래, 공동체문화 재생의 동력과 실천들』, 제1회 지역협력 학술네트워크 컨퍼런스, 2019년 2월 28일, 안동대학교 국제교류관).

소를 가져오는 중대한 원인으로 지목되고 있다. 이에 따라 농업과 농촌을 동시에 활성화시키기 위해 농촌에 거주하고 마을에서 농사를 지으며 농촌 공동체를 지속시키고 있는 사람들을 주목하고, 농촌의 지속가능성은 이들로 하여금 어떻게 하면 농촌을 떠나지 않도록 할 것인가에 대해 고민해야 한다는 주장으로 이어지고 있다.

그리고 청년의 진입 방식에 대한 고민이 있다. 좀 더 일반적으로 말하면, 이것은 새로운 사람들을 어떻게 진입시키고 이들을 어떻게 정착시킬 것인지에 대한 문제를 다루는 것을 의미한다. 현재의 상황은 이전과 비교해 다양한 삶의 방식을 추구하는 사람들의 농촌 진입이 더욱 활발하게 이루어지고 있는 추세라고 인식되고 있으며, 지역의 수준에서 새로운 사람이라고 하는 것은 대체로 청년이라는 이름으로 읽히고 있다. 즉 학교나 지원정책 등의 경로로 지역을 찾아 정착하는 과정을 겪으며 분투하고 있는 청년의 모습들이 눈에 나타나고, 농촌에서의 삶의 체험을 희망하거나 시도하는 사례들이 늘어나기 시작한 것이 또 다른 하나의 요인으로 작용했다.

이들을 품어줄 수 있는 것은 결국 이들이 살아갈 공간인 지역사회라는 판단으로 이어졌는데, 새로운 사람들이 농촌에 정착하게 될 때, 정착하고자 하는 해당 지역사회의 문법을 진지하게 읽고 체득하는 과정이 무엇보다 우선시되어야 한다는 주장으로 귀결되고 있는 것이다. 다만 예나 지금이나 농촌은 새로운 사람들이 지역사회의 문법을 체득할 수 있는 체계적인 장치와 여건이 준비되어 있지 않은 상황으로, 외부인과 지역사회를 매개하는 관련 활동과 조직이 마련되어야 한다는 필요성이 제기되었다. 기존 홍동의 경험 속에서는 이를 학교가 담당한 바 있는데, 새로운 사람들을 학교라는 울타리 안에 배치시켜 농촌에 대한 이해와 적응을 수행하도록 했던 것이다. 그러나 장곡의 지역 실천에서는 학교라는 틀을 굳이 고수한다거나 그러한 울타리를 세우지 않고, 마을 자체를 하나의 교육 기관으로 조성하여 지역사회와 농촌의 현장을 보다 직접적으로 체득하고 적응해가는 방식을 택하고자 하였다. 이는 단순히 청년들의 농촌사회에 적응하는 것만을 의미하는 것이 아니라, 농촌이라는 공간에서 펼쳐질 새로운 삶의 방식과 문법을 형성하는 데에 있어서도 필수적으로 전제되어야 하는 요소로 여겨졌다.

또한 지역사회 활성화의 동력에 대한 고민이 있다. 농촌에 들어오는 새로운 사람들을 지역사회에 연착륙시킬 수 있는 효과적인 방법과 이를 적용한 구체적인 사례의 실현을 고민함과 동시에, 어떻게 하면 이들을 현재 쇠퇴해가고 있는 지역사회의 활성화를 추동할 핵심적인 동력으로 삼을 수 있을지에 대한 고민을 담아 있다. 이는 기존 지역사회의 요구로서 단순히 이해될 수도 있지만, 유구한 세월을 지나 공동체를 유지시켜 온 마을사회의 전통적 지혜와 역량을 잃어버리거나 사라지도록 방치해두지 않고 최대한 모아두고 활용하려는 생각을 반영하고 있는 인식이기도 하다.

따라서 지역사회를 활성화시킬 수 있는 동력이라고 하는 것은, 살던 사람과 새로 들어온 사람 어느 한 쪽 세력이 우세하다거나 어떠한 가치가 더 정당한지 판가름함으로써 얻어질 수 있는 것이 아니라, 살던 사람의 지식과 지혜 그리고 새로 들어온 사람의 재능과 재주가 적절하게 만날 수 있는 수준과 지점을 고안할 수 있어야 제대로 발휘될 수 있다는 인식과 견해로 이해되고 있다. 이는 양자를 한 데에 집중적으로 모으고 이를 담당할 중간 매개 역할을 누가, 그리고 어떤 방식을 통해 수행할 것인가에 대한 고민으로 이어지게 되었다.

마지막으로 새로운 공동체성의 창안에 대한 고민이 있다. 새로운 사람들이 정착하는 과정에서 기존 지역사회를 유지·존속시켜왔던 전통적인 공동체성에 대해 다시 생각해보고, 이를 흡수하는 과정을 선행하는 것이 필수적이라는 견해는 새로운 공동체성의 창안과 구성에 대한 고민과 직결되는 문제로 이해되고 있다. 여기에는 시장 경제의 작동 방식을 적용하는 한 농촌은 경쟁력 내지는 좋은 점을 찾아보기 어려운 자본의 황무지에 가까운 연유로, 그와는 다른 방식의 접근이 필요하다는 주장이 전제되어 있다. 취약한 처지에 있는 구성원들이 한 데 뭉쳐 조직화하고 관련된 활동들을 전개해나가는 방식은 그와 같은 현실적인 필요에 의해 고안될 수 있었다.

특히 농사와 농업은 그러한 공동체의 구성과 운영이 가능한 중심 원리로서 의미화되고 있으며, 물적 기반이 약하더라도 적절한 방식으로 집단적인 협동 농업을 수행할 수 있는 곳으로서 농장이 주목되었다. 이웃해 살고 있는 주민들과 대소사를 함께하며 농사 짓는 마을 속 농장은 새롭게 들어온 사람들의 정착을 돕고 이끌어줄 수 있으면서도 마을 내 교육 체계의 구심점이자 중간 매개 역할을 담당할 수 있는 효과적인 실천 형식으로서 도출되었다. 농장을 통해 새로운 사람들이 달라진 환경에 적응하고 지역사회의 문법을 익히며 또 자신만의 실천 전략을 계획하고 그 역량을 키워나감으로써 지역에 진출한다는 일련의 경로와 목표가 설계되었다.

이 경로에서 핵심적으로 고려된 것은 농업과 지역을 이해하고 그러한 이해의 기반 위에서 새로운 상상력이 작동해야 한다는 것이었다. 새로운 공동체성의 창안이라고 하는 것은 이러한 기반과 경로를 반드시 통과해야 가능한 것으로 설정되었다. 더욱이 기존 농장에서 배우고 이해한 것들을 기반으로 삼고 적용하여 새로운 농장을 구성함으로써 독립과 분화를 도모하고 그러한 농장 간의 연대를 지향하여 지역사회의 관계망을 형성하고자 하는 생각으로 이어지게 되었다.

젊은협업농장에 대한 구상은 풀무학교 전공부가 10주년을 맞아 이전의 활동을 정리하고 앞으로의 전망에 대한 집합적인 논의가 이루어졌던 2011년으로 거슬러 올라간다. 농업 현장에 기초한 실습, 그리고 마을이 함께 담당하는 교육이 강조되면서 현장교육농장 혹은 마을실습농장에 대한 필요성이 제시되었던 것은 그와 같은 농업 실천이 구상될 수 있었던 중요한 계기로 작용했다. 이는 학교와 마을의 변화를 인지하고 이에 대한 국지적인 대응의 차원 속에서 이루어질 수 있었다.

그 변화는 다음과 같은 것들이었다.[66] 먼저 입학생들의 변화가 있었다.

초기 풀무학교 입학생들은 지역 토박이들로 구성되어 있어 기본적인 농업 지식과 자본이 갖추어져 있었으나, 시간이 갈수록 그러한 물적 기초를 가지고 있는 입학생의 비중이 줄어들고 있는 변화의 추세가 발견되었다. 즉 입학생들은 토지·기계·기술·사회관계 등 농사를 위해 필요한 기본적인 자본을 채 지니고 있지 못하며 연령층이 낮은 청년들의 비중이 점차 늘어났고, 이들의 진로에 대한 현실적인 고민이 이루어질 수밖에 없었다.

그리고 지역 친환경농업 기반이 약화되고 지역운동을 이끄는 관계망의 성격 변화가 있었다. 지역사회의 넓고 두터운 연결망을 형성했던 친환경농업 생산자단체들이 2000년대 중반부터 경영상의 어려움을 겪게 되면서 조직의 결합 강도와 운동성이 다소간 줄어들었고, 그와 함께 지역사회 구성원들의 성격과 유형이 다양화됨에 따라 점차 지역을 결속시키는 관계망의 성격 변화가 나타나기 시작하였다. 즉 농업 생산 이외의 다양한 활동들이 지역사회에서 나타나기 시작하면서 기존부터 지속해오던 농업의 중심성과 그 관계망을 어떻게 변모시킬지에 대한 논의가 그러한 전환의 국면에서 이루어졌던 것이다.

또한 풀무학교 전공부 졸업생들의 지역 진출 문제가 있었다. 이는 앞서 제기한 문제와 연동되면서도 세대교체와 관련하여 이전 국면과는 전혀 상이한 문제가 되었다. 농촌에 정착하여 농사를 지으며 살아가기에는 기본적인 자본이 턱없이 부족한 졸업생들이 지역에 발을 딛고 생존하면서 진로를 찾아가기 위해서는, 청년들이 농촌과 지역에 연착륙할 수 있도록 도움을 주는 완충적 중간 지대가 농사와 생활이 이루어지는 살아남기의 현장 한가운데에 마련되어야 한다는 필요성이 제기되었다. 이는 학교라는 것을 지역 차원으로 확대시킴으로써 이 속에서 교사와 학생, 주민들이 지역을 교육 공간으로 인식될 수 있도록 하자는 제안과 논의로 구체화되었다.

---

66 정민철, 「풀무학교와 젊은협업농장」, 『마을』 3, 그물코, 2018, 227~233쪽 참조.

여기에 기초해 조성된 것이 마을과 함께 살아가는 청년 교육농장이었다. 실천 지형을 조망해볼 때, 이는 이전의 실천과 구별되는 경관 내지는 독자적인 경계와 흐름을 형성하면서도, 인근 지역으로 실천이 이전되거나 해당 지역사회의 변환을 이끄는 초기의 진입로로서 그 의미를 지닌 것이었다. 홍동 지역은 다양한 실천이 높은 밀도로 전개되고 있으며 그에 따라 풀무학교의 구상이 면 단위로 확장되어 영역화되고 있었기 때문에, 홍동 아닌 다른 지역에서의 실천이 요구되었다. 이에 홍동의 지역 실천과 농업으로 연결되어 있으면서도, 중첩되는 관계망과 적지 않은 실천의 동력을 형성하고 있는 장곡 지역이 해당 국면에서 의미 있는 장소로 여겨졌다.

> 우리(홍성유기농) 생산품들이, 채소들이 다양하지 않았어요. 그래서 그때 구상은 이제 조합의 직영 농장을 만들어서 좀 채소류 품목을 다양하게 해서 학교 급식이나 생협공급. 또 이제 주거래처도 있어서, 좀 그걸 하자, 라고 해서 이제 임대를 얻어서 지원 사업 받아서 하우스를 뽑고 이제 채담이농장. … 그때 마침 정민철 선생이 이제 하우스 한 동 달라. 우리 이제 풀무학교 전공부에 계시다가, 다 이제 지역에 정착할 때 가르치는 학생들이 지역에 갈 데가 없어지고 다 외부로 가거나 지역에서 방황하거나 하는데, 지역에서 실제 농업을 통해가지고 좀 정착할 수 있는 기반을 만드는 그런 공간이 필요하다. 그래서 이제 협업농장에서, 협업농장이 이제 채담이농장 비닐하우스 한 동을 임대를 해서 들어와서 시작을 했죠. … 이장님도, 마을을 어떻게 이제 활성화 시킬 건가 고민을 하는 치에, 이제 정민철 선생하고 딱 만나게 된 거죠.[67]
> 찾아와서 하우스 좀 빌려 달라. 그래서 인제 아 뭔가 같이 하면 좋겠구나. 저는 저 권역사업 처음 할 때니까. 정민철씨가 원래 문당리 권역사업 헐 때부터 참여를 했어요. 그런 노하우가 좀 있다고. 그래서 그 사람 아이디어를 많이 빌려

---

[67] 정상진(남, 53세)의 구술(2021년 7월 17일, 자택).

서 이렇게 진 거야. … 땅 문제 요런 거는 제가 해결해주고, 그 대신 여기서 교육 프로그램 같은 거 허는 거는 전부 정민철씨가. 제가 관여를 안 해요. 전문가가 해야지. 내가 하면 괜히 어설프게 서로 자존심 싸움밖에 안 되거든. 다 맽겨 버리고 헌다고.[68]

이러한 교육농장의 구상과 실험에서 기존에 형성되어 있던 지역의 관계망은 핵심적이었다. 이를테면 장곡 지역에 거점을 둔 유기농업 생산자 단체인 홍성유기농, 그리고 새로운 마을 만들기를 통해 면 단위 지역 변화의 단초를 마련하고자 준비하고 있었던 도산2리와의 연결은 그와 같은 구상이 현실화되는 데 대단히 중요한 계기가 되었다. 즉 농업 생산과 지역 정착은 그와 같은 기존 지역사회와의 연계 속에서 이루어질 수 있었던 것이다. 마을로 농장을 이전하면서 그에 따른 변화와 확장이 일어나기도 했다. 이는 물론 마을 속 농장이라는 초기의 구상이 실현된 것이기도 했다. 점차 농장 운영은 비교적 안정화되었지만, 증설이 어려운 상황 속에서 다른 농장을 물색하던 중 도산2리의 시설하우스 3개동을 임대하기로 하면서 마을 속 농장이라는 구상이 처음으로 현실화될 수 있었다. 이로 인한 새로운 변화가 실천 주체에 의해 감지되기도 했다.

그 변화는 다음과 같이 정리되고 있다.[69] 마을과 긴밀히 연결된 농장이라는 초기의 구상이 이른 시기에 실현되었다는 점, 생산단체이자 지역단체로서 정체성을 명시하였다는 점, 구체적인 면 단위 지역 활동을 시작할 수 있었다는 점, 청년을 대상으로 한 농업·농촌 교육 단체로서 마을과 농업의 이해를 돕는 하나의 통로 역할을 하게 되었다는 점, 홍동 지역과 연계활동이 더욱 다양하게 전개될 수 있었다는 점, 농도교류의 차원 내지는 마을 거

---

68 임응철(남, 70세)의 구술(2019년 4월 19일, 마을회관).
69 정민철, 앞의 글, 113~120쪽 참조.

주 학생들을 대상으로 하는, 마을농장과 마을학교가 결합한 마을교육모델이라는 구상을 체계화할 수 있었다는 점이 그것이다. 이처럼 도산2리라는 마을과의 결합은 향후 장곡이라는 면 단위 지역 범주의 새로운 활동을 시작할 수 있는 계기가 마련되었을 뿐 아니라, 마을 속 교육농장의 효과와 확장 가능성이 정립될 수 있었던 것으로 이해되고 있다.

농장이 젊은협업농장이라는 이름으로 확정된 것은 2013년 5월 협동조합으로 등록하게 되면서 이루어진 것이었다. '협동조합젊은협업농장'은 학습모임을 통한 협동조합 설립과 운영 방식에 대한 구체화 과정이 있었기 때문에 설립될 수 있었으며, 또한 2013년 홍성군 청년귀농농장조성사업이라는 시설하우스 보조사업을 통해 시설하우스 8동과 밭 2,000평 정도의 경작 규모와 물적 기반을 갖추게 됨으로써 시작될 수 있었다.

교육농장의 구상이 현실화되는 과정에서 다음과 같은 방향이 정립되었다.[70] 젊은 청년들이 하는 밭농사 중심의 농업을 하자는 것, 자본 중심이 아닌 노동력 중심의 농업을 하자는 것, 지역에서 필요로 하거나 지역에 도움이 될 수 있는 작물을 생산하자는 것, 농산물 유통 문제는 지역단체와 조합원과 긴밀히 결합하고 농산물 생산에 집중하자는 것, 교육과 마을 활동도 농장의 주요 활동으로 삼자는 것이었다. 이로써 홍성유기농이 사회적기업으로서 직영하고 있는 시설하우스 채담이농장을 임대하고 여기에서 쌈채소를 생산하는 것으로 결정하였으며, 2012년 3월부터 비닐하우스 1개동을 임차하여 모종키우기와 땅만들기를 시작하였으며, 인근의 지역 농가의 농사일을 도우면서 시설하우스의 운영 지식과 쌈채소 재배 기술을 배우고 익히기도 하였다. 장곡 지역에 안착한 교육농장은 밭농사와 노동력 중심의 작물 생산에 집중하면서도, 지역과의 연계를 강화하기 위해 마을 활동을 전개함으로써 중간 지대로서 농장의 역할을 정착시키기 위해 주력하였다.

---

[70] 정민철, 「젊은협업농장과 마을」, 『마을』 4, 시골문화사, 2019, 109~111쪽 참조.

농지를 소유하지 않는 사람들이 공동으로 농사를 짓는 방법을 택했던 협동조합젊은협업농장은 다음과 같은 조직의 운영 기조를 정하여 그 실천을 전개해가고 있다.[71] 새로운 농업의 한 방식으로서 농업 생산 활동의 협업화를 지향하고자 했다. 실습을 단일 목적으로 두는 농장이 아니라 농촌 마을을 농업 현장으로 삼고 마을 속 농장에서 청년 신규농을 대상으로 현장 기반의 농업과 협력하는 농촌 교육을 실시하고자 했다. 농장과 마을이 협력한다는 원칙을 세우고 이를 고수하기 위해 많은 농장이 독립하는 방식으로 분화하여 마을과 학습을 통해 연결되고 협력하는 체계를 구축하고자 했다. 다른 조합이나 단체를 만들 때 기본적으로 상호 출자함으로써 출자금을 일종의 공공기금으로 삼고, 이를 통해 조합이나 단체 간 연결성을 강화하고 나아가 지역의 공공성을 안정적으로 증대시켜가고자 했다. 경제성이 아니라 협동성을 강조하는 농촌형 협동조합 농장임을 표방하면서도, 농업 현실에 대한 직시를 견지하며 시장 경제가 작동하지 않는 농촌 마을의 존립을 위해서는 협동이 반드시 필요하다는 점을 강조하고자 했다. 이와 연동하여 1차 농산물 생산과 마을의 공동성을 무엇보다 강조함으로써 농업 생산을 중심에 하되 기존 지역사회와 새로운 사람들이 협력하는 마을 공동체의 형성을 지향하고자 했다.

> 저는 2007년부터 정신장애인들과 함께 일하며 더불어 살아가는 공동체를 꿈꾸며 사회적기업 '우리동네'를 운영해왔습니다. 그러던 중 2014년에 농촌에서 농업을 통한 정신장애인의 직업 재활 모형을 만들어보자는 제안을 받았습니다. 많은 망설임 끝에 '행복농장'이 시작되었고 지금까지 이어져오고 있습니다. 사회적 기업도 별 성과를 내지 못한 사람에게 사회적 농업은 더욱 힘들고 버거운 임무였다고 고백하고 싶습니다.[72]

---

[71] 정민철, 「협동조합과 젊은협업농장」, 『마을』 5, 시골문화사, 2020, 130~146쪽 참조.

한편, 젊은협업농장의 실천에서 분화하여 독립된 농장으로서 지역에서 치유농업의 실천을 전개하고 있는 대표적인 사례로 행복농장을 들 수 있다. 행복농장의 시작에는 2013년 충남광역정신건강증진센터의 제안과 논의가 있었다. 2007년 정신장애인과 함께 일과 생활이 결합된 공동체를 지향하는 사회적기업의 운영 경험이 농사활동과 농촌생활을 통한 정신장애인의 직업재활모형에 대한 고민으로 이어졌고, 이는 구체적인 농장 형태에 대한 논의로 귀결되었다. 그 과정을 살펴보면 다음과 같다.[73]

2013년에 있었던 충남광역정신건강증진센터의 마을 방문을 통해 만성정신질환 회원들의 재활 및 사회 복귀에 대한 고민을 농업과 농장을 통해 해소하고자 하는 논의가 이루어졌고, 여기에서 고용을 통한 만성정신질환 회원들의 사회 복귀 경로가 제한적이라는 문제의식이 공유되었다. 이에 농장의 산업적·환경적·사회적 역할이 적절하게 조화를 이루면서도, 농업의 생산적·치유적 기능을 겸한 치유농장 혹은 돌봄농장이라는 새로운 농장 형태가 구체적으로 고안되었다.

2014년 초기의 모델을 수립할 때 우선적으로 고려되었던 것은 운영 가능한 농장의 규모, 치유 목적에 적합한 작물의 선택, 사회적 목적에 걸맞은 참여 직원의 구성 등이었다. 그러나 실제 운영 과정에서 직원의 전문성, 작물의 품질 등의 한계가 노정되기도 했다. 이에 따라 이듬해부터는, 농장은 조직의 독립과 생산의 자립을 도모하되 센터와의 협력과 연계 속에서 치유 프로그램을 진행하는 방향으로, 프로그램의 개발과 투입되는 인력 등 농장의 운영 구조를 확립해나갔다. 그럼에도 여전히 초창기이기 때문에 있을 수 있는 난관이 노정되었고, 치유 프로그램의 진행 속에서 시설·프로그램

---

72 안병은, 「여는 인사」, 『사이통신』 2, 행복농장, 2021, 5쪽.
73 행복농장의 초기 구상과 실천에 관한 상세한 정보는 제1회 워크숍(2018년 12월 7일, 안동대학교 국제교류관)에서 지역 실천 사례를 발표한 젊은협업농장 정민철 이사가 사전 제공한 기록자료를 참조하였다.

과 작물의 연계·관련 전문가 결합의 필요성이 대두되었다. 즉 우리 농촌 지역의 상황에 맞는 농장의 설계와 구상으로 이어지게 되고, 소농으로 구성된 마을의 농촌 경관에 걸맞은 농장의 운영 구조가 점차 구체화되기 시작했던 것이다.

주지하듯이 현재 도산2리에 소재하고 있는 행복농장은 2014년에 만들어졌다. 처음에는 도산2리의 마을 초입이자 버스정류장 건너편에 있는 하우스 2개동으로 시작했다. 이듬해에 '메뚜기다리' 건너 청촌협동조합이 운영하던 시설을 물려받게 되면서 현재 위치로 이전하였고, 2016년에 협동조합으로 등록하면서 지역에 거점을 두고 있는 하나의 농장 주체로서 독립하게 되어, 현재는 만성정신질환자와 함께 농촌형 직업재활훈련프로그램 등 회원들의 사회 복귀를 위한 프로그램을 진행하고 있다.

> 저는 뭐 개인적으로 제안을 받았었는데, 여기 오기 전에 홍동에서 원예조합가꿈이라고 거기에서 바로 직전에 일을 하고 있었고. 한 10년 전부터 지금 꿈이자라는뜰이라고. … 발달장애 아이들 청소년들하고 원예활동하는 그런 단체인데, 거기 주민교사로 10년 넘게 활동을 했었어요. 그리고 이제 노인요양병원이나 요양시설, 그리고 장애인복지관. 이런 분들하고 텃밭원예활동 이런 것도 계속 했었고. 제가 2003년에 내려와가지구 뭐 그런 일을 계속 했었었죠. 그래서 저한테 제안을 한 것 같아요. 저는 여기 들어올 때 이제 정원하고 꽃 재배 뭐 이쪽으로 원 없이 할 수 있게 해주겠다고 사기를 당해가지고. (웃음)[74]

위의 인용은 그것이 홍동 실천을 원천으로 삼고 있고, 그것이 이전 혹은 변환되었음을 나타내는 언술로 주목될 수 있다. 발화 주체는 장곡 지역에서 실천을 이어가기 전부터 홍동에서 원예조합가꿈이나 꿈이자라는뜰 등에서

---

[74] 최정선(여, 52세)의 구술(2019년 1월 27일, 행복농장).

여러 활동들을 전개하고 있었다. 이곳에서 발달장애 청소년들과 원예활동을 하며 주민교사로서 주로 활동하는 가운데, 이러한 이력으로 말미암아 행복농장의 실무에 대한 제안을 받게 되었다. 여기에는 개인의 성격이나 취향도 고려될 수 있었는데, 이전의 관련 활동을 통해 발견된 적성이 지역사회에 공유되고, 지역의 필요를 충족하는 가운데 새롭게 창안된 농장 실천에 투입될 수 있었다. 즉 지역사회의 차원에서 실천들은 이전에 창안된 실천들을 이어받으면서도 일부 조정함으로써 다양하게 생겨나고 분화된다고 할 수 있는데, 이러한 과정에서 관련 활동에 참여하고 있던 사람들의 취향과 적성이 고려되어 새로운 활동 인력으로서 적절하게 배치되고 있는 것이다.

> 도산2구에 지금 살고 있는데, 저희가 마을의 되게 혜택을 많이 받고 있잖아요. … 프로그램을 할 때도 다른 농장도 같이 함께 도와서 하고 있어요. … 만나보고 나니 너무 좋은 거예요. 왜냐면은 똑같이 생각을 하시면 되거든요. 약간 좀 느리고 조금 어눌하고 이런 면은 있지만, 그래서 몇 번 저희 자연구시 프로그램을 했더니, 어떤 농장에서는 아 그러면 우리도 인턴 과정을 이 분들을 받고 같이 도움을 받을 수 있겠네. 이렇게 까지 인식이 전환이 됐구요. 마을에서두 몇 년 전에 저희 두 분 모시고 마을 행사로 놀러간 적이 있는데, 그때 조금 걱정을 했는데, 다행히 이 분들이 알아서 마을 어르신들하고 모시고 가니까 음료수라든지, 간식이라든지 이런 것도 막 챙겨 드리고, 그리고 뭐 쓰레기가 나오면은 버스 안에서 쓰레기도 주워서 담고 치우고, 이런 일들도 알아서 자발적으로 하시는 모습을 보고, 아 다음에도 또 데리고 가야 되겠네. 이렇게 결심이 나올 정도로 많이 마을에서 인식이 좋아졌구요. 초기에는 마을 분들 모시고 광역센터랑 정신건강 관련된 강좌도 하고 마을 잔치도 하고 그런 것들을 많이 했습니다.[75]

---

[75] 최정선(여, 53세)의 발표(「행복농장(farming for happiness)」, 『마을-공동체-네트워크, 역사적 조명과 패러다임의 변화』, 제3회 지역협력 학술네트워크 컨퍼런스, 2020년 7월 16일, 경상북도 콘텐츠진흥원 창조아트홀).

주목되는 것은, 행복농장이 삶의 터전으로 삼고 있는 마을의 경관과 지역사회의 네트워크의 도움과 연계를 통해 그러한 초창기에 발견된 한계들을 해결하고자 했다는 점이다. 즉 그 한계를 농장이 모두 떠안고 농장 안에서 자체적으로 해결하기보다, 농장 밖으로 눈을 돌려 이미 지역사회에 형성되어 있는 경관과 관계망을 활용함으로써 농장이 운영 과정에서 부딪히는 문제와 한계들을 해소하고자 했다. 이는 실천의 범주를 유지·확산시키는 것으로 이어지기도 했는데, 농장의 기본적인 목적인 농작물 생산을 통한 자립뿐만 아니라, 농장 간 네트워크 관계를 통해 지역사회의 소통 구조를 마련하고 활성화된다는 점에서 유의미한 시도로 남았다.

구체적으로, 주변에 위치해 있는 여러 농장들을 '현장농장'으로 활용하여 회원들이 다양한 작물을 체험할 수 있도록 하고 농장 밖 마을 주민들과 대면함으로써 마을사회로 진출할 수 있는 기회의 문턱을 낮추는 방식을 고안했다. 뿐만 아니라 다른 농장들이 직접 농업 실습을 담당하도록 함으로써 일정한 수익이 돌아감과 동시에 농장의 교육 능력이 증대될 수 있는 계기로 삼고자 했다. 마을 구성원들이 힘써 조성한 생미식당·오누이친환경마을협동조합·예절교육관 등 지역의 단체와 공간, 사람들을 참여시키고 프로그램의 과정들을 하나의 농장이 아닌 지역사회가 함께 담당하게 되면서 단체 간 결합과 협력이 강화되고 지역사회의 활성화에 큰 관심이 촉발되기도 했다. 이러한 관계 맺기는 프로그램 참여자로서도 농사를 통한 치유와 더불어 사회 참여와 진입 가능성이 고무되는 계기로 작용했다.

> 저희가 마을에 많이 혜택을 받고 있기 때문에, 마을에 좀 도움이 될까 하고 저희도 꽃을 키워서 마을에 경관을 조금 아름답게 가꾸는 데 힘을 쓰려 그러는데, 아직은 농사 짓는다고 실력이 부족해서 여력이 없어가지고 제대로 못하고 있고요. 마을분들하고 농업환경보존프로그램으로 지금 올해부터 같이 어르신들하고 화단에 풀도 뽑고 꽃도 심고. 그런 일들도 같이 하고 있습니다. … 이렇게

많이 도움을 저희가 받고, 행복농장을 운영하고 있습니다. 마을에서 저희 도산2구가 돌봄마을이 됐으면 좋겠어요.[76]

행복농장은 유기농 허브를 주요 생산 작목으로 삼고 있는데, 이는 치유농업의 특성이 고려된 것이었다. 허브차 가공 판매도 진행하고자 하고 있으며, 관상용·정원용 꽃모종을 키워 판매하고 있다. 뿐만 아니라 이를 마을을 비롯한 주변에 심어 마을의 경관을 조성하는 일에 기여하고 있다. 작물의 유통 판로는 주로 홍성유기농에 납품하는 것을 택하고 있다. 즉 행복농장은 홍성유기농의 단체 조합원으로 가입되어 있으며, 홍성유기농에 납품한 허브를 비롯하여 허브페스토와 바질페스토 등의 가공품을 전국 두레생협 등에 행복농장의 이름으로 판매하고 있다. 이외에도 직거래를 통해 지역 장터나 레스토랑으로 판매하고 있으며, 농장에 대한 입소문이 퍼지면서 직접 연락·방문 통로로 판매하는 경우도 생기고 있다.

행복농장은 마을꽃밭프로젝트를 고안·진행하면서 농촌의 문화와 경관을 만날 수 있는 기회와 접촉 지점들을 일상 속에 조성하고 마을 전체를 치유 공간으로 전환하는 구상을 실천함으로써 그러한 혜택을 마을에 돌려주고자 했다. 치유농장이라는 구상은 곧 2016년 농촌진흥청의 치유농업비즈니스모델 시범사업을 만나면서 치유농업네트워크가 형성되고 행복농장이 이른바 지역 차원의 치유농업을 중간 매개자로서 전담하는 치유농업센터로서 그 역할을 담당하는 경로로 확장·전개되었다.

나아가 행복농장은 협동조합으로 출범하면서 상호 출자를 통해 본격적으로 지역의 여러 단체들과 관계망을 형성할 수 있었고, 농장으로서 경제적 자립을 위한 농작물 생산과 판매에 집중하고자 했다. 그런 한편 지역의 농

---

[76] 최정선(여, 52세)의 발표(「협동조합 행복농장」, 『우리 손으로 일구는 장곡의 미래』, 홍성군마을만들기지원센터·충남마을만들기지원센터·마을연구소 일소공도, 2019년 11월 27일, 장곡면 행정복지센터).

민들을 대상으로 월례세미나와 포럼을 개최하는 방식으로 정신질환에 대한 교육을 진행시킴으로써 지역과 농장, 그리고 치유농업이 함께 발전할 수 있도록 지속적인 노력을 기울이기도 했다.

사실 행복농장은 처음부터 사회적 농업이라는 명패를 내걸고 시작했던 것은 아니었던 것으로 알려져 있다. 즉 지역에 필요한 일을 고민하고 진행하는 과정에서 그것이 사회적 농업의 지역적 실천으로서, 지역 외부로부터 주목된 사례에 가깝다는 점이 중요하게 언급될 수 있다. 행복농장의 사례는 지역 차원에서 먼저 시작되었던 젊은협업농장의 구상과 실천 속에서 도출되었던 농장의 독립에 관한 중요성이 구체적으로 실현된 사례로서 의미를 가지고 있다. 사회적 농업이라는 개념도 개별 농가, 농장의 실천이 아니라 농장 간의 연대, 마을 단체와의 연대 그리고 마을 속에서만 가능한 실천[77]으로서 역으로 규정되면서도, 여기에 따르는 실천 흐름이 구체적으로 전개되고 있다. 즉 관념과 이론의 영역이 아닌 직접적인 실천의 과정 속에서 마을과 지역사회의 현실적인 필요성이 제기되고 그것이 농장 운영에 접목될 수 있었다는 사실은 유의미하다.

이처럼 행복농장의 구상에서 젊은협업농장의 실천은 중요한 경험적 토대로 작용했는데, 이 지역의 실천이 배움이든 돌봄이든 농장을 기반으로 한다는 원칙과 그 농장은 협동조합의 형식으로 운영한다는 원칙을 고수하고 있다는 점에서 그러하다. 행복농장은 지역에 형성되어 있는 농업실습과 학습 네트워크를 활용하고 동네의 대소사를 직접 돌보는 방식으로 농장의 자립성을 키우고 새로운 농촌 공동체의 독특한 문화를 조성하는 데 동참하고 있다. 사회적 농업의 실천 사례로서 행복농장은 만성정신질환자의 사회 복귀를 위한 사회적 기능을 수행함과 동시에 농장으로서 안정적인 경제적 자

---

[77] 정민철, 「사회적농업과 마을 : 홍성군 장곡면 사례를 중심으로」, 홍성군농업기술센터 · 협동조합 행복농장 · 오누이친환경마을협동조합 · 마을학회 일소공도, 『한국의 농업 현실과 사회적 농업』, 시골문화사, 2018, 165쪽.

립을 이루기 위해, 돌봄 활동 및 치유프로그램과 농장이 가지는 생산성의 무게 균형을 어떻게 맞출 것인지에 대한 고민을 늘 염두에 두고 있다.

지역의 네트워크와 마을의 기반 시설들을 활용할 수 있다는 장점은 그 균형을 맞출 수 있는 중심추의 역할을 하고 있다. 마을 연결망에서 일정한 역할을 하고 지원과 의존에 대해 마을에 내놓은 구체적인 사례로 행복부엌[78]을 들 수 있다. 행복부엌은 그 소유권을 행복농장이 가지고 있지만, 오누이친환경마을협동조합이 있는 위치에 설립했고 그 이용 또한 마을의 여러 단체와 주민들이 함께 하도록 함으로써 마을과 협력하는 관계망을 형성·유지하며 지역 공동체의 새로운 문법을 조성하고 있는 사례로서 주목될 만하다.

행복농장은 장곡 도산2리라는 지역사회의 품에서 살아가면서 그 안과 밖의 다양한 영역에서 활동하고 있는 법인 및 단체와 긴밀한 관계를 맺고 연대하며 실천을 이어가고 있다. 즉 사회복지와 의료, 교육과 돌봄, 농업, 마을에 관한 고민과 실천을, 관련 네트워크를 맺어가면서 풀어가고 있다. 구체적으로, 행복농장은 충남광역정신건강복지센터·홍성군정신건강복지센터·행복한우리동네의원·장곡초등학교·젊은협업농장·오누이친환경마을협동조합·홍성유기농·오누이친환경마을협동조합 등의 단체들과 직간접적으로 연결되어 있다. 특히 마을과 주고받는 관계는 각별하다. 마을로부터 프로그램 운영시 필요한 자원들을 제공받고, 농장은 마을의 경관과 환경을 돌보는 일을 담당하고 있다.

이 장에서는 이 지역 실천의 경제적 토대를 구성하고 있는 생업 전통으로서 유기농업과 그로부터 출발할 수 있었던 여러 대안농업의 계보에 대한 내용들을 다루었다. 한국 농업의 근현대화 과정에서 자급자족적 농업의 상품경제 농업으로의 전환은 농촌문화와 농민으로 하여금 많은 문제를 유발

---

[78] 위의 글, 180쪽 참조.

하는 것이었고, 이 지역에서는 농업의 대안을 고민하는 가운데 유기농업을 실시한 역사를 지니고 있다. 즉 생산성 중심의 식량 증산이 정책적으로 강조되면서 모두가 그러한 방향으로 가고 있을 때, 이를 거부하는 실천을 통해 그와 같은 계보가 형성될 수 있었던 것이다.

먼저 이 지역에서 유기농업은 기독교적 섭리에 기반하고 있으며, 성경이 가르치고 있는 생명사상이 구체화된 것이라고 이해될 수 있었다. 이 지역에 유기농업은 도입된 것이라고 볼 수 있는데, 1975년 고다니 준이치의 방문으로 유기농업이 중요성이 알려지게 된 것이 그 직접적인 계기였다. 이 또한 풀무학교를 통해서 이루어질 수 있었다. 그의 강연을 통해 학교 또한 교육 과정을 변화시켰으며, 초창기에는 지역민들로 하여금 많은 지탄을 받기도 하였다.

녹록하지 않은 상황 속에서도 유기농업의 지역적 확산이 도모될 수 있었는데, 그 방법으로서 협동운동이 차용되었다. 즉 증산 위주의 농업이 팽배한 시대적 상황 속에서 교육만을 통해 유기농업의 확산을 도모하기 어려웠음에도 교육받은 유기농업의 기술을 학습모임을 결성함으로써 그 성과들을 축적해나가면서도 생산자의 조직화를 통해 지역의 생산자들로 하여금 참여할 수 있도록 하고 자체적인 판로를 개척하면서 자립적인 농촌경제를 구성해나가고자 하였다.

유기농업이 지역적으로 확산되는 가운데, 토착적인 마을운동의 맥락에서 생태마을이 새롭게 재구되었다. 초기의 유기농업은 정농회를 중심으로 이루어지고 있었는데, 이들이 주체가 되어 마을의 축제를 열게 되면서 지역에 긍정적인 인식이 확산되었다. 즉 증산 위주의 농업 정책으로 인해 기계화·시설화됨에 따라 인력에 기반을 둔 노작 농업의 비중이 점차 줄어들게 되면서 마을의 공동체의식도 약화되어 갔다. 이러한 시점에서 진행된 마을의 축제는 마을로 하여금 활력을 불어넣었던 기억으로 남아있는 한편, 유기농업을 실시하는 것의 어려움 속에서 오리농법이 도입되면서 지역의 유기농업 생산자들이 급속하게 증가하게 되었다. 뿐만 아니라 쌀수입개방이라는 위기와 도시 중심의 웰빙 열풍이라는 호재 속에서 유기농업이 더욱 각광받으며 지역의 유기농지가 확장되었다. 생태마을의 재구 속에서 이러한 축제와 유기농산물 생산에 대한 기억은 중요하게 자리 잡고 있는데, 이러한 마을운동의 활력은 이후 마을 차원의 교육관 건립으로까지 이어지기도 했다.

농업을 삶의 방식으로서 접근하고 가치를 실현하는 방법으로 삼는 실천들이 나타나게 되었다. 이것은 풀무학교 전공부로 대표되는, 지역의 학교가 가지던 역할이 점차 축소되고 역으로 지역에 거점을 두고 있는 독립적인 조직들이 성장하게 되는 국면과 겹쳐 있다. 뿐만 아니라 귀농/귀촌인의 유입이 다양하게 진행되면서 세대와 취향이 더욱 다층적이게 되면서 실천들이 분화하게 되는 국면과도 겹쳐 있다. 여기에 세대와 취향의 문제가 개입된다는 점은 중요한데, 지역의 필요와 개인의 생각이 마주침으로써 새로운 실천이 창안되는 면모가 여기에서 발견되고 있기 때문이다. 요컨대 농업은 문화 실천의 토대로 존재하는 것으로 남아 있었지만, 이러한 시점부터 농업은 그 자체로 토대로 남아 있는 것이 아니라 다양한 가치관이 개입된 하나의 실천으로 그 자리를 매기는 모습이 나타나기 시작하였던 것이다.

마찬가지로 지역 학교가 가지는 역할에 대한 논쟁 속에서 농장을 중심으로 한 교육과 돌봄의 실천이 새롭게 창안되기도 하였다. 이는 지역사회의 변환 내지는 확장을 의미하는 것이기도 했는데, 이러한 실천의 창안이 인근 지역에서도 시작됨으로써 일정하게 기존의 유산을 이어받으면서도 새로운 영토화를 시도하는 모습으로 나타나고 있기 때문이다. 이러한 양상은 점차 농정 패러다임과 결부되면서 앞으로 다른 전망을 모색해가는 방향으로 진척될 여지가 있다.

6

부상하는 자치주체와
확장하는 공동체성

자치와 자율의 전통은 마을공화국이라는 체제로서 이 지역 실천의 계열들을 관통하는 특징 중 하나로 언급될 수 있다. 더불어 사는 공동체를 강조하게 될 경우에도 사정은 동일하다고 할 수 있는데, 자치와 자율의 전통이라는 기조 속에서 개인이 온전히 자유를 누리고 살기 위해서라도 집단화·조직화는 반드시 수반될 수밖에 없기 때문이다. 그러므로 자치와 자율은 곧 연결하기의 다른 이름이라고 할 수 있으며, 지역의 협동조직들이 개인과 개인들이 연결함으로써 형성될 수 있었던 것이라면 자치조직은 그와 더불어 조직과 조직들이 연결됨으로써 형성될 수 있는 것이라고 할 만하다. 이러한 연결하기는 공동체성의 경계 안과 밖에 걸쳐 이루어지는 것이라고 볼 수 있는데, 자치조직의 형성 내지는 자치주체의 부상에 따라 공동체성이 확장되는 국면은 마을이라는 체제 안에서 밖을 내다보고, 밖에서 안을 들여다보는 일의 필요가 점차 자생하게 되는 과정과 어느 정도 포개어져 나타나고 있는 것으로 이해될 수 있다.

이 지역의 실천들에 의해 구성되고 있는 마을공화국 체제에서는 다층적인 주체들의 유입과 연합, 그리고 이들의 다각적인 활동들이 전개됨으로써 생각과 실천의 다양한 지역적 분화가 전개되어 가는 추세가 두드러졌다. 원주민과 이주민의 마주침에 따라 통합과 조정의 필요성이 제기되었으며, 이로부터 면 단위의 새로운 연합적 문화가 주조되고 협치의 구조가 형성되었다. 이는 이전과는 다른 활력을 도모하여 또 하나의 새로운 실천 문법을 구성하는 결과로 이어졌을 뿐만 아니라, 좀 더 통합적인 소통과 논의 구조를 마련하는 것으로 이어짐으로써 고착화·획일화된 구조와 문법을 새롭게 풀어내고 지역 정치의 위세를 재편하는 행보로 이어졌다.

따라서 마을과 마을, 조직과 조직을 연결함으로써 면 단위로 그 범주를 확장시켜 자율과 자치의 기조 속에서 통합적인 체계를 구성했던 자치조직의 형성과 자치주체의 부상의 여러 국면들을 마을공화국 체제의 한 계열로 상세하게 살펴볼 필요가 있다. 이를 위해 먼저 이 지역 실천을 구성하고 있는 주체와 경계들이 교섭되거나 중첩되고, 때로는 확장을 거듭하고 있다는 점을 주장하고자 한다. 이러한 주장을 뒷받침하는 흐름으로, 크게 귀농/귀촌인들이 중심이 되어 전개되었던 공익적 주민활동, 협력적 연결망의 구축, 학습체계의 수립 과정들이 어떻게 진행되었는지, 그리고 그로부터 공동체성이 확장되었던 궤적을 종합적으로 살펴보고 그 의의를 논의하고자 한다.

1. '이질적인 존재들의 연대'라는 특이성

이 지역의 실천 사례는 단일 주체 혹은 특정한 리더의 역량에 맡겨지는 대신 이질적인 주체들의 결합 속에서 새로운 실천 양식이 창안되어온 특징을 지니고 있다. 이를테면 지역 실천의 초기 조건으로 운위되는 풀무학교는 토착민과 이주민의 결합 속에서 설립될 수 있었고, 그 졸업생들은 새로운 협동적 문법들을 생활 속에서 주조함으로써 지역의 안과 밖을 변화시키는 대안적 실천들을 이끌어가고 있다.

또 한 차례의 계기는 귀농/귀촌인의 유입과 정착이 본격화되면서 이루어질 수 있었다. 이 지역은 매우 다양한 경로를 통해 귀농/귀촌인의 유입과 정착이 끊이지 않는 것으로 알려져 있는데, 1990년대 후반부터 2000년대 초반은 그것이 본격화되었던 역사적 국면으로 이해되고 있다. 지역이라는 거점에서 공동체문화를 구성해가는 실험이 대안의 체제로서 주목될 수 있다면, 그것은 역사적 체제로서 자본주의의 위기와 그것이 가져온 변화의 추세와 무관하지 않다고 할 수 있을 것이다.

> 1958년에 이찬갑 선생이 개교를 하면서 농업 농촌 농민을 중요시하는 교육을 했단 말이에요. 그래서 그 영향을 받은 사람들이 지역사회에 남아서 유기농업 운동하고 협동조합 운동을 해서 지금의 홍동을 만들었어요. 나중에 인제 귀농

귀촌자들이 결합을 해가지고 토박이들하고 풀무학교 나온 사람들하고 귀농 귀촌한 사람들하고 만나서 지금의 이런 것도 만들었고 그랬죠. 의료생협도 만들고 전공부도 만들고. 전공부도 결국은 토박이하고 귀농자가 함께 만든 학교라고 볼 수 있는 거에요. 또 풀무학교도 토착민하고 이주민이 만든 거에요. 이찬갑 선생님은 평안도에서 내려온 사람이고 주옥로 선생님은 토박이고. 그니까 원주민하고 이주민이 만든 게 풀무학교고. 풀무전공부도 원주민하고 이주민이 만들었고 홍동지역 공동체라는 것도 결국은 원주민과 이주민이 같이 만든 거죠. 역사가 58년부터.[1]

위의 구술은 토착민 혹은 원주민과 이주민의 결합 속에서 이루어진 이 지역 실천의 흐름과 역사에 대한 명확한 인식이 담겨 있다. 이를 통해 볼 때, 주체 혹은 경계가 여러 겹으로 형성되어 있다는 점은, 동시에 공존의 문제가 늘 지속적으로 대두된다는 점을 말해주는 것이기도 하다. 이를테면 현재 시점에서 바라볼 때, 생태적 가치와 녹색사상으로 무장한 귀농/귀촌인들과 관행농을 유지하며 생산성에 골몰하는 토착 농민들 사이에, 소박한 일상 안에서 무교회 신앙을 지키며 살아가는 이들과 녹색사상의 정치화를 꿈꾸는 이들 사이에, 힘을 가진 지역의 일꾼으로서 남성 전업 농민을 집중적으로 육성하고자 하는 이들과 농사 외의 다양한 활동을 통해 각자가 가진 가치와 재주를 펼쳐내어 지역을 질적으로 풍성하게 조성하고자 하는 이들 사이에는 의식의 격차 내지는 가치관의 간극이 존재한다. 즉 지역에는 토착민과 이주민, 선주민과 후주민, 남성과 여성, 어른과 아이, 노년과 청년, 전업농과 겸업농, 장애인과 비장애인, 농민과 비농민, 활동가와 비활동가 등 주체 혹은 경계들이 양분되거나 여러 겹으로 존속하고 있으며, 이들의 공존이 중요한 화두로서 지속적으로 제기되고 있다.

---

1 장길섭(남, 60세)의 구술(2019년 4월 19일, 동네마실방 '뜰').

주목되는 것은, 이 지역이 이와 같은 격차와 간극이 노정하는 문제들을 중장기적 모임의 결성과 이를 발전시킨 조직이나 단체를 설립하는 등 자율적인 논의 구조를 형성·배치함으로써 해소해나가는 모습을 보여왔다는 점이다. 예를 들어 마을활력소, 홍성여성농업인종합지원센터, 마을학회와 마을연구소 일소공도, 평민마을학교 등은 이질적인 것들 사이에서 빚어지는 차이 지점들이 무엇인지 발견하고 이들의 역량을 총괄하는 것과 동시에 이를 실천 동력으로 전화시킴으로써 지역 공동체의 경계와 활동 영역을 확장시키는, 이 지역 실천의 특이성을 나타내는 대표적인 실천 사례들로 언급될 수 있다.

이러한 모습은 주민자치회로 표상되는, 주민자치라는 담론장의 부상이 지방사회의 관제적 자치의 한 양상으로서 전혀 새로운 맥락 속에서 출현하게 되었다는 시선이나, 그것이 서로 간의 다름을 받아들이지 못하는 상황에서 노정되는 갈등들을 일시적으로 봉합하기 위한 방편에 머물러 있다는 시선을 경계하도록 한다. 따라서 주민자치가 가시화되거나 부상하는 국면을 다룰 때조차도, 주민자치라는 장이 지역 실천의 역사 속에서 비로소 솟아날 수 있다는 점을 강조하는 시선이 견지될 필요가 있다. 다시 말해 지역이 가진 조건과 문제 영역에 따른 실천의 역사와 그 전개 속에서, 현재에 마주한 위기에 대한 대응 차원에서 주민자치라는 새로운 경계 혹은 영토가 일련의 사건적 마주침을 통해 등장하고 또 구성되었던 과정들을 주의 깊게 살펴볼 필요가 있다.

한편 주민들이 이른바 자치주체로서 호명된다는 점 또한 유의미하게 생각될 수 있다. 이는 주민자치의 장이라는 경로를 거치면서 협동적 문화의 흐름을 조성하고 있다는 점을 가리킨다. 물론 이 흐름은 단일한 계기나 목적에 의해 조성될 수 있었던 것이 아니다. 이는 잠재적 층위에서 존재하던 것이 어떤 사건들과 만나 표면 효과로서 의미화를 거듭한 광경들로 이루어져 있다는 식의 이해 방식이 요구된다고 할 수 있다. 이질적인 것들과 함께

간다는, 열린 문화적 흐름은 새로운 뿌리문화를 일구어내는 일들로 거듭하며 지속되고 있는 것이다.

주민자치라는 문제틀도 그 연장선상에 있는 것으로 생각될 수 있다. 물론 현장의 목소리에 따르면 주민자치는 그 목적성이 중요하게 고려되고 있다. 주민자치의 장이 의제 설정과 논의 수준이 충분하지 못하며 이를 해결하는 것이 시급한 과제라는 견해가 제기되고 있는 한편, 주민자치의 경험이 누적되어 가면서 자연스레 그 역량이 증대될 수 있을 것이라는 희망사항 또한 도출되고 있다.

공동체문화라는 문제적인 범주로 집약될 수 있는 현재 한국사회의 대안적 실천 행동들은 다양하게 분화되어 있는 국지적인 양상을 띠고 있으며, 사회의 위기와 모순에 대응하고자 주민자치의 역량에 기반한 현대 마을 공동체의 지속가능성을 구현함과 동시에 지방에서 대안의 체제로서 공동체문화를 구성해가는 실험을 전개해나가고 있다.[2] 그러므로 자치주체라는 범주 속에서, 시기적으로 귀농/귀촌인들이 지역에 유입·정착하기 시작한 2000년대와 이들이 지역에서 점차 자기 목소리를 내면서 다양한 욕구와 문제의식들을 반영하고 수렴한 중간 단체들이 설립되고, 그와 관련된 활동의 전개가 활성화되었던 2010년대에서 지금 시간까지를 아울러 다룰 필요가 있다.

이 지역에서 전개되고 있는 주민자치 활동들에는 각자의 삶에 부여하는 의미가 다양화되고 이들이 지역에 유입됨으로써 지역사회가 다층화됨에 따라 빚어지는 문제들로 인해 갈등과 반목이라는 정체된 인식으로 함몰되지 않으려는 비교적 강한 의지가 내포되어 있다. 그러면서도 구체적인 역사적 과정으로서 주민자치라는 장은 사회의 변화와 전환을 마주하면서 개별 인간과 지역의 사회적 실천 사이의 결속의 빈도와 강도를 증대시키며 주민들

---

2 이영배, 「공동체문화 실천의 대안적 힘과 잠재된 가치」, 『공동체문화와 민속 연구』 3, 안동대학교 민속학연구소, 2022c, 37~41쪽 참조.

사이에 협동과 연대의 가능한 접촉 지점들을 조성해감으로써 생활의 반경에서 발견되는 문제들을 함께 머리를 맞대고 고민해가는 지역 공론장의 구심점이자 기초 단위로 주목될 수 있다.

하지만 제도로서 주민자치에 대한 요구와 시행이 국가의 재정위기와 밀접하게 연관되어 있다는 점은 그에 대한 비판의 단초로 여겨질 수도 있다.[3] 즉 주민자치가 제도로서 고안되고 실시되는 데 있어 국가가 맞이한 재정위기가 직접적인 원인으로 작용했다면, 주민자치는 지방소멸이라는 위기 담론이 효과화되고 있는 방식[4]과 마찬가지로, 신자유주의가 배태한 현상임에도 불구하고 체제의 문제와 책임을 은폐하는 것을 넘어 그 위기를 체제의 가장자리에서 살아가고 있는 이들에게 공동의 책임으로 돌린 채 체제를 유지하는 내적 동력으로 다시 전유하고자 하는 것일 수 있다.

특히 주민자치가 이 위기를 해소하기 위해 지역재생, 사회혁신 등에 수

---

[3] 주민자치제도의 초기 형태인 주민자치위원회는 1998년 IMF 사태가 빚어낸 국가재정의 위기와 그로 인한 작은 정부의 표방 속에서 읍면동이 가지는 행정기능을 축소하고 그 공백의 영역을 주민자치라는 내용이 채우는 식으로 전환하는 선에서 추진될 수 있었다. 다만 기존의 읍면동사무소는 주민자치센터로 그 시설의 기능과 성격이 변모되기는 했으나, 주민자치위원은 실질적으로 읍면동의 행정에 참여할 수 있는 권한이 부여된 것은 아니었으므로 이에 대한 견제 기능을 갖추지 못한 채 주민대표 내지는 자문위원 정도의 인식과 위상을 가질 수 있었다. 사무적으로 행정과 자치는 길항관계에 있는 것으로 흔히 알려져 있지만, 실제 활동에 있어 자치 활동이 행정으로부터 독립적인 모습을 보이기는 어려운 상태에서 지역의 생활 및 행정 서비스의 공급 문제를 중심으로 그 둘이 상호 의존과 신뢰를 바탕으로 한 파트너로서 협력적 거버넌스 형성이 하나의 정책적 패러다임으로 부상하게 되었다. 이후 2013년부터는 주민들의 삶과 밀접하면서 실질적인 주민자치를 도모하고 내부의 권한과 책임을 주민들 간 협력·통합·조직을 원리로 삼아 재조정하기 위해 기존의 주민자치위원회를 주민자치회라는 새로운 모형으로 전환하는 정책이 시범적으로 시도되었다. 주지하듯이, 제도로서 주민자치회는 복지 제공과 문화교실 등 일시적이고 단편적인 프로그램의 진행에 한정되어 운영되고 있는 주민자치위원회의 한계를 극복하기 위해 도입되고 또 신설될 수 있었다. 주민자치회는 정기적인 주민총회를 통해 대표성을 가진 주민들을 선출하거나 일반 주민들의 의견을 적극적으로 수렴하면서도, 지역에 필요한 의제와 향후 과제를 공동으로 수립함으로써 민주적 경험을 촉진시키고 있는 것으로 평가되고 있다. 뿐만 아니라 마을기본계획을 수립하거나 사회적기업·협동조합·마을기업 등 지역에 소재하고 있는 조직체들의 이해관계를 조정하는 등 지역사회 내의 통합적 자치 기구로서 적지 않은 역할을 담당하고 있는 것으로 평가되고 있다(김찬동, 『주민자치의 이해』, 충남대학교 출판문화원, 2015, 4~127쪽).

[4] 이영배, 「가치실천 양식의 전환」, 『인문학연구』, 50, 경희대학교 인문학연구원, 2022a, 540~541쪽 참조.

반되는 하나의 방법론이자 동원의 수사로서, 혹은 이들과 동등한 지위를 갖고 함께 부상하는 언어로서 그 자리가 매겨지고 있는 모습도 그것이 가지는 의미와 가치를 일소하려는 반론으로 제기될 소지도 다분하다는 점을 말해준다.

따라서 주민자치의 장이 관련 담론과 정책의 부상 속에서 형성되었다는 인식은 단편적일 수 있다. 그보다는 주민자치라는 장의 출현을 지역 실천의 토대 위에서 형성된 것인 동시에 지나온 과거의 현실화된 관계들이 지역의 필요와 대응에 따라 조정되고 있는 역사적 국면 정도로 생각해보는 일이 어쩌면 더욱 중요할 수 있다. 그러므로 자치와 자율의 관점에서 지역의 실천이 어떤 경로를 형성해왔는지를 탐색해보는 작업이 필요하다. 이를 주목할 수 있는 개념으로서 자치주체를 제안할 수 있다.

자치주체는 어느 한 순간에 출현하거나 호명된 것을 의미하지 않는다. 그것은 오히려 때에 따라 제기되는 필요와 대응 속에서 출현하여 결합을 도모하는, 그리하여 국지성을 담지하고 나타나는 주체들을 가리킨다. 지역에 살고 있는 주민들을 가리키는 말들이 그 성격과 기능에 따라 여러 가지로 구분되고 있다. 다시 말해 지역에서 살아온 세월과 결속 정도에 따라, 성별과 세대에 따라, 삶의 방식과 지향하는 가치에 따라, 무리 짓거나 소속되어 있는 모임과 조직에 따라 여러 지칭들이 구분되거나 혼재되어 있다. 자치주체는 이러한 지칭의 혼재와 구분에도 불구하고 지역 실천에서 발견되는 하나의 역사적 계보를 이루는 것으로 여겨질 수 있다.

1997년 IMF 이후 귀농인의 정착 과정은 지역 실천의 토대를 더욱 새롭게 하는 전환적 계기가 되었다. 여기에서 중요한 것은 주민자치의 영토와 주체가 여러 겹이라는 점이다. 즉 주체들이 서 있는 영토 혹은 경계가 여러 층을 이룬다는 것이다. 이처럼 주민자치 내지는 자치주체라는 말은 중첩을 표현하고 있으며, 이들은 주민자치라는 장에서 서로 중첩되면서 지역의 공동체사회를 구성해가고 있다. 이 장 안에서 여러 겹의 주체들은 갈등하면

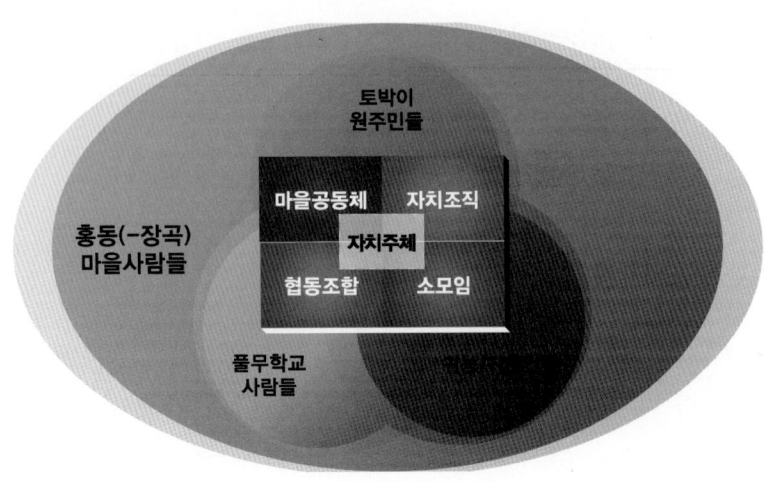

〈그림 6〉 홍동(-장곡) 지역 주체 혹은 경계들의 교섭/중첩 양상과 그 층위

서 함께 엮인 관계를 형성하고 있으며, 그리하여 공동체성의 경계를 허물어뜨리거나 재수립하는 방식으로 재구성해가고 있다. 이러한 과정을 통해 지역이 표방하는 자치의 질을 높여가고 있으며, 지역이 해야 할 일들을 스스로 일구어가도록 촉발시키고 논의하는 일들을 담당해가고 있다. 주체 혹은 경계들이 교섭하거나 중첩되는 양상과 그 층위가 그리는 형국을 표현해 보면 〈그림 6〉과 같다.

비어 있거나 아직 가시화되지 않은 문제 영역들을 구체적인 삶의 경험 속에서 발견하고 이를 공적 의제로서 포괄하고자 하는 노력으로 구성되어 왔다는 점은, 이 지역 실천이 역사가 가지는 의미 중 한 가지로 언급될 수 있다. 그러므로 공동체문화 실천이라는 것은 삶을 살아가는 가운데 충족되지 않는 나의 욕구들과 가까이 있는 이들의 결핍을 이해하고 이를 공유와 나눔 혹은 함께 하는 과정을 통해 해소하려는 경향을 보이는 그만큼, 그것은 현재성과의 연관을 보이며 지역 밖에 산재하는 대안에 대한 관심사와 조응하면서 그 실천의 궤적을 그리고 있는 것으로 생각될 수 있다.

여기에서 주목되는 것은, 그 과정 속에서 지역 실천의 주체와 경계들이 복잡다단하지만 그러면서도 뚜렷한 층위들로 존재하고 있다는 점일 것이다.[5] 즉 실천을 이끄는 힘이라고 생각될 수 있는 공동성이라는 것이, 위기와 결핍이 느껴지거나 발견되고 그에 대응하고자 하는 만큼 도래할 수 있는 것이라면, 실천을 구성해가는 주체와 경계들은 그만큼 유동적이고 또 일관된 모습을 띠기 어려운 상태로 존재할 수밖에 없다. 다만 한계가 있더라도 이를 붙잡아보는 일은 필요할 수 있다.

주체에 따라 좀 더 구체화해보면, 토박이 원주민, 풀무학교와 연관성을 지닌 토착민 내지는 졸업생, 귀농/귀촌인 등으로 구분 지을 수 있다. 이들은 구체적인 조직 내지는 경향으로서 마을 공동체, 협동조합, 자치조직, 소모임 등에 소속되거나 혹은 동참하면서 나름의 실천을 공고하게 이어가고 있다. 이를 통해 차이들을 발견함으로써 무게의 균형을 맞추어가거나 분화를 통해 또다른 영역을 구축해가는 모습을 보이고 있다.

또한 홍동(-장곡)에서 이루어지고 있는 일들은 대체로 활동가의 실험과 기획이 일반 주민들로 확장되는 모습을 보이고 있으며, 이는 지역사회의 신진대사를 활성화하기 위한 시도로서 그 의미가 부여되고 있기도 하다. 하지만 주지하듯이, 서로 다른 삶의 방식과 가치 지향을 지닌 세대 간의 문제가 여기에 무겁게 달려있다는 점은 엄연하다. 다시 말해 위의 도식에서 표현하고 있는 중첩되거나 교섭하고 있는 영역들 혹은 가치 지향들의 구분이 제대로 재현하지 못하고 있는 실천의 복잡성과 다양성이 지역에 편재되어 있다.

---

[5] 이는 관점에 따라 여러 가지 방식으로 구분되고 있기도 하다. 지역의 유기농업 운동의 관점에서 이를 정리한 한 귀농인의 언급에 따르면, 그것은 협동조합과 유기농업 및 생태마을 운동을 이끈 풀무학교 졸업생 그룹, 유기농업 농민단체이자 농민공동체 구실을 했던 정농회 회원 그룹, 생태적 귀농교육을 이수하고 지역의 협동조직에서 실무 역할을 수행하면서도 꾸러미라는 새로운 경제 사업을 단행한 귀농/귀촌자 그룹, 지역의 활동가로서 여러 조직과 단체에 참여하면서 새로운 형태의 농장을 실험하고 있는 풀무학교 전공부 졸업생 그룹, 유기농업 생산자 조합원으로 참여한 토착 농민 그룹 등으로 나뉘기도 한다(장길섭, 「홍동 지역 유기농업운동 소묘」, 충남발전연구원+홍동마을사람들, 앞의 책, 138~143쪽 참조).

그럼에도 불구하고 중요한 것은 그만큼 열린 공동체라는 것이 문제의 화두가 되고 있다는 점, 즉 "다양한 성격의 이질적인 농민들이 서로 갈등하기도 하고 융화하면서 지역 공동체 전체가 아직 이루어지지 않은 어떤 공동의 목표를 향해 나아가고 있다"[6]는 한 지역민의 발화 속에 담긴 인식을 통해 그러한 화두가 필요로 하는 어떤 출구가 발견될 수도 있을 것이다.

2. 공적 영역의 자치화 혹은 공동체성의 변환

1990년대 중반, 풀무학교에서는 고등부를 확장시킨 전공과정의 설치에 대한 논의가 본격적으로 이루어지게 된다. 앞서 거론했던 것처럼 지역자치와 관련하여 지역대학의 설립 필요성이 꾸준히 제기되어 온 상황에서, 1992년 10월 교육부의 법령 고시를 통해 1996년 3월부터 풀무농업고등기술학교에서는 2년제 전공부 과정을 둘 수 있게 되었기 때문이다. 이에 전공부 과정은 환경 농업과 지역화 시대의 인재를 기르기 위해 설치되어야 하며, 구체적으로는 성서에 바탕을 두어 높은 교양을 지니면서 환경을 걱정하고 국민의 건강과 생명을 생각하여 바른 농사를 짓고 소규모 관련 산업을 일으켜 공동체 삶을 실현하여 지역을 살리고 국제적 시야를 가져, 다가오는 21세기에 대비할 젊은이를 기를 작은 풀뿌리 평민대학이 되어야 한다는 점이 주장되었다.[7] 이를 통해 고등부의 확장 과정이면서도, 그 차원에서는 충

---

6 위의 책, 43쪽.
7 이는 다음과 같은 내용으로 실렸다. "고등부는 기초 전인교육과정이다. 환경 농업과 지역화 시대의 인재를 기르려면 전공과정 설치가 필요하다. 성서에 바탕을 두어 높은 교양을 지니면서 환경을 걱정하고 국민의 건강과 생명을 생각하여 바른 농사를 짓고 소규모 관련 산업을 일으켜 공동체 삶을 실현하여 지역을 살리고 국제적 시야를 가져, 다가오는 21세기에 대비할 젊은이를 기를 작은 풀뿌리 평민대학의 탄생은 우리 공동의 염원이 아닐 수 없다. 92년 10월 교육부는 96년 3월부터 한국 유일의 풀무농업고등기술학교에 2년제 전공부 과정을 둘 수 있도록 법령을 고시했다. 증설이니 큰 시설은 필요하지 않을 것이다. 전공부는 고등부와 분리되어 소

족되지 않는 지역의 농민 양성 과제를 수행할 수 있을 만한 거점이 갓골이라는 공간을 중심으로 마련되었던 것이다.

갓골은 그간 지역 차원에서 추구되어 온 가치를 바탕으로 여러 방면의 당면 문제들을 나름의 방식으로 풀어나가고, 마을과 학교가 연결되는 것을 넘어 일치되어야 한다는 점이 그 지향으로 통용되기 시작했으며, 그에 필요한 거점들이 그 문제인식과 필요성에 따라 형성되기 시작했다. 특히 설립된 전공부를 중심으로 그 물적 자립 기반에 필요한 거점들이 생겨나고, 이와 더불어 지역 차원에서 새로운 실천이 기획될 수 있도록 도움을 주는 목적의 거점들 또한 생겨나게 되었다.

> 귀농학교를 통해서 사회현실, 농업현실, 생태계현실을 이해하고 그래서 농업이 필요하다는 걸 자각한 사람들이 농촌에 가면 좋겠다고 생각을 해서, 귀농학교는 그런 방식으로 프로그램을 만들고 교육을 진행했고 지금도 그런 방향이 유지되고 있어서, 귀농운동본부를 거쳐서 귀농한 사람들은 그냥 농촌에 온 사람들하고는 의식이 다르고, 생활 방식이 달라요. 대부분 유기농업을 하고 혹은 자연농업을 하고, 생태적인 농업을 하려는 사람들은 귀농운동본부를 통한 사람이고. … 귀농자들이 모이는 특정한 거점들이 생겼어요. 대개 거기는 유기농업을 오래 전부터 활동하고 있던 농민들이 있는 지역에 귀농자들이 결합하는 형식으로. 왜냐하면 경험 없는 사람들이 바로 농사를 지을 순 없으니까, 멘토 역할을 할 수 있는 사람들이 있는 데다가 소개를 시켜주다 보니까 몇 군데 거점이 생긴 거죠. 초기에는 유기농업을 오랫동안 해왔던 정농회원들이 있던 데나 아니면 한살림 회원이 있던 데에 결합하는 형태가 있었고, 그 다음에 귀농자들이 모여 살면서

수인원에 성서와 교양, 방통대 교재로 학위를 얻고 우수한 교사진과 함께 외국 강사로 말과 실습을 익히며 후계자 정착금을 받는 속내를 갖을 수 있다. 내년까지 자료를 모으고 추진위가 구성되었으면 한다. 하나님의 도우심이 없이 동북아시아에 아직 없다는 유기농업 전공 과정은 태어나기 어렵다. 우리 속에 진실과 희생으로 오신 그리스도의 모습이 이루어지면 풀무의 소원은 이루어질 것이다(홍순명, 「풀무의 세 소원」, 『풀무』 131, 풀무학교 수업생회, 1994년 9월)."

그곳이 스스로 나중에 오는 귀농자한테 도움이 되는 거점들이 생긴 거죠. … 홍동도 그런 거죠. 홍동은 풀무학교가 있고, 정농회 홍성지회가 있었고, 풀무생협이 있었고, 유기농업하는 사람들이 있었잖아요. 그러니까 그런 게 일정한 거점이 됐고, 거기에 귀농자들이 결합이 돼가지고, 귀농자들이 일정하게 숫자가 늘어나면서 자기들이 농업기술센터 같은 데다가, 군에 요청을 해서 귀농지원센터라는 걸 만들게 했죠. 제도화한 거죠.[8]

초기의 귀농운동을 통해 홍동으로 유입된 이들은 환경, 생태, 유기농업과 직접적인 연관 속에서 귀농이라는 운동 혹은 실천을 강행한 사람들이었으며, 그런 만큼 지역에 뿌리를 내리려고 하는 의지가 상당히 강하다는 특징이 있었다. 이렇듯 1990년대 후반에서 2000년대 초반에 이르러 귀농/귀촌 인구가 지역에 유입되면서 세대와 그 취향, 그리고 관심 분야와 문제 영역이 장기적으로 더욱 다양해지는 인적 기반이 형성되었다. 앞서 논의한 바와 같이, 이미 지역에서 자리매김하고 있던 풀무학교와 유기농업, 협동조합의 형태로 나타나는 자주와 협동, 자립의 문법이 그들의 유입에 중요한 요소로 작용했다. 초기에는 전국귀농운동본부와 이들이 창안하여 진행한 귀농학교라는 프로그램으로 대변되는 사회운동으로서 귀농운동의 흐름이 중심적으로 전개되었다.

이러한 귀농과 귀촌의 흐름은 민주화 이후 지방자치제를 거쳐, 1997년 IMF로 인한 한국 경제의 신자유주의적 재편과 깊은 관련 속에서 전개되는 것으로 이어졌다. 물론 전공부는 내부적으로 볼 때는 학교와 마을의 유기적인 구성이라는 풀무학교의 전체적인 구상 속에서 설립된 것이었지만, 동시에 외부적으로는 귀농운동의 부상과의 연관 속에서 그 역할이 강화되었다. 이는 이념적 구조로서 농촌문명의 전체적인 구상과 지방자치 및 가치

---

8 장길섭(남, 60세)의 구술(2019년 10월 2일, 풀무학교생협 자연의선물가게).

실천의 다양화의 흐름이 절합된 과정으로 이해될 수 있을 것이다.

그 당시의 초창기의 올드 멤버들은 대부분 그런 멘토 역할을 자처했어요. 그래갖고 새로운 귀농 후배가 지역에 왔다, 뭐 운월리든, 주로 홍동면내에 왔다. 장곡면에 그래도 가까운 곳에 비교적 왔다 그러면 소식이 들리니까, 찾아가서 농사 어떻게 짓는지, 작물의 성장 단계별로 안내를, 자연스럽게 또 방문하게 되면 둘러보게 되잖아요. 그리고 집들이나 이런 것 할 때, 함께 하고. … 또 홍동, 장곡의 좋은 전통 중의 하나가, 그게 한 13년 간 계속 유지가 됐거든요. 귀농 첫 해부터. 공통퇴비작업이라는 거를 보령시 천북면 낙동리에 있는 황토농장에서 그 전통이 이어졌어요. … 그때 초창기 올드 멤버들은 형제 이상으로 되게 가까웠어요. 왜냐면은 비빌 언덕들이 그때는 별로 없으니까, 아는 분들도 지역민도 극히 제한되고 적고 하니까, 선배들이 후배들의 든든한 울타리이자 비빌 언덕이 되어줬던 거죠. … 초창기 일제강점기에 독립운동 한 그런 심정이죠 사실은. 왜냐면은 입장과 처지가 비슷하니까. 먼저 된 자로서, 후배들. 되게 끈끈했었어요. 그건 아마 장 선생님이나 올드 멤버들 만나면 다 그런 감정들을 공유할 겁니다. … 나중에는 그게 조금 더 사람들이 늘어나면서 아사모라고. 아이들을 사랑하는 엄마들의 모임. 자연스럽게 아이들 조직되진 않았지만 공동육아 비슷하게 서로. … 그게 또 나중에 조금 더 확대 발전돼서 선생님들까지 포함해서 홍성아이사랑이라고, 모임으로 이렇게 진화되기도 했었죠. 한동안 존재를 하다가 나중에는 햇살배움터나 이런 제도권에서 나오면서 자연스럽게 그쪽으로 흡수가 된 거죠. 고런 전통들이 있어요.[9]

귀농/귀촌인들의 유입과 그 정착 후의 활동들은 실제로 여러 방면으로 이루어졌다. 특히 그 초기에는 농사와 더불어 교육과 관련한 실천이 두드

---

9 이환의(남, 50대)의 구술(2019년 7월 15일, 홍성군귀농귀촌종합지원센터).

러졌다. '초창기의 올드 멤버'들이라고 지칭되는 초기 귀농인들은 서로에게 비빌언덕 내지는 버팀목이 되어주면서 녹록치 않은 귀농생활의 위안이 되었다. 귀농인들은 서로 선배와 후배 등의 지칭으로 불린다는 것이 특징이기도 한데, 그런 만큼 선배 귀농인은 후배 귀농인으로 하여금 멘토 역할을 자처했기 때문이다. 이러한 귀농인들의 문화는 위의 구술에서도 살펴볼 수 있듯이, 일종의 전통으로 자리잡기도 했다. 즉 공동의 노동 과정을 계획하여 함께 노동하고 식사하며 시간을 보내고 끈끈한 연대를 다짐으로써 지역에서 살아가기 위한 사회자본을 형성해간 것이었다. 당시 귀농운동은 '독립운동을 하는 심정'에 비견될 정도로 사명과 의식이 담긴 것이었는데, 이러한 상황 속에서 서로 간의 동질감과 연대감이 강조되었다.

이러한 경험들이 이후에는 더욱 많은 귀농/귀촌인들의 유입으로 이어지게 되면서 다양한 자치실천으로 확장되었다. 즉 아이를 사랑하는 모임(아사모)과 홍동아이사랑(홍아사), 그리고 범교과교사모임과 같이 홍동초등학교와 홍동중학교에 아이를 진학시키게 된 학부모들이 또다른 형태의 학교 설립보다는 공교육의 범주 안에서 좀 더 대안적인 교육을 추구하고자 하는 활동을 함께 전개해가면서 커뮤니티가 형성되고, 이것이 외부의 지원과 만나 교육네트워크와 같은 조직이 결성되기도 했다.

이러한 귀농/귀촌인 학부모를 중심으로 형성된 네트워크는 지역에 살아가고 있는 여성농업인을 지원하기 위한 거점이 만들어지면서 그와 연계된 실천들로 이어지게 되었다. 요컨대 풀무학교와 유기농업 단체에 집중되었던 지역사회에서 사회적 힘의 구도가 재편되면서도, 지역 외부의 관심 및 귀농/귀촌인의 유입증가와 결부되어, '마을'의 인식적 범주가 홍동면 단위로 확장되는 면모를 보이게 되었다.

일찍이 풀무학교가 주도한 교육과 학습, 지역 생산자들의 결합, 오리농법을 통한 생태마을의 재구 등 지역 주민들의 참여와 유대를 공동의 기반으로 삼아 유기농업이라는 대안적 실천을 이어가던 홍동 지역은 1990년대 후반부터 시작되었던 귀농운동에 있어 교과서적인 지역 현장이자 선진지로 주목되었다. 특히 생태사상을 가장 근본적인 운동의 모토로 삼고 있던 전국귀농운동본부에는 유기농업 실천을 주도하였던 지역의 생산자들과 정농회 회원들이 직간접적으로 참여하여 교육 커리큘럼의 설계와 진행을 도맡았을 뿐 아니라 생태귀농학교 수료생이 지역에 귀농하여 안착하는 등 전국 차원의 귀농운동과 지역은 실질적으로 밀접하게 연계되거나 중첩되는 관계를 맺고 있었다. 이 시기 홍동 지역은 생태사상을 지닌 초기 귀농운동 참여자들의 최종적인 귀착지로 여겨지면서 그 몇몇이 유입되는 결과로 이어졌던 것이다.

풀무학교를 중심으로 한 지역의 실천이 처음 시작하게 될 때 농촌 현실의 열악함이 중요하게 언급되었던 것과 같이, 당시에도 귀농운동이 마치 독립운동에 버금가는 일로 이들에게 여겨질 정도였다고 할 정도로 귀농과 지역 정착을 도모하기에는 농촌 현실이 매우 녹록지 않았던 것으로 기억되고 있다. 이는 그만큼 개인의 생활 적응이 고되고 쉽지 않은 일이라는 것을 뜻하는 것이기도 하지만, 운동의 차원에서 사회 구조를 변혁시키는 동력으로서 귀농을 시도하는 일이 그만큼 심정적으로 절박한 일이라는 것을 뜻하는 것이기도 했다. 다만 그러한 어려움은 반대로 이들 사이에 강한 결속력을 촉발하는 요인이 되기도 했다. 지역에 들어온 귀농인들은 통합된 커뮤니티나 플랫폼이 형성되어 있지 않아 분산된 입지들에서 각자도생하면서 적응에 힘썼다. 그러면서도 들어온 시기에 따라 귀농 선후배로 호칭하며 서로에게 비빌 언덕이 되어주기를 요청함으로써 새로운 영역의 공동체성이 구축되는 단초들을 마련해갔다.

> 그때는 공동육아라는 말도 저희한테는 거의 '그게 뭐야?'라고. 그런 말이 있는지도 모를 정도로. 거의 아이들에 대한 육아나 돌봄이. 거의 엄마의 영역이었어요. … 여기는 굉장히 좀 우리가 책에서 봐 왔던 어떤 농촌 마을의 그런 세계

가 딱 펼쳐져 있더라고요. 그래서 이건 여성 일, 이건 남성 일. 뭐 이런 것들도 광장히 뚜렷하고. 그래서 거의 인제 농사 경험도 없는 상태에서, 본격적으로 농사를 짓다 보니까 저도 그렇고 애기 아빠도 그렇고 서로 힘들고. 하루 하루 견디고 새로운 환경에 적응하고 이러는 데 너무 바빴던 거 같아요. 그러다보니까 너무 자연스럽게 아이의 부분은 대부분 여성들의 몫으로 그렇게 차지하게 돼서. 저도 아무렇지 않게 아이의 부분은 제가 많이 했던 거 같아요. … 자연스럽게 아이들한테 아는 얼굴들을 만들어주는 게 좀 필요하겠다. 이게 집에서 엄마하고 아이만 이렇게 있었던 생활만으로는 아이들의 생활이 즐겁지가 않구나. … 그래서 시작한 게 아이를 사랑하는 모임이라 그래서. 아사모를 저희가 시작을 했어요. 그래서 생산자 활동으로 같이 관계를 맺고 있었던 여성 생산자들하고 의기투합이 돼서.[10]

이전과 다른 공동체성이 형성되었던 단초는 육아 문제가 지역 주민들 공통의 중심적인 화두로 부상하게 되면서 본격적으로 현실화되었다. 물론 그 이전부터도 어른들끼리의 만남과 모임은 지속되고 있었으나, 이때 제기된 육아라는 문제는 이들의 관심과 활동이 지역에서 부족하다고 여겨지는 부분들을 메워가는, 그리하여 공익적 성격을 띠게 되는 전면적인 변화의 기점이었던 것이다. 위의 발화에는 당시 비민주적으로 느껴졌던 농촌 현실을 목격했던 기억과 그 체험이 담겨져 있어 주목된다. 도시 생활에서는 느껴보지 못한 농촌의 봉건성과 바쁘게 지나가는 정착 과정에서 가볍게 여기고 뒤의 문제로 지나쳐왔던 가정 내 역할 구분이 눈에 들면서 시작된 문제 인식은 이후의 행보들을 조건화하는 계기로 작용하였다. 특히 이전까지 가사·육아와 같은 일들은 여성이 감당해야 하는 일이자 무상 일이 되어버린

---

10 안정순(여, 59세)의 강연(햇살배움터마을교육사회적협동조합 정기총회, 2021년 7월 24일, 홍동중학교 해누리관).

재생산 노동으로 여겨지고 있었다.

귀농인들과 토박이 원주민들이 함께 참여하여 2000년에 시작된 아사모의 활동은 그 출발 지점에 있는 사례에 해당한다. 이는 사회적으로 공동육아라는 말조차 채 자리 잡기 전에 구체적인 실천으로 먼저 나타났다는 점에서 유의미한 사례로 볼 수 있다. 이 문제를 극복해가는 과정에서 지역운동이나 생태운동의 그늘에서 소외되거나 방치된 인간 존재들에 대한 관심이 생겨나고 이를 복권시켜나가는 성격의 활동들로 이어지게 되었다.

아사모는 어른들끼리 먼저 친해지는 과정을 통해 아이들에게 아는 얼굴들과 친구들을 만들어주는 것을 주된 활동으로 여겼으며, 주로 참여하는 가족들이 함께 놀고 시간을 보내는 활동들로 채워지게 되었다. 절박했던 만큼 강하게 추진되고 있었던 지역운동이나 생태운동이 만들어놓은 시차時差는 이와 같이 단순한 일과를 함께 향유하며 삶의 기본적인 욕구를 충족시키는 활동들이 핵심이 되어 부분적으로 조정되거나 어느 정도 균형을 이루는 방식으로 해소될 수 있었다.

> 초등학교 위의 운동장이 주로 애들 축구하고 뛰어 놀고 이런 곳이에요. ⋯ 일하는 분이 제초작업이 힘드니까. 그라목손이라는 제초제를 뿌리니까 색깔이 다 변했다. ⋯ 즉시 전파된 거예요. 아 우리 애들 다니는 학굔데. 낫 들고, 아니면 예치기 들고 모여가지고 한동안 우리가 깎았고. ⋯ 학교에서는 떡도 하고. 우리 학부모들이 다 모여가지고 몇 년 동안 거기 풀도 계속 깎고 풀도 메기도 했거든요. 그러니까 학교에서는 더 이상 제초제를 안 쓰는 거죠. 귀농인들이 그렇게. ⋯ 기존의 관행을 깨는 혁신적인 그런 제도들이 있으면은 즉시 받아들여요. ⋯ 물론 이제 트렌드라는 건 바뀌어서. ⋯ 외부에서 그렇게 협력해서 생기면 또 다른 형태로. ⋯ 다른 형태로 변형되기도 하고요. ⋯ 귀농귀촌인들이 새롭고 다양한 시도들을 많이 했던 것 같긴 해요. ⋯ 농촌에 내려와서 먹고 사는 건 참으로 중요하다. 근데 너무 그쪽에만 매몰되면은 별로 남는 게 없잖아요. ⋯ 적어도

먹고 사는 이외의 시간. 노력의 일부는 좀 마을과 지역을 위해서 따로 남겨놔서, 그쪽에서 고민을 계속 해가지고 우리 홍동의 현재 그거를 실천한 사람들처럼 그렇게 했으면 좋겠다.[11]

귀농한 학부모들을 중심으로 지역의 공교육이라는 영역을 변화시켜나간 실천은 그러한 활동의 연장선에서 이루어질 수 있는 것이었다. 아이키우기와 관련된 공통의 관심사는 일시적으로 대안학교의 설립이라는 의제로 구체화된 바 있다. 하지만 공교육이 지역에서 가지고 있는 의미, 그리고 지역을 포괄적으로 한 데 품고 있는 공교육의 위상을 고려했을 때, 새로운 영역을 조성하기보다 기존의 영역을 변화시켜나가는 일이 더욱 중요할 수 있다는 결론에 다다른 것이 그 계기였다. 현실 문제에 대한 대안적 실천의 착상들을 제공해온 선진지로서 공인되고 있는 지역의 위상에 비해 그 혜택 면에서 비교적 소외되고 있는 공교육의 한계를 채우거나 그 내용을 바꿔나가는 활동들이 이들 학부모들을 중심으로 전개되었다.

예를 들어 그 구체적인 사례로 홍동초등학교 운동장에 더 이상 제초제를 치지 못하도록 막은 일, 그리고 정부미와 알 수 없는 원산지의 식재료로 채워지던 학교급식을 지역에서 키워낸 농작물이 공급될 수 있도록 매개하여 친환경급식으로 전환시킨 일을 들 수 있다. 이를 계기로 공통된 관심사들을 확인하고 관련 의제를 수립하는 경험을 축적한 학부모들은 그 전후로 마치 학교를 "접수한 것"으로 표현될 정도로 변화의 중추적인 역할을 담당하기 시작했다. 학교의 구체적인 운영 즉 학부모회뿐 아니라 운영위원회, 급식모니터, 도서도우미 등에 참여하면서 학교라는 공교육의 범주와 지역사회의 긴밀한 연관을 조성했던 것이다. 이렇듯 공교육을 변화시켜나간 일은 결과적으로 귀농/귀촌인들과 토박이 원주민들의 중첩된 영역을 새롭게

---

11 이환의(남, 50대)의 구술(2019년 7월 15일, 홍성군귀농귀촌종합지원센터).

조성해가는 일에 일조한 것이었다. 특히 삶의 장소로서 마을 공동체와 농업 생산자로서 농민단체에 소속되고 필요한 실무를 담당해가면서 지역에 적응하거나 그와의 접촉 지점을 늘려가던 행보가 더욱 확장되어 나타났던 사례로 주목될 수 있다.

이러한 공익적 주민활동들은 단순히 기존의 관행들을 일종의 악습으로 여기고 이를 깨나갔던 것으로만 여겨지지 않는다. 지역에서 발견되는 한계와 문제들은 기존부터 고수해온 지역 실천의 역사적 기반에도 불구하고 소외되거나 배제되는 모습들에서 비롯되는 것들이었다. 이들에 대한 관심을 채워가는 일들을 수행해나가는 가운데 귀농/귀촌인들의 결집과 도모가 이루어져 지역의 연결성을 강화하는 하나의 동력으로 구성되었을 뿐 아니라, 이들의 역량이 안팎으로 증명되면서 공동체성의 새로운 영역과 그 경계들이 구획되어 나간 것이었다. 그러므로 이러한 국면은 기존 사람들의 그림으로 가득 채워진 도화지를 비집고 자신이 가진 감수성을 작게 덧대어가거나 조금씩 고쳐 그려나간 일로 묘사될 만하다고 하겠다.

3. 사회 구성의 다층적 인식과 협력적 연결

귀농/귀촌인들이 지역에 유입되거나 정착하게 되고 그로 인해 실천 주체가 다층화됨에 따라 이들의 입장과 경험이 공존할 수 있는 특정한 기관이나 조직이 시대의 변화와 그것이 요구하는 과제들과 조응하면서 설립되기 시작했다는 것은 주지한 바와 같다. 말하자면, 귀농/귀촌인들이 지역에 유입되면서 시작될 수 있었던 공익적 주민활동들의 전개에 힘입어, 새로운 형태의 협력적 연결망이 구축됨과 동시에 그 주체로서 이들의 주도적인 참여가 두드러졌던 것이다. 특히 홍성여성농업인종합지원센터[12]는 그러한 초기의 역사적 맥락을 반영하고 있으면서도 새롭게 생겨난 실천의 내용들이 지금까지 유지·존속되고 있는 한 사례로 언급될 수 있다.

그렇게 몇 년 그렇게 생활을 즐겁게 했는데. 그 이후에는 여농이 만들어진 거죠. … 그 이후에 여성농업인센터가 농림부시범사업으로 시작이 되면서, 여러 경로로 홍동에 제안이 들어왔었어요. … 자연스럽게 여러 경로로 여농 사업에 대해서 정보를 듣는 사람들이 모여갖구 준비 모임을 시작을 했어요. 2001년도 겨울에 몇 차례 모임을 하면서, 우리 아이들을 위해서, 여성농업인들을 위해서 여성들이 한 번 직접 우리 문제를 우리가 한 번 모여서 해결을 해보면 어떻겠느냐 라는 그런 취지로 얘기를 했었고. 그때는 아이들의 문제를 저희들이 굉장히 크게 받아들였어요.[13]

여농센터의 설립은 2001년으로 거슬러 올라간다. 당시 지역을 토대로 한 다종다양한 실천이 활발하게 이루어지고 있는 것으로 알려져 있던 홍동 지역에 여농센터 설립 사업에 대한 제안이 한 개인과 단체 차원의 경로로 이루어진 바 있었다. 특히 문당리에서 이루어진 여성 정농회 모임에서 있었

---

[12] 사업의 측면에서 홍성여성농업인종합지원센터(이하 여농센터로 줄임)는 2002년 농림부 여성정책담당관실의 신규 사업으로 시작된 것으로, 여성농업인의 지위 향상과 자아실현의 계기를 제공하여 삶의 질을 높이기 위한 농촌정착 프로그램으로 출범하였다. 기본적으로 농촌 지역에서 소외되어온 여성 농업인들의 다양한 활동들을 촉진함으로써 이들의 연대감을 고양시키는 한편, 이를 통해 여성과 아이들이 행복한 농촌을 만들어나가고자 하는 의도를 포함하고 있다. 또한 육아와 농업을 병행하는 여성 농업인의 고민을 함께 해결하고, 여성 농업인이 자기 주도적인 삶을 살도록 돕기 위해 활동해오고 있다. 구체적으로는 농촌 어린이들에게는 방과 후 아동 지도 프로그램을 제공하고 청소년 지도 프로그램으로는 초중학생 방과 후 교실을 열어 운영함으로써 여성 농업인들이 걱정 없이 영농과 생업 활동에 종사할 수 있도록 지원하는 것이 주요 업무로서 명문화되고 있다. 뿐만 아니라 여성 농업인들의 삶의 질을 증대시키기 위해 다양한 교육, 문화, 건강 강좌를 개최하고 있으며, 상담소를 통해 여성 농업인들의 고충을 해소하는 역할을 담당해가고 있다. 2008년부터 '함께먹는식구들' 직판매장을 개장하여 공동구매와 농산물 나눔을 실시하고 있으며, 2013년부터 부설 공부방을 장곡 지역으로 이전하여 지역아동센터를 운영하고 있다.
[13] 안정순(여, 59세)의 강연(햇살배움터마을교육사회적협동조합 정기총회, 2021년 7월 24일, 홍동중학교 해누리관).

던 센터 설립 문제를 다룬 사업 설명회는 지역의 여성 농업인들이 이에 대해 관심을 가지게 되는 계기가 되었다. 이처럼 일정하게 결집력을 유지하고 있었던 것이 다른 지역과 다르게 그에 관한 논의가 급물살을 타게 되었던 직접적인 계기로 작용했다. 이를테면 아사모에 참여하고 있는 주체들과 지역의 여성 농업인들은 밀접한 연관 속에서 서로 중첩된 반경을 나타내고 있었다는 점을 들 수 있다.

더욱이 2002년 여농센터가 설립되고 자체적인 방과 후 교실 프로그램이 시작됨으로써 아사모 모임은 해산되고 이들의 경험과 역량이 여농센터를 뒷받침하는 자리로 전환되었던 모습[14]은, 작은 모임으로 시작한 활동들이 점차 기관이나 조직으로 흡수·전환되면서 지역사회에서 공적인 역할 내지는 성격이 짙어지게 되는 역사적 과정을 말해주는 것이기도 하였다. 여농센터는 아이들을 중심으로 학부모들과 지역의 다른 가족들이 만나고 소통할 수 있는 공간으로서 그 역할을 담당하면서도, 구체적으로는 음식을 나누어 먹는 '함께 먹는 식구들'과 '나눔의 장터' 등의 공적인 활동들을 지속시켜 나갔다.

> 저희가 한 2005년 요 무렵부터 지역에서 마을교육과 관련해서 좀 이야기들을 나눴던 것 같습니다. … 저희가 2000년대 초반에 좀 농촌의 교육 환경들을 그냥 가만히 지켜볼 수 없다는 어떤 주민들의 문제의식이 좀 출발이 됐던 것 같고요. 그러면서 2000년대 후반 되면 조금 더 해주고 싶은 마음들이 생기시나 봐요. 지역 분들이나 또 학교 선생님들. 몇 분이 이렇게 조금 더 친구들에게 다양하게 활동을 좀 이어가게 해줄 수 없을까 해서 네트워크를 구성해서 지역에 있는 여러 단체들과 같이 교육활동들을 진행해왔다. 2013년도에, 고민은 '왜 우리 동네에는 아이들을 위한 공간은 없을까?'라는 문제의식. 그래서 아이들을 위한 공간들을

---

[14] 김귀영, 「홍성여농센터 탄생기」, 『그녀들의 홍동 이야기 : 홍동허스토리(2016)』, 홍성여성농업인종합지원센터, 2017, 29~31쪽 참조.

좀 마련하게 되고. … 두 가지 꿈과 목표를 가지고 활동했어요. 그냥 저희는 진짜 '아이들이 좀 행복하게 지역에서 자랐으면 좋겠다.' … 또 '아이들이 지역에서 여러 공간에서 다양한 추억들을 좀 가지면 좋겠다' 이런 생각에서 활동들을 했습니다. … 우리 마을교육과 관련해서는 여전히 아이들이 계속 학교 다니고, 그 친구들을 위한 환경을 마을에서 좀 고민해야 된다라는 의제들을 좀 다뤘던 부분. … 그리고 마을교육력을 키우는.[15]

인구와 세대의 구성이 점차 다양화된다는 것은 서로 간의 다름을 알아가는 과정이 필수적으로 수반된다는 점을 의미하기도 했다. 그 다름이라고 하는 것은 시혜적 성격을 짙게 나타내면서 해소되어가는 것이라기보다는, 이와 같이 느슨하면서도 협력적인 연결망의 구축을 통해 그 방향이 모색되어가는 모습으로 이어졌다. 햇살배움터교육네트워크[16]의 행보는 그러한 면을 보여주는 한 가지 예이다. 햇살배움터의 실천은 '범교과교육과정연구회'의 조직을 통해 출발될 수 있었다. 범교과교육과정연구회는 지역에서 지역의 가치를 학교에 실현하는 일이 좀 더 정교하고 심화되어야 한다는 과제로부터 출발할 수 있었으며, 이는 아이들을 지역으로 보내 마을이 학교가 되도록 하자는 제안으로 이어졌다. 이에 지역에 소재하고 있는 목공실, 빵공장, 공예장으로 아이들을 보내 2005년부터 범교과과정을 시작함으로써 학교 현

---

15 이재혁(남, 43세)의 발표(「홍동지역 마을교육 시즌2를 준비하는 햇살배움터」, 『공동체, 배움길, 미디어』, 제5회 컨퍼런스, 2021년 5월 1일, 온라인 회의).

16 햇살배움터교육네트워크(이하 햇살배움터)는 친구와 선배, 추억, 꿈을 찾을 수 있는 교육을 만들어가기 위해 2012년에 구성되었다. 그 시작은 2008년에 조직되었던 홍동햇살배움터조합이다. 마을과 학교가 서로 돕는 지속 가능한 농촌 마을교육을 형성하고, 아이들이 학교 이외의 다양한 관계를 지역에서 찾아낼 수 있도록 하기 위한 실천들을 이어가고 있다. 구체적으로 마을 교사 역량 강화, 마을교육 안전망 구축, 마을 작업장 학교와 같은 프로그램을 지역에 있는 사람과 재주들을 결합하여 운영함으로써 학생들의 진로 탐색에 도움을 주는 것과 동시에 학교와 지역 간의 경계 문턱을 낮추고자 노력하고 있다. 주된 키워드는 교육 안전망으로, 네트워크라는 조직 형태를 빌어 다양한 재주를 가진 이들이 아이들의 교육을 매개로 하여 서로 만나고 소통하는 일을 지향하고 있다. 2021년에는 햇살배움터사회적협동조합으로 출범함으로써 지역에서 사회적 역할을 좀 더 중요하게 인식하고 도모해나가는 일에 힘쓰고 있다.

장을 통해 통합하는 경험을 축적함과 동시에 생태적인 삶과 마을에서 관계 맺음에 대한 합의를 공동의 차원에서 구축해나가는 노력을 기울였다.[17]

이와 같은 노력에서 주체들이 우선시했던 것은 지역민으로서 살아간다는 의식을 교육과 문화를 통해 심어주는 일이었다. 이는 현재 지자체에서 실시되고 있는 마을교육 관련 사업들의 활성화 속에서도 유지되고 있다. 특히 새롭게 마련된 주민자치의 장에 교육의제를 들고 동참하게 됨으로써 경계 지어진 연결망에 국한되어 전개되는 것에서 나아가 지역사회 전체라는 범주와 틀의 확장을 통해 새로운 활력을 얻어가고자 하고 있다. 이를테면 전국적인 차원에서 이루어졌던 작은학교살리기운동과 같은 교육적 대안을 모색하고자 하는 운동들이 점차 공교육의 주요 의제로 포섭됨에 따라 그 동력이 흡수되는 모습이 나타났다. 이와 유사하게 햇살배움터는 스스로의 실천이 위탁사업으로 가둬지고 있다는, 즉 정체성과 안정성, 소속감에 대한 문제 인식 속에서 주민자치라는 장으로 그 활동 영역을 확장함으로써 지역의 교육력을 다양한 지역민들과의 융합 속에서 어떻게 증대시켜 나갈 것인지에 대한 고민과 그 속에서 최근에는 사회적협동조합으로 전환하여 관련된 실험을 이어가고 있다.

마을활력소[18]는 이른바 협동조합들의 협동조합으로, 지역에 소재하고 있는 협동조합들 간의 네트워크를 유지하고 때에 따라 다양하게 제기되는 사안들을 수렴하여 실질적인 유대의 씨앗을 배양하는 일을 지원하고 있다.

---

17 햇살배움터교육네트워크, 「마을에서 아이들과 함께 걸어온 길」, 충남발전연구원+홍동마을사람들, 앞의 책, 50~51쪽 참조.
18 지역센터 마을활력소의 설립 목적은 순환농사를 바탕으로 자립하는 마을을 만들기 위해 좋은 생각들을 조정하고 실천하도록 돕는 중간 단체로 두고 있으며, 주민 스스로의 참여와 연대에 기초하여 공익적인 주민활동을 지원하면서 자치, 자급, 자율적인 지역사회를 만드는 데 기여하는 것에 있다. 외부인들 혹은 지역을 잘 모르는 이들을 대상으로 마을의 안내소 역할을 담당하고 있고, 지역을 활성화하기 위한 미디어 실천을 이어감으로써 마을의 설계소 역할을 담당하고 있으며, 새로운 주민조직이 만들어질 때 실질적인 도움과 공간을 제공하며 주민단체의 부화소 역할을 담당하고 있다.

마을활력소는 유기농업이 지역을 살리고 미래의 먹거리를 책임졌던 것처럼, 지역에서 출발하는 대안적 실천들을 고무하기 위한 지원을 아끼지 않고 있다. 그 출발은 갓골생태농업연구소의 지원 하에 이루어질 수 있었다. 여기에서 주요 활동으로서 실천의 아이디어가 특정한 단체로서 꼴을 갖출 수 있도록 지원하던 것과 마실이학교를 진행하던 것이 지역센터라는 형태의 설립을 통해 확장되는 식으로 구체화될 수 있었다.

> 마을활력소가 어떤 정체성을 갖고 있는 건 아니고. … 어떤 일들이 잘 될 수 있도록 토대를 만드는 거. 토대를 위해서 어떤 의제가 필요할지. 그래서 아까 주민자치회라는 것도 그렇고. 여러 가지 것들을 의제로 해서 던지고 실무적으로 그런 것들을 될 수 있도록 뒤에서 보이지 않게 지원하는 역할을 하는 거구요. … 현재는 아직 다 이렇게 섞이지 못하죠. 융화되고 이런 거보다는. 그니까 한 사람이 열 걸음 가는 게 아니라 열 사람이 한 걸음 가는 그런 게 필요한 거죠. … 우리 대에서 결과를 볼려고 하는 것도 되게 욕심일 수 있다는 거죠. … 초기에 저희가 여기 살면서, 귀농귀촌한 사람들이 500여 명 되는데, 전체 3,500명 중에. 근데 어쨌든 지역분들, 원래 좀 오래 사셨던 선주민분들이 계시잖아요. 이 분들하고 관계성도 그렇고 이런 것들을 어떻게 좀 풀어낼지. 계속, 아까 개별 활동들, 이런 것만 산재해 있었는데, 이런 것들을 모아내는 테이블이 필요하겠다. 이런 고민을 하다가 그게 주민자치위원회 틀로 갔으면 좋겠어서. … 그런 속에서 그럼 원탁회의를 한 번 해보자. 이 지역에서 그런 것들을 해보지 않았으니까. 홍동면의 현안이 뭐고 홍동면 앞으로 어떻게 미래구상을 좀 그려볼지. 그래서 원탁회의를 작년(2018년-인용자)에 면하고 주민자치위원회랑 같이 준비를 꽤 오랜 시간 해서 했죠.[19]

---

[19] 이동근(남, 52세)의 구술(2019년 4월 20일, 지역센터 마을활력소).

마을활력소의 형성은 2006년에 실시되었던 '수요모임'에서 비롯되었으며, 구체적인 준비 과정은 2010년에 시작되었다. 당시 마을자립을 위한 지역센터의 설립 제안이 이루어졌고, 그와 관련된 준비모임이 구성되었으며 마을토론회가 개최되었다. 곧이어 설립추진위원회가 결성되고 명칭 공모가 지역민들을 대상으로 이루어짐에 따라 '마을활력소'라는 이름이 확정되었다. 2011년 신축사가 건립됨에 따라 갓골생태농업연구소로부터 사무실을 이전하여 본격적인 활동을 이어나갔다.

마을활력소는 방문객을 대상으로 안내를 도맡으며, 2013년부터 마실이학교, 마실통신, 지역화폐 '잎', 실무자모임 '달모임'을 진행해오고 있고 홍동거리축제와 우리마을발표회를 주관하고 있다. 지역사회의 민주화를 위한 노력 속에서 주민자치회와 원탁회의와 같은 흐름도 존재하고 있다. 이는 마을활력소의 활동들과 연계되면서 지역사회에서 소외된 주민 주체들에 관심을 두고 귀 기울이는 활동들로 이루어져 있다. 현재로서는 그 성과가 뚜렷하게 나타나지는 않고 있지만, 장기적인 차원에서 지역 주민들의 민주성과 평등성을 확보해나가는 실천 영역으로서 유의미한 실천으로 자리매김되고 있다.

> 그때 귀농자들은 되게 뭔가 그런 귀농운동본부나 뭐 이렇게 해가지고 운동적인 차원도 있었고. 그래서 그땐 애들 교육적인 거로. 그 젊은 층들이 또 어쨌든 아이들 교육이, 그때 특히 뭐냐면 아이들끼리 있으니까 아이들 때문에 귀촌한 사람, 귀농한 사람들이 많이 있었거든요. 그럼 어쨌든 와서 자기 혼자, 요즘 은퇴 후 뭐 그런 귀농이 아니라, 어쨌든 아이들이 여기서 잘 살아가야 되니까. 마을이 이렇게 뭔가 활성화되고 뭔가 좋은 마을이 되었으면 하는 마음이 있었기 때문에 더 참여가, 지역 참여가 더 활발하고 그랬단 말이죠. … 그때 좋았던 부분은 어쨌든 젊은이들이 많았던 거. 그래가지고 그때 막 홍동에 아무튼 이런 행사들 같은 거도 그때 한창 되게 만들어내는 과정이었거든요 뭔가. 거리축제도 있었고

모종장터도 열리고 아무튼 이렇게, 학교도 있으니까 학교 축제들이나 이런 게 잘 연결이 돼가지고 그래두 공동체문화, 문화적인 것들이 되게 활달했던 시기라고 생각을 하거든요. … 그때는 아무튼 유기농업두 뭔가 오래되긴 했지만 그때는 한창 그래두 뭔가 새로운 뭔가를 자꾸 찾을려고 막, 뭔가 바꿔볼려구 했거든요. 오리농법두 그때 되게 처음 시작해서 한창 했지만, 뭔가 변화가 필요한 시기였고. … 뭐 지역색이라는 게, 그게 뭐 시대마다 다른 거 같애요. 시대마다 다른 거고. 아버지 시대 때 그런, 그때는 뭐 한창 그런 조직화해서 유기농업을 어쨌든 활성화하고 뭔가 그런 분위기가 있었으니, 당연히 그런 시기니까. 그런 쪽에서 잘 뭉쳐서 뭔가 그런 생산자 조직 중심으로 막 활달하게 으샤 으샤 했다면, 또 제가 얘기했던 그런 10년 전 그때는 또 젊은 사람들이, 귀농자들 뭉쳐서 이렇게 아이들의 교육이나 그런 차원, 그런 거를 기반으로 문화적으로 활성화됐던 시기. 그런 거 같고.[20]

2009년에 이르러 풀무학교 고등부와 전공부, 그리고 지역사회가 관계의 중심이 되어 매우 활발한 움직임이 있었다. 그 결실로서 위와 같은 축제나 활동들, 활력은 그 결실로서 현실화된 것이었다. 나아가서는 이처럼 아이키우기 혹은 육아라는 공통의 관심사는 마을교육공동체라는 실험으로 이어졌고, 여농센터 혹은 햇살배움터, 그리고 마을활력소라는 기관이자 조직, 단체로서 구체화되면서도, 관련된 소모임들이 다층적으로 전개되었다. 또한 관련 주체들에 의해 주민자치의 논의 구조와 실무가 진행되고 있으며, 지역의 공적 의제가 수립되고 있고 주민자치라는 장을 통해 협력적 연결망들이 수평적으로 결합되어 공동체의 새로운 전망들이 도출되고 있다.

---

[20] 주하늬(남, 39세)의 구술(2021년 8월 13일, 자택).

4. 주체적 지식 생산 모델의 구축과 공존의 전망

홍동이 공간적으로 포화 상태에 이르게 되거나 개별 실천이 지향하고 있는 가치가 내·외부적인 요인에 따라 변경되어 가면서, 홍동면 단위의 실천이 장곡으로 확산되는 양상 또한 내보이게 되었다는 점을 앞서 논의하였다. 다시 말해 농정의 한계, 지역 차원의 가치 지향 한계, 지역 활동의 밀도가 포화된 한계 등 여러 한계들에 의해서 전과 다른 흐름이 공간적 확장 속에서 가시화되었던 것이다. 이 지점에서 주목되는 것은 농산물의 생산·유통 조직이 먼저 거점을 잡게 되고, 여기에 다른 한계들을 공감한 이들이 그곳을 선택하게 되면서 연대가 형성되는 모습을 보이고, 그러한 연대 형성으로 다른 흐름이 형성되고 기획이 확장되는 모습이 지속되고 있다는 점이다.

> 일제강점기 때부터 오산학교에서부터 해가지고 내려와가지고. 간단한 기획이 아닌 거잖아요. … 그렇기 때문에 여기서 다 협동조합 운동이니 유기농도 여기서 싹트고. 그러니까 뭐 굉장한 실험을 했던 거죠. 농촌. 또 다른 근대. … 다른 근대였겠죠. 농촌적 근대성 정도로 얘기할 수 있는 그런 거를 사람들이 했는데. 학회 이런 게 만들어진 건, 그게 어떤 벽에 부딪힌 거예요. 그 벽이라 하면. … 그 공동체문화 자체가 붕괴되려고 하는 그런 위기까지 간 거예요. … 완전히 여기서는 재배치를 하는 그런 상황이 된 거라고 봐야 돼요. … 그래서 일종의 세대 문제가 있어요 거기에. … 나는 세대갈등이 있었다고 분명히 보거든요. 그게 좀 되게 큰 문제예요. … 지금 이 상황에서 어떤 보편적인 문제로 다시 재발견하는 게 필요하다고 생각해서. … 지금은 이제 다른 국면이기 때문에.[21]

그런 게 좀 지역사회에 계속 계류되는 거죠. 전통적인, 옛날부터 있던 전통적

---

[21] 박영선(여)의 구술(2021년 7월 17일, 해전대학교).

인 그런 질서, 뿌리가 되는 생활문화. 이런 것들은 계속 단절되고 깨지는 가운데, 새롭게 들어오는 게 이식될 때 어떻게 이걸 융합을 할 거냐. 상호작용을 하면서 뭔가 새로운 걸 만들어가야 되는데. 물과 기름처럼 잘 섞이지를 않는 거예요. … 폐쇄된 공동체는 몰락할 수밖에 없잖아요. 보수적이고 억압적으로 갈 수밖에 없는 거고. … 조금 더 개방돼있는 자리. 외부하고 교류하는 그런. 전통적으로 저는 농촌 공동체에 다 있었다고 보거든요. 그래서 여러 사람들이 여행 삼아 지나가면 붙잡아가지고. … 강론 좀 듣고 대접하고 보내고. 그러면서 새로운 문화를 받아들이고. 겨울철에는 또 이래 저래 모여가지고 가마 짜면서도 이야기하고. 그랬던 문화. … 다만 지금은 그 경계가, 문턱이 사라지고 완전히 개방돼버린 상황. … 지역사회가 외부하고 어느 정도 문턱. 닫혀 있어야 되냐. 어느 정도 개방할 거냐에 대해서 그 경계에 대해서는 끊임없이 고민을 해야 되거든요. 공동체는 그 경계가 무너지면 공동체로서 작동되기가 어렵습니다. … 그러면서 그 경계선 상에서 굉장히 적절하게 조절 장치가 있어야 될 건데. 그 조절 장치라고 하는 게 지역사회의 공동체 내부의 문화, 규율 같은 그런 거겠죠.[22]

이와 같은 맥락에서 관련 활동을 전개하고 있는 마을학회는 지역 공동체 문화 실천의 변화하는 지형을 반영하는 것으로 주목될 수 있다. 지역 실천의 역사에 관한 언술을 취합하는 과정에서 반복적으로 언급되는 국면 중 하나는 녹색사상의 정치화로 언명될 수 있는 사건이다. 비유컨대, 후쿠시마의 바람은 이 지역에도 불어왔다. 즉 2013년에 일어났던 후쿠시마 핵 발전소 사고로 인한 농민 정서의 절망적인 사태는 지역 실천의 중대한 전환을 암시하는 것이기도 했던 것이다. 이러한 역사적 국면에서 무교회신앙을 기저로 한 생명교육의 지향이 한계에 부딪히게 된 것이라는 인식이 촉발되었다. 그러한 한계를 극복하기 위해 지역에서는 포럼이 개최되었는데, 이것이

---

[22] 구자인(남, 56세)의 구술(2021년 7월 18일, 마을연구소 일소공도).

마을학회가 설립되는 직접적인 계기로 작용했다.

위의 발화에는 그 사건에 대한 문제 인식이 담겨 있는데, 대안적 실천의 진지로서 그 실험과 착상이 여럿 발아되어온 지역 실천의 역사를 체계적으로 정립하기 위한 목적이 마을학회의 설립을 이끌었던 것이다. 일정한 역할을 담당했던 주체에게 이 문제는 세대 문제와 직접적으로 연관된 것으로 이해되고 있으며, 이는 지역의 역사를 지식으로 정립하는 방식으로 재배치 내지는 보편화를 지향함으로써 해소하고자 하는 양상과 연결되고 있다.

이해 수준에 따라서, 그것은 또한 지역 공동체를 이해하거나 여기에 진입하기 위해 거쳐야 하는 문턱으로 여겨지기도 했다. 역사 속에서 구축되어온 공동체문화의 원천을 일정한 문턱을 지닌 것으로 격상시킴으로써 그 전통을 고수하거나 강한 이해 관심을 요구하는 진입 경로를 조성하고자 하는 행보를 보이기도 했다. 다시 말해 지역에 새로운 문화가 유입될 때, 실천의 역사와 전통에 대한 강한 이해가 선행되어야 한다는 일관성이 유지되었다. 그런 점에서 마을학회와 마을연구소의 사례는 변화 속에서 기존의 것을 고수하는 방식으로 공동체성의 경계 구성을 의미하는 것이기도 했다.

마을학회와 마을연구소의 실천은 생활세계 내에서 이루어지는 학습과 연구 그리고 실천과 활동을 추구하고 있으며, 월례세미나와 강독회, 학회지 발간 등 정기적인 지식화 작업을 통해 지역 실천의 효과들을 매듭지어가고 있다. 주목되는 것은 장곡 지역의 자치 실천은 이와 같은 마을학회와 마을연구소의 구상 속에서 전개되고 있다는 특성을 보인다는 점이다. 즉 장곡 면주민자치회 출범에 앞서 공동학습회 프로그램을 직간접적으로 운영함으로써 지역에 터를 두고 있는 면내 주민들에게 지역재생, 농촌개발, 주민자치 등과 같은 학술 및 정책적인 의제들을 교육할 뿐 아니라, 각 분과 준비 모임을 형성함으로써 밀착된 공부/학습을 진행한 바 있다.

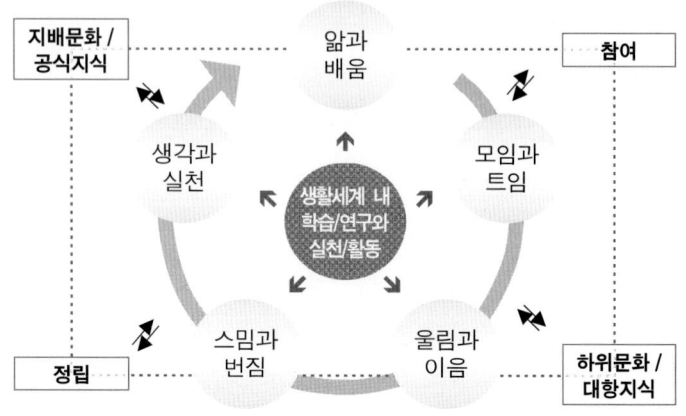

<그림 7> 지역 내 자율적 학습체계의 구성과 순환적 경로

   이러한 행보는 기본적으로 위의 <그림 7>과 같은 학습과 실천을 이어주는 경로에 대한 구상 속에서 이루어진 것이라고 볼 수 있다. 특히 일반 주민들의 참여는 자치의 성패를 결정 짓는 중요한 요인으로 인식되고 있는데, 이를 조직의 성격을 극대화시킨 학습/공부 모임을 통해 이루고자 한다. 이것이 장곡 지역 실천의 특성인 이유는, 홍동 지역에 비해 자치 역량 면에서 이 지역은 불모지에 가깝다는 인식이 선행되어 있기 때문이다.

   또 한 가지 주목되는 것은 장곡 지역의 실천들이 홍동과의 밀접한 연계를 유지하고자 하면서도, 지역의 안과 밖에 구성되어 있는 공동체적 조직들을 연결하기의 중요성을 무엇보다 강조하고 있다는 점이다. 다시 말해 마을에서 이루어지는 새로운 활동 영역의 발견과 개척은 새로운 단체와 사람의 연결을 어떻게 이룰까 하는 문제와 직접적으로 연관되어 있는 것으로 이해되고 있다. 때때로 새로운 문법의 형성은 연결하기와 더불어 농촌의 학습기능의 회복 내지는 활성화와 결부되는 방식으로 이루어질 수 있는 것이었다.

   아울러, 특징적인 것은 2020년 시작되었던 것으로 운위되는 평민마을학교이다. 이는 이전부터 실시되고 있었던, 마을의 통합적인 연결과 교육력의 회복을 핵심으로 고안된 학습체계를 가리키는 이름이자 명시적인 표현으로 명문화된 것이었다. 또한 그러한 연결하기의 성격을 보여주는 중추적인 모델로서 지역의 미래와 관련하여 그 의미와 가치가 격상되고 있으며 관련 활동과 참여진도 점차 다양화되고 있다. 물론 이는 지역 내 학습문화는 구상 속에서도 있었고 그로부터 지속적으로 유지되고 있었던 것이기도 하다.

이를테면 젊은협업농장이 영농조합이 가질 수 있는 농업경영 지원의 혜택을 포기하면서까지 굳이 협동조합으로 그 조직의 성격을 확립할 수 있었던 것은 관련한 학습모임을 통해 농업의 협동화의 중요성이 공유되고 그러한 협동적 운영의 전망을 확인할 수 있었기 때문이었다. 또한 2014년부터 2년 간 진행되었던 행복학습센터사업과 함께, 다양한 학습모임과 더불어 농촌 경관을 기반으로 한 문화생활과 청년의 진로 모색 프로그램은 장곡과 홍동 지역에 걸친 마을의 경계를 기반으로 한 학습활동이 지역에 학습문화를 뿌리내릴 수 있게 했던 초기의 활동들이기도 했다. 이 밖에도 시장의 논리를 비껴간 농촌의 다른 문법으로서 공동체적 관계를 지역을 재생시키는 동력으로 삼기 위해서 독립과 자립을 통한 조직화와 그러한 조직들 간의 연대를 독려하였다는 점도 주목될 수 있다.

학교라면 건물, 운동장, 교실 같은 것을 생각하게 된다. 공부하면 대학에 들어가서 공부하는 것을 먼저 생각한다. 그런데 실제 사는 곳은 대학에서 살고 있지 않다. 우리는 현재 여기서 살고 있다. 그래서 대학 공부는 현실과 괴리가 있다. 배움은 현장 속에서 배우는 것이 진정한 배움이다. 평민마을학교는 우리가 어렸을 때 놀며 살던 마을에서 배우자는 것이다. 마을은 배움의 현장이다.[23]

평민마을학교의 교실은 마을의 여러 활동 공간(밝맑도서관, 오누이센터, 생각실천창작소)을 이용하고, 교사는 주민(일반교과는 주민, 실습교사는 주민인 농민)이고, 실습지는 마을의 농장이고, 기숙사는 마을 사람들이 사용하던 농가를

---

23 박완, 「눈을 돌아보면 우리가 필요한 곳 많다」, 『풀꽃』 18, 풀무재단, 2021, 6~7쪽.

임대해서 수리한 것이고, 식당은 마을의 공동 식당이다. 지역사회 자체가 학교가 된다 함은 학(습)생과 졸업생이 통합되는 것이다.[24]

이처럼 마을 기반의 학습 생태계를 구현하는 데 있어 평민마을학교의 구상은 핵심적이다. 평민마을학교는 역사적 과정 속에서 분리된 채 존재하게 된 농사일과 마을일, 강좌를 다시 강하게 결합하고 일과 공부, 머리와 몸을 통합시키는 학습과 교육 방식을 채택하고 있다. 이를 통해 학교라는 울타리가 갖는 한계를 마을의 교육적 역량을 증대시킴으로써 해소하고자 하고, 학생과 교사의 위계적 구분 속에서 빚어지는 한계를 마을에 살고 있거나 앞으로 살게 될 주민들을 구성원으로 채우고 이들을 모두 평준한 주민으로 불러내어 극복하고자 하며, 학력이라고 하는 것은 학습능력 즉 배우는 능력이나 배움의 욕구로 재해석하여 이를 충족시키기 위한 지역사회 내에 평생 배움의 구조를 형성하는 등 구체적으로 갖춰야 할 요건들을 제시하고 이를 큰 틀에서 구비하고자 했다.

현재의 시점에서는 생산 패러다임에 갇힌 농민에 대한 인식에서 벗어나는 농민, 즉 새로운 농민으로서 마을농민을 제창하고 그러한 주체의 육성을 희망하고 있다.[25] 요컨대 마을학교와 마을농민은 이러한 실천을 관통하는 열쇠말이면서도, 궁극적으로 도달해야 하는 설계도이자 이상향에 가깝다. 이는 지역민들과 관련 활동가들에게 풀무학교와 홍동 지역의 교육문화 전통을 일정하게, 때로는 전적으로 계승하고 있는 실천으로서 기능하고 있다.

그런 한편 사회적 역할, 사회적 가치, 사회적경제 등과 연동하여 사회적 농업의 지역적 실천으로서 현재에 가능한 경로를 개척하고 있는 사례로 대외적인 위상을 인정받고 있기도 하다. 뿐만 아니라 제도와 일상을 구분하여 접근하기보다 그 경계 사이를 횡단하고 효과적으로 융합하는 일을 지향

24 정민철, 「협업농장과 학습」, 『마을』 7, 시골문화사, 2021, 148쪽.
25 위의 글, 144~152쪽 참조.

하며, 이러한 지향에도 학습 공동체의 구상은 실질적인 기능과 역할을 담당하고 있다.

이 장에서는 2000년대 이후부터 2010년대에 이르러 활성화되었던 귀농/귀촌인들의 중요한 활동들을 자치주체의 부상과 공동체성의 확장이라는 논제를 통해 살펴보았다. 특히 그러한 양상은 자치와 자율의 전통에 입각해 있다고 볼 수 있는데, 역사적으로 지역의 협동운동들이 활성화되고 시간이 흘러 일정한 변곡점을 형성하고 있는 즈음 이들을 통합하고 관리하는 이른바 자치조직들이 형성되고 활성화된 바 있기 때문이다.

이는 제도와 체제의 포섭 내지는 통치와 관련해서도 유의미한 실천으로 생각될 수 있다. 즉 사회운동과 마을 공동체 운동이 활성화됨으로써 마을 만들기, 사회적기업 등의 제도적 형식이 주조되어 이와 같은 실천들을 포섭해가는 흐름 속에서 일종의 문턱으로 기능하며 지역의 안팎과 제도의 손길을 가능한대로 조절해가며 수용해가고 있기 때문이다. 물론 이러한 역량은 귀농/귀촌인들이 처음 이 지역에 발을 딛게 되었을 때 서로에게 비빌 언덕이 되어주며 공동체적인 생활을 이어가고, 이후에도 그것을 공익적 주민활동으로 발전시킴으로써 지역 실천에 의미 있는 흔적을 남기는 과정 속에서 만들어질 수 있는 것이기도 했다.

이 지역에서 이루어지고 있는 실천들이 이질적인 주체들의 결합 속에서 새롭게 창안된 것이라는 인식은 중요하다고 할 수 있다. 이를 통해 주체 혹은 경계가 여러 겹으로 형성되어 있다는 점을 제기하였다. 이러한 특징 속에서 이 지역이 주체들의 격차와 간극이 노정하는 문제들을 중장기적 모임의 결성과 이를 발전시킨 조직이나 단체를 설립하는 등 자율적인 논의 구조를 형성·배치함으로써 해소해나가는 모습을 보여왔다는 점을 검토하였다.

이러한 실천을 주도적으로 이어가고 있는 자치조직을 '자치주체'로 명명함으로써 비교적 적극적으로 협동적 문화의 흐름을 조성하고 있다는 점을 제기하였다. 이것이 강조되는 이유는, 이 지역 실천의 역사가 제도에 의해 강제된 것을 수행하는 차원이 아니라 자치와 자율의 전통을 구성해온 시간들로 채워져 있기 때문이다. 이러한 자치주체들은 1997년 이후 귀농인의 정착 과정으로부터 시작하여 이후 다양한 세대와 취향을 수렴하면서 그 소통과 존속을 도모해가고 있는 것으로 검토하였다.

구체적인 실천의 양태로서 공익적 주민활동이 전개되었음을 살펴보았다. 환경과 생태, 유기농업에 대한 교육을 받으며 초기 귀농운동을 주도함으로써 이 지역으로 들어온 귀농인들은 당시 지역에 소재한 조직들의 실무를 담당하면서도 서로 간의 유대를 다지며 생활을 이어갔다. 이러한 과정 속에서 비교적 경시되었던 존재들, 즉 아이와 여성에 대한 관심으로부터 새로운 실천들이 창안되고 전개되었다. 아이돌봄으로 시작한 귀농 학부모들의 활동은 점차 지역의 공교육을 변화시켜나갔다.

공익적 차원에서 지역을 긍정적으로 변화시켜나간 활동들에 뒤이어, 협력적 연결망들이 구축되고 자치조직들이 형성됨으로써 그 활동이 자율적으로 이루어지고 관리되었다. 이 시기부터는 좀 더 적극적으로 제도적 지원을 받아가면서 실질적인 공간과 살림을 조성함으로써 그와 같은 활동의 지속성을 담보하고자 하였다. 뿐만 아니라 이들을 서로 이어주는 네트워크 형식의 조직체가 결성되면서 조직과 조직 사이의, 실천과 실천 사이의 교류와 소통을 높여감으로써 지역의 문법을 좀 더 전면적으로 변화시켜 나가는 활동들이 전개되고 있다.

실천의 분화에 따라 그 공존이 불투명해지면서 이를 학습체계의 수립을 통해 해소해가려는 움직임이 나타나기도 하였다. 이러한 양상은 지역의 전망과 관련하여 유의미한 결과들을 도출하고 있는데, 학습과 실천을 매개로 하여 새로운 활동 영역을 개척하고 새로운 단체와 사람의 만남을 적극적으로 도모해가고 있기 때문이다. 뿐만 아니라 지역의 역사 속에서 일정하게 전승되어오던 공동체의 문법을 유지하는 작업을 병행하는 동시에 이를 개선시키는 방식으로 활력을 도모하고 있기 때문이다.

7

마을공화국이라는 실험의 전망과 민속적 의미

홍동과 장곡 지역에서 전개되고 있는 실천을 마을공화국의 실험이라는 관점에서 이상과 같이 크게 몇 가지 계열로 구분하여 그 역사적 전개 과정을 살펴보고 그 내막을 검토하였다. 즉 실천의 역사적 계기들과 교육을 필두로 한 진지의 구축, 협동운동의 전개와 자율적 체제의 조성, 유기농업 양식 형성과 대안 실천의 지역적 확산, 귀농/귀촌인의 증가에 따른 주체의 다양화와 실천의 분화 등으로 크게 나누어 살펴보았다. 이 장에서는 이 지역 실천이 처하게 된 난관을 지적하고 그에 대한 지역적 대응을 검토하는 방식으로 마을공화국 실험이 가진 전망을 논의하고자 한다. 또한 지역에서 공동체문화를 실험함으로써 구축되고 있는 마을공화국이라는 체제가 지닌 대안적 의미를 지배적인 체제의 틈새 혹은 변방에서 민속적 사회생태의 복원을 통한 다른 체제의 실험이라는 중심 시선을 바탕으로 하여 논의하고자 한다.

1. 실천 환경의 변화에 따른 난관과 대응 혹은 전망

이 지역 공동체문화 실천의 지형에 의거하여, 해당 실천이 노정하고 있는 난관의 현 주소와 대안의 전망을 짚어볼 필요가 있다. 우선 세대 주체의 고착화 혹은 정체(停滯)화가 발견된다는 점을 들 수 있다. 무교회신앙은 이 지역 공동체문화 실천이 주조될 수 있었던 중요한 맥을 형성하고 있다. 왜냐하면 그것은 풀무학교 설립이 이루어질 수 있는 중요한 계기가 되었기 때문이다. 농촌교육과 협동조합이 이 지역 실천의 중심으로 자리잡을 수 있었던 이유도 그러한 무교회신앙의 기본적인 성향에서 적지 않은 영향을 미친 것이라고 볼 수 있다.

2000년 초에 들어와서 이렇게 제가 보고 느낀 뭔가 마을에서, '풀무학교가 무교회신앙에 바탕하고 있고 마을도 그런 것 때문에 뭔가 새로운 것들이 만들어지는구나.' 하는 걸 느꼈던 건. … 이 마을에서는 여러 가지 새로운 일들이 일어났는데요. 그 원리가 '이런 게 있어야 됩니다.' 라고 이상을 이렇게 얘기를 하면 '아 그렇게 하겠네요.' 하면서 한 두 사람이라도 동조했던 적은 없었던 거 같애요. … 뭐 '현실적이지도 않고 이상적이고 거짓말쟁이다.' 이런 얘기부터 해서 엄청 그렇게 하셨는데도, 그 일을 그냥 묵묵히 하시고. … 그게 그런데 이제 조금 인정을 받고 열매가 맺는다 싶으면 실체가 보이면 이제 다른 사람한테 물려주고 넘기고. 이런 거를 보고 '아, 일이 만들어지는 건 그냥 만들어지는 거 아니구나.' 이렇게 조금 생각했던 거 같애요.[1]

무교회신앙에 몸 담고 있던 주체들이 이 지역 실천의 기틀을 마련하고 그 초기 동력을 제공한 것은 분명한 것으로 판단된다. 위의 발화는 무교회주의라는 바탕에서 풀무학교가 설립될 수 있었고 마을 또한 그러한 바탕 속에서 새로운 것이 만들어지는 과정에 대한 직접적인 체험이 함축되어 있다. 새로운 필요와 생각이 제기되는 경우에도 지역사회의 합의와 인정을 이끌어내는 일은 늘 불투명할 수밖에 없는데, 그럴 때면 이들은 어떤 실험이 구체적으로 가시화되기 전에 그 필요성과 이상적인 모습을 선도적으로 제기하는 것은 물론, 그것을 직접 일정 정도의 궤도에 올리는 과정까지 지대한 역할을 담당했던 것이다. 새로운 일이 만들어지는 이와 같은 과정은 곧 이 지역 공동체문화가 끊임없이 거듭나는 방식으로 전개될 수 있었던 하나의 문법으로 자리 잡게 되었다. 지역사회의 동조를 먼저 이끌어내는 것보다는, 아직 가시화되지 않은 새로운 일을 노력 속에서 현실화하고 열매를 맺을 수 있을 만큼 성장시켜 지역에 내보내는 방식이 무교회신앙에 몸 담고 있던 주체들을 중심으로 정착되었던 것이다.

[1] 배지현(여)의 구술(2021년 7월 16일, 홍동밝맑도서관).

그러나 이와 같은 방식은 특정 개인들의 노력 봉사에 의존한다는 점에서 지역 실천의 입장에서 지속 가능하지 않을 수 있고, 또한 그 노력 봉사라고 하는 것도 타인 혹은 다음 세대에 강요될 수 있는 부분도 아닐 수 있다는 점에서 문제적이다. 앞서 살펴본 것처럼 새로운 세대와 청년 유입의 정체 현상은 이 지역 실천의 지속성에 있어 문젯거리로 떠오르고 있다. 즉 풀무학교 고등부의 경우 지역에 정착할 만한 농부를 기르기에는 교육적 대안을 주된 목적으로 삼는 추세가 더욱 강화되고 있을 뿐만 아니라 졸업생의 연령이 상대적으로 낮다. 풀무학교 전공부의 경우 입학생 자체가 점차 축소되고 있는 실정이다. 이러한 상황에서 다음 세대에 의해 견인될 지역 실천의 미래 지형에 대한 그림이 다소 불투명해지고 있는 현실이 전면화되고 있다.

또 한 가지는, 정신적 토대로서 무교회신앙을 공동체의 일상 속에서 구현하고 있는 이들이 소수에 불과하고, 그에 따라 그 정체성에 대한 이의가 제기되고 있다는 점이 확인된다. 이 역시 세대의 문제가 중첩되어 있는데, 지역에 이미 정착하여 일정 정도 실천을 이끌고 있는 여러 주체들에 의해 무교회신앙이 보수화된 모습으로 비춰지고 있기도 하기 때문이다. 다양한 주체들이 지역에 유입되면서 실천이 여러 갈래로 분화하였으며 그에 따라 여러 실천과 가치 지향이 공존하거나 경합하는 양상이 나타나고 있다. 이와 같은 변화의 양상 속에서 민주적인 방식을 지향하는 흐름이 다양한 주체들에 의해 두드러지게 제기되고 있다.

> 젊은이도 많아지고, 사람은 많아졌는데, 옛날처럼 뭔가 새로운 시대에 필요로 하는 거, 예를 들어서 80년대는, 식량증산의 시대에는 생명 존중의 유기농을 해야 된다라는 비전을, 한 세대 앞서서 2~30년 앞서서 그때부터 했잖아요. … 또 인제 대안교육, 인성과 전인교육이 중요하다, 그런 교육운동도 60년 전에 이렇게 씨를 뿌린 게. … 그래서 시대적으로 대안과 미래를 제시해준 거였거든요. …

마을에 그런 정신적인 유산, 물질적인 유산을, 문화적인 유산을 바탕으로 해서 시대에 뭔가 기여할 수 있는 또 다른 창조를 해내야 될 시점에, 한 20년이 정체가 된 거에요. … 마을의 역사, 자산, 마을이 가지고 있는 지역적인 걸 지역에 풀어내서 그걸 아카이브와 역사문화로 새롭게 승화시키는 부분.[2]

제가 개인적으로 봤을 때 홍동지역사회에서 무교회 집회가 가지는 상징성은 대단히 크다고 봐요. … 자기가 성경을 봐야 되는 거에요. 자기가 노력을 해야 되는 거죠. … 누구라도 나와 가지고 내가 느낀 점들 얘기하고 내 생활을 얘기하는 거잖아요. 누구라도 돌아갈 수 있는 거고. … 무교회 집회에서 온 거라는 거죠. 저는 지역사회에서 아주 상당히 중요한 거라고.[3]

그럼에도 불구하고 역사적 존재로서 이 지역 실천의 중심을 여전히 잡아주는 기틀이자 기둥으로서 크게 자리매김되고 있다는 점을 위의 발화 속에서 읽어볼 수 있다. 이는 특히 무교회신앙과 연관되어 있는데, 다른 어느 곳에 의지하지 않고 스스로 노력하고 해결하는 성향이 이 지역 실천의 궤적을 이끈 동력이었다는 인식이 상존하고 있는 것이다. 이와 더불어 이들의 행적에 대한 역사화 작업도 꾸준하게 진행되고 있어 주목된다. 즉 지난 궤적들을 역사적 유산으로 상정하고 현재에 맞게 계승하거나 승화하고자 하는 흐름 또한 좀 더 뚜렷해지고 있는 것이다. 시대가 요구하는 대안을 양식화하여 제시하는 일에 있어 무교회신앙이 지난 시간 동안 가졌던 방식이 여전히 유효하다는 인식이 발견되고 있다.

다음으로 대안의 혁신성이 상실되고, 실천이 회귀하는 사태가 발견된다는 점을 들 수 있다. 이는 주로 유기농업과 관련된 이 지역의 실천에서 발견되는 난관이라고 할 수 있는데, 우선 조류독감의 영향으로 오리농법이

---

2 이민형(남, 52세)의 구술(2019년 3월 9일, 바이오힐링스토어).
3 금창영(남, 50세)의 구술(2019년 4월 20일, 풀무생협·행복나누기).

위축됨으로써 그것이 지닌 혁신성이 다소 상실되었던 부분을 들 수 있다. 이와 같은 한계에 대한 대응으로 우렁이농법과 메기농법이 추진되고 있으나, 농작업의 효율성 측면에서나 생태환경의 측면에서 다소 취약한 면이 있는 것이 사실이다. 즉 농법이 한계에 봉착함으로써 여러 농법이 실험되는 과정에 있으나, 이전과 같은 성과를 내지 못하는 정체 상태에 있다는 것은 분명하다.

유기농 생산 농가나, 아니면 유기농을 소비하는 소비자들이나 다 운동성을을 가지고 했던 거예요, 옛날에는. 그래서 어떻든지 소비자들은 농민의 생활을 보장해주고 농민 생산자들은 소비자들의 건강을 보장해준다 이런 생각을 가지구 먹어주구, 열심히 농사 짓구 했는데, 지금은 다 경제논리죠. 돈 안 되면은 안 하고, 무조건, 소비자들도 운동성이 완전히 없어지고, 무조건 싼 거 찾고, 그냥 좋은 거 찾고. … 유기농인데 때깔도 좋아야 되구 뭐 가격은 싸야 되구, 이런 거만 따지니까. 생산자들이 너무 힘들어. 그래 30년 전의 쌀값이나 지금 쌀값이나 유기농 쌀값은 변함이 없어요.[4]

쌀 수입 개방이 되면서 확 위축돼가지고 많은 사람들이 유기농에서 탈락해 나갔어요, 쌀 판매가 잘 안되니까. 또 경제적 동기 때문에 들어왔던 사람들이. 왜냐면 전에 관행쌀은 정부가 수매를 했었는데, 수매 제도가 폐지되면서 쌀을 팔아먹기가 어려우니까 유기농업으로 확 들어왔었거든. 근데 쌀 수입이 가속화되면서 유기농 쌀도 안 팔리니까 이 사람들이 또 못 참고 나가버리더라구. 그래서 확 늘었다가 다시 위축되고 있는데, 지금은 고령화가 더 심화되니까 이 사람들이 이제 힘든 거야, 유기농업하기가. 점점 더 줄어드는 상황이지. 지금두 확 확장됐다가 왕창 축소됐는데, 지금은 점진적으로 축소되는 편이지. 고령화되면 될수록. 지금도 여전히 권역은 거의 다 수계에서 이렇게 벌어졌다가, 이빨이 빠지는 거

[4] 정예화(여, 60세)의 구술(2021년 8월 20일, 초록이둥지협동조합).

지. 노인들이 힘드니까 못 하는 사람들이 생기는 거지.[5]

다른 하나는 수익과 가치창출의 측면에서 아이쿱의 등장과 지역의 포섭 국면을 들 수 있다. 즉 사회경제적 조건이 변화함에 따라 전과 다른 모순이 발현되는 새로운 단계에 이 지역 실천이 놓여 있으며, 이와 같은 단계에서 대안의 창출이 한계에 봉착해 있고 그 실효성 또한 축소되고 있다는 점이 발견된다. 특히 이와 같은 국면에서 유기농산물의 소비 또한 운동성보다는 경제성이 우선시되어 고려될 수밖에 없고, 시장 환경이 변화됨에 따라 지역 생산자들의 난관이 조성되고 있다.

또한 유기농업이 급속하게 확산되었던 주된 요인으로 경제적 동기가 작용했다는 점은, 반대로 경제적 동기를 상실했을 때 회귀될 수밖에 없다는 것을 의미한다. 이 지점에서, 다시 관행으로 회귀하는 경향이 확산되고 있다는 점을 그 다음의 한계로 들 수 있다. 즉 유기농업의 시장친화성과 더불어 농촌의 초고령화와 맞물려 관행농업으로 다시 회귀하는 경향 및 사태가 더욱 강화되고 있는 추세에 있는 것이다.

다만, 지역사회가 여전히 생태지향적인 이들로 구성되어 있고, 농촌사회임에 걸맞게 농업 생산이 중심적인 위상을 지니고 있다는 점은 그러한 난관에도 불구하고 대안의 가능성을 찾을 수 있는 하나의 출구로 생각될 수 있다. 이와 함께 다양한 경로를 통해 귀농/귀촌의 흐름이 여전히 활성화되고 있고, 범지역적인 차원에 정착하고 있는 귀농/귀촌인들에게도 이와 같은 대안농업 실천의 역사를 구성해온 이 지역의 사례는 유의미한 것으로 평가받고 있다.

다음으로, 지역사회를 통합적으로 구성하는 일이 난관을 겪게 되고, 실천의 자립이 점차 불투명해지고 있다는 점을 들 수 있다. 즉 지역의 주민자치

---

5   장길섭(남, 59세)의 구술(2019년 10월 2일, 풀무학교생협 갓골작은가게).

가 그 이상과 달리 지역사회 전체가 그러한 통합적인 흐름 속에서 녹아들기보다는 여전히 갈등하는 부분을 노정하고 있어 일정한 난관에 봉착하고 있다는 점이 확인된다. 특히 제도 및 정책과의 연관 속에서 주민들의 다양한 요구가 온전하게 수렴되는 데 어려움을 겪고 있으며, 실무 영역이 다소 비좁게 설정된 것에서 오는 실질적인 절차상의 어려움 또한 노정되고 있다.

> 제가 진짜 일하면서, 지자체랑 만나오면서, 또 저희의 활동을 하면서, 아 이게 되게 필요한 부분이라고 고민 돼서. 되게 날 것이거든요. … 그리고 이게 제도화 되다보니까 더 문제가 커지는 거예요. 이게 이제 한 번 어디서 문제가 터지면, 이거는 그냥 도미노처럼 다 한 순간에 없어지거나 되게 문제가 되는 영역으로 보일 수 있거든요 이게. … 고민 중의 하나는 지금 그냥 우리는 이걸 마을에서 어떻게 가져갈 수 있을까? 이 영역을. 그리고 이게 생활의 영역으로까지 가지 못한다면, 이거를 어떻게 같이 재밌게 이렇게 좀 풀어갈 수 있을까? 이런 고민들이 있어요, 저희한테는.[6]

이 지역 마을교육공동체 실천의 경우, 육성된 전문가에 맡겨진 것이라기보다, 육아 문제가 중심이 되어 귀농/귀촌인들이 일정한 공동체를 형성했던 역사를 전적으로 반영하면서 시작된 주민 주체들의 활동이라고 할 수 있다. 그것이 본격적으로 표면화될 수 있었던 계기는 앞서 살펴본 것과 같이 지원 제도 및 정책과의 만남 속에서 성사될 수 있는 것이었다. 다만 이 경우, 사업에 의존하는 성격이 짙게 나타나는 가운데 자립의 전망이 다소 불투명하다는 한계가 뚜렷하게 나타나고 있다. 이에 따라 경제적 자립과는 다른 방식의 자립을 상상하고 있는데, 이를테면 제도적 지원이 끊어진 후에는 이와 같은 실천 영역을 마을에 녹아들도록 하는 구체적인 방법에 대

---

[6] 이재혁(남, 43세)의 구술(2021년 7월 25일, 지역센터 마을활력소).

한 고민이 뒤따르고 있는 것이다.

다만 주민자치 실천의 영역이 노정하고 있는 한계에도 불구하고, 그것은 주민들의 다양한 고민을 실제적으로 담아내고 있다. 뿐만 아니라, 상시적이고 주기적인 논의 구조가 하나의 지역적 관행으로 정착되고 있다. 나아가서는 지역에 필요한 자원과 공간 거점들을 자율적으로 조정해가고 있는 모습도 상존한다. 이러한 면모는 앞으로 기존의 선주민들과 이주민들이 함께 연합하여 조성할 실천 생태의 구체적인 상 속에서 그 가능성을 직접 그리고 있는 것으로 여겨질 수 있다. 마을교육공동체의 실천 영역 또한 현재의 시점에서 노정하고 있는 한계에도 불구하고, 가령 마을교사와 마을기자 등 주민들로 하여금 지역 주체로서 변화시키는 교육활동을 전개함으로써 그러한 한계를 극복해가고자 하는 노력을 지속하고 있다고 하겠다.

다음으로, 이전의 실천 양식을 수정하여 현재의 시점에 걸맞은 실천 양식이 주조됨으로써 새로운 전망이 모색되지만, 그것이 정책적 영역에 적극적으로 포섭되는 경향과 농촌 봉건성이 재생산됨에 따라 내부적인 역량이 침식되는 난관이 발견되기도 한다. 즉 기존에 형성되었던 생각과 동력을 자양분으로 삼아 실천의 경계가 이전 혹은 확장됨에 따라, 시간을 가지고 지역 내부의 역량을 점진적으로 향상시키는 방식이 택해지기보다는 지역사회를 견인하는 주민들의 기획 속에서 위로부터의 전망이 제안되고 있는 경향이 발견된다. 이는 이전 시대 풀무에 지적된 사항들과 유사하다. 뿐만 아니라 이것이 정책 사업에 친화적으로 진행되고 있다는 점 또한 하나의 난관으로 지적될 수 있다.

그럼에도 경계의 이전과 확장 속에서 조성된 이 지역 실천이 새로운 전망으로 평가 혹은 각광받고 있으며, 이에 대한 수요가 증대되고 있는 것은 분명하다. 특히 청년의 지역 유입과 정착의 측면에서 뚜렷한 성과를 내고 있는 것으로 내부 및 외부에서 평가되고 있기도 하다. 따라서 관건은 새로운 전망의 모색과 지역의 통합을 한 데 아우르는 어떤 계기가 반드시 마련되어야 한다는 점일 것이다.

2. 대안 실천의 한 형상, 체제론적 성격과 민속적 의미

이 지역의 마을문화/민속의 전통과 관련하여 주목되는 것은, 일제에 의해 지방행정의 지배 기반이 구축되어가던 1910년대 중반 당시, 홍성군 서기로 근무하던 일본인 토요다 시게이치에 의해 보고된 홍성군 소재의 농사農社와 농악農樂의 면별 분포와 현황[7]이다. 그는 당시 홍성군에 소재하고 있는 11개 면의 공동노동조직인 두레와 두레풍물의 실태를 비교적 상세하게 기록하고 있다. 여기에 따르면, 1910년대 중반 당시만 해도 홍성군 내에서도 홍동면과 장곡면의 경우 마을 단위의 공동노동조직으로서 두레와 이들의 두레풍물이 상당 부분 전승되었음을 확인할 수 있다. 즉 홍동면은 21곳에서 두레 및 두레풍물이 유지되고 있었는데, 그 성원은 총 105명에 달했으며, 장곡면은 27곳에서 그것이 유지되고 있었으며 그 성원은 총 166명에 달했다. 이는 다른 면과 비교해보아도 높은 수치에 해당한다고 할 수 있다. 다만 이와 같은 두레 조직을 중심으로 마을사회의 구성원들이 공동체적 관계와 제도, 관습들을 형성하고 또 공동체 정신과 의식을 함양하는 문화·의례·의식을 발달시켜 왔다는 점[8]을 중요하게 고려한다면, 이와 같은 지역의 면모는 근대 이전 지역사회의 자율성과 호혜성을 짚어볼 수 있는 지표로 삼을 수 있을 것이다.

그러나 공동노동을 그 기반으로 하면서 공동체가 요구하는 다양한 기능을 복합적으로 담당했던 두레와 같은 조직 형태와 함께 마을 공동체를 중

---

7 豐田重一, 「農社農樂に關する硏究」, 『朝鮮彙報』, 朝鮮彙報社, 1916. 4, 138~141쪽.
8 이윤갑, 「일제의 식민지 지배와 마을문화의 해체」, 『한국학논집』 32, 계명대학교 한국학연구원, 2005, 240쪽.

심으로 한 생활문화는 지역사회의 근대적 재편 과정에서 그 전승 환경이 불안정해짐에 따라 점차 소실되었다는 점은 자명하다고 할 수 있다. 앞서 살펴본 것처럼, 행정구역의 개편에 따라 근대 이전 시기의 생활 단위가 변동을 겪을 수밖에 없었을 뿐 아니라, 지배 체제 주도의 산업 계획의 하부 구조로 이 지역이 포섭되면서 사회경제적 기반의 일대 변화가 이루어졌기 때문이다.

다만 지적하고자 하는 점은, 현실 세계를 구성하고 있는 다양한 이해 관계와 권력 및 욕망의 변화를 전적으로 반영하면서, 이전 시기의 사회적·문화적 기능 내지는 상징 형식이 존재론적으로 변환되거나 생성될 수 있었음을 주목하고 그 표지들을 읽어내는 일일 수 있다. 다시 말해, 이전의 사회·문화 형식을 고집하는 것이 아니라, 유동하는 권력과 욕망을 반영하면서 그 기능과 상징의 형식을 고쳐 써 가는 과정으로 이 지역 실천이 이루어지고 있다는 점을 강조할 필요가 있다는 것이다.

이는 민속적 사회생태의 복원이라는 측면에서 매우 중요한 지점이라고 할 수 있다. 오늘날 현행화되고 있는 공동체문화 실천이 마을문화/민속의 변환과 생성으로서 유의미하다고 할 때, 그 유의미함은 복잡한 전승 환경 속에서도 여전히 유사한 형태로 지속되고 있다거나 같은 원리를 지닌 다른 것으로 대체되고 있다는 사실에서 비롯되는 것이 아니라, 그것이 변환과 생성의 과정을 거치면서 어떤 경로를 설정하는지에 달려 있다고 할 수 있다.

사회의 위기가 전면적인 것으로 여겨지는 경우라 할지라도 그 위기는 국지적인 발견에 기초하고 있는 것이다. 그런 만큼 위기에 대한 대응도 현실적이고 국지적인 차원에서 이루어지는 것이 더욱 효과적일 수 있다. 이러한 점을 유념할 때, 이 지역 실천의 대안적 의미는 지구적인 한계와 사회적인 위기를 전체적으로 인식하고 조망하는 가운데, 민속적 사회생태를 새롭게 복원함으로써 그로부터 비껴난 대안의 체제를 구성하는 실험'이라는 측면에서 주목될 수 있다.

지금도 시골서는 계들 많어. 모임이 계지. 뭐. … 전에는 다 계지. 초상계, 혼인계, 무슨 친목계, 뭐뭐 숱하게 있었지. 많었지. 이게 인제 협동조합허고 금융기관허고 생기다 보니께 그것도 차츰 차츰 없어져 버린 거지. 지금도 해. 뭐 혼계, 상계, 친목회, 잔뜩 혀. 마을이 아니라, 뜻 맞는 사람끼리. 그것도 못 들어가 띠어 먹을께미. … (품앗이-인용자) 옛날에 거의 다 그랬지. 기계 나오믄서, 기계화되믄서 점점 없어져 버린 거지. 요즘 그런 거 거의 다 없어지고. 거의 없어지고. 뜻 맞는 사람끼리. (없어진지-인용자) 몇 년 안 됐지. 팔십 년대까지 다 있지. (90년대-인용자) 고때쯤부터 많이 줄었을꺼. 아 할 께 있느냐 봐. 저 기계로 저기 다 이거 허고 이거 허는데 할 게 있느냐고. 보리를 심어, 밀을 갈어, 콩을 갈어. 유기농업 저기가 한 2백 가구 정도. 딴 데는 관행이지.[10]

위의 구술은 계契와 품앗이라고 하는 것이 협동조합, 금융기관의 설립으로 인해 사라져갔다는 한 시대의 증언으로서 주목될 수 있다. 여기에 따르면, 협동조합은 계와 품앗이가 담당해왔던 기능을 일정 정도 흡수해가면서 점차 공적인 조직의 체계를 갖추는 방식으로, 근대적으로 재편된 조직으로 해석될 여지가 있다. 상호적인 협력을 지향하는 근대 이전의 사회조직은 생업경제의 변화, 특히 단작화와 기계화로 인한 생업력의 변화 내지는 농업 노동의 혼종성으로 인해 사라져간 것으로 분석되는 것이 일반적이다.

9 여기서 언급하고자 하는 대안은, 체제가 야기하는 위기와 한계에 대한 대칭적인 해답이 될 수 있는 것도, 그렇다고 지배와 저항과 같은 이분화된 세력 구도에 따라 판단될 수 있는 것도 아니다. 현 시기 위기의 양태는 체제 외부가 아닌 체제의 틈새 속에서 대안의 형상과 실천을 조건짓고 있기 때문이다. 이러한 점을 염두에 둔다면, 현행화되고 있는 공동체문화 실천의 대안적 의미와 전망 또한 이른바 대안 체제의 가능한 틈새들 혹은 레퓨지아로 묘사될 수 있다(이영배, 「손상된 지구에서 레퓨지아 만들기」, 『호남학』 72, 2022d, 전남대학교 호남학연구원, 25~43쪽). 그러므로 중요한 점은 위기와 한계의 여러 틈새 혹은 대척점에서 전개되었던 체제적 대응 실험들과 그것이 역사적으로 그려온 실천적 비전의 경로들을 하나 혹은 여럿의 이야기들로 끊임없이 재구성함으로써 크고 작은 사건적 계기들을 통해 구성될 수 있었던 대안적 역량들을 붙잡는 일일 수 있다. 이 책에서 언급되고 있는 대안이 의미하는 바는 이와 같은 생각을 전제로 하고 있다.

10 주정모(남, 68세)의 구술(2019년 3월 15일, 홍동양조장).

그러나 위와 같은 구술을 통해 계와 품앗이 등 근대 이전의 사회조직이 갖는 불안정성과 취약성을 해소하기 위해 이루어진 근대적 조직의 창안 속에서 그것이 갖는 기능적 요소의 일부가 흡수 혹은 대체되어간 것이라는 이해가 가능하게 된다. 그리하여 앞서 언급했던 것처럼, 근대 이전 마을사회의 조직 형태에 주목해온 민속연구의 입지에서 협동조합은 그러한 조직 형태의 근대적 변환으로서 공동체문화의 연구 대상으로 천착될 수 있다. 이와 관련하여 위의 구술이 관행농업의 한계를 지적한다는 점은 아래에서 제시되고 있는 전통적인 마을 공동체의 구성을 근거 짓는 기본 문법에 대한 지적과 연결되고 있다.

우리 어렸을 때는 막 대보름 행사니 뭐니 해서 풍물놀이 같은 거 했는데 그게 싹 없어졌다고. (풍물패-인용자) 그전에 있었지. 그전에 노인들은 장구 주면 장구 치고 징 주면 징치고 그랬으니까. (당산제-인용자) 그전에 있어요. 다 없어졌어요. 서낭, 서낭 뭐 해가지고 나무에 알록달록 걸어놓고 지나가면서 절하고 없어져버렸는데. 흔적이 없어져 버렸어. 저기 가다 보면 입구에 다리 하나 있죠. 고바로 옆에 가 있었거든. 지금은 훤하지만 그때는 무서웠다고. … 여기서는 권역사업할 때부터는 인제 그 사람을 많이 끌어 모아야 되니까. 군청에서 사업비를 받아요. 대보름 행사. … 손님을 서울에서 한 200명 300명을 끌어와요. 그러면 대보름 행사 때 그분들 와서 하루 종일 놀다가고. 무슨 달빛(집-인용자)태우기, 제기 놀이 뭐 이런 거. 작년까지 200명 씩 모아다 했지. 1년에 한 번씩. … 이장이 전부 심부름꾼 역할을 하지만은 고 밑에 조직이 부녀회가 있고 청년회가 있고 반장들이 있거든요. 그런 조직이. 그니까 형식적으로는 있지. … 활발하게 활동을 안 해서 그렇지. … 그거 안 해도 조직이 너무 많은디. 여기 협동조합들이 봐. … 전부 크로스체크가 돼 있어. 내가 여기 다 출자를 헌단 말여. … 그니까 서로 공생 관계.[11]

위의 구술이 설명하고 있는 장곡면 도산2리는 현재 자생적으로 생성된 여러 협동조합들이 통합적으로 구성되면서도 이들이 체계적으로 운영되고 있는 대표적인 사례라고 할 수 있다. 그런데 이 마을에서도 두레 공동체의 흔적을 살펴볼 수 있다는 점은 중요하다. 그 흔적은 풍물놀이·당산제·대보름과 같은, 주로 정월의 세시를 구성하는 풍속들로 언명되고 있다. 위의 구술에서 발견되는 것은, 이러한 이전의 풍속이 비록 소실되었다고 할지라도, 생산자 조직을 중심으로 하여 그것이 제도의 물적 지원을 받아가면서 하나의 이벤트이자 행사로서 자리매김되고 있다는 점이다. 물론 그것은 생산자들을 중심으로 이루어지고 있기는 하지만, 외부 손님들을 대상으로 하는 것이지, 마을 차원으로 진행되고 있다고는 보기 어려운 측면이 있다. 이와 같은 과거와 현재에 대한 기억의 중첩 속에서 과거 세시풍속의 단절과 변화를 포착할 수 있다.

아울러 주목되는 것은 사회조직에 대한 언급이다. 오늘날 개별 마을사회를 이끌어가는 주체는 마을의 공식조직, 즉 이장을 중심으로 한 부녀회와 청년회, 각 반으로 인식되는 것이 일반적이다. 그러나 이 마을의 경우 그러한 사회조직은 관제화됨으로써 그 자체로 유명무실하다거나 형식화되고 있는 현실이라는 점이 지적되고 있으며, 자생적으로 생성된 협동조합들이 상호 출자 관계를 맺음으로써 밀접한 연계와 공생을 이루어, 그와 같은 사회조직이 가져야 할 실질적인 기능과 역할들을 공백 없이 채워가고 있는 것으로 이해되고 있다. 즉 협동조합을 중심으로 한 마을사회의 조직적 구성을 통해 생활과 자치의 빈자리들을 채워가고 있는 것이다. 이와 같은 면모는 또한 마을사회의 경우에서도 협동조합이 이전의 조직 형태의 기능과 역할을 대체해가고 있는 한 사례로 이해될 수 있다.

---

11 임응철(남, 70세)의 구술(2019년 4월 19일, 마을회관).

민속. … 그거 내가 참 아주 듣고 싶은 거여. 과거회귀형이지. 과거에서 발전을 안 하구. 근데 그때하구 지금은 생활환경이고 의식이고 다 바뀌었는데. 그건 고집하면 안 되는 거여. 그걸 소중하게 여기구 우리나라에만 있는 거니까 중요하게 생각하는데, 그걸 자꾸 현실에 맞게 변형을 해야 되는 거여, 그거는. 그건 아주 하나 잘 해믄 전국적으로두 확산이 될 수 있고. 아주 중요해 그건. 어느 나라든지 자기들이 자연 속에서 뭔가 농사와 관계짓구 공동체와 관계된 문화가 다 있거든. … 꽃이나 나무에 대한 전설이 다 있어. (웃음) 그리고 계절마다 뭔가 민속들이 있는데, 아주 훌륭한 것들이 많다고. 그거를 현대에 맞춰서 소비자, 생산자들이 같이 할 수 있는 걸 찾아내지 않으면은. 농민들이 농사짓는 노예가 아니니깐. 고귀한 인간들이니까. 문화두 즐기고. 문화의 기본은 유기농으로 농사를 지어가지고 같이 나눠먹는 거여. … 그거 아주 대단히 중요하다고 나는 생각하는데. 옛날 걸 자꾸 재현할라 그래가지곤 안 돼. 그거를 새로운 의미를 부여하고 또 거기에 그런, 그 의미두 많이 있어야 돼 거기에.[12]

한편 현재의 시점에서 민속을 보는 관점의 하나로, 지역의 실천 주체가 발화하는 위와 같은 구술을 중요하게 생각해볼 수 있다. 이는 또한 지역의 전환을 이끌어온 실천의 민속적 의미를 생각하는 일에 있어서도 핵심적인 참조점이 된다. 위의 구술은 과거의 형태를 고집하는 민속이 아닌 적극적인 현실 인식 속에서 행동하는 민속적 실천의 필요성을 언급하고 있다. 꽃과 나무에 대한 전설들이나 계절마다 행해지는 풍속들과 같은 토착문화로서 민속은 변화된 생활환경과 의식 속에서도 한 나라와 민족의 주체성 내지는 정체성을 문화적으로 보증하는 최소한의 민주적 요소로서 유의미하게 주목될 수 있는 것이다. 또한 위의 구술은 자연과 관계 맺는 방식으로서 농사, 사회와 관계 맺는 방식으로서 공동체가 중심이 되는 것이야말로 민속

---

12 홍순명(남, 84세)의 구술(2021년 7월 17일, 홍동밝맑도서관).

의 본질적 속성이라는 인식을 담고 있다. 뿐만 아니라 현존하고 있는 이 지역 공동체문화 실천이 현대적 민속의 양식적 실험으로서 전개되는 과정에 놓여 있다는 인식 또한 함축하고 있다.

> 민속이 어떻게 보면 민(民)이 자기 속(俗)의 주인이 되는 게 좋잖아요. 민이 자기 풍속의 주인이 되면 좋은데, 민이 아니라 다른 권력이 민의 풍속을, 민속을 주도하고 싶거나, 관리하고 싶거나, 통제하고 싶을 수도 있는데. 저는 이거를 벗어날 수 있거나, 아니면 대응할 수 있는 역량을 기르는 지점. … 민이 백성이잖아요? 평민. … 자기의 생활도 대안을 찾고 싶고, 그리고 정치적인 어떤 권력이나 자본의 권력에 대해서도 어쨌든 저항을 하고 싶은 부분들이 있을 거라고 생각을 합니다. 그리고 귀농귀촌하신 분들의 성향도 그런 성향이 많이 있으시고.[13]

위의 구술에서 추상되는 민속은 어떤 실체나 형태를 상정하고 있지 않다. 오히려 그것은 권력에 대립하는 주체이거나 그에 대응하는 역량 정도로 인식되고 있으며, 그에 따라 평민 혹은 백성 주체가 다른 권력에 침식되지 않고 자신의 풍속을 가지고 주도하며 향유하는 어떤 상태가 상정되고 있다. 민속에 대한 이와 같은 인식은 귀농/귀촌인들의 지향을 일정 부분 담아내고 있는 것으로 주목될 수 있다. 즉 여러 유형의 자치조직들을 규합하고 그와 관련된 실천들을 이끌고 있는 귀농/귀촌인들의 지향은 곧 자기 생활의 대안을 찾으면서도 정치적인 권력에 대한 저항을 함께 내포하고 있는 것이다. 이는 물론 권력의 포섭과 영향에 구애받지 않고 온전하게 자기 삶을 일구며 살아가는 자율과 자치의 지향과도 직접적으로 맞물려 있다. 민속을 형태적인 차원에서 구속시키는 것이 아니라, 저항적이고 자율적인 성향 속에서 구현되는 어떤 상태로서 민속이 상정되고 있는 것이다.

---

13 최문철(남, 45세)의 구술(2021년 7월 24일, 꿈이자라는뜰).

이게(마을교육공동체-인용자) 그냥 예전에 어떻게 보면 그냥 두레인 거예요. 두레 정도의 느낌인 거예요. 교육이라는 키워드를 두고. 예전에는 예를 들어 논농사는 혼자 지을 수 없는 구조였기 때문에, 환경이었기 때문에 자연스럽게 그냥 친해지지 않으려고 해도 공동체로 엮이지 않으려고 해도 엮일 수밖에 없는. 왜냐면 내 논을 심어야 되니까요. 내 논을 갈아야 되고 하다 보니까. 이 옆집을 도와줘야지 이 사람이 나를 도와주고 뭐. 이게 그냥 자연적으로 어떤 문화를 만든 거고. 저는 교육도 초기에. … 그게 다 어떻게 보면 자기도 도움을 받기 위함일 수 있거든요. … 되게 이기적일 수 있는 거예요. 내 아이가, 결국에는 내 아이로부터 시작하거든요.[14]

귀농/귀촌인들의 주도로 그 윤곽이 만들어지고 있는 마을교육공동체 실천 사례가 두레에 비유되기도 한다. 즉 농사가 아닌 교육 문제를 핵심적인 자리에 둘 뿐, 처해진 환경 속에서 특정한 실천이 창안되고 사람들이 조직되는 과정이 마치 두레와 같다는 것이다. 내 논을 위해 옆집 논에 모를 심어야 하는 것처럼, 내 아이를 위해 옆집 아이를 돌볼 수밖에 없는 모습이 술회되고 있으며, 서로의 필요와 욕구를 발견하고 그것이 공유되거나 마주침으로써 새로운 실천이 창안되는 이 지역 자치와 자율 전통의 실제 과정이 언급되고 있다. 즉 귀농/귀촌인들의 지향을 담아내어 활성화되고 있는 한 사례로서 이 지역 마을교육공동체의 실험이 민속사회의 두레가 작동되었던 원리와 상통한다는 점이 강조되고 있는 것이다. 이는 마을문화/민속이 변환 혹은 생성된 것으로 이 지역 공동체문화 실천이 자리매김되고 있음을 말해준다는 점에서 유의미하다고 하겠다.

이와 같이, 마을문화/민속의 새로운 경로를 보여주고 있는 홍동(-장곡) 공동체문화 실천 사례는 민속의 종획으로부터 비껴나 그로부터 새로운 문

---

[14] 이재혁(남, 43세)의 구술(2021년 7월 25일, 지역센터 마을활력소).

제계를 제출할 수 있는 대항적 민속의 종획의 주요 사례로서 주목될 만하다. 주지했던 것처럼 이 지역에서 전개되고 있는 실천 사례는 마을공화국이라는 대안 체제의 실험으로 요약될 수 있다. 마을공화국[15]은 한국사회의 자본주의적 전개 속에서 민속의 가치 변환이 전면적으로 이루어지는 국면과 맞물려 민속적 사회생태를 새롭게 구성함으로써 대안 실천의 진지를 구축하는 기획의 하나였다는 점을 강조하기 위한 것이다.

마을공화국의 실험이 가지는 대안적 의미는 위기와 한계에 다다른 지배체제의 변방 혹은 대척점에서 그에 대항하는 새로운 비전을 구상하고 실질적으로 구현하는 체제 혹은 지대의 경관이 어떻게 구조화되어 있는지를 통해 짚어볼 수 있다. 중요한 것은, 그것이 일정하게 근대 이전 시기의 마을

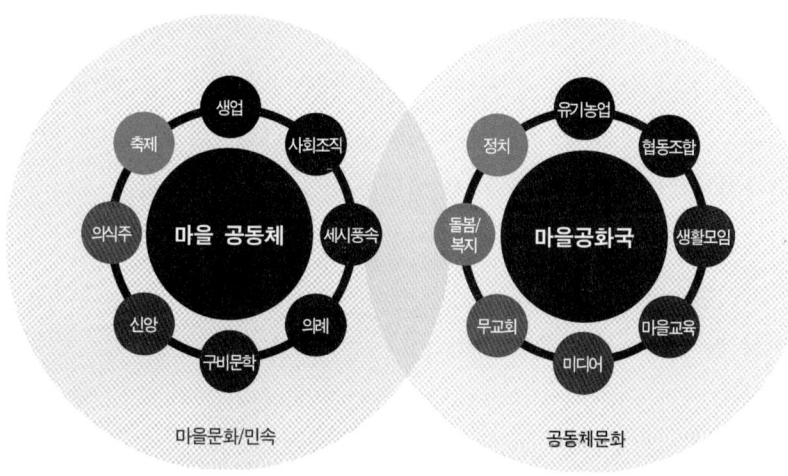

〈그림 8〉 '마을 공동체-마을공화국' 및 '마을문화/민속-공동체문화'의 생성 경로

---

15 앞서 거론했듯이, 마을공화국은 이 지역 실천 주체들이 자신들의 이야기와 소망을 담은 것으로 이미 언명된 바 있다. 즉 마을공화국은 현장 주체들이 자신의 실천들을 함축으로 담아내는 쓰임새를 갖고 있으며, 특히 이 지역의 토박이 주민들과 귀농/귀촌인들의 결합 속에서 이루어지고 있는 가치지향 및 가치실천의 양식을 상징한다. 이러한 맥락에서 마을공화국은 이 지역에서 이루어지고 있는 새로운 삶의 대안 양식들을 수렴하고 있는 표현으로 이미 선취된 바 있다(충남발전연구원+홍동마을 사람들, 『마을공화국의 꿈, 홍동마을 이야기』, 한티재, 2014).

공동체를 운영하는 핵심 기제였던 마을문화/민속과 유사한 구조를 띠고 있다는 점이다. 이를 도식화하면 <그림 8>과 같다.

근대 이전의 마을 공동체는 자연과 경제, 문화의 심급이 유기적으로 순환하는 사회적 구성, 즉 농경 중심의 생업 조건에 부합하는 경제/물질 토대와 세시풍속 및 마을문화/민속의 상부구조의 사회 구성을 지녔다. 이후 한국사회의 전반과 마찬가지로 마을 공동체 역시 근대성에 따라 변환됨으로써 이전 사회의 성격의 변동을 경험했다. 다만 마을문화/민속의 현대적 변환으로서 마을공화국은 근대 이전의 민속적 사회 구성과 그 성격이 가진 생업 조건과 기반을 토대로 유지하되 동시대 문화장에 조응하고 전에 없던 새로운 취향들을 형성하면서 공동체문화의 국지적 실천을 도모하고 있다.

마을공화국이라는 개념을 정의하고자 할 때, 그것이 가지는 체제론적 성격이 강조될 수 있다. 마을공화국은 체제로서 마을의 현대적 성격을 나타내는 말로 쓰일 수 있다. 그렇다면 전통사회의 마을 공동체는 체제에 대한 제유로서 재개념화될 수 있는데, 근대 이전의 마을은 전체 사회의 전형으로 생각될 수 있기 때문이다. 이를 설명하는 것이 생업과 마을민속이 유기적으로 결합되어 특정한 시간의 주기와 리듬을 형성했던 시간문화의 체계로서 세시풍속이다. 즉 전체 사회는 세시기를 통해 연결되어 있었으며, 근대 이전 하나의 마을은 전체 사회의 제유로서, 마을은 시간을 중심으로 묶인 공동체 단위를 형성했던 것이다. 따라서 한 마을의 문화 혹은 하나의 마을문화의 구조와 성격은 근대 이전 전체 사회의 특징들을 함축하고 있다. 마을 공동체와 마을공화국은 마을의 체제론적 특이성에 따라 연결되며, 그러므로 전체 사회 체제의 제유로서 이들을 이해하는 일이 가능하다.

그런데 근대 이전에도 마을사회는 왕실과 조정에 위계적으로 연결되어 있었음에도 다른 마을들 간의 상호연결과 교류는 비교적 미약했다는 점은 마을 공동체의 자치·자율적인 특이성과 연관된다. 마을 공동체의 자치·자율성은 또한 각각의 마을들이 하나의 공동체, 즉 상이한 체제들로 작동해왔다는 이해로 연결될 수 있다. 이러한 면모는 마을문화/민속의 현대적 전변으로서 마을공화국에서 확인될 수 있는 것이기도 하다.

특히 이 지역 실천의 경우 체제가 갖춰야 할 대부분의 양식/층위들이 걸쳐져 있다는 점을 특징으로 거론할 수 있다. 즉 마을공화국은 하나의 체제를 구성하고 있는데, 전체적인 경계를 갖는 모든 부문의 실천들이 지역/마을에 구현되어 가고 있는 것이다. 이러한 마을공화국의 구현을 강조할 때, 전통사회의 마을은 공화국의 의미를 함축/담지하고 있는 징후로서 이해될 수 있다. 즉 세시와 생업, 의례와 구술문화를 중심으로 하여 전통사회의 마을은 자치의 공간으로서 자율적·독립적인 위상을 지니고 있기 때문이다. 이와 더불어 마을을 통한 생태성의 구현이 마을 공동체와 마을공화국 양자에서 모두 강조되고 있다는 점도 그러한 위상을 이해하는 데 도움이 된다. 요컨대 전통적인 마을사회는 체제론적 특이성을 지니며, 이 지역 실천 사례는 마을의 생태성을 근간으로 한 시간의 주기와 리듬이 핵심이 되는 마을문화/민속 혹은 세시풍속의 내용과 기능, 속성을 유지하면서도 새롭게 가져가는 현대적 전변으로 주목될 수 있다.

이러한 점은 오늘날의 위기/위험이 내보이는 특징과 이에 대한 효과적인 대응의 관점에서도 유의미하다. 즉 오늘날의 위기/위험은 총체적이라고 할 수 있다. 그런 만큼 이에 대한 대응도 총체적으로 상상되고 한 데 묶일 수밖에 없는 상황이라고 할 수 있다. 그리하여 마을공화국은 그러한 오늘날 위기/위험에 대한 대응의 총체성을 담보히기 위해 하나의 대안적인 체제를 구성해가고 있는 실험으로 생각될 수 있다. 마을이라는 상상을 실천 영역으로 도입함으로써 이전 사회의 공동체적 문화유산을 이어오고 있다는 점도 이와 무관하지 않다. 즉 현재 한국사회의 체제 속에서 전방위적 위기가 다가오고 있고, 이에 대한 대응도 체제의 수준에서 이루어질 수밖에 없는데, 이것이 마을공화국이라는 체제의 형태로 구체화되고 있다는 것이다. 대안적 실천의 체제적 실험으로서 마을공화국은 한국사회의 체제와도 다른 지향을 가질 뿐 아니라, 그 내부에서도 위기 인식의 성격과 층위에 따라 서로 다른 지향을 가지되, 시간과 공간을 공유하고 사회적으로 네트워크화되어 있음으로써 하나 혹은 여럿의 대안 체제를 구성하고 교류를 바탕으로 한 상호보완적인 관계망들을 형성하고 있다.

그런 점에서 마을공화국은 근대 이전 마을 공동체 체제의 현대적 변환으로 규정될 수 있다. 특히 이 지역 실천 사례의 경우, 이른바 마을이라는 '체제'를 구성해온 매우 구체적이고 역사적인 흐름이 존재한다. 이 지역 실천 사례는 우선 역사적 선험으로서 근대적 이행의 문턱에서 새로운 마을 공동체의 상상과 실현을 추동했던 이상촌건설운동의 흐름과, 여기에 합류했던 용동마을과 오산학교의 전통을 상속받고 있다. 이후 그것은 무교회주의라는 신앙적 실천, 풀무학교로 대표되는 농촌의 교육적 실천, 유기농업을 근간으로 한 생태적 실천, 지역의 변화를 이끄는 실험 동력으로서 협동조합의 사회적 실천, 그리고 인구 구성이 증가하고 다양화됨으로써 돌봄과 복지의 필요에 따라 자족적·협동적으로 실현된 의료조합 등 주민생활의 자치적 실천 등으로 분화/구조화되어온 역사를 지닌다. 현재 지역 실천에서 이러한 양식적 흐름들은 계속해서 새로운 요구와 필요에 조응하면서 분화/발산을 거듭함으로써 지역/마을 사회의 체제적 구성을 더욱 강고하게 유지·발전시키고 있다. 그러면서 동시에 이 지역 실천 사례는 한국사회라는 전체 체제의 제유이기도 하다는 점에서 공동체문화 실천의 한국적 제유로도 생각될 수 있는데, 전체 체제가 내보이고 있는 모순과 이를 해결하기 위한 대안을 동시에 나타내고 있기 때문이다.

전통사회의 마을은 물론 그 자체로 아나키즘을 표방하지 않았지만, 아나키적 성격을 일정하게 함축하고 있었던 것으로 생각될 만하다. 또한 그 대안은 삶의 리듬으로서 시간의 주기적 순환을 통해 구조적으로 느슨하게 매듭지어오고 있다. 이념과 체제의 각축 속에서 아나키즘 혹은 아나키적인 것은 소실된 것으로 여기기 쉽지만, 마을이라는 공동체와 결합하여 온전한 체제를 이루며 하나의 축으로 끊임없이 활성화되고 있는 것으로 이해할 수 있다. 그런 점에서 마을공화국은 '소유공화국'[16]과는 다른 체제로서, 여기에 대응하면서 작동하고 존속해오고 있다. 이는 또한, 과거의 운동들이 체제로서 새로운 모습을 띠며 나타나고 있다는 함의를 나타낸다. 즉 과거 노동운동이나 신사회운동 등으로 현실화되었던 사회운동의 흐름들이 다시 한 번 격절되어 마을을 중심으로 한 대안 체제로서 나타나고 있다는 것이다. 이는 신자유주의의 통치성에 대응하거나 응전하기 위한 실천의 새로운 변모로 이해가 가능하다. 특히 마을이라는 체제는 그러한 통치성이 개입될 여지가 상대적으로 크지 않은데, 물리적/정서적으로 일정한 거리를 두고 서로 긴밀하게 기대고 연결되어 있으므로 통치 체제의 회유에 선택적이고 유연하게 대응하는 것이 충분히 가능하기 때문이다. 그러므로 이 지역의 실천은 근대 이전 시기에 존속했던 마을 공동체의 가능한 생성 경로로서 마을공화국을 실험하는 체제로 규정될 수 있으며, 그 대안적 의미 또한 그와 같은 대안 실천의 체제가 지배 체제의 변방이라는 입지에서 자율성·자치성을 확보하면서 수립되고 있다는 점에서 짚어볼 수 있다.

[16] 공화주의 헌법에서 '소유'는 그 중심적 위치를 차지하고 있다. 하트와 네그리는 이를 '소유공화국'으로 말한 바 있다. 이들에 의하면, 오늘날 지배적으로 되고 있는 소유공화국은 영국, 미국, 프랑스에서 일어난 거대한 부르주아 혁명들에 의해 역사적으로 출현하여 공고화된 것이다. 그에 따라 현실의 입헌질서와 법은 사유재산을 옹호하고 정당화하는 체계로서 수립되었다. 소유의 문제가 가장 우선적인 것으로 공고화된 과정에는 근대 식민지의 역사가 놓여 있다. 유럽의 식민본국은 식민지를 통치할 때, 이성과 효율성, 법의 지배와 같은 '공화주의적 미덕'을 그 방식으로 확립시켰다. 이러한 소유권은 20세기 전반에 일정한 변형을 겪게 되는데, 복지국가의 건설에 따른 공적 소유권을 체계화한 과정이 그것이다. 이는 노동 조직화와 자본주의적 변형에 의한 것으로, 그에 따라 소유권은 공적 조건의 영향력까지 받게 되었다. 분명한 점은 사적이든 공적이든 소유권은 공화국의 기반이며 법의 정신은 곧 소유에 기반을 두고 있는 것으로 언명된다는 점이다. 이 지점으로부터 대안 근대성을 제안하는 하트와 네그리는, 거부와 폭력보다는 저항과 힘의 사용이 중요하다는 점을 역설한다. 물론 거부와 폭력은 일차적인 반응이어서 그 무엇도 바꾸지 못한다는 점에서 그렇다. 그러므로 그러한 일차적인 반응을 잘 훈련하고 가다듬어 저항으로, 그리고 이와 상호연계하여 형성되는 힘을 어떻게 사용할 것인지에 대한 방향을 잡으라고 제안한다. 이것이야말로 사회적 삶의 내재적 평면에 대안을 구축하는 조직화의 기획을 향한다는 것이다(안토니오 네그리·마이클 하트, 정남영·윤영광 옮김, 『공통체』, 사월의책, 2014, 38~61쪽).

8

민속적 사회생태의 복원,
마을공화국 체제의 다양성과 대안성

이 책은 그간의 민속연구를 공동체문화로 전환하여 연구하는 작업을 배경으로 하여, 식민지 근대 기획으로서 민속의 구성과 배치를 가리키는 '민속의 종획'에 맞서는 대항적 종획으로서 공동체문화를 주장하였다. 또한 민속의 공동체적 구성과 배치의 역사적 실제로서 '홍동(-장곡) 공동체문화'를 오늘날 한국사회에서 활성화되고 있는 공동체문화 실천의 전반적인 모습을 나타내는 하나의 대유로 삼아 문헌과 구술 자료를 바탕으로 그 역사적 전개 과정과 현황을 비교적 소상하게 규명하였다.

　이 책은 '홍동(-장곡) 공동체문화'를 대항적 민속의 주요 사례로서 다루고 있으며, 그러한 실천 사례를 '마을공화국'이라는 개념으로 포착하고자 하였다. '마을공화국'은 새로운 삶의 대안 양식이 체제로서 나타난다는 점을 지적함과 동시에 마을문화/민속의 현대적 변환으로서 이 지역 실천의 민속적 의미를 표현하기 위한 것이다. 이 지역 실천은, 이상촌이라는 마을전통의 공동체적 실천, 풀무학교로 대표되는 농촌의 교육적 실천, 유기농업을 근간으로 한 생태적 실천, 지역의 변화를 이끄는 실험 동력으로서 협동조합의 사회적 실천, 인구 구성의 다양화에 조응하여 실현되고 있는 주민생활의 자치적 실천 등으로 나눌 수 있다. 이러한 이 지역 실천의 체제적 성격과 다양성을 고려하여 이 책은 이상농촌의 지향과 마을교육의 확립, 자립경제의 추구와 협동문화의 생성, 대안농업의 실천과 지역사회의 변화, 자치주체의 부상과 공동체성의 확장으로 구조화/계열화하고 아래와 같은 장적 구성 속에서 체계적으로 살펴보았다.

　우선은 이 지역 실천이 근거하고 있는 지역사회의 역사적 성격을 짚어보고자 했다. 근대 이전 시기 이 지역은 내포문화권이라는 인문지리적 조건과 역사문화적 배경을 지니고 있었으며, 그에 부합하는 장소성을 일정하게 존속하고 있었음을 살펴보았다. 그리고 식민적-국가적 재편 흐름에 따라 지역사회가 어떤 식으로 근대적 재편을 경험하였는지 검토하였다. 특히 주목되는 것은 행정구역의 개편과 사회경제적 기반 변화이다. 지방 통치를 개선하고자 하는 것이 표면화된 목적이라면, 그 이면에는 세계 경제에 대응하는 국가적 계획 산업의 하부 구조로 포섭되어가는 과정이 있었다. 그에 따라 이 지역은 사회경제적 기반이 근대적으로 재편되었으나, 기본적으로 농촌사회적 성격을 유지해왔다. 이와 같은 토대 위에서 이 지역에는 풀무학교 설립과 무교회신앙이 도입되면서 새로운 실천의 생태가 조성될 수 있었으며, 그것은 일정하게 민속사회의 경관을 재현한 것이었다.

다음으로, 관련 문헌 자료와 현장 주체의 구술을 중심으로 이 지역 실천이 주조될 수 있었던 역사적 원천으로서 무교회주의와 이상촌건설운동의 사례를 체계적으로 정리하고, 그것이 이 지역 실천 내지는 풀무학교의 실천 속에서 어떤 위상을 지니고 있는지 살펴보았다. 무교회주의는 이 지역의 구체적인 공동체문화의 실천 형태들을 이끌고 있다. 서구적 근대성의 보편주의에 대항하고 민족적인 역사와 전통을 중요하게 여기고 이를 발전적으로 계승하며, 서구적 근대 체제와는 다른 체제를 수립하고자 했던 의지와 지향을 읽어낼 수 있다. 대표적인 인물로 우치무라 간조와 김교신, 함석헌을 들 수 있으며, 이들은 제도에서 벗어나 공동체를 꾸림으로써 형식이 아닌 실천을 중시하였다. 교육을 통해 제도 없이 힘 기르기를 지향했으며, 지역 기반의 실천을 지향하였다. 개혁과 해방을 지향하고 만인과 평민을 중시하며 민주성을 추구하였다. 생명을 중요시하는 태도와 자율 및 자치의 중요성을 강조하였다.

안창호를 중심으로 한 이상촌건설운동의 전개와 그 변화상은, 민족혁신과 구국사업을 위한 모범촌으로서 이상촌 건설, 재외민족의 생활근거지 및 독립운동기지로서 이상촌 건설, 농촌부흥과 인재양성을 위한 직업학교 중심의 이상촌 건설로 구분될 수 있다. 이승훈을 중심으로 한 용동(오산) 공동체의 전개와 그 변화상은 친족마을의 조성과 서당교육의 실시, 신민회 사업 실천을 위한 공동체 운동의 전개, 농촌 중심의 사회결사체이자 생활 공동체의 구성으로 구분될 수 있다.

실천의 진지로서 풀무학교는 이찬갑과 주옥로가 만나 1958년 설립되면서 이루어졌다. 이찬갑은 당대 농촌 현실을 비판적으로 생각하면서 새로운 농촌문명을 주창하고자 했으며 새 이념의 농촌과 교육을 강조하고 노작교육과 생활학습의 중요성을 강조하였다. 주옥로는 농촌 초등 교육의 필요를 느꼈고 동시에 농촌의 독립전도를 하고자 동참하였다. 이렇게 설립된 풀무학교에서는 일상의 보통생활과 평민주의, 그리고 무두무미가 주창되고 강조되었다.

풀무학교는 흙의 소중함과 올바른 인격을 가르치는 작은 학교를 지향하며 교훈을 더불어 사는 평민으로 다시 정하고 이와 관련하여 교육과정을 개편해갔다. 마을과 학교가 하나로 되는 지역 공동체를 만든다는 구상은 홍순명의 부임 이후 비로소 현실화된 것이었다. 풀무 공동체는 학교와 지역의 일치를 이루고자 했으며, 학교 마을로서 갓골은 1980년대에 이르러 조성되었다. 풀무 공동체는 가장자리 빈 땅이었던 이 갓골이라는 터를 일구어 새롭게 공동마을을 형성하고자 했다.

그런 다음, 이 지역 실천이 전개해온 협동운동의 계열을 살펴보면서, 그것을 자립경제의 추구와 협동문화의 생성으로 보고자 하였다. 협동문화의 계열은 두레 혹은 계 조직처럼 전통사회의 결사체이거나 일제강점기 민간에서 전개된 조합운동과 같은 외양을 띠고 현실화되어온 과정들로 이루어진 지층들로 생각될 수 있다. 이러한 협동문화의 지층은 이 지역의 실천을 이끈 또 하나의 역사적 동력으로서 그 의의를 찾을 수 있다. 협동조합은 경제적 자립을 위한 근대적 조직이기도 하면서 민간 주도의 종교 민족 사회 운동의 조직적 거점 등 복합적인 성격을 가지고 있었다. 민속사회의 두레와 계는 근대화라는 거대한 전환 속에서 민간 협동조합의 형성과 조직, 전개와 확장에 기여한 경험적인 핵심 원천으로 작용하였다. 두레와 계는 이전 시대 공동체적 관습의 전형으로서 그 토착성을, 새롭게 생성된 협동적 실천 양식에 내속시킨 전통적 문화 형식이라고 할 수 있다.

나아가 풀무학교를 매개로 하여 지역사회의 자치 역량이 증진되어간 과정을 검토하였다. 그 과정의 핵심에는 학교의 교육과 그 교육을 받은 졸업생들의 지역 진출이 있었다. 학교 교육을 통해 심어진 개혁적 원칙들은 학생 개인들의 삶 태도를 크게 변화시켰고 이들이 지역으로 나가 일정한 역할을 수행함으로써 전에 없던 작지만 새로운 실험들이 지역에 나타나기 시작했다. 학교 안의 배움은 학교 밖의 지역운동으로 변환되어 확장 전개되어 나갔는데, 풀무 공동체는 자신의 내면을 가꾸고 농촌의 소박한 삶을 일구며 실질적인 대안 양식을 형성해간다는 원칙을 고수하며 점진적으로 개혁해나가는 방향을 추구해갔다. 풀무학교를 매개로 하여 자치 역량이 증진되어 지역에서 협동조합이 꾸려진 사례들로서 풀무소비조합, 풀무협동조합, 풀무학교소비조합과 풀무신용협동조합, 풀무농기계이용조합과 수리서비스센터, 홍동식품가공조합, 풀무생활협동조합 등을 들 수 있다.

갓골이라는 장소는, 1980년대를 지나면서 학교의 자립을 위한 거점이자 학습을 위한 실습지 등 여러 역할과 기능을 아우르면서도, 실제로 학교와 지역을 이어주고 이들의 자치 역량을 마음껏 길러나갈 수 있는 하나의 실험지로 여겨질 수 있었다. 풀무식가공조합에 연원을 둔 풀무학교생협, 갓골어린이집, 홍동밝맑도서관은 그러한 사례이며, 이밖에도 풀무생협의 생산자조직으로서 변모, 홍성우리마을의료생협(의료생협)의 출범 등도 범 지역을 묶음으로써 협동적 지역사회를 구현시킨 주요 사례로 언급하였다.

장곡 지역을 중심으로 조직된 홍성유기농영농조합법인의 결성에는 홍동지역의 실천과 연계된 장곡 지역의 친환경농업 실천이 자리하고 있었다. 장곡 지역의 친환경농업 생산자들은 풀무생협에 참여하고 있었는데, 변화된 먹거리 시장의 환경에 대한 풀무생협의 대응과 경영 방침은 홍성유기농이 설립되는 직접적인 계기로 작용했다. 뿐만 아니라 풀무생협이 출자와 납품 문제 등의 한계를 내보이고 있는 상황 속에서 소농 규모의 생산자에게도 홍성유기농이 일정한 대안적 선택지로 기능했다. 현재 활성화되고 있는 장곡 지역의 실천은 홍동 지역 실천의 이전으로 혹은 확장으로 운위되고 있다.

대안농업이 실천되고 이를 통해 지역사회가 변환되어간 양상을 중점적으로 다루었다. 먼저 기독교적 섭리에 기반하여 생명사상이 구체화되었는데, 이 지역의 유기농업 실천 계열은 반근대적이면서 반자본적인 성격을 보이고 있다. 즉 무교회주의자들이 성서를 통해 읽어낸 생명 존중의 가치를 유기농업이라는 구체적 실천 양식으로 주조함으로써 증산 위주의 근대적 농업 재편에 저항했다는 점에서 반근대적이며, 농업을 잠식하고 있던 자본친화적 생산 패러다임을 실천 내부에서 굴절시켜 시장 논리를 비껴간 생산-소비 관계를 창출했다는 점에서 반자본적이다. 그 원리에는 '생명은 생명으로서만 산출함'이라는 생명 산출 원리가 자리하고 있었으며, 일본 애농회 고다니 준이치의 방문과 강연은 정농회 창립을 이끌었고 지역의 유기농업이 시작될 수 있는 계기가 되었다.

풀무학교 졸업생들은 그 영향으로 유기농업 실천 활동을 점차 확장해갔으며, 유기농업에 대한 농사법과 실무 지식과 기술을 모임과 학습, 실습을 통해 습득해나갔다. 정농회와 풀무생협의 창립은 유기농업을 실천하고 친환경농산물을 생산하는 이들을 조직화하는 핵심적인 역할을 했으며, 그리하여 협동운동의 문법을 매개로 하여 유기농업이 확산되는 계기가 마련되었던 데다 생산자의 조직화를 통해 지역농업의 전환이 점진적으로 이루어져 갔던 것이다.

유기농업은 지역적으로 실천되면서도 문당리라는 마을을 생태마을로서 재구하였다. 정농회 홍성지회에서 '가을나눔의잔치'를 개최함으로써 지역 유기농업의 실현이 박차를 가하면서 활성화될 수 있었으며, 이와 함께 오리농법의 도입은 유기농업에 대한 진입장벽을 크게 낮춰줌으로써 지역 유기농업의 확산을 이끌었고, 문당리의 적극적인 참여와 주도는 그 핵심적인 요인이 되었다.

1997년 IMF 이후 공동체 담론이 부상하고 전국 차원의 귀농/귀촌자들이 증가하면서 홍동 지역에도 귀농자들이 유입되기 시작하였다. 이들은 대체로 마을의 협동조직과 농민단체의 구성원으로 참여하여 실무 역할을 맡으면서도 개인 농사를 부담해야 했다. 2000년대 이후로는 기존의 협동조직에 의존하기보다 소비자를 직접 조직하여 판매하는 꾸러미 사업을 주로 했으며, 귀농자들 상호간의 사업과 연대에 치중하였다. 이들에게 농업은 지속가능하고 인간다운 삶을 누리고 살 수 있는 총체적인 삶의 방식이었다. 풀무학교 전공부의 교육, 꿈이자라는뜰의 돌봄농사, 교육농의 학교텃밭 실천, 자연재배논모임의 자연농법 등 대안적 생활양식의 하나로 농사가 자리매김되었다.

장곡 지역은 홍동 지역 실천에서 발견된 한계를 극복하기 위해 새롭게 마련된 경관이 되었다. 즉 기존에 발견된 농촌의 지속가능성, 청년의 진입 방식, 지역사회 활성화의 동력, 새로운 공동체성의 창안에 대한 고민 속에서 장곡 지역의 실천이 이루어지고 있다. 젊은협업농장과 행복농장은 장곡 지역의 실천을 주도하는 사례이면서도 사회적 농업의 대표 사례로 여겨지고 있다.

자치조직이 형성되고 자치주체가 부상함으로써 면 단위로 공동체성이 확장되는 과정을 검토하였다. 이 지역의 실천 사례는 이질적인 주체들의 결합 속에서 새로운 실천 양식이 창안되어온 특징을 지니고 있다. 토착민과 이주민의 결합 속에서 이루어진 풀무학교의 설립, 귀농/귀촌인의 유입과 정착 등 이 지역 실천의 주체 혹은 경계는 여러 겹으로 중첩되어 있고, 공존의 문제가 지속적으로 제기되고 있다. 이질적인 것들 사이에서 빚어지는 차이 지점들이 무엇인지 발견하고 이들의 역량을 총합하는 것과 동시에 실천 동력으로 전환시킴으로써 지역 공동체의 경계와 활동 영역을 확장시키는, 이 지역 실천의 특이성을 나타내는 대표적인 실천 사례들로 마을활력소, 홍성여성농업인종합지원센터, 마을학회와 마을연구소 일소공도, 평민마을학교를 들 수 있다. 이 지역은 주민자치의 영토와 주체가 여러 겹으로, 자치주체는 이들을 묶어 지역의 공동체사회가 어떻게 구성되고 있는지를 살펴볼 수 있는 말의 쓰임새를 가지고 있다.

 1990년대 후반에서 2000년대 초반에 이르면서 귀농/귀촌 인구가 지역에 유입되며 세대와 그 취향, 관심 분야와 문제 영역이 더욱 다양해지는 인적 기반이 형성되었다. 지역초중학교에 아이를 진학시키게 된 학부모들이 공교육의 범주 안에서 대안적인 교육을 추구하고자 하는 활동을 함께 전개해가면서 커뮤니티가 형성되고, 이것이 외부의 지원과 만나 교육네트워크 같은 조직이 결성되기도 했다. 귀농/귀촌인들이 지역에 유입되면서 이루어진 공익적 주민활동들의 전개에 힘입어 새로운 형태의 협력적 연결망이 구축되고 자율적 관리가 시도되기도 하였다. 아울러 학습체계를 수립하고자 하는 노력들이 존재했는데, 이는 지역 공동체문화 실천의 변화하는 지형을 반영하는 것으로 주목될 수 있었다. 학습 생태계를 수립함으로써 지역 주민들의 연결성을 강화하고 공존을 모색하며 자치 실천을 도모해가는 흐름에 합류하고 있는 것이다.

 마지막으로 '마을공화국' 실험이 봉착한 한계 및 난관과 그 대안의 전망을 검토하고, 이 지역 실천에 접근하고 있는 이 책의 의의와 한계를 점검하고자 했다. 이 지역에서 전개되고 있는 '마을공화국'의 실험은 우선 새로운 세대와 청년 유입의 정체 현상이 발견된다. 그리고 유기농업의 경우 실천 양식의 혁신성이 다소 상실되고 있으며 일반적인 농촌사회의 고령화 추세와 맞물리면서 다시 관행농업으로 회귀하는 사태가 나타나고 있다. 주민자치의 경우 이상과 달리 융합에 난관을 경험하고 있으며 한편에서는 사업의 존적 자세 속에서 그 자립의 전망이 점차 불투명해지고 있다는 한계가 발견된다. 또한 정책친화적 경향도 함께 발견되면서, 다른 한편에서는 농촌봉건성이 재생산됨으로써 일정 정도 역량의 침식이 일어나고 있다는 점이 확인된다.

그럼에도 실천의 역사가 여전히 지속되고 있으며 과거의 유산을 계승하고자 하는 흐름이 상존한다. 또한 생태지향적 농업이 여전히 중심을 차지하고 있다. 그리고 실제적인 차원에서 주민들의 상시적인 논의가 이루어지고 있으며 다양한 주체를 길러내는 방식으로 한계를 극복해나가고자 하는 흐름이 존재한다. 여러 한계에도 불구하고 지역 실천은 새로운 전망으로 평가되거나 주목받고 있다. 이와 같은 면모들은 이 지역 실천이 한계와 난관에 봉착하고 있음에도 불구하고 대안의 가능성을 일정하게 담보하고 있는 것으로 상정할 수 있도록 한다고 할 수 있다.

다음으로, 위와 같은 논의들을 종합하여 이 지역에서 전개되고 있는 마을공화국 실험에서 발견되는 대안적 의미를 짚어보고자 했다. 이는 전통사회의 마을 공동체가 현대적으로 변환된 것으로서 마을공화국 체제의 특이성을 정리하는 작업을 통해 이루고자 했으며, 특히 마을 공동체 세시풍속의 변환과 생성으로서 그 대략적인 지형을 정리하고자 했다. 이 지역 실천이 민속적 사회생태를 복원하는 방식으로 대안의 체제를 구성하는 실험을 전개하고 있다는 점을 강조하고자 했다.

이상과 같은 논의를 통해, 이 책은 마을문화/민속의 현대적 위상에 대한 관심을 표방하고 있으며, 그에 따라 공동체문화 연구라는 범주에서 충남 홍성군 홍동면과 장곡면 일대에서 이루어져온 실천의 지형을 종합적으로 검토하고자 했다. 이 책은 그동안 단락적으로 정리되어온 이 지역 실천의 역사적 지층과 현재적 지형을 심도 있게 정리하고 있다는 데에 기본적인 연구 의의가 있다. 뿐만 아니라 해당 지역 사례를 공동체문화 연구의 범주로 수렴하면서도, 그 실제를 담아내는 작업 속에서 민속연구의 일정한 전환을 표방하고자 하였다. 궁극적으로 이 책은 공동체문화 연구를 현대적 민속연구의 새로운 장 혹은 접근 방식을 구성하고자 하였다.

뿐만 아니라 이 책은 마을문화/민속의 현대적 위상에 대한 관심 속에서 홍동과 장곡 지역에서 이루어지고 있는 대안적 실천을 연구 대상으로 삼고 그것을 공동체문화 실천으로 접근하였다. 형태의 면에서 오늘날 소실되고 있다고 여겨지는 마을문화/민속의 속성이 이 지역 공동체문화 실천의 기본 원리로 채택되고 있으며, 그에 따라 현대적 민속연구의 새로운 장 혹은 접근 방식이 구성될 수 있는 가능성을 타진하고자 하였다.

따라서 이 책은 대상의 측면에서 앞으로 홍동(-장곡) 지역에서 전개되고 있는 마을공화국 실험이 어떤 경로로 지속 혹은 확장되고 있는지 더욱 구체화·세분화하여 살펴보고 그 분석을 심화하는 후속 작업으로 나아가야 할 것이다. 홍동(-장곡)의 공동체문화는 현재까지도 매우 역동적인 실천의 장을 구성해가고 있으며, 그 장은 시간의 흐름과 공간의 재편 속에서 통합과 분화를 거듭하면서 매우 복잡화되고 있다. 그러므로 시간의 축과 공간의 축을 따라 실천의 중심점들을 여럿으로 잡아, 그것이 어떻게 전개되고 있는지 좀 더 상세하게 살펴볼 필요가 있다.

구체적으로, 이 지역 실천을 둘러싸고 있는 역사문화·정치경제·대안의 축을 좀 더 명확하게 세우고, 그것이 구성하고 있는 문제계의 특성을 심화하여 분석할 필요가 있다. 또한 현재 활성화되고 있는 실천 지층의 복잡함을 문제적으로 인식하고, 그것이 나타내고 있는 가치 지향의 여러 구도들을 가시화하여 그 공존과 경합, 분화의 면모들을 담아낼 필요가 있다. 이 책은 향후 이와 같은 후속 과제의 단초를 마련한 것이라는 점에서도 유의미하다고 하겠다. 물론 그것이 주조하는 대안의 결을 소상하게 관찰하여, 민속의 재현 및 변환 혹은 생성과 활용을 분석하는 방향으로 사례 연구를 좀 더 심화시킬 필요가 있다.

또한 관념과 이론의 측면에서, 한국적 차원에서 활성화되고 있는 공동체문화 실천의 다양한 양태들을 종합적·체계적으로 접근하고 그 심화된 분석을 수행할 수 있는 문제계 혹은 분석틀의 구성을 좀 더 구체화하여 수행할 필요가 있다. 분명한 것은, 이 책에서 접근하고 있는 사례와 마찬가지로 오늘날 대안 실천 현상들에 대한 역사적 접근이 소략하다는 점이다. 즉 대안과 활용의 측면에서 공시적 접근과 분석이 지배적인 문법으로 자리 잡고 있는 관련 연구 담론의 현실에 대한 비판적인 시선 속에서, 그 역사와 전통이 당대에 펼쳐낸 다양한 의미들을 한국적 문화 현상의 범주에서 해석하고 복원할 필요가 있다. 이를 위해서는 역사철학과 문화학 등 인접 학문의 성과를 원용하는 가운데, 현장 친화적인 연구 방법을 중시하는 민속학의 자세를 강조할 필요가 있다. 이러한 모색을 바탕으로 하여, 앞으로 공동체문화 현상과 실천을 다룰 수 있는 이론과 방법론을 좀 더 체계적으로 정립하는 작업으로 나아가야 할 것이다.

  이 책은 궁극적인 차원에서 공동체문화를 한국적 문화 현상의 한 범주로 구성하기 위한 연구 목적 혹은 기획의 부분적 경로에 해당한다. 이에 따라 관념과 이론의 측면에서 현재 한국사회에서 활성화되고 있는 공동체문화 현상 및 자료에 대한 종합적이고 체계적인 기록과 정리를 기본적으로 진행하는 가운데, 해당 문화 현상을 이해하는 분석틀을 고안할 필요가 있다. 이는 지금까지 역사적인 차원에서 이루어진 한국 문화장의 변동을 중요하게 인식하는 가운데, 공동체문화 현상을 구성하고 있는 욕망과 취향의 결을 복원하고, 그 문화정치의 장에서 이루어지는 상징투쟁의 과정을 체계적으로 규명하는 작업 속에서 시작될 수 있을 것으로 보인다. 이 책은 여기에서 제기한 후속 연구의 방향 및 과제를 구체화하기 위한 단초가 될 것으로 기대한다. 또한 이 연구는 이를 바탕으로 공동체문화 연구의 방법과 이론을 체계적으로 정립하는 방향으로 나아가야 할 것이다.

부록

여럿의 마주침과 접속을 통해
확장되고 있는 현장의 목록들

1. 공동체문화연구사업단 주최 홍동·장곡 지역 사례 발표 목록

번호	발표주제명	발표자명	행사명	발표일	행사장소
①	농촌마을 공동체문화의 현대적 계승과 과제: 홍동-장곡 지역 사례	정민철 (젊은협업농장)	제1회 워크숍	2018.12.07.	안동대학교 국제교류관
②	홍성군 지역거버넌스 '홍성통' 운영의 성과와 한계	권봉관 (홍성군청)			
③	왜 홍동 지역사회에 주목하는가	김정섭(한국농촌경제연구원)	제1회 컨퍼런스(지역에서 일구는 미래, 공동체문화 재생의 동력과 실천들)	2019.02.27.	안동대학교 국제교류관
④	학교와 지역사회: 풀무학교와 홍동	정승관(풀무농업고등기술학교)			
⑤	환경농업이 가져다 준 지역운동	주형로 (전국농산어촌인성학교협의회)			
⑥	홍성지역 풀무생협과 풀무신협의 역사와 문화	염찬희(성공회대)			
⑦	지역재생을 위한 풀뿌리 지역 언론의 실천과정과 의미	이번영 (홍성신문)		2019.02.28.	
⑧	농업, 농촌 그리고 청년	정민철 (젊은협업농장)			
⑨	자연농을 통한 공동체 재생과 의미	금창영 (자연재배협동조합)	제1회 콜로키움 (지역재생을 보는 관점)	2019.05.10.	안동대학교 지역산학협력관
⑩	행복농장(farming for happiness)	최정선 (행복농장)	제3회 컨퍼런스 (마을-공동체-네트워크, 역사적 조명과 패러다임의 변화)	2020.07.16.	경상북도 콘텐츠진흥원 창조아트홀
⑪	홍동지역 마을교육 시즌2를 준비하는 '햇살배움터'	이재혁 (햇살배움터)	제5회 컨퍼런스 (공동체, 배움길, 미디어)	2021.05.01.	온라인
⑫	장애와 농(農) 촌(村)을 연결하면, 우리동네 발달장애인도 좋은 삶을 살 수 있지 않을까?	최문철(꿈이자라는뜰+홍성우리마을의료조합)		2021.05.02.	

2. 홍동·장곡 지역 사례 문헌 자료의 유형과 내용

① 『홍동기록』(풀무 · 홍동소식 · 협동생활 영인본), 시골문화사, 2018.
② 『홍성신문』
③ 『마실통신』
④ 『마을연감』

위의 자료들은 지역 내의 소식을 전달하거나 기록하는 목적에서 정기적으로 간행된 신문 혹은 잡지에 해당한다. 이는 지역의 역사적 장면들을 소상하게 담고 있다는 점, 지역언론의 역할을 다른 곳보다 먼저 그리고 오래 지속하고 있다는 점에서 가치를 지니는 자료들이다. ①『홍동기록』에 수록된『풀무』지는 1978년부터 1987년까지 9년 동안 매월 간행된 풀무학교동창회보였는데, 자연스럽게 지역 소식이 그 안에 많이 담기다가 이후로는 홍동면 잡지로서의 성격이 더욱 짙어졌다. 『홍동소식』은 풀무소비자협동조합 조합원들의 소통 증진을 위한 회보로 출발하였으며, 1985년부터 1987년까지 2년의 시기에 매월 간행되었다. 이 과정에서 '시골문화사'는 면 단위의 소식을 담은 간행물을 편집하고 펴내는 작업을 담당하였다. 지역에 거점을 두고 있는 학교와 협동조합의 회보로 출발하였지만, 그 활동이 지역을 떠나서 이루어질 수 없는 것이기에 점차 지역의 다양한 이야기들을 수록하는 소식지로 자리매김했다. 『홍동소식』은 군부 정권의 언론정책으로 인해 강제 폐간된 역사를 지니고 있는데, 이는 오히려 한국 최초의 지역신문으로서 ②『홍성신문』이 창간되는 계기가 되었다. 당시 문화공보부가『홍동소식』의 정기간행물 등록 신청을 반려함에 따라 지역에서는 홍동소식탄압비상대책위원회가 조직되었고, 결과적으로 위원회는 매월 간행된『홍동소식』의 종간호를 낸 이후『주간홍성』을 등록 신청하여 매주 신문을 간행하였으며, 이후『홍성신문』으로 재창간되었다.

③『마실통신』은 '마실이학교', '마을장터'와 함께 지역 여러 단체들의 리듬과 호흡을 중재하고 그 활동들을 지원하는 역할을 담당하는 마을활력소의 주요 활동 중 하나로서 2010년 6월(준비 1호, 가칭 지역단체뉴스레터)부터 현재까지 간행되고 있다. 홍동면의 지역소식을 전하는 뉴스레터로 자리매김하고 있는 ③『마실통신』은 '함께 만드는 홍동 마을 뉴스'를 표방하고 있으며, 2018년부터는 홍동면 주민참여 사업의 일환으로 매월 발행/배포되어 지역의 소식을 전달하고 있다. ③『마실통신』에는 지역의 소식을 취재하거나 편집과 발행을 담당하는 실무자가 배치되어 있지만, 기본적으로 지역 주민들의 제보를 통해 내용이 구성되고 있으며 지역의 각 유관 단체의 주요 소식들이나 마을 활동들, 새로운 주민의 소개 등 생생한 지역 소식의 전달을 통해 주민들 간 교류와 소통 구조를 마련하고 있다. 최근에는 홍동면주민자치회와의 연계 속에서 마을기자단이 조직되어 소식지 내용의 풍부함을 더해가고 있다. 아울러 그 연장선상에서 각 기관과 단체들의 주요 활동과 계획들을 공유하는 자리로서 매년 진행되는 '우리마을발표회'에서 발표된 내용들을 기록하고 엮은 ④『마을연감』 또한 정기적으로 간행되고 있다. 요컨대 ③『마실통신』과 ④『마을연감』은 마을활력소 설립 이후 지역사회를 이루는 주체들이 다층화되고 그에 따라 활동의 양상도 다양화되면서 최근 행보와 자료들을 통합적으로 엮어내는 소식지가 출현하게 된 것이다. 풀무학교의 지역적 역할이 점차 축소되고 지역신문이 홍성 단위로 확장되면서, 면 단위 소식들을 종합하여 상세하게 기록해오고 있다는 측면에서 그 역사적 의의를 확보하고 있다.

⑤ 이찬갑, 『새날의 전망』, 풀무학원, 1974.
⑥ 이찬갑, 『산 믿음의 새 생활』, 시골문화사, 1994.
⑦ 주옥로, 홍순명 엮음, 『농민 교육자 주옥로』, 그물코, 2008.

위의 ⑤『새날의 전망』, ⑥『산 믿음의 새 생활』, ⑦『농민 교육자 주옥로』와 같은 자료들은 한국 무교회주의 전통의 특이성을 일면 보여주는 것으로 주목될 수 있다. 이찬갑과 주옥로는 이 지역 실천이 지금과 같은 외양을 띨 수 있게 된 초기 조건을 마련한 인물들로 평가되고 있다. 그 직접적인 계기는 풀무학교의 설립이며, 이는 또한 무교회주의의 맥락을 부분적으로 담고 있기도 하다. 성서에 대해 깊이 있게 연구하고 그것을 일상 생활에서 증명하는 것이 무교회주의의 실천 지향이라면, 위의 자료들은 그러한 연구와 생활의 개인적 숙고 과정들을 기록하고 있다. 때문에 이들의 구체적인 행적의 장면들을 담고 있을 뿐 아니라, 그 하루 하루의 생활 속에서 어떠한 생각을 하게 되었는지와 같은 내용들을 담고 있다. 성서 연구의 결과들이기도 한 위의 자료들은 신앙 실천의 일환으로 전개된 이 지역 활동의 사상적·역사적 토대를 들여다볼 수 있는 자료가 되기도 한다.

⑧ 이찬갑,『풀무학교를 열며』, 그물코, 2010.
⑨ 홍순명,『더불어 사는 평민을 기르는 풀무학교 이야기』, 부키, 2008.
⑩ 풀무농업고등기술학교,『풀무공동체 바탕과 전망』, 시골문화사, 1998.
⑪ 풀무교육 50년 기념 사업추진위원회,『풀무교육 50년 : 다시 새날이 그리워』 1~3, 홍성 : 호성문화사, 2008.

위의 자료들은 풀무학교와 연관되어 있다. ⑧『풀무학교를 열며』는 풀무학교가 지역에서 열릴 당시 이찬갑의 연설 내용을 재구성하고 있어 지역 실천의 초기 내막을 들여다볼 수 있는 자료에 해당한다. 첫 번째 자료가 학교 설립의 초기 구상을 보여준다면, 나머지 세 자료는 그와 같은 뿌리가 어떤 열매를 맺고 있는 것으로 귀결되고 있는지에 대한 회고적 서술 형태를 띠고 있다. ⑨『더불어 사는 평민을 기르는 풀무학교 이야기』의 저자 홍순명은 1960년부터 2002년까지 풀무학교에서 교육자로 근무하였으며, 그 이후로도 지역 실천의 주요 흐름마다 상당한 역할을 한 인물에 해당한다. 이 자료는 지역 안에서 풀무학교가 어떤 교육적 지향을 지녀오고 그 미래상은 무엇인지 상세하게 기록되어 있으며, 대안교육에 대한 전국적인 관심의 흐름 속에서 진행된 강연들을 엮은 만큼 우리 교육의 현실 속에서 되찾아야 할 가치들을 풀무학교의 행적을 돌아보는 가운데 강조하고 있다.

다른 두 자료는 개인 저자가 아닌 교직원과 학생 등 풀무학교를 거쳐간 이들이 공동으로 저술한 것에 해당한다. ⑩『풀무공동체 바탕과 전망』은 풀무학교가 개교한지 40주년을 맞아 발간된 문집으로, 독립적인 지역의 학교로서 굳건하게 자리를 잡기까지 지난한 과정에도 불구하고 물심양면으로 힘써온 주체들의 그간의 소감과 미래에 대한 생각이 담겨 있다. ⑪『풀무교육 50년 : 다시 새날이 그리워』도 이와 유사하게 그로부터 10년이 더 지난 후에 발간된 회고와 전망의 기록이다. 농촌과 교육이라는 두 화두를 중심으로 걸어온 학교의 자취들이 하나의 흐름이자 역사로 격상되고 있으며 그것이 단순히 우연이 아닌 실천적 의의와 소망을 온전하게 담아온 과정이었다는 점을 공통적으로 서술하고 있다.

⑫ 홍성환경농업마을 영농조합법인, 『생각하는 농민, 준비하는 마을 : 21세기 문당리 발전 백년 계획』, 2000.

⑬ 충남발전연구원+홍동마을사람들, 『마을공화국의 꿈, 홍동마을 이야기』, 한티재, 2014.

⑭ 송두범 · 김기홍 · 박경철 · 이관률, 『우리는 왜 농촌 마을 홍동을 찾는가』, 그물코, 2017.

⑮ 이번영, 『풀무학교는 어떻게 지역을 바꾸나』, 그물코, 2018.

위의 자료들은 지역 실천의 궤적들을 특정한 주제 혹은 분야에 한정하여 담아내고 있으며, 그 차이는 서술 주체와 목적에 따라 나뉜다. ⑫『생각하는 농민, 준비하는 마을』이 담고 있는 곳은 이 지역 유기농업 실천의 중심지로서 자율적인 공동체적 실험을 전개해온 문당리이다. 문당리는 산업화와 공업화의 길 옆에서 위기에 처한 농촌의 처지 속에서도 오히려 의식적인 차원에서 유기농업을 실천함으로써 마을경제의 자립을 이룬 사례로 평가되고 있다. 그러한 맥락에서 펴낸 이 자료는 마을의 이전 역사를 정리하고 앞으로의 미래상을 계획하는 연구서로 만들어졌으며, 이를 통해 해당 사례는 지속가능한 농촌사회의 모델로 그 위상이 정립되고 있다.

⑬ 『마을공화국의 꿈, 홍동마을 이야기』는 1997년부터 이 지역에 자리잡기 시작하여 어느새 정착한 귀농/귀촌인들의 체험에 기반을 둔 글쓰기 실험에 해당한다. 잊혀진 여러 장면들이 지면을 통해 복원되고 있다는 점에서 자료적 가치도 크지만, 무엇보다 주목되는 것은 이들이 수필, 시 등 다양한 형식의 글쓰기를 통해 재현하고 있는 '마을공화국'이라는 꿈 혹은 소망이다. 그것은 현대사회의 병폐와 위기를 지역이라는 위치에서 바라보고 그 가능한 대안을 힘이 닿는대로 지역에서 구현해가는, 대안체제의 실험이 가지는 의의와 가능성 내지는 고민과 같은 내용들로 이루어져 있다. 그것을 이루는 것은 또한 어떤 내세울만한 목표나 조직화된 세력이 아니라 그저 평준화된 '홍동마을 사람들'의 '홍동마을 이야기'로 담고 있다.

⑭ 『우리는 왜 농촌 마을 홍동을 찾는가』의 필진은 이 지역 실천에 대해 관심을 보이거나 지속적으로 교류해온 외부 연구자/전문가들로 구성되어 있다. 그런 만큼 외부 연구원의 기획과 지원 속에서 만들어졌으며, 소농들로 이루어진 평범한 농촌 마을 홍동이 그 외부로부터 주목받아온 이유에 대한 해답들을 정리하고 있다. 그것은 교육과 유기농업, 협동조합과 마을공동체라는 키워드로 요약되고 있으며, 이 지역 실천이 전개해온 여러 실험과 성과들이 외부 연구자/전문가의 시선 속에서 재현되고 있다는 특징을 보인다.

⑮ 『풀무학교는 어떻게 지역을 바꾸나』 또한 위의 자료와 유사하게 외부

연구원의 기획과 지원이 작성의 계기라고 할 수 있지만, 오랜 시간 이 지역의 실천을 주도해온 주체가 저자로 참여하고 있다는 점에서 차이를 지닌다. 그러므로 내부자의 시선이 더욱 강조되고 있으며, 보다 구체적이고 사실에 가까운 지역의 여러 흐름들이 교육과 협동조합, 문화를 중심으로 기록되고 있다. 실천의 연원이자 원동력으로서 풀무학교가 지녀온 역할이 핵심적으로 주목되고 있으며, 변화하며 마주하는 현실에 따라 지역은 어떤 구상과 실험을 이어갔는지에 대한 내용들이 회고적 체험담 혹은 목격담의 형식으로 재구되고 있다. 아울러 지역에서 이루어진 풀뿌리 언론 활동과 출판 문화에 대한 역사적 맥락이 다른 저자들에 비해 특히 강조되고 있다.

⑯ 마을학회 일소공도, 『마을』 1~3, 그물코, 2018.
⑰ 마을학회 일소공도, 『마을』 4, 시골문화사, 2019.
⑱ 마을학회 일소공도, 『마을』 5~7, 시골문화사, 2020.
⑲ 마을학회 일소공도, 『마을』 8, 시골문화사, 2021.
⑳ 마을학회 일소공도, 『마을』 9, 시골문화사, 2020.
㉑ 웹진 『일소공도』

마을학회 일소공도는 노작교육의 중요성을 담은 '일만 하면 소, 공부만 하면 도깨비'라는 표현을 차용하여, 일과 공부·삶과 앎의 공존이라는 가치를 담아 농업과 농촌, 농민의 문제를 마을의 주도하여 적극적으로 사유하는 것을 지향한다. 이에 따라 다양한 영역에서 활동하는 가운데 이 지역을 오가는 이들과 마을 주민들이 교류하거나 지식을 나누는 장으로서 그 역할을 담당하고 있다. 마을학회 일소공도에서는 2017년 이후부터 위와 같은 『마을』이라는 학회지를 매년 발간함으로써 지역의 공론장을 형성하고 있으며, 지역에 주목하는 연구자의 수요를 중요하게 인식함으로써 지역 주체적인 학술담론을 이끌고 있다. 특히 관, 학과 연계를 강조하는 맥락 속에서 지역의 전망과 경로를 모색하는 목적성을 보이고 있으며, 그 속에서 농촌에서 출발하는 학술 담론의 주창, 마을교육공동체의 미래적 상상, 농지공유의 역사적 의미, 농민과 주민이라는 정체성의 재정의, 마을농업의 기획, 대안 터전으로서 농촌의 가능성, 마을문화의 대안적 조건, 반식민화 실천으로서 농민의 재조직화, 마을자치의 과제와 전망, 지역의 활로로서 사회적경제의 지형 등의 사안들이 시의적인 차원에서 논의되어오고 있다. 뿐만 아니라 지역 주민들의 근황과 고민을 담은 웹진 『일소공도』가 월간/격월간으로 배포되고 있다.

㉒ 홍성여성농업인종합지원센터, 『그녀들의 홍동 이야기 : 홍동허스토리(2016)』, 2017.
㉓ 홍성여성농업인종합지원센터, 『그녀들의 홍동 이야기 : 홍동허스토리(2017~2018)』, 2018.
㉔ 홍성여성농업인종합지원센터, 『그녀들의 홍동 이야기 : 홍동허스토리(2019)』, 2019.

위의 ㉒~㉔ 『그녀들의 홍동 이야기』 자료들은 지역 실천의 주체로서 살아온 여성들의 이야기를 담고 있다. 여기에는 그만큼 여성들의 이야기가 '홍동 이야기'로 주목되지 못했던 현실이 자리 잡고 있다. 그러므로 이 자료에 수록된 이야기들은 단순히 여성들의 이야기를 담았다는 것만이 아닌, 남성중심적이고 가부장적인 문화가 공고하게 지배해온 지역의 면모에 대한 문제적·비판적 인식이 자리 잡고 있다. 이는 1세대 귀농인들의 주도로 2002년 지역에 설립될 수 있었던 홍성여성농업인종합지원센터의 기획 속에서 이루어질 수 있었으며, 다수의 지역 청중들을 대상으로 이야기를 들려주는 현장 행사의 내용들을 담고 있다. 이러한 자료는 지역에 존재하는 다양한 구분선과 직업의 차이에도 불구하고 여성이라는 정체성으로 연결되어 있는 면모를 확인할 수 있으며, 주류적인 서사로부터 감추어지거나 배제된 서사를 표면화함으로써 지역의 서사를 더욱 풍부하게 하는 의의를 지니고 있다.

㉕ 최루미, 『우리 삶에 빛나던 날을 기억합니다』, 글을읽다, 2018.
㉖ 권정렬·노의영·이승자·이승진·이재자·주정자, 『갓골자서전』, 그물코, 2021.
㉗ 김현자, 『풀무의 삶과 배움』, 살림터, 2022.

위의 자전적 서술 자료도 마찬가지로 그동안 비교적 비가시화되어 왔던 지역 주체들의 이야기들을 복원한다는 기록 복원의 측면에서, 그리고 스스로 그 이야기들을 재구성한다는 측면에서 의의를 나타내고 있다. ㉕『우리 삶에 빛나던 날을 기억합니다』는 1981년부터 1992년까지 갓골어린이집에서 교사로 근무한 저자의 당시 경험들이 기록되고 있다. 당시의 지역은 그 자체로 보육현장이기도 하였다는 점이 이 자료를 통해 재현되고 있는데, 특히 마을에서 안전하고 건강하게 아이를 키운다는 지향이 갓골어린이집의 실천을 통해 어떻게 구체화되어왔고 거기에 어떤 이들이 동참해왔는지에 대한 내용들이 자전적인 차원에서 서술되고 있다. 뿐만 아니라 지역 공동체를 꾸려나가는 일에 아동 보육과 교육 현장의 미래적 중요성이 강조되고 있으며, 그것이 지역 유관기관과의 연계 속에서 더욱 풍부한 활동들로 구성되었다는 점이 그려지고 있다.

㉖『갓골자서전』은 임상역사쓰기 실험의 일환으로 매듭지어진 결과물에 해당한다. 그 시작은 2013년 지역에 소재하고 있던 마을공동체문화연구소의 마을기록프로젝트에 있다. 저자들은 지역 실천의 흐름 속에서 보이지 않는 살림살이를 꾸려온 이들로 구성되어 있으며, 여러 측면에서 공식 역사에서는 찾아보기 어려운 이야기와 정서들이 자전적 서술 속에 녹아들어

있다. 이 역시 지역의 다른 역사를 포착한다는 점에서 지역의 역사를 풍부하게 하는 자료적 의의를 지니면서, 공동체 운동의 가려진 손길들을 재구하고 있다는 점에서 정치적 함의도 내포하고 있다. 저자들은 지금까지도 '할머니독서모임'을 진행해오고 있으며, '할머니장터협동조합'을 조직하여 주체적으로 운영하고 있다.

㉗『풀무의 삶과 배움』은 또 하나의 풀무학교 이야기를 담고 있다. 37년간 교사로 일한 저자는 객관적이고 구체적인 역사를 정리하는 작업을 수행하기보다는 기억과 느낌에 의존하여 이른바 '에세이식 역사'를 서술하고 있다. 그런 만큼 풀무학교가 가진 굵직한 역사와 비교하여 어느 정도 가려진 일상의 작은 이야기들로 구성되어 있으며, 교육한 것보다 배움과 가르침이 더 많았던 교사 생활에 대한 것들이 자전적으로 서술되고 있다. 지역 속의 학교, 대안을 추구하는 학교 현장의 어려움과 즐거움이 그 서사를 이끌고 있으며, 지나간 시간과 일상의 회고를 통해 지역의 서사를 더욱 풍부하게 하고 있다.

㉘ 꿈이자라는뜰 엮음,『2023 텃밭달력 농사일지』, 그물코, 2023.
㉙ 홍성씨앗도서관,『우리 동네 씨앗 도서관』, 들녘, 2019.

㉘『텃밭달력 농사일지』는 지역의 소식을 전면적으로 다루는 것은 아닐지라도, 지역 실천의 중심에 위치하고 있는 농사의 유의미함을 나타내는 표지로서, 소규모 교육농장 단위에서 진행된 10년치 농사에 대한 기록들을 담고 있다. 이는 이른바 '기록 실천'이라고 볼 수 있을 텐데, 기록의 힘을 믿고 꾸준히 기록하며 해마다 그 기록들을 해마다 새롭게 펴냄으로써 소통과 교류의 미디어 창구를 새롭게 형성하는 행보로 주목될 수 있다. 이와 같은 기록물들은 지역의 문법과 깊은 관련을 지니고 있다. 14년 텃밭수업 경험과 10년 풀무학교 전공부 농사일지 기록이 담겨 있어, 특정한 조합의 실

천을 조망해볼 수 있는 기초 자료이자 주체적인 기록으로서 그 의의를 지니고 있다.

㉙ 『우리 동네 씨앗 도서관』은 2015년부터 토종씨앗을 지키는 일을 이어가고 있는 저자들이 자신의 목소리와 활동을 기초로 하여 그 일의 가치를 전하고 있다. 여기에는 지역에 씨앗도서관을 만들게 된 계기와 같은 장면들이 기록되어 있으면서도, 씨앗지키기의 구체적인 과정에 대한 정보들이 수록되어 있다. 씨앗 농사 일지, 교육활동, 정보 기록, 사람들의 일화, 타지 사례의 소개 등이 담겨 있다. 이른바 도서관이라는 공간적 거점을 매개로 하여 토종씨앗을 지키는 일은 사람과 사람의 교류를 통해 이루어질 수밖에 없다는 점에서 공동체적이다. 즉 토종씨앗에 관한 암묵적 지식을 대물림하는 이전 세대의 농부들과 그 지식의 가치를 미리 알고 전수하고자 하는 다음 세대의 농부들의 교류가 기본적으로 이루어지고 있으며, 이들이 애써 채종한 씨앗들과 더불어 그 농부들의 이야기가 함께 도서관에 전시/보관되어 그 새로운 주인을 기다리고 있다. 씨앗과 이야기를 직접적인 대면 속에서 함께 나누는 실천의 과정과 그 내용들이 지역 주체들의 필요에 따라 기록/발간된 것이 이와 같은 자료라고 할 수 있다.

3. 홍동·장곡 소재 협동조합 및 사회적경제 기관 현황

1) 협동조합[1]

<표 1> 홍동과 장곡 지역 협동조합 등록 현황(2023.06. 기준)

구분	기관명	인가	소재	사업내용	업종
사회적 협동조합	홍성의료복지사회적 협동조합	2023	홍동	의료기관 개설 및 운영	보건업 및 사회복지 서비스업
	햇살배움터마을교육 사회적협동조합	2021	홍동	홍성군내 마을과 학교의 아동 및 청소년을 대상으로 하는 교육·문화 위탁사업, 청소년거점공간 운영 및 확대 사업, 마을교육활동가·학부모·지역주민 대상으로 하는 교육사업	교육 서비스업
	산림살림에너지사회적 협동조합	2020	홍동	바이오매스 교육·컨설팅 및 생산 등	제조업
일반 협동조합	생미마을협동조합	2022	장곡	농산물 온라인 판매, 농산물 가공품 제조	농업, 어업 및 임업
	정농한식구협동조합	2021	홍동	정농농법 생산물의 판매 및 유통사업, 정농생산물 가공·제품개발 및 마케팅 사업, 정농농법 보급을 위한 교육훈련 및 홍보사업	도매 및 소매업
	무지개숲협동조합	2020	홍동	숲 체험장 제작 및 운영 컨설팅, 숲을 활용한 교육 체험프로그램 운영 및 휴게사업, 식물재배 가공판매 및 숲 관련 수공예품 판매, 농수산물 위탁 판매	교육 서비스업
	숲풀꽃협동조합	2020	홍동	산야초 가공판매 및 농수산물·임산물 위탁판매, 교육(직업·진로) 및 체험(목공·제철 과일청 제작) 프로그램 운영, 원예사업 및 수공예품 판매사업, 휴게(카페운영) 사업	도매 및 소매업
	협동조합 동네마실방 뜰	2019	홍동	음식점업	숙박 및 음식점업

---

1 홍동·장곡면 소재 협동조합 등록 현황을 정리한 표의 내용은 한국사회적기업진흥원 홈페이지 (socialenterprise.or.kr) '협동조합 리스트' 검색 및 참조.

구분	기관명	인가	소재	사업내용	업종
	마을연구소 일소공도 협동조합	2018	장곡	마을교육공동체·농촌 청년·농촌 교통 문제 등 연구 및 충남연구원 농촌현장연구회 공동 세미나 등 운영	전문, 과학 및 기술 서비스업
	공유주거협동조합	2018	홍동	공동체 주택 건설 및 임대 관리사업	부동산업 및 임대업
	텃밭협동조합	2017	장곡	연잎밥 및 전통차 판매, 전통문화 체험	숙박 및 음식점업
	홍성로컬푸드협동조합	2016	홍동	친환경 로컬푸드 판매 및 농촌체험 활동 기획 및 운영 등	농업, 어업 및 임업
	초록이둥지협동조합	2016	홍동	농산물 가공·판매 및 체험교육사업	농업, 어업 및 임업
	협동조합 행복농장	2016	장곡	농산물 생산·판매 유통 사업, 농업을 활용한 교육사업 등	농업, 어업 및 임업
	홍성자연재배협동조합	2014	홍동	농산물 꾸러미 사업, 귀농지원사업	도매 및 소매업
	하나둘 협동조합	2014	홍동	농산물 가공판매, 직거래장터, 영농후계자양성	도매 및 소매업
	아하 홍성 생활기술 협동조합	2014	홍동	지역내 적정기술 전문인력 양성과 녹색일자리 창출을 위한 교육훈련사업, 적정기술 전문인력 양성을 위한 교육훈련사업 및 연구개발, 적정기술을 이용한 친환경 신재생에너지 보급, 지역 취약계층 주거시설의 에너지효율화 추진 등	교육 서비스업
	협동조합 청촌	2013	홍동	친환경농산물 생산 및 판매	농업, 어업 및 임업
	오누이친환경마을 협동조합	2013	장곡	농촌·농업·귀농을 대상으로 하는 교육 및 컨설팅 사업	교육 서비스업
	얼뚝생태건축협동조합	2013	홍동	집짓기 및 집수리	건설업

2) 사회적경제[2]

<표 2> 홍동과 장곡 지역 사회적경제 참여 기관 현황(2021.06. 기준)

구분	기관명	지정	소재	사업내용	비고
사회적 기업	홍성유기농 영농조합법인	2012	장곡	친환경 농축산물 가공 및 유통	인증
	한국도라지	2014	장곡	도라지 가공식품 제조 및 판매	인증
	홍성우리마을 의료소비자생활 협동조합	2019	홍동	우리동네 주치의 의료서비스 제공	인증
	풀무소비자생활 협동조합	2020~2023	홍북	친환경 식자재 어린이집 공급 및 조합원 대상 판매	예비
	파머스허브	2023~2023	장곡	허브 및 특수채소 생산·유통	예비
	꽃과꿀벌	2020~2023	홍동	양봉업 및 도소매업(건강기능식품)	예비
	채소생활	2021~2024	홍동	생태농업기반 식농문화 교육 및 채소판매	예비
마을 기업	지역센터 마을활력소	2010	홍동	마을역량 강화 네트워크 사업	
	가온앤푸드	2010	홍동	친환경 유기농 쌀을 활용한 제품 생산 및 유통	
	초록이둥지 협동조합	2018	홍동	유기농 쌀을 이용한 가공식품 제조 및 체험	
	매죽헌주식회사	2018	장곡	고택을 활용한 돌잔치 및 스몰웨딩 등	
	텃밭협동조합	2018	장곡	마을 유휴자원을 활용한 식당 운영 및 농산물 가공사업	
	협동조합 동네마실방 뜰	2020	홍동	동네 호프집 및 마을 문화공간 운영	
	얼뚝생태건축 협동조합	2022	홍동	주거시설 건축 및 소규모 수리 수선	
	생미마을협동조합	2022	장곡	농산물 유통 및 농산물 가공 판매	

[2] 홍동·장곡면 소재 사회적경제 참여 기관의 현황을 정리한 표의 내용은 홍성군청 홈페이지 (hongseong.go.kr) '사회적경제조직 홍보관' 참조. 풀무소비자생활협동조합의 경우 공식화된 소재지는 홍북읍으로 되어 있지만, 그 활동의 시작과 전개를 고려한다면 이 지역의 활동 범주로 포괄할 수 있다고 판단하였다.

참고문헌

1. 자료

1) 지역 생산 자료

· 회보
『풀무』 7, 풀무학교 수업생회, 1979.03.
『풀무』 8, 풀무학교 수업생회, 1979.04.
『풀무』 10, 풀무학교 수업생회, 1979.06.
『풀무』 13, 풀무학교 수업생회, 1979.09.
『풀무』 24, 풀무학교 수업생회, 1980.08.
『풀무』 31, 풀무학교 수업생회, 1981.04.
『풀무』 42, 풀무학교 수업생회, 1982.03.
『풀무』 115, 풀무학교 수업생회, 1990.09.
『풀무』 131, 풀무학교 수업생회, 1994.09.
이번영 엮음, 『홍동기록』(풀무·홍동소식·협동생활 영인본), 시골문화사, 2018.
『풀꽃』 18, 풀무재단, 2021.
『풀꽃』 25, 풀무재단, 2022.
『사이통신』 1, 행복농장, 2021.
『사이통신』 2, 행복농장, 2021.

· 문집
『새벽별』 100, 1986년 9·10·11월.
『성서연구』 473, 1997.
이찬갑, 『새날의 전망』, 풀무학원, 1974.
＿＿＿, 『산 믿음의 새 생활』, 시골문화사, 1994.
풀무교육 50년 기념사업추진위원회, 『다시 새날이 그리워』 1~3, 호성문화사, 2008.

· 학회지
『마을』 1, 마을학회 일소공도, 2017.
『마을』 3, 그물코, 2018.
『마을』 4, 시골문화사, 2019.
『마을』 5, 시골문화사, 2020.

『마을』 7, 시골문화사, 2021.

· 보고서 및 아카이브 자료
지역센터 마을활력소, 『2015 우리마을연감』, 2016.
홍성군농업기술센터 · 협동조합 행복농장 · 오누이친환경마을협동조합 · 마을학회 일소공도, 『한국의 농업 현실과 사회적 농업』, 시골문화사, 2018.
홍성군마을만들기지원센터 · 충남마을만들기지원센터 · 마을연구소 일소공도, 『우리 손으로 일구는 장곡의 미래』, 2019.
홍성여성농업인종합지원센터, 『그녀들의 홍동 이야기 : 홍동허스토리(2016)』, 2017.

· 온라인 누리집
풀무농업고등기술학교 환경농업전공부(http://www.poolmoo.net).
그물코출판사(https://cafe.naver.com/gmulko).
꿈이자라는뜰(https://www.greencarefarm.org).

· 미발간 원고
홍순명, 「전공부 개교 과정과 과제」, 2011년 3월 28일.
_____, 「풀무학교생협의 역사」, 2014년 9월 24일.
정민철, 「사진으로 보는 전공부 10년 약사」, 2011년 4월 28일.
장길섭, 「풀무학교 전공부 농업실습 10년을 돌아보며」, 2011년 6월 30일.

2) 기타 참고 자료

· 고문서
『고려사』
『성종실록』
『태종실록』
『택리지』

· 신문기사
『조선일보』, 1930.05.10.
『중외일보』, 1930.05.11.
『중앙일보』, 1995.04.01.
『한국농어민신문』, 2014.07.04.
『오마이뉴스』, 2021.04.08.
『오마이뉴스』, 2021.06.05.

· 회보
『개벽』 31, 1923년 1월.
『기러기』 41, 홍사단, 1967년 12월.
『기러기』 137, 홍사단, 1976년 9월.
『기러기』 138, 홍사단, 1976년 10월.

『도산회보』 54, 도산안창호선생기념사업회, 2004년 7월.

· 지역지
장곡면지편찬위원회, 『장곡면지』, 2010.
홍동면지편찬위원회, 『홍동면지』, 1998.
_____, 『홍동면지』, 2015.
홍성군지편찬위원회, 『홍성군지』, 1990.
_____, 『홍성군지』 1~6, 2016.
홍주대관편찬위원회, 『홍주대관』 상·하, 2002.

· 보고서
김경태·권영현, 『내포지역의 정체성에 관한 연구』, 충남발전연구원, 2013.
김기혁 외, 『한국지명유래집 충청편 지명』, 국토지리정보원, 2010.
모심과살림연구소, 『2018 생명·협동 연구 최종보고서』, 2018.
장효안·송두범·김종수·박춘섭·안수영·홍은일, 『2013 충남 사회적기업 및 마을기업 실태조사』, 충남발전연구원, 2013.
한국농촌경제연구원, 『한국농정50년사』, 1999.

· 기타
이기봉, 『고지도를 통해 본 충청지명 연구 (2)』, 국립중앙도서관, 2014.
대한상공회의소, 『전국주요기업체명감』, 1956.
조선총독부, 『구한국지방행정구역명칭일람』, 1912.
_____, 『조선국세조사보고』 도편 제3권 충남, 1930.
『한국민족문화대백과사전』, 한국학중앙연구원, 2009.
豊田重一, 「農社農樂に關する硏究」, 『朝鮮彙報』, 朝鮮彙報社, 1916.04.

2. 논문

1) 국내 논문

강선보·정해진, 「그룬트비의 평민교육사상과 그 실제」, 『한국교육학연구』 18(2), 안암교육학회, 2012, 5~23쪽.
강영택, 「대안교육의 사상적 기반으로서 이찬갑의 교육사상에 대한 연구」, 『한국교육』 37(4), 한국교육개발원, 2010, 5~23쪽.
_____, 「이상적 마을공동체를 향한 홍순명의 사상과 실천」, 『기독교교육논총』 40, 한국기독교교육학회, 2014, 231~258쪽.
강영택·김정숙, 「학교와 지역사회의 파트너십에 대한 사례연구 : 홍성군 홍동지역을 중심으로」, 『교육문제연구』 43, 고려대학교 교육문제연구소, 2012, 27~49쪽.
강용배, 「농촌마을공동체의 역량강화 사례연구」, 『한국정책과학학회보』 8(4), 한국정책과학학회, 2004, 5~26쪽.
공다해, 「농촌 미디어 실천의 문화적 의미 : 홍성지역 팟캐스트 <조대성의 Farm므파탈>을 중심으로」, 『공동체문화와 민속연구』 1, 안동대학교 민속학연구소, 2021, 199~229쪽.

곽호제, 「조선후기~일제시기 내포지역의 형성과 변화」, 『지방사와 지방문화』 7(2), 역사문화학회, 2004, 101~148쪽.

권범철, 「도시 공통계의 생산과 전유 : 오아시스 프로젝트와 문래예술공단을 중심으로」, 서울시립대학교 박사학위논문, 2019.

＿＿＿, 「커먼즈의 이론적 지형」, 『문화과학』 101, 문화과학사, 2020, 17~49쪽.

권봉관, 「도시의 '마을만들기'에 따른 공동체의 형성과 메티스(mētis)의 기능」, 『민속연구』 27, 안동대학교 민속학연구소, 2013, 145~179쪽.

＿＿＿, 「국가 주도 '마을만들기' 사업에 따른 농촌의 변화와 농민의 대응 : 전북 임실군 '치즈마을'의 경우」, 안동대학교 박사학위논문, 2016.

권수빈, 「공동체, 타자의 재현(불)가능성 너머 : 원주의 공동체 실천을 중심으로」, 『로컬리티 인문학』 27, 부산대학교 한국민족문화연구소, 2022, 29~80쪽.

＿＿＿, 「공동체의 함께-되기에 관하여」, 『공동체문화와 민속 연구』 5, 안동대학교 민속학연구소, 2023, 7~43쪽.

권혁희, 「서울에서 마을찾기 : 도시마을은 어디에 존재하는가?」, 『민속연구』 27, 안동대학교 민속학연구소, 2013, 121~144쪽.

김건우, 「해방 후 한국 무교회주의자들의 공동체 구상」, 『사이間SAI』 19, 국제한국문학문화학회, 2015, 69~90쪽.

김기흥, 「홍동면 문당리 유기농업의 형성 과정 : 케이퍼빌리티 어프로치를 중심으로」, 『농촌사회』 25(2), 한국농촌사회학회, 2015, 2015, 57~89쪽.

＿＿＿, 「홍동면 유기농업의 전개 과정과 특성」, 『한국유기농업학회지』 24(4), 한국유기농업학회, 2016, 627~644쪽.

김규필, 「생태마을의 사회적 성격과 공동체적 의미 : 원주시 판부면 서곡리의 사회적 기업과 협동조합을 중심으로」, 안동대학교 석사학위논문, 2016.

김달현, 「사회운동으로서 마을만들기 : 다중 네트워크의 정치적 실험」, 안동대학교 박사학위논문, 2023.

김성보, 「풀무학교와 홍동의 지역교육공동체 만들기 : 공동체의 형성과 서사, 남겨진 갈등」, 『동방학지』 198, 연세대학교 국학연구원, 2022, 341~367쪽.

김소연, 「농생태학적 농촌개발을 위한 네스티드 마켓의 생성과 발전 : 홍동사례 연구」, 『농촌사회』 25(2), 한국농촌사회학회, 2015, 7~55쪽.

김예란·김용찬·채영길·백영민·김유정, 「공동체는 발명되어야 한다 : 서울시 마을미디어 형성과 활동을 중심으로」, 『한국언론정보학보』 81, 한국언론정보학회, 2017, 40~74쪽.

김정섭, 「농촌 지역사회의 자율성과 협동조합 : 홍동면 사례 연구」, 『농촌사회』 23(2), 한국농촌사회학회, 2013, 173~223쪽.

＿＿＿, 「사회적 농업, 농업과 농촌의 탈영토화 : 홍성군 장곡면 사례」, 『농촌지도와 개발』 25(3), 한국농촌지도학회, 2018, 121~133쪽.

김정섭·정유리·유은영, 「농촌 지역사회에서 펼쳐지는 협동 조직 활동」, 『농촌사회』 29(1), 한국농촌사회학회, 2019, 7~68쪽.

김정숙·강영택, 「농촌 지역공동체의 지속가능성을 위한 주체형성 과정 : 풀무학교 전공부 졸업생들의 교육경험 분석」, 『한국교육학연구』 18(2), 안암교육학회, 2012, 51~82쪽.

김정현, 「민속의 재구와 지역사회의 혁신 : 청주시 수곡동의 실천 사례를 중심으로」, 『실천민속학연구』 41, 실천민속학회, 2023, 297~339쪽.

김주환, 「한국에서 사회적기업과 신자유주의 통치 : 사회적인 것의 통치 메커니즘을 중심으로」, 『경제와 사회』 110, 비판사회학회, 2016, 164~200쪽.
김태완, 「농업의 재구성과 농촌사회 변화 : 홍성군 홍동면·장곡면 사례를 중심으로」, 『농촌사회』 30(2), 한국농촌사회학회, 2020, 7~64쪽.
김형석, 「남강 이승훈 연구」, 『동방학지』 48, 연세대학교 국학연구원, 1985, 627~659쪽.
김호·조완형, 「유기농산물 생산의 특성과 경영소득 분석 : 충남 홍성군 홍동면 풀무생활협동조합을 중심으로」, 『한국유기농업학회지』 4(1), 한국유기농업학회, 1995, 45~58쪽.
김흥주, 「친환경농업 생산조직과 생산자의 특성 및 대안 가능성 : 풀무생활협동조합 사례연구」, 『사회과학연구』 24(1), 경성대학교 사회과학연구소, 2008a, 185~212쪽.
_____, 「풀무생협 생산자의 사회경제적 성격에 관한 연구」, 『농촌사회』 18(1), 한국농촌사회학회, 2008b, 43~89쪽.
마상진·박대식, 「귀농·귀촌의 역사적 고찰과 시사점」, 『농촌사회』 29(2), 한국농촌사회학회, 2019, 7~52쪽.
문성훈, 「공동체 개념의 구조 변화」, 『문화와 정치』 4(4), 한양대학교 평화연구소, 2017, 43~68쪽.
박선미, 「홍동 자연재배논모임으로 본 현대 공동체문화」, 『실천민속학연구』 35, 실천민속학회, 2020a, 515~553쪽.
_____, 「옥천 '안남어머니학교'의 한글교육과 공동체적 결사체의 의미」, 『비교민속학』 71, 비교민속학회, 2020b, 103~141쪽.
_____, 「현대 농촌 공동체의 주도적 활동가 유형과 활성화의 동력」, 『실천민속학연구』 37, 실천민속학회, 2021a, 81~120쪽.
_____, 「20세기 후반 이후 공동체문화의 실천양상과 변화 : 3년간의 연구단 현장사례를 조명하며」, 『공동체문화와 민속 연구』 2, 안동대학교 민속학연구소, 2021b, 59~93쪽.
_____, 「원주 서곡 마을공동체 연대의 함의」, 『비교민속학』 75, 비교민속학회, 2022, 41~74쪽.
박은복·박정란, 「원거주민의 경험을 통한 홍동마을공동체 유지에 관한 연구」, 『미래사회복지』 10(1), 한국사회복지실천연구학회, 2019, 233~272쪽.
박주원, 「대안 공동체론에 나타난 '대안' 개념과 '공동체' 개념의 정치 사상적 성찰」, 『역사비평』 82, 역사비평사, 2008, 350~373쪽.
박주형, 「도구화되는 '공동체' : 서울시 「마을공동체 만들기 사업」에 대한 비판적 고찰」, 『공간과 사회』 23(1), 한국공간환경학회, 2013, 4~32쪽.
배성의·김정태, 「지속가능한 농촌건설을 위한 농촌관광발전 방향 : 충청남도 홍성군 문당리의 사례」, 『한국농촌지도학회지』 10(1), 한국농촌지도학회, 2003, 77~85쪽.
배영동, 「종가음식의 혈연공동체성 변화와 전승 과제」, 『실천민속학연구』 36, 실천민속학회, 2020a, 7~53쪽.
_____, 「한국전쟁시기 월북 종손의 종통 승계와 조상 되기 : 안동지역 혈연공동체의 세 종가 사례」, 『비교민속학』 72, 비교민속학회, 2020b, 9~43쪽.
_____, 「한말 지역 공동체 구성원의 역할 형평성 전통」, 『실천민속학연구』 37, 실천민속학회, 2021, 9~44쪽.
_____, 「도시 달동네 활성화사업 주체들의 문화정치」, 『실천민속학연구』 41, 실천민속학회, 2023, 379~422쪽.
서재복·김유화·최미나, 「남강 이승훈의 민족교육사상 연구」, 『인문과학연구』 13, 전주대학교 인문과학종합연구소, 2008, 137~158쪽.
신광영, 「한국전쟁과 자본축적」, 『아시아문화』 16, 한림대학교 아시아문화연구소, 2000, 311~335쪽.
안새롬, 「전환 담론으로서 커먼즈 : 대기 커먼즈를 위한 시론」, 『ECO』 24(1), 한국환경사회학회, 2020,

333~370쪽.
안승택, 「해방 전후 한국농촌의 공동노동과 호락질」, 『비교문화연구』 15(2), 서울대학교 비교문화연구소, 2009, 35~77쪽.
_____, 「한 현대농촌일기에 나타난 촌락사회의 계(契) 형성과 공동체 원리」, 『농촌사회』 24(1), 한국농촌사회학회, 2014, 7~44쪽.
_____, 「근현대 향촌사회에서 상여를 메던 '아랫것들'과 공동체의 '살갗' : 경기남부의 사례」, 『한국문화인류학』 52(1), 2019, 한국문화인류학회, 53~97쪽.
_____, 「경기 남부 향촌 사회의 근대적인 중인들 : 공동체의 경계/매개와 지역사회체계 시론(試論)」, 『실천민속학연구』 40, 실천민속학회, 2022, 9~44쪽.
양병찬, 「농촌 학교와 지역의 협력을 통한 지역교육공동체 : 충남 홍동지역 '풀무교육공동체' 사례를 중심으로」, 『평생교육학연구』 14(3), 한국평생교육학회, 2008, 129~151쪽.
양병찬·최정윤·오나비나·김미정·이서영, 「지역공동체의 마을교육체계 분석 : 홍동·장곡지역 실천에 대한 행위자-네트워크이론을 중심으로」, 『평생교육학연구』 27(3), 한국평생교육학회, 2021, 1~33쪽.
윤갑식, 「농산촌 지역혁신체계 기반구축 현황과 육성방안 : 충남 문당리 사례를 중심으로」, 『국토지리학회지』 40(3), 국토지리학회, 2006, 381~392쪽.
윤여일·최현, 「21세기 한국학계 공동자원 연구의 전개와 과제 : 공동체 공동자원과 공중 공동자원 연구에 대한 분석을 중심으로」, 『공동체문화와 민속 연구』 5, 안동대학교 민속학연구소, 2023, 45~77쪽.
이경란, 「한국 근현대 협동조합의 역사와 생활협동조합」, 『역사비평』 102, 역사비평사, 2013, 40~71쪽.
이관규, 「농촌의 변화와 미래상 : 21세기 문당리 발전 백년계획의 사례」, 『도시와빈곤』 51, 한국도시연구소, 2001, 52~77쪽.
이교헌, 「남강 이승훈의 생애와 사상에 대한 해석학적 접근」, 한국교원대학교 석사학위논문, 2001.
이동수, 「탈현대사회 대안공동체」, 『한국정치학회보』 38(1), 한국정치학회, 2004, 2004, 105~125쪽.
이동일, 「현대사회의 위기와 대안공동체」, 『사회사상과 문화』 18(4), 동양사회사상학회, 2015, 95~126쪽.
이상현, 「일제강점기 '무대화된 민속'의 등장 배경과 특징」, 『비교민속학』 35, 비교민속학회, 2008, 573~609쪽.
_____, 「안동의 도시화와 토박이들의 '유교공동체' 구축과 운영」, 『한국민속학』 55, 한국민속학회, 2012, 51~93쪽.
이서현·최낙진, 「1980년대 발행 〈홍동소식〉에 나타난 하이퍼로컬 미디어성(性)」, 『언론과학연구』 23(1), 한국지역언론학회, 2023, 5~56쪽.
이영남, 「공동체아카이브, 몇 가지 단상」, 『기록학연구』 31, 한국기록학회, 2012, 3~42쪽.
_____, 「기록의 전회 : 〈포스트1999〉를 전망하며」, 『기록학연구』 40, 한국기록학회, 2014, 225~277쪽.
_____, 「홍동허스토리의 방법과 의미」, 『기록학연구』 65, 한국기록학회, 2020, 253~319쪽.
이영배, 「민속의 가능지대, 그 혼종적 성격과 지평」, 『호남문화연구』 57, 전남대학교 호남학연구원, 2015, 178~182쪽.
_____, 「텍스트 재현의 동학(動學)과 가능성 : 위도띠뱃굿의 경우를 중심으로」, 『용봉인문논총』 48, 전남대학교 인문학연구소, 2016, 213~242쪽.
_____, 「마을행동, 사회적 연대의 민속적 배치와 생성」, 『인문학 연구』 35, 경희대학교 인문학연구소, 2017a, 112~152쪽.
_____, 「사회적 연대의 소스 코드로서 민속의 변환과 생성」, 『한국민속학』 66, 한국민속학회, 2017b, 7~32쪽.

_____, 「마을연구 담론의 경향과 전망」, 『민속연구』 36, 안동대학교 민속학연구소, 2018a, 33~68쪽.
_____, 「민속의 재현과 정동의 배치 : 도둑잽이 민속의 혼종적 구성과 다중의 문화실천」, 『감성연구』 16, 전남대학교 호남학연구원, 2018b, 299~329쪽.
_____, 「민속지식 생산의 변화와 확장 가능성」, 『민속연구』 37, 안동대학교 민속학연구소, 2018c, 115~155쪽.
_____, 「공동체문화 실천의 역사적 원천과 그 재생의 특이성 : 민속학적 입구 전략과 기본 문제의 이해를 중심으로」, 『한국학연구』 70, 고려대학교 한국학연구소, 2019a, 169~196쪽.
_____, 「공동체문화 연구의 민속적 패러다임 정립을 위한 기획 : 흐름, 초기 조건, 그리고 공통장」, 『인문학연구』 40, 경희대학교 인문학연구소, 2019b, 267~302쪽.
_____, 「공동체문화 실천의 분화와 지식생산의 주체화 : 풀무학교와 지역사회 연대의 실천과 변화를 중심으로」, 『실천민속학연구』 37, 실천민속학회, 2021a, 45~72쪽.
_____, 「공동체성의 변화와 유동하는 경계들 : 충남 홍성군 홍동면과 장곡면의 사례를 중심으로」, 『인문학연구』 46, 경희대학교 인문학연구소, 2021b, 209~252쪽.
_____, 「가치실천 양식의 전환 : 인류세, 지방소멸, 공동체문화」, 『인문학연구』 50, 경희대학교 인문학연구원, 2022a, 505~553쪽.
_____, 「공동체문화와 커먼즈, 가치실천 양식들」, 『비교민속학』 75, 비교민속학회, 2022b, 187~215쪽.
_____, 「공동체문화 실천의 대안적 힘과 잠재된 가치」, 『공동체문화와 민속 연구』 3, 안동대학교 민속학연구소, 2022c, 37~64쪽.
_____, 「손상된 지구에서 레퓨지아 만들기 : 공동체문화 실천의 인문생태학적 비전」, 『호남학』 72, 전남대학교 호남학연구원, 2022d, 1~46쪽.
이용범, 「도시마을에서의 마을신앙 변화」, 『민속연구』 27, 안동대학교 민속학연구소, 2013, 97~120쪽.
_____, 「굿, 소통을 통한 관계맺음의 의례」, 『한국무속학』 32, 한국무속학회, 2016, 65~91쪽.
이윤갑, 「일제의 식민지 지배와 마을문화의 해체」, 『한국학논집』 32, 계명대학교 한국학연구원, 2005, 235~274쪽.
이정민·이만형, 「대안적 공동체론과 관련 조례의 공동체 개념화」, 『서울도시연구』 18(2), 서울연구원, 2017, 177~192쪽.
이진교, 「일제강점기 마을사회의 동향과 동계의 역동성 : 전남 곡성군 B마을의 사례연구」, 『비교민속학』 54, 비교민속학회, 2014, 343~378쪽.
_____, 「농촌의 근대 경험과 문화변동 : 전남 곡성군 B마을의 사례연구」, 『실천민속학연구』 25, 실천민속학회, 2015, 351~388쪽.
_____, 「마을사회의 위기와 의례적 대응 : 풍력발전 반대 '산신제'에 대한 민속지적 연구」, 『민속연구』 35, 안동대학교 민속학연구소, 2017, 209~244쪽.
_____, 「농민들의 저항과 마을 지식의 재구성 : 경북 영양군 H마을 풍력발전 반대운동의 민속지적 연구」, 『민속연구』 37, 안동대학교 민속학연구소, 2018, 157~191쪽.
임선빈, 「내포 지역의 지리적 특징과 역사·문화적 성격」, 『문화역사지리』 15(2), 한국문화역사지리학회, 2003, 21~42쪽.
_____, 「조선후기 내포지역의 통치구조와 외관」, 『역사와 담론』 40, 호서사학회, 2005, 1~34쪽.
임은진, 「지속가능한 촌락에 대한 고찰 : 충남 홍성 문당리를 사례로」, 『한국사진지리학회지』 20(3), 한국사진지리학회, 2010, 61~72쪽.
임재해, 「공동체 문화로서 마을 민속문화의 공유 가치」, 『실천민속학연구』 11, 실천민속학회, 2008a, 107~163쪽.
_____, 「마을 공동체문화로서 민속놀이의 전승과 기능」, 『한국민속학』 48, 한국민속학회, 2008b, 213~

260쪽.

_____, 「마을민속 연구와 인문학문의 길」, 『민속연구』 19, 안동대학교 민속학연구소, 2009, 7~62쪽.

전종환, 「근대 이행기 경기만의 포구 네트워크와 지역화 과정」, 『문화역사지리』 23(1), 한국문화역사지리학회, 2011, 95~118쪽.

전희경, 「마을공동체의 '공동체'성을 질문하다」, 『페미니즘연구』 14(1), 한국여성연구소, 2014, 75~112쪽.

정명중, 「감성공동체의 발견」, 『감성연구』 3(1), 전남대학교 호남학연구원, 2011, 75~99쪽.

정병호, 「한국사회의 공동체 교육현장에 대한 인류학적 연구 : 풀무학교와 공동육아 어린이집을 중심으로」, 『민족과문화』 9, 한양대학교 민족학연구소, 2000, 407~432쪽.

정영신, 「한국의 커먼즈론의 쟁점과 커먼즈의 정치」, 『아시아연구』 23(4), 한국아시아학회, 2020, 237~259쪽.

정해진, 「풀무학교의 근대 교육사적 의의」, 『한국교육사학』 19(3), 안암교육학회, 2013, 233~268쪽.

정헌목, 「가치 있는 아파트 만들기 : 수도권 브랜드 단지에서의 공동체 형성의 조건과 실천」, 『비교문화연구』 22(1), 서울대학교 비교문화연구소, 2016a, 485~540쪽.

_____, 「행동하는 소수, 침묵하는 다수 : 브랜드 단지 내 어린이 사망사건으로 본 아파트 공동체성의 의미」, 『한국문화인류학』 49(2), 한국문화인류학회, 2016b, 75~130쪽.

_____, 「사회적경제와 아파트의 결합 : 협동조합형 공공지원 민간임대주택 '위스테이'의 등장과 입주과정」, 『한국문화인류학』 55(1), 한국문화인류학회, 2022, 47~92쪽.

정형호, 「농악 용어의 역사적 사용과 20세기 고착화 과정에 대한 고찰」, 『한국민속학』 62, 한국민속학회, 2015, 77~114쪽.

진명숙, 「지역공동체의 구성과 재현 : 충남 홍동지역에 관한 텍스트 담론 분석」, 『실천민속학연구』 35, 실천민속학회, 2020a, 427~469쪽.

_____, 「친밀과 돌봄의 정치경제학 : 충남 홍동 지역 여성들의 활동을 중심으로」, 『한국문화인류학』 53(2), 한국문화인류학회, 2020b, 51~115쪽.

_____, 「지역공동체의 존재론적 공동성 : 충남 홍동의 풀무공동체를 사례로」, 『한국문화인류학』 54(2), 한국문화인류학회, 2021, 3~51쪽.

_____, 「배려와 우정의 친밀공동체로 농촌에서 페미니즘 부팅하기 : 홍동, 고산의 페미니즘 커뮤니티 분석」, 『민주주의와 인권』 22(1), 전남대학교 5.18연구소, 2022, 227~281쪽.

진필수, 「협치의 이상과 자치의 딜레마 : 홍성통의 지역 거버넌스 분석」, 『비교문화연구』 25(2), 서울대학교 비교문화연구소, 2019, 299~345쪽.

_____, 「지방사회의 새로운 자치와 마을 연구의 성찰 : 홍동면 주민자치회의 실험」, 『비교민속학』 71, 비교민속학회, 2020, 145~185쪽.

최민지, 「원주지역 공동체문화 실천의 민속학적 사유와 구상」, 『공동체문화와 민속 연구』 2, 안동대학교 민속학연구소, 2021, 125~162쪽.

최승호, 「지역 마을 공동체 만들기 운동의 발전 방안 모색 : 충남 홍성군 홍동 풀무마을을 중심으로」, 『한독사회과학논총』 19(1), 한독사회과학회, 2009, 237~268쪽.

최어성, 「풀무농업고등기술학교의 교육에 관한 연구」, 공주대학교 석사학위논문, 1998.

한양명, 「축제전통의 수용과 변용」, 『실천민속학연구』 1, 실천민속학회, 1999, 93~113쪽.

_____, 「축제 정치의 두 풍경 : 국풍81과 대학대동제」, 『비교민속학』 26, 비교민속학회, 2004, 469~498쪽.

_____, 「지역축제의 전승과 민속의 변용 : 안동국제탈춤페스티벌의 경우」, 『비교민속학』 35, 비교민속학회, 2008, 445~475쪽.

_____, 「놀이민속의 탈맥락화와 재맥락화 : 영산줄다리기의 경우」, 『한국민속학』 49, 한국민속학회, 2009, 85~119쪽.

한정훈, 「이주민 공동체의 정착 공간과 얽히는 시선들 : 광주 고려인마을을 대상으로」, 『실천민속학연구』 35, 실천민속학회, 2020a, 471~513쪽.
_____, 「현대 공동체 구성의 한 단면과 지속성의 윤리 : 기대리 선애빌 마을을 대상으로」, 『통일인문학』 83, 건국대학교 인문학연구원, 2020b, 227~281쪽.
_____, 「이주(移住)의 서사(敍事)와 고려인 공동체의 미래 : 광주 고려인마을 거주 고려인의 구술생애담을 대상으로」, 『호남학』 68, 전남대학교 호남학연구원, 2020c, 63~115쪽.
_____, 「재난의 경험과 사건공동체의 구성 : 1972년 남한강 홍수와 원주 재해위 활동가들의 기억을 중심으로」, 『공동체문화와 민속연구』 1, 안동대학교 민속학연구소, 2021, 133~172쪽.
허남혁, 「생협 생산자 조직의 생산-소비관계 변화 : 홍성 풀무생협의 사례 연구」, 『농촌사회』 19(1), 한국농촌사회학회, 2009, 161~211쪽.
허미영, 「한국의 생명농업운동에 미친 정농회의 영향」, 『담론201』 12(1), 한국사회역사학회, 2009, 27~58쪽.
홍금수, 「근대형 지역구조로의 이행과 지역패권의 선점을 위한 도시담론의 동원」, 『문화역사지리』 19(1), 한국문화역사지리학회, 2007, 91~124쪽.
홍성태, 「마을의 복귀와 위기 : 공동체와 공동재 그리고 민주주의」, 『로컬리티 인문학』 17, 부산대학교 한국민족문화연구소, 2017, 59~86쪽.
홍제연, 「17~18세기 충청도 홍주지역 재지사족과 소론계 서원」, 『역사와 담론』 93, 호서사학회, 2020, 65~100쪽.
황바람, 「농촌 공동체 협업활동의 사회연결망분석 : 충남 홍성군 홍동 지역을 중심으로」, 『농촌계획』 23(2), 한국농촌계획학회, 2017, 9~17쪽.

2) 국외 논문

Bauwens, Michel, "The History and Evolution of the Commons," 2017.09.29(〈커먼즈 번역 네트워크〉, http://commonstrans.net/?p=895).
Federici, Silvia & Caffenzis, George, 권범철 옮김, 「자본주의에 맞선 그리고 넘어선 커먼즈」, 『문화과학』 101, 문화과학사, 2020, 173~190쪽.

3. 저서 및 단행본

1) 국내 저서 및 단행본

교육농연구소 엮음, 『온 마을이 학교』, 그물코, 2011.
국립안동대학교 민속학연구소 공동체문화연구사업단 엮음, 『민속학과 공동체문화연구의 새로운 지평』, 민속원, 2019.
_____, 『연구 동력과 원천들』, 민속원, 2020.
_____, 『구상과 영역들』, 민속원, 2020.
_____, 『실천의 각편과 사유의 편린들』, 민속원, 2021.
_____, 『'어떤'의 고리와 매듭들』, 민속원, 2022.
권태환·임현진·송호근 엮음, 『신사회운동의 사회학』, 서울대학교 출판문화원, 2001.
김건우, 『대한민국의 설계자들』, 느티나무책방, 2017.

김경일 외, 『한국현대 생활문화사 : 1970년대』, 창비, 2016.
김기석, 『남강 이승훈』, 한국학술정보, 2005.
김동노 엮음, 『일제 식민지 시기의 통치체제 형성』, 혜안, 2006.
김민철, 『기로에 선 촌락』, 혜안, 2012.
김영미, 『그들의 새마을운동』, 푸른역사, 2009.
김정헌·조원찬·이연숙, 『홍주목사 천년의 역사를 말하다』, 홍성군청, 2013.
김정환, 『김교신 그 삶과 믿음과 소망』, 한국신앙연구소, 1994.
김찬동, 『주민자치의 이해』, 충남대학교 출판문화원, 2015.
김택규, 『한국농경세시의 연구』, 영남대학교출판부, 1991.
김형미 외·아이쿱협동조합연구소 엮음, 『한국 생활협동 조합운동의 기원과 전개』, 푸른나무, 2012.
남강문화재단 엮음, 『남강 이승훈과 민족운동』, 남강문화재단출판부, 1988.
남근우, 『조선민속학과 식민주의』, 동국대학교출판부, 2008.
노평구, 『김교신 전집』 1~2, 부키, 2001.
문성원, 『철학의 시추』, 백의, 1999.
방영준, 『저항과 희망, 아나키즘』, 이학사, 2006.
백소영, 『우리의 사랑이 의롭기 위하여』, 대한기독교서회, 2005.
백승종, 『그 나라의 역사와 말』, 궁리, 2002.
백종국, 『한국 자본주의의 선택』, 한길사, 2009.
송두범·김기홍·박경철·이관률, 『우리는 왜 농촌 마을 홍동을 찾는가』, 그물코, 2017.
안병직·中村 哲 엮음, 『근대조선 공업화의 연구』, 일조각, 1993.
양현혜, 『김교신의 철학』, 이화여자대학교출판부, 2013.
_____, 『우치무라 간조, 신 뒤에 숨지 않은 기독교인』, 이화여자대학교출판문화원, 2017.
오유석 엮음, 『박정희 시대의 새마을운동』, 한울, 2014.
윤해동, 『지배와 자치』, 역사비평사, 2006.
이광수, 『도산 안창호』, 홍사단출판부, 1985.
이나바 비츠구니, 홍순명 옮김, 『생물다양성을 살리는 유기논농사』, 그물코, 2010.
이번영, 『풀무학교는 어떻게 지역을 바꾸나』, 그물코, 2018.
이상현·이와모토 미치야·주영하·쨩룽쯔·남근우·배영동·임경택·김성례·정수진, 『동아시아의 근대와 민속학의 창출』, 민속원, 2008.
이승진, 『돌아보니 모두 은혜』, 그물코, 2017.
이진경, 『역사의 공간』, 휴머니스트, 2010.
이찬갑, 『풀무학교를 열며』, 그물코, 2010.
임락경 외, 『정농의 씨앗을 뿌린 사람들』, 그물코, 2016.
장규식, 『일제하 한국 기독교 민족주의 연구』, 혜안, 2001.
전명산, 『국가에서 마을로』, 갈무리, 2012.
조대엽·김철규, 『한국 시민운동의 구조와 동학』, 집문당, 2007.
조정환, 『인지자본주의』, 갈무리, 2011.
_____, 『예술인간의 탄생』, 갈무리, 2015.
_____, 『절대민주주의』, 갈무리, 2017.
조현일·구재진·김병구·박용규·박진숙·이양숙, 『'조선적인 것'의 형성과 근대문화담론』, 소명출판, 2007.
주영하·임경택·남근우, 『제국 일본이 그린 조선민속』, 한국학중앙연구원, 2009.

주옥로, 홍순명 엮음, 『농민 교육자 주옥로』, 그물코, 2008.
지주형, 『한국 신자유주의의 기원과 형성』, 책세상, 2011.
최루미, 『우리 삶에 빛나던 날을 기억합니다』, 글을읽다, 2018.
충남발전연구원+홍동마을 사람들, 『마을공화국의 꿈, 홍동마을 이야기』, 한티재, 2014.
한국 협동조합운동 100년사 편찬위원회, 『한국 협동조합운동 100년사』 I, 가을의아침, 2019.
함석헌, 『함석헌전집』, 한길사, 1983.
홍순명, 『풀무학교 이야기』, 부키, 2006.
_____, 『논과 마을을 살리는 오리농업』, 그물코, 2014.
후루노 다카오, 홍순명 옮김, 『백성백작』, 그물코, 2006.

2) 국외 저서 및 단행본

Althusser, Louis, 김진엽 옮김, 『자본론을 읽는다』, 두레, 1991.
Barbagallo, Camilli & Beuret, Nicholas & Harvie, David eds, *Commoning : With George Caffentzis and Silvia Federici*, London : Pluto Press, 2019.
Benholdt-Thomsen, Veronika & Mies, Maria, 꿈지모 옮김, 『자급의 삶은 가능한가』, 동연, 2013.
Bolier, David, 배수현 옮김, 『공유인으로 사고하라』, 갈무리, 2015.
Burke, Peter, 강상우 옮김, 『문화 혼종성』, 이음, 2012.
Cleaver, Harry, 조정환 옮김, 『자본을 어떻게 읽을 것인가』, 갈무리, 2018.
De Angelis, Massimo, 권범철 옮김, 『역사의 시작』, 갈무리, 2019.
Federici, Silvia, 황성원 옮김, 『혁명의 영점』, 갈무리, 2013.
Ferretter, Luke, 심세광 옮김, 『루이 알튀세르의 이데올로기』, 앨피, 2014.
Gibson-Graham, J. K, 엄은희·이현재 옮김, 『그따위 자본주의는 벌써 끝났다』, 알트, 2013.
Gibson-Graham, J. K. & Cameron, Jenny & Healy, Stephen, 황성원 옮김, 『타자를 위한 경제는 있다』, 동녘, 2014.
Illich, Ivan, 이한 옮김, 『성장을 멈춰라!』, 미토, 2004.
Katsiaficas, George, 윤수종 옮김, 『정치의 전복』, 이후, 2000.
Kim, Kwang Suk & Roemer, Michael, *Growth and Structural Transformation*, Cambridge : Havard University Press, 1979.
Levy, Pierre, 권수경 옮김, 『집단지성』, 문학과지성사, 2002.
Lüdtke, Alf 외, 이동기 외 옮김, 『일상사란 무엇인가』, 청년사, 2002.
Marx, Karl, 강신준 옮김, 『자본론』 I-2, 길, 2008.
Midnight Notes, *The New Enclosures*, Jamaica Plain, MA : Midnight Notes, 1990.
Negri, Antonio & Harbt, Michael, 정남영·서창현·조정환, 『다중』, 세종서적, 2008.
_____, 정남영·윤영광 옮김, 『공통체』, 사월의책, 2014.
Shiva, Vandana, 류지한 옮김, 『누가 세계를 약탈하는가』, 울력, 2003.
_____, 한재각 옮김, 『자연과 지식의 약탈자들』, 당대, 2000.
Virno, Paolo, 김상운 옮김, 『다중』, 갈무리, 2004.
內村鑑三全集 刊行委員會, 『內村鑑三全集』, 岩波書店, 1982.
內村鑑三, 양혜원 옮김, 『우치무라 간조 회심기』, 홍성사, 2008.
矢內原忠雄, 홍순명 옮김, 『개혁자들』, 포이에마, 2019.

찾아보기

ㄱ

가을나눔의축제 231
가치실천 양식 26, 50, 55, 62, 193, 236, 241, 242, 260
『갓골』 221
갓골 160, 169~173, 185, 191, 212, 214, 215, 217, 219, 237, 331, 383, 384
갓골극단 221
갓골어린이집 87, 215, 216, 218~221, 384, 401
겸업농 183, 184, 323
경제정의실천시민연합(경실련) 258, 266, 267
고다니 준이치 241, 245~247, 249~251, 316, 385
공공성 21, 41, 220, 221, 308
공교육 36, 87, 155, 159, 334, 338, 343, 354, 387
공동육아 36, 219, 333, 335, 337
공동체 21, 23, 24, 30, 34~38, 40~42, 44, 47, 52, 57, 61, 88, 93, 94, 96, 98, 101, 103, 110~112, 114~116, 123~125, 132, 137, 140, 143, 144, 150, 157, 164, 165, 167, 169, 170, 172, 173, 184, 186, 187, 192, 193, 241, 245, 246, 257, 264, 292~294, 302, 303, 308, 309, 321, 330, 346, 348, 354, 359, 363, 365, 370, 372, 374, 376, 382, 393, 405
공동체교육 36, 37
공동체문화 19, 20, 24~27, 29, 30, 33, 44, 45, 49, 50, 62, 63, 66~68, 70, 73, 87, 88, 93, 117, 133, 134, 186, 187, 259, 284, 322, 325, 328, 346, 347, 349, 357, 358, 366, 368, 371
~374, 376, 381, 382, 387~390, 393
공동체성 21, 35, 46, 111, 112, 231, 234, 299, 300, 302, 303, 321, 322, 328, 330, 335, 336, 339, 349, 353, 381, 386
공생공락 11, 178, 282
관서 지방 105, 106, 109, 126
관행농업 192, 193, 247, 262, 362, 368, 387
교육농 291, 386
교육농장 181, 243, 305~307, 402
교육운동 36, 359
구판장 204, 205, 254
국가 21, 23, 60, 62, 69, 76, 79, 81~83, 85, 98, 99, 116, 119, 122, 132, 152, 174, 193, 217, 246, 248, 271, 272, 326
권력 21, 57, 105, 116, 149, 185, 248, 366, 371
귀농/귀촌 32, 76, 85, 87, 362, 387
귀농지원센터 332
귀농학교 280, 331, 332
근대성 26, 27, 93, 94, 159, 170, 347, 374, 382
김교신金敎臣(1901~1945) 94, 99, 109, 173, 245, 382
꿈이자라는뜰 285, 289, 290, 310, 386, 393, 402

ㄴ

난관 26, 210, 235, 263, 309, 357, 360, 362~364, 387, 388

내포內浦 78, 79, 227, 228
노작勞作 192, 193, 294
녹색혁명 192, 193, 243, 252
농민 140, 147, 148, 174, 175, 183, 184, 193, 194, 206, 207, 211, 235, 242, 244, 245, 247, 249~251, 253, 255~257, 259, 260, 269~274, 276, 278, 292, 300, 315, 322, 323, 330, 331, 348, 351, 352, 361, 370, 395~400
농민운동 144, 194, 229, 230, 250, 254, 256
농식품체계 34
농촌개발 34, 35, 349
농촌관광 35
농촌문명 128, 139, 141, 142, 144, 169, 170, 172, 332, 383

ㄷ

다양성 41, 61, 148, 160, 162, 174, 176, 292, 300, 329, 381
다중 68, 69
달모임 65, 283, 345
담론 21, 24, 30~33, 41, 42, 44, 45, 47, 55, 63, 106, 127, 274, 280, 283, 326, 327, 386, 390
대안경제 223
대안교육 36, 359, 397
대안농업 32, 34, 225, 241, 242, 249, 294, 315, 362, 381, 385
대안성 26, 36, 47
대유代喩 381
대체에너지 161, 167, 168
데이비드 볼리어David Bolier 53
덴마크 98, 115, 142~144, 150, 152, 153
도산2리 306, 307, 310, 315, 369
도토리회 87
돌봄농사 242, 290, 291, 386
두레 192, 193, 195, 198, 199, 231, 236, 365, 372, 383

ㄹ

류달영 251

ㅁ

마실이학교 344, 345, 395
마실통신 283, 345, 395
마을 23, 35, 36, 42, 59, 79, 80, 84, 86, 87, 89, 108, 110, 111, 114~116, 121~124, 127, 129~133, 136, 137, 140, 152~154, 165, 166, 171, 173, 176, 178, 180, 194~199, 205, 207, 210, 213, 229, 241, 242, 260, 261, 263, 265, 271, 272, 275~281, 287~289, 291, 293, 294, 298~301, 303, 305~317, 321, 331, 332, 334, 338, 342, 343, 345, 350~352, 357, 358, 360, 363, 365, 367, 369, 374~377, 383, 385, 386, 397~399, 401, 404, 406
마을/공동체 21~24, 29, 59, 61
마을공화국 19, 20, 26, 58~61, 70, 93, 185, 236, 237, 241, 321, 357, 373~377, 381, 387~389, 397, 398
마을교육 38, 93, 113, 341~343, 381, 393
마을교육공동체 290, 346, 363, 364, 372, 400, 405
마을문화 48, 89, 374, 400
마을문화/민속 19, 20, 26, 30, 50, 59, 62, 93, 192, 194, 197, 237, 242, 365, 366, 372, 374, 375, 381, 388, 389
마을학회 65, 88, 324, 348, 349, 399
맛시모 데 안젤리스Massimo De Angelis 51, 53
무교회주의 32, 38, 39, 93~100, 108, 110~113, 132, 133, 137, 175, 176, 185~187, 237, 241, 245, 246, 358, 376, 382, 396
무두무미無頭無尾 149, 152, 153, 383
문당리 194, 195, 196, 197, 214, 264, 265, 274, 279, 280, 305, 340, 385, 397, 398
문제계problematic 20, 49, 52, 62, 372, 389
문화동어린이집 195, 196, 198, 277
문화적 실천 21, 24, 55
미드나잇 노츠Midnight Notes 52
미셸 바우웬스Michel Bauwens 53
민관협치 40
민속 20, 24, 27~29, 44, 89, 191~193, 236, 237, 241, 370, 371, 373, 381, 389
민속의 종획enclosure of folklore 25, 372, 373, 381

민속적 사회생태 357, 366, 373, 388
민족주의 105, 106, 123, 132, 147
민주주의 153, 173, 200, 207, 217, 237

바

범교과교육과정연구회 342
변환 19, 20, 26~30, 44, 46, 50, 59, 62, 68, 69, 90, 93, 161, 187, 191, 192, 197, 201, 236~238, 241, 257, 272, 294, 295, 298, 299, 305, 310, 317, 330, 366, 368, 372~374, 376, 381, 384, 385, 388, 389
비자본주의 30, 45, 132, 138

사

사회적경제 77, 235, 352, 400, 404, 406
사회적기업 77, 235, 307, 308, 309, 353
삽교천(홍동천) 90, 195, 214, 295
상황교육 220
생명사상 241, 245, 291, 316, 385
생미식당 235, 312
생산자 50, 54, 88, 158, 180, 206~208, 223, 225, 226, 228, 230~233, 237, 238, 241, 242, 253~256, 259, 260, 262, 267, 270, 275, 276, 316, 317, 335, 336, 361, 369, 370, 384, 385
생성 20, 21, 26, 27, 30, 44, 49, 59, 67, 84, 85, 87, 93, 102, 133, 134, 191, 192, 298, 366, 369, 372, 373, 377, 381, 383, 388, 389
생태 35, 115, 158, 159, 161, 165, 193, 194, 225, 276, 332, 354, 382
생태마을 195, 242, 280, 316, 317, 334, 385
생활양식 123, 166, 182, 217, 282
서북 지역 109
성서모임 137, 250
『성서생활』 144, 145
『성서조선』 100, 101, 108, 109
소농小農 184, 231, 236, 281, 310, 384, 398
소비조합 124, 136, 154, 155, 200, 203~208, 213, 218, 222, 237, 254
소유공화국 377
시민권 21

시장 161, 199, 205, 224~227, 230, 231, 258, 298, 351, 384
시장화 34, 191, 226, 238, 292
시초축적 50, 58
식민 82, 94, 99, 135
신자유주의 21, 23, 49, 52, 58, 326, 332, 377
실비아 페데리치Silvia Federici 53
실천 19, 20, 24, 26, 30, 31, 33~39, 41, 42, 44, 45, 47~49, 55, 57, 58, 60, 61, 63, 64, 66~68, 70, 73, 77, 83, 86~90, 93, 97, 98, 100, 101, 103, 105, 107, 110~113, 115~117, 122, 123, 126, 127, 132, 133, 135~137, 139, 142, 148, 150, 152~156, 158~161, 163, 165, 166, 168, 173, 177, 179, 180, 184~188, 191, 192, 194, 195, 199~201, 204, 210, 214, 215, 217, 228~231, 236~238, 241~244, 246, 248~252, 254~258, 261~265, 272, 279, 280, 282~287, 290~301, 303, 305, 306, 308~317, 321~325, 327~329, 331~335, 337~340, 342~345, 347~350, 352~354, 357~360, 362~366, 370~377, 381~390, 396~403
씨앗도서관 403

아

아이를 사랑하는 모임(아사모) 333, 334, 336, 337, 341
ICCO(Interchurch Organization for Development Cooperation) 169, 206, 212, 214
안창호 114, 115, 117, 121~123, 126~128, 131, 152, 153, 187, 382
애농회 183, 246, 250, 251, 385
애향공원 87
어린이집돕기운동 195
에클레시아ecclesia 94, 96, 98, 99, 104, 110
오누이친환경마을협동조합 312, 315, 405
오리농법 87, 229, 242, 260~265, 270, 276, 316, 334, 346, 360, 385
오리보내주기운동 265~267, 269, 271
오리쌀이야기축제 271, 276, 277
오리입식행사 231
오산소비조합 136, 204

오산학교 38, 93, 107~109, 114~118, 121, 123, 124, 126, 127, 132~134, 136, 186, 204, 213, 347, 376
외환위기 85
용동마을(용동촌) 44, 93, 109, 114, 115, 117, 118, 127, 132, 133, 136, 137, 186, 205, 376
우루과이라운드UR 262, 263
우리마을발표회 64, 345, 395
우치무라 간조 95, 97, 156, 382
운동 22, 55, 76, 122, 216, 225, 226, 249, 267, 274, 296, 332, 335, 343, 377
원예조합가꿈 310
유기농산물 33, 207, 224, 226, 227, 229~231, 238, 255, 258, 266, 267, 275, 276, 317, 362
유기농업 32, 33, 87, 88, 161, 167, 168, 177, 193, 195, 199, 200, 210, 214, 215, 217, 231, 232, 236, 241~258, 260~265, 269~272, 274~277, 281, 283, 292~294, 296, 298, 306, 315~317, 322, 331, 332, 334, 335, 344, 346, 354, 357, 360~362, 367, 373, 376, 381, 385, 387, 398
유기농업작목반 253
이상촌건설운동 93, 115, 117, 127~129, 131~133, 153, 185, 205, 376, 382
이승훈李昇薰(1864~1930) 107~109, 114, 115, 117~119, 121~124, 126, 127, 131, 132, 152, 153, 187, 382
이찬갑 108, 109, 115, 116, 118, 132~134, 136~140, 143~150, 152~154, 156, 163, 186, 204, 205, 213, 222, 244, 245, 254, 322, 323, 383, 395, 396
일상의 보통생활 148, 150, 383
일소공도 88, 165, 297, 324, 386, 399, 400, 405
일제강점기 44, 93, 115, 127, 236, 333, 347, 383
입구 전략 45, 63

ㅈ

자립경제 191, 381, 383
자면회 123, 126, 136, 137
자본 50~52, 54, 55, 57~59, 62, 107, 119, 120, 127, 182, 223, 302, 304, 307, 371
자연 60, 139, 141, 142, 149, 150, 158, 159, 161, 171, 177, 178, 182, 192~194, 245, 271, 282, 291, 294, 295, 370, 374
자연재배논모임 292~294, 386
자율 23, 47, 60, 111, 164, 199, 201, 203, 220, 252, 321, 327, 353, 354, 371, 372, 382
자치 40, 47, 60, 61, 109, 111, 123, 127, 129, 131, 135, 156, 164, 167, 177, 191, 199, 201, 212, 218, 242, 251, 252, 321, 327, 328, 349, 350, 353, 354, 369, 371, 372, 374, 375, 382, 384, 387
자치주체 321, 324, 325, 327, 353, 354, 381, 386, 387
작목반 229, 230, 233
장곡長谷 30, 32, 44, 46, 70, 73, 74, 77, 79, 82, 83, 86, 88, 90, 225, 227~233, 238, 243, 256, 295~298, 300, 301, 305~307, 310, 315, 333, 347, 349~351, 357, 384~386, 388, 393, 394, 404~406
장곡신나는지역아동센터 88
장곡초등학교 88, 315
장애인 288, 289, 297, 323
재현 19, 20, 27, 28, 33, 41, 42, 44, 50, 54, 62, 68, 77, 90, 188, 260, 284, 329, 370, 382, 389, 398, 401
전국귀농운동본부 280, 332, 335
전망 21, 26, 28, 29, 46, 61, 68, 70, 138, 148, 183, 184, 292, 298, 303, 317, 346, 347, 351, 354, 357, 363, 364, 387, 388, 395~397, 400
전업농 181, 183, 184, 323
전적 기독교 94, 101
절합 22, 28, 52, 54, 55, 333
젊은협업농장 88, 298, 303, 307, 309, 314, 315, 351, 386, 393
정농생협 258
정농회 87, 175, 231, 242, 247, 248, 250~253, 256~260, 266, 267, 292, 293, 316, 332, 335, 340, 385
정동 28
정치 21, 42, 43, 62, 128, 158, 373

젠더 25
조국근대화 81, 82, 117
조선 93, 100, 101, 103, 104, 107, 135, 138~141, 143, 144, 185
조선산 기독교 94, 100, 101
조지 카펜치스George Caffentzis 53
종획enclosure 50~52, 55~58, 60
주민자치 32, 40, 324~327, 343, 346, 349, 362, 364, 387
주민자치회 65, 324, 344, 345
주민활동 322, 339, 353, 354, 387
주옥로 133, 144~148, 150~153, 156, 163, 164, 187, 205, 208, 247, 323, 383, 395, 396
지배 149
지신밟기 195, 197
지역사회 26, 32, 33, 37, 39, 40, 42, 45, 73, 77, 81, 88, 90, 93, 133, 146, 152, 153, 155, 167, 171, 172, 184, 191, 199, 201, 210, 213~217, 219, 221, 238, 241, 243, 244, 249~252, 254, 285, 295, 297~299, 301~306, 308, 311, 312, 314, 315, 317, 322, 325, 329, 334, 338, 341, 343, 345~348, 352, 358, 360, 362~366, 381, 384~386, 393, 395
지역센터 마을활력소(마을활력소) 64, 87, 282, 283, 324, 343~346, 386, 395, 406
지역운동 195, 196, 199, 201, 216, 222, 236, 242, 265, 272, 304, 337, 384, 393
지역화폐 '잎' 345
진지 20, 93, 132, 133, 148, 151, 153, 185, 187, 191, 298, 349, 357, 373, 383
집단지성 70

ㅊ

청년 87, 99, 137, 146, 148, 181, 183, 184, 197, 198, 283, 286, 297, 299~302, 304, 306~308, 323, 351, 359, 364, 386, 387, 393, 405
체계 48, 56, 59, 163, 209, 211, 276, 308, 321, 367, 374
체제 24, 29, 52, 58, 59, 61, 117, 135, 174, 185~187, 202, 219, 236, 290, 321, 322, 325, 326, 353, 357, 366, 373~377, 381, 382, 388

초록이둥지협동조합 405
초월적 역사의식 94, 96
친환경농업 225, 229~232, 304, 384

ㅋ

칼 마르크스Karl Marx 51
커먼즈commons 50, 52, 53, 55~58, 60

ㅍ

팔패리 118, 133, 145, 214
패러다임 29, 45, 296, 393
평민 98, 110, 116, 133, 135, 143, 148, 150~152, 156~160, 164, 174, 185, 186, 245, 250, 251, 371, 382, 383, 396
평민교육 36, 142~144, 159, 160
평민마을학교 65, 324, 350~352, 386
풀무 43, 114, 115, 133, 148, 149, 156, 159, 160, 163, 165, 166, 171, 173, 185, 187, 200, 208, 210, 215, 216, 225, 227, 249, 250, 364, 401, 402
풀무농기계이용조합 211, 384
풀무농업고등기술학교(풀무학교) 32, 33, 36, 37, 42, 64, 73, 77, 87, 93, 112, 114~116, 132, 133, 144, 147, 148, 151~155, 163~167, 174~176, 180, 184, 185, 191, 193, 199~206, 209~214, 217~220, 222, 223, 227, 237, 241, 243~254, 256, 260, 261, 264, 283, 284, 298, 304, 305, 316, 322, 323, 329, 330, 332, 334, 335, 352, 357, 358, 376, 381~386, 393, 395~399, 402
풀무농업고등기술학교 고등부(풀무학교 고등부) 65, 154, 164, 174~178, 180, 182~184, 202, 203, 209, 245, 247, 282, 283, 330, 346, 359
풀무농업고등기술학교 생태농업전공과(풀무학교 전공부) 65, 87, 173~184, 217, 219, 282, 283, 285, 287~290, 296, 297, 303~305, 317, 323, 330~332, 346, 359, 386, 402
풀무생활협동조합(풀무생협) 87, 205, 206, 208, 223~232, 236, 242, 249, 250, 253, 255, 292, 332, 384, 385, 393

풀무소비자생활협동조합(풀무생협) 254, 255, 406
풀무소비자협동조합(풀무소협) 206, 208, 254, 255, 394
풀무식가공조합 218, 384
풀무신용협동조합(풀무신협) 87, 207, 209, 210, 216, 222, 253, 384, 393
풀무영농조합(풀무영농) 255
풀무학교생활협동조합(풀무학교생협) 218, 219, 384
풀무학원도서조합 222

하

학교 36, 37, 39, 87, 108, 112, 114~116, 118, 122~124, 126~128, 130, 131, 133, 136, 140, 146~158, 160~163, 165~169, 171, 173, 174, 176~185, 200~205, 209~211, 213, 214, 217~220, 223, 237, 241, 243, 248, 249, 251, 261, 285, 288~291, 295, 297~299, 301, 303, 304, 316, 317, 323, 331, 332, 334, 337, 338, 342, 346, 351, 352, 383, 384, 393, 394, 396, 397, 402, 404
학술관 66, 67
학습체계 322, 350, 354, 387
함석헌咸錫憲(1901~1989) 99, 102~104, 108, 109, 137, 145, 186, 382
해리 클리버Harry Cleaver 54
햇살배움터교육네트워크(햇살배움터) 87, 333, 342, 343, 346, 393
혁신교육 36
현장 19, 40, 45, 48, 62, 64, 66, 67, 69, 70, 138, 147, 179, 199, 220, 297, 301, 308, 325, 351
협동문화 39, 77, 191, 192, 194, 199, 236, 237, 241, 381, 383
협동운동 39, 127, 191, 208, 223, 224, 226, 228, 234, 241, 242, 249, 316, 353, 357, 383, 385
협동조직 123, 199, 208, 210, 216, 224, 235, 236, 238, 255, 281, 321, 386
협동조합 32, 39, 42, 65, 77, 87, 112~114, 124, 127, 131, 132, 153, 167, 168, 182, 191, 194, 199, 200, 203, 204, 206~208, 210, 212, 213, 234, 236, 237, 244, 251, 252, 254, 283, 298, 307, 308, 310, 313, 329, 332, 343, 351, 357, 367~369, 373, 376, 381, 383, 384, 394, 398, 399, 404
협동조합 행복농장(행복농장) 88, 297, 308~315, 386, 393, 405
협력적 연결망 322, 339, 346, 354, 387
홀롭티시즘Holopticism 69
홍동洪東 30, 32, 43, 44, 46, 70, 73, 74, 77, 79, 82~84, 86, 88~90, 93, 112~115, 118, 133, 144, 145, 149, 166, 180, 187, 194, 197, 203, 207, 214, 216, 222, 225, 228, 229, 231, 238, 244, 246, 247, 252, 253, 255, 280, 285, 287, 296~301, 305, 306, 310, 322, 332~335, 338, 340, 345, 347, 350~352, 357, 384~386, 388, 393~395, 398, 400, 404~406
홍동(-장곡) 20, 26, 73, 328, 329, 372, 381, 389
홍동농협 87
홍동대체공업연구소 216
홍동밝맑도서관 218, 222, 384
홍동보름밤모임 211, 212, 251
홍동식품가공조합 212, 384
홍동아이사랑(홍아사) 334
홍동저수지(화신저수지) 90, 195
홍동중학교 87, 334
홍동초등학교 87, 334, 338
홍성여성농업인종합지원센터 65, 324, 339, 386, 400
홍성우리마을의료생협(의료생협) 323, 384
홍성유기농영농조합법인(홍성유기농) 88, 229~236, 305~307, 313, 315, 384, 406
홍성통 65, 393
홍성환경농업마을 87, 397
홍순명 152, 153, 154, 160~162, 173, 206, 383, 395, 396
홍주洪州 79
화장(성) 23, 24, 28, 29, 31, 32, 38, 40, 42, 45, 46, 57, 62, 83, 88, 90, 97, 104, 110, 123, 131, 133, 152, 154, 155, 169, 178, 184, 201, 209, 210, 222, 225, 226, 228, 238, 241~243, 249, 250, 254, 255, 257, 258, 290, 294, 295, 297~299, 305~307, 313, 317, 321, 322, 324,

329, 330, 334, 339, 343, 344, 347, 353, 361, 364, 381, 383~386, 389, 395

환경기금　274~277
흑향미　274~276